CAN BOX
BOOK

Buch · Book · Livre

Deutsch

English

Français

1. Auflage 1998

Copyright: 1998 by MEDIUM Music Books, Münster

Herausgeber:
Hildegard Schmidt (spoon/uk@avignon.pacwan.net)
Wolf Kampmann (wolf@kampmann.b.uunet.de)
Redaktion: Annette Bitzhenner (bitze@muenster.de)
Übersetzung: Allison Plath-Moseley, Francoise Herbin
Vertrieb: MEDIUM Music Books, Münster
Umschlaggestaltung: Intro, London
Artwork Buchgestaltung: Jörn Köhnemann Design, Münster (koehnemann@home.globe.de)

Lithographie und Druck: Steinmeier, Nördlingen

ISBN 3-933642-01-9

CAN BOX
BOOK

Hildegard Schmidt
Wolf Kampmann

Deutsch

English

Français

MEDIUM Music Books

Acknowledgements

Our thanks go to Gabriele Meierding (GaMEHH@aol.com), Christian Börsing (boersing@folkwang.uni-essen.de), Duncan Fallowell (Tel. + Fax: 0044-171-792-1793), Rob Young (the_wire@ukonline.co.uk), Josef Spiegel, and the numerous remixers for their contributions to this book and to the following for providing ideas, contacts, informations and help: Edel-Contraire Hamburg, MUTE Records London, and last but not least the staff of Medium Music Books.

Special thanks go to Allison Plath-Moseley and Francoise Herbin for their translations. Not to forget Bernhard Johnson, Shirley Karoli, John Payne, Sandra Schmidt, Carole Tatat and Thomas Ziegler.

Inhaltsverzeichnis/Contents/Sommaire

Intro

Wer war Can? Wer ist Can?

Wer war Can? Wer ist Can? Zwei Fragen, auf die es tausend verschiedene, einander teils widersprechende Antworten gibt. Jede dieser Antworten hat jedoch ihre Berechtigung. Das vorliegende Buch will versuchen, sich diesen Fragen im Sinne einer Konvergenz anzunähern. Ganz unterschiedliche Autoren nehmen sich von völlig verschiedenen Blickwinkeln aus diverser Phänomene der Band an. Natürlich kommen auch die Musiker selbst zu Wort. Das Bild, das aus all diesen Annäherungsversuchen entsteht, erinnert zwangsläufig an die Ameisenperspektive. Es ist ein Puzzle, eine Collage, ein Irrgarten.

Josef Spiegel, Leiter des Künstlerdorfes Schöppingen, hat Soziologie und Kunst studiert und wurde zur Mitarbeit an diesem Buch herangezogen, weil er gerade nicht im Musikbereich zuhause ist und einen erfrischend unverstellten Blick auf die Wege von Can hat. Der Musikwissenschaftler Christian Börsing setzt sich mit der Musik der Band in einer Art und Weise auseinander, die für den Rock-Kontext eher untypisch ist. In den Interviews reflektieren die Can-Musiker selbst und Managerin Hildegard Schmidt ihre heutige Sicht auf Ereignisse, die zum Teil dreißig Jahre zurücklie-

Who was Can? Who is Can?

Who was Can? Who is Can? Two questions, but a thousand different, sometimes conflicting answers. Each one of these answers is legitimate. This book will attempt to converge these questions. Very different authors with very different viewpoints will discuss the band and its aspects. Naturally, the musicians express their views too. The image created out of this assemblage suggests a vista of an anthill: it's a puzzle, a collage, a maze.

Josef Spiegel, director of the artist's community in Schöppingen, studied sociology and art. He was asked to contribute to this book precisely because he is not at home in the music branch and has a fresh, uncluttered view of Can. Musicologist Christian Börsing investigates the band in a way that is rather atypical for rock. The members of Can themselves and their manager, Hildegard Schmidt, reflect from today's vantage point upon their experiences, some of which go back thirty years. In opposition, facsimilies of magazine articles beam the reader directly back into the sixties and seventies.

The commentaries from Duncan Fallowell and Rob Young represent two completely different stances to the complete works of Can. Fallowell belongs to the group of longtime Can faithfuls, while Young first discovered the band's music when it had already become

Can. Qui était-ce ? Qui est-ce aujourd'hui?

Deux questions qui donnent lieu à des milliers de réponses qui se contredisent en partie. Et pourtant, chacune des réponses se justifie. Ce livre essaie de donner une approche de ces questions dans le sens d'une convergence de vues. Des auteurs de sensibilités différentes apportent des lumières tout aussi différentes sur le phénomène qu'a représenté ce groupe musical. Bien entendu, les musiciens, également, s'expriment eux-mêmes. L'image engendrée par toutes ces différentes approches nous fait penser à la perspective qu'auraient des fourmis: il s'agit ici d'un puzzle, d'un collage, d'un labyrinthe.

Josef Spiegel, directeur du village d'artistes de Schöppingen a fait des études de sociologie et d'art; nous lui avons demandé de participer à cet ouvrage parce que, venant d'un autre monde que de celui de la musique, il pouvait apporter un regard nouveau et rafraîchissant sur le cheminement du groupe Can. Le musicologue Christian Börsing s'interroge sur la musique du groupe d'une manière qui n'est guère usuelle dans le contexte habituel du rock. Dans les interviews, les musiciens de Can eux-mêmes ainsi que leur manager Hildegard Schmidt se souviennent des événements qui remontent à trente ans, mais dans la perspective d'aujourd'hui.

"Is there any need to re-tell the story of Can, this amazing, fortuitous collective of musicians who fell together at the tail end of the 60's, burning to make something new out of the disciplines — modern composition, free jazz, pop music — that had in various ways failed them? This was, after all, an improvising collective which constructed a meta-musical model of social and artistic integration and organisation."

THE WIRE April / 1997
(by Rob Young)

gen. In Opposition dazu beamen die fak-similierten Zeitschriftenartikel den Leser unmittelbar in die Sechziger und Siebziger zurück.

Die Kommentare von Duncan Fallowell und Rob Young repräsentieren zwei völlig unterschiedliche Sichtweisen auf die Opera Omnia von Can. Fallowell gehört zu den langzeitigen Begleitern von Can, während sich Young die Musik der Gruppe erst erschloß, als sie bereits Geschichte war. Das Kapitel zum Can-Virus sowie die Erläuterungen der Remixer von "Sacrilege" stellen Can in den Kontext der Musik, die nach ihnen kam und, so paradox das zunächst klingen mag, wieder zu Can zurückführt.

Wir erheben mit diesem Buch weder den Anspruch, die Geschichte von Can vollständig aufgearbeitet noch alle irgend denkbaren Gedanken zu Can zusammengetragen zu haben. Es ist eine Sammlung subjektiver Meinungen. Alles, worum es uns geht, ist, die einflußreichste deutsche Rock-Band aus sich selbst heraus und von außen in ihrer ganzen Geschlossenheit und Widersprüchlichkeit darzustellen. Und nicht zuletzt wollen wir sowohl den Fans als auch den Entdeckern von Can einen Fundus von Meinungen und Materialien zur Verfügung stellen, der sie ihrerseits zur weiteren Beschäftigung mit der Band anregen soll. Es ist ein Bild, ein rundes, und dennoch nur eines von vielen.

Wolf Kampmann, Juli 1998

history. The Can virus chapter, as well as details about the remixing of "Sacrilege", place Can in the context of music that came after them, and as paradoxically as it might sound at first, lead back to Can.

We are not pretending to completely analyze the history of Can nor to have gathered all possible thoughts about Can in this book. It is a collection of subjective opinions. We are only concerned with seeing the most influential German rock band from the inside as well as the outside, to present the band in all of its solidarity and contradictions. And last but not least, we want to give the fans who've discovered Can a wealth of opinions and material, which ought to give them some food for thought. This book is an image: a well-rounded image indeed, but still only one of many.

Wolf Kampmann, July 1998

Et en opposition, les fac similé d'articles de journaux "téléportent" le lecteur dans les années soixante et soixante-dix.

Les commentaires de Duncan Fallowell et de Rob Young représentent deux manières très différentes de considérer l'œuvre complète de Can. Fallowell a fait partie de ceux qui ont longtemps accompagné le groupe Can tandis que Young n'a eu accès à eux que lorsqu'ils étaient déjà entrés dans l'histoire. Le chapitre sur le virus Can, ainsi que les explications des remixers de "Sacrilège", replacent le groupe dans le contexte musical qui est venu après lui et qui, aussi paradoxal que cela puisse paraître, renvoie néanmoins à Can.

En faisant ce livre, nous n'avons pas eu la prétention d'avoir fait une analyse complète de l'histoire de Can, ni d'avoir rapporté toutes les pensées et réflexions jamais faites sur Can. Il s'agit d'un recueil d'opinions subjectives. Ce qui nous a importé, c'est de présenter le groupe rock allemand le plus influent, dans ses contradictions et dans son unité, en l'éclairant de l'intérieur comme de l'extérieur. Nous voulons également mettre à disposition des fans, mais aussi à celle de ceux qui viennent de découvrir Can, tout un fond de documentation et d'opinions qui pourra les inciter à compléter leur connaissance du groupe. Nous présentons une image. Une image complète qui n'en est cependant qu'une parmi d'autres.

Wolf Kampmann, juillet 1998

History

Prolog

History

Prologue

Im Juni 1968 treffen sich in Irmin Schmidts Kölner Wohnung fünf Musiker — die Keimzelle einer Band, die später als Can Rockgeschichte machen wird: Die klassisch ausgebildeten Musiker Irmin Schmidt (Tasten), Holger Czukay (Bass) und David Johnson (Flöte), der vom Free Jazz desertierte Drummer Jaki Liebezeit und ein junger Beat-Gitarrist, Michael Karoli, gemeinsam auf der Suche nach neuen musikalischen Konzepten. Der erste gemeinsame Auftritt findet als improvisiertes Happening auf Schloss Nörvenich bei Köln statt, eine spektakuläre Collage aus anarchischem Lärm, Rockmusik und Tonband-Einspielungen. Dieser Auftritt ist auf der Cassette "Prehistoric Future" dokumentiert. Auf Schloss Nörvenich entsteht das erste Studio dieses Musiker-Kollektivs, das zunächst unter dem Namen Inner Space operiert. Ein neues Mitglied bringt der Gruppe richtungsweisende Impulse. Der schwarze Bildhauer Malcolm Mooney, zu Besuch bei Irmin und Hildegard Schmidt, steigt spontan als Sänger ein. Mit seiner intuitiven Verve treibt er die Musiker in Richtung Rockmusik. Bei einer der ersten gemeinsamen Sessions entsteht das Stück "Father Cannot Yell". David Johnson betreut bei

In June 1968, five musicians meet in Irmin Schmidt's Cologne apartment - the germ cell of a band that will make history later on as Can: They are the classically trained musicians Irmin Schmidt (keyboards), Holger Czukay (bass) and David Johnson (flute), drummer Jaki Liebezeit (a free jazz deserter) and a young beat guitar player, Michael Karoli. Together, they are looking for new musical concepts. Their first joint gig, a spectacular collage of rock music and tape samples, takes place as an improvised happening at Schloss Nörvenich (castle Nörvenich, near Cologne).This show is documented on the cassette "Prehistoric Future". It is at Schloss Nörvenich where this musicians' collective establishes its first studio, operating under the name Inner Space. A new member brings new impulses: black American sculptor Malcolm Mooney, who is visiting Irmin and Hildegard Schmidt, links up with the band, and his intuitive drive leads the musicians toward rock music. The track "Father Cannot Yell" originates from one of these first joint sessions. David Johnson's only involvement is that of a sound technician; he leaves the band by the end of 1968. Malcolm

Histoire

----- ## Prologue

En juin 1968 à Cologne, se rencontrent, dans l'appartement d'Irmin Schmidt, cinq musiciens, qui, sous le nom de Can auront leur mot à dire dans l'histoire du rock. Certains de ces musiciens ont fait des études classiques de musique: Irmin Schmidt (claviers), Holger Czukay (basse) et David Johnson (flûte). En revanche, le batteur Jaki Liebezeit a déserté le free-jazz et Michael Karoli est un jeune beat-guitariste. Ensemble ils sont à la recherche d'une nouvelle conception de la musique. Leur premier concert, un happening improvisé, a lieu au château de Nörvenich près de Cologne. C'est un collage spectaculaire de bruit anarchique, musique rock et samplers sur bandes.

Ce spectacle est documenté sur la cassette "Prehistoric Future". Le groupe installe son premier studio, qu'ils appellent Inner Space, dans une des salles du château de Nörvenich. Un nouveau membre donne au groupe une autre direction: le sculpteur Malcolm Mooney, en visite chez Hildegard et Irmin Schmidt, commence spontanément en tant que chanteur. Avec son rythme intuitif, il dirige le groupe vers le rock. "Father Cannot Yell" est issu d'une de ces premières répétitions avec la nouvelle

"Even in the wild whorl of kraut rock — as Germany's progressive psychedelia of the late '60s and '70s was known - Can stood apart. As older academics steeped in neoclassical, free jazz and electronics, they came at rock from the outside; with a healthy disregard for convention, Can played rock music as if it were a fascinating toy to be taken apart, fiddled with and then cleverly reassembled to new specifications."

ROLLING STONE 12.6.97
(by Ira Robbins)

"Formé en 1968 à Cologne par deux ex-étudiants de Stock-hausen (Schmidt et Czukay), le groupe, durant ses dix années d'existence, a indéniablement contribué à façonner le pay-sage musical actuel. En mêlant avant-garde et rock music, en répétant jusqu'à seize heures par jour afin de parfaitement se connecter les uns aux autres, ils ont su créer une entité capable de la pire dureté mais aussi de sensibi-lité."

LIBERATION 27.5.97
(by BARBARIAN, London)

dieser Aufnahme nur noch die Tontechnik, Ende des Jahres verlässt er die Gruppe. Malcolm Mooney und Jaki Liebezeit finden einen neuen Namen: The Can.

Can

Das erste Can-Album "Monster Movie" (1969), aufgenommen in Zweispurtechnik, war der Einstieg in einen bis dahin einzigartigen Klangkosmos. Can-Musik, spontan eingespielt und angetrieben von einem repetitiven Rhythmuskonzept, sprengte die formalen Grenzen eingefahrener Konzepte. Der frühe Can-Klassiker "Yoo Doo Right" ist 20 Minuten und 14 Sekunden lang.

Nach "Monster Movie" erschien das Album "Soundtracks" mit Filmmusiken von Can aus den Jahren 1969 und 1970, darunter noch einige Titel mit Malcolm Mooney, der die Gruppe nach einem Jahr wieder verliess. Nach einem psychischen Zusammenbruch kehrte er auf ärztlichen Rat zurück in die USA. Die Mooney-Ära ist umfassend dokumentiert auf "Can - Delay 1968". Das Album mit bis dahin unveröffentlichtem Material kam 1982 heraus.

Im Mai 1970 stieg als neuer Vokalist der Japaner Kenji "Damo" Suzuki bei Can ein. Holger Czukay und Jaki Liebezeit fanden ihn auf der Münchener Leopoldstrasse: Einen Globetrotter, der sich das Geld für die Heimreise als

Mooney and Jaki Liebezeit come up with a new name: The Can.

Can

The first Can album, "Monster Movie" (1969), recorded with two-track technology, was the entry into a by then unique cosmos of sound. Can music, played and recorded spontaneously and driven by repetitive rhythms, broke the formal limits of well-worn concepts. The running time of the early Can classic "Yoo Doo Right" is twenty minutes and fourteen seconds.

After "Monster Movie", the album "Soundtracks", featuring Can's film scores from 1969 and 1970, was released. Among those were a few tracks with Malcolm Mooney, who'd left the band after one year and returned to the U.S. following a psychological breakdown. The Mooney aera is extensively documented on "Can - Delay 1968"; featuring then unreleased material, it was released in 1982.

In May 1970, Japanese singer Kenji "Damo" Suzuki joined Can after having been spotted by Holger Czukay and Jaki Liebezeit in Munich's Leopoldstrasse; a globetrotter making money for his return trip as a street musician, Damo had also been a cast member of the musical "Hair".

The same evening of his discovery by Czukay and Liebezeit, he performed

constellation. David Johnson y participe seulement en tant qu'ingénieur du son, il quitte le groupe à la fin de l'année. Malcolm et Jaki trouvent un nouveau nom au groupe: The Can.

Can

Le premier album de Can, "Monster Movie" (1969), enregistré en technique à deux bandes, fut l'entrée dans un cosmos de sons jusqu'ici inconnu. La musique de Can, jouée et enregistrée spontanément, conduite par des rythmes répétitifs, a fait exploser les frontières formelles des anciennes conceptions. Un des premiers "classiques" de Can, "Yoo

Doo Right", dure 20 minutes et 14 secondes.

Après "Monster Movie" sortit l'album "Soundtracks", des musiques de films de Can de 1969 à 1970. Malcolm Mooney a encore participé à quelques-uns de ces titres, avant de quitter le groupe. Après un effondrement psychique, il retourne aux USA sur le conseil de ses médecins. L'ère-Malcolm est documentée de façon très complète sur "Can-Delay 1968". L'album qui contenait des titres jusqu'alors inédits, sortit en 1982.

En mai 1970 le japonais Kenji "Damo" Suzuki, commença en tant que nouveau chanteur chez Can. Jaki et Holger l'avaient rencontré dans les rues de Munich, où il jouait pour financer son

Straßenmusiker verdiente und diverse Auftritte beim Musical "Hair" hinter sich hatte. Am selben Abend noch trat er mit Can im Münchener Blow up auf. Die chaotische Performance, ein Pandämonium aus Feedbacks und genialischer Lärmerzeugung, zählt zu den denkwürdigsten der Can-Historie.

1972 erschien mit der Doppel-LP "Tago Mago" das zweite offizielle Can-Album, das vor allem Kritiker in England und Frankreich beeindruckte. In den "Tago Mago"-Sessions herrscht Aufbruchstimmung, unterlegt mit all dem Irrsinn und der Kompetenz eines Musiker-Kollektives, das seine divergierenden Egos in Spannung und Energie transformierte.

Im Dezember 1971 richteten sich Can ein neues Studio ein. In einem ehemaligen Kino in Weilerswist bei Köln entstand das "Inner Space Studio", in dem von da an alle Can-Platten produziert wurden. Seit 1978 wird das Studio, jetzt Can-Studio genannt, von Rene Tinner (Ex-Can-Soundmixer) betreut.

Beim Can-Free-Concert in der Kölner Sporthalle am 3. Februar 1972, bei dem auch Varieté-Künstler auftraten, waren prominente Kameraleute vor Ort. Martin Schäfer, Robbie Müller und Egon Mann filmten das Ereignis für Peter Przgoddas Film "CAN FREE CONCERT".

Im Oktober 1972 erschien das Album "Ege Bamyasi", darauf der erste und grösste deutsche Chart-Erfolg der Grup-

with Can in Munich at the Blow Up club. The chaotic performance, a pandemonium of feedback and ingenious noise, is one of the most notable shows in Can's history.

1972 brought the second official Can release, the double album "Tago Mago", which stirred critics especially in England and France. There is a mood of new departures in the "Tago Mago" sessions, underlaid with all the insanity and skill of a musicians' collective that transformed its diverging egos into excitement and energy.

In December 1971, Can founded the Inner Space Studio in a former movie theater in Weilerswist (close to Cologne), where from then on all Can albums were produced. Since 1978 the studio, now called Can Studio, has been looked after by ex-Can soundman René Tinner.

Can's performance at the Cologne Sporthalle on February 3, 1972 featured vaudeville artists, among others, and prominent cameramen were also on location. Martin Schäfer, Robbie Müller and Egon Mann captured the event on tape for Peter Przygodda's film "Can Free Concert".

"Ege Bamyasi", released in October 1972, featured the first and biggest chart success for the band in Germany: "Spoon", the title track for the crime thriller "Das Messer". The album also included the music of another TV crime thriller, "Vitamin C", from the Samuel Fuller-directed Tatort episode "Tote Tau-

retour au pays. Il avait fait le tour du globe et entre autre participé au musical "Hair". Le soir même, il chantait avec Can au Blow up à Munich. Ce concert particulièrement chaotique, un pandémonium de feedbacks et de création de bruits géniaux, est un des plus mémorables de Can.

En 1972 sortit le deuxième album officiel du groupe: le double album "Tago Mago" qui impressionna surtout les critiques en France et en Angleterre. Dans les titres de "Tago Mago" règne une sensation de nouveau départ, mélangée à toute la folie et la compétence d'un collectif de musiciens qui transforment leurs egos divergeants en énergie et tensions.

En décembre 1971, Can s'installe dans son nouveau studio, l'Inner Space Studio. Dans cet ancien cinéma de Weilerswist, près de Cologne, le groupe enregistrera alors tous les disques à suivre. Depuis 1978, René Tinner (l'ex-ingénieur du son de Can) s'occupe du Inner Space. Le 3 février 1972 a lieu le Can Free Concert. L'événement est filmé par des cameramen de grande renommée, tel que Robbie Müller, Martin Schäfer et Egon Mann. Le film, réalisé par Peter Przygodda, s'appelle "Can Free Concert".

En octobre 1972 sort l'album "Ege Bamyasi". Un des titres, "Spoon" (musique de film pour une série télévisée: "Das Messer"), est le premier tube du groupe en Allemagne.

Une autre musique de film figure sur

pe in Deutschland, "Spoon", die Titel-musik zu dem Krimi-Mehrteiler „Das Messer". Dazu die Musik aus einem anderen Fernsehkrimi: „Vitamin C" aus der von Samuel Fuller inszenierten „Tat-ort"-Folge „Tote Taube in der Beetho-venstrasse". Auf diesem Album perfek-tionierte Can das Zusammenspiel mit einem elektronischen Rhythmusgerät, eine frühe Spielart des Drum-Compu-ters. Das erste Mal hatten sie es schon auf „Peking O" ("Tago Mago") einge-setzt.

Der englische Melody Maker schrieb: „Can sind zweifellos die talentierteste und beständigste Experimental-Rock-band in Europa, England einschlossen." Das französische Magazin „Rock & Folk" sah in der Can-Musik „eines der eindrucksvollsten musikalischen Expe-rimente, die zeitgenössische Gruppen zu bieten haben."

Mit "Future Days" kommt 1973 das letz-te Can-Album mit Damo Suzuki her-aus. Der Japaner verließ die Band so un-vermittelt, wie er eingestiegen war, und wurde Mitglied der Zeugen Jehovas. Die Musik von Can veränderte sich. Zu-nächst übernahm Michael Karoli die Rolle des Vokalisten, es folgten kurze In-termezzi diverser Sänger, u.a. Tim Hardin. Das Jahr 1974 verzeichnet das längste Konzert der Can-Geschichte. Es fand in Berlin statt und dauerte von 20 Uhr bis 3 Uhr früh.

Mit den Aufnahmen zu "Soon Over Babaluma" ging die Ära der einspuri-

be in der Beethovenstrasse". On this song Can explored interaction with an electronic rhythm machine, an early version of a drum computer; they had first used this device on "Peking O" from "Tago Mago".

British Melody Maker wrote: "Can are without doubt the most talented and most consistent experimental rock band in Europe, England included". The French magazine Rock & Folk portrayed Can's music as "one of the most impressive musical experiments offered by contemporary bands".

"Future Days" (1973) was the last Can album with Damo Suzuki, who'd left the band as suddenly as he'd joined them, to become a member of the Jehovah's Witnesses. Can's music changed; first Michael Karoli took over the vocal duties, followed by short interludes of various singers, among

them Tim Hardin.

The longest concert in Can's history took place in Berlin in 1974, lasting from 8 p.m. until 3 a.m. the next morning. With the recording of "Soon Over Babaluma" that same year, Can's era of recording straight onto one track was over. But it also was the birth of something new, unmistakably revealed on "Quantum Physics", the first Can ambient track.

"Landed" (1975) was the first Can LP to be produced using multitrack technology. Their work on this album led Melody Maker to call them "the most advanced rock unit on the planet".

The double album "Unlimited Edition" (1976) featured an extended version of an album that had quickly sold out as "Limited Edition" two years earlier and which gave fans the opportunity to explore unreleased session material.

l'album „Vitamin C" pour le film „Tote Taube in der Beethovenstraße" de Samuel Fueller. Sur cet album, Can perfectionne l'utilisation du drum-computer, qu'ils avaient déjà expérimentée pour „Peking O".

Le magazine anglais, „Melody Maker", écrit: „Can est sans aucun doute le groupe de rock-expérimental le plus talentueux d'Europe, l'Angleterre comprise." Le magazine français, „Rock&Folk" vit dans la musique de Can: „L'expérience musicale la plus impressionnante qui soit en Europe à l'heure actuelle."

„Future Days", qui sort en 1973, est le dernier disque du groupe avec Damo Suzuki. Le chanteur quitta le groupe aussi spontanément qu'il l'avait rejoint, il devint membre des Témoins de Jehova. La musique de Can changea. D'abord ce fut Michael Karoli qui prit le rôle du chanteur, puis d'autres le remplaceront (entre autre Tim Hardin).

En 1974, à Berlin, a lieu le plus long concert de l'histoire de Can. Il dura de 20 heures jusqu'à 3 heures du matin.

Le temps des enregistrements à une bande prit sa fin avec „Soon Over Babaluma". Mais ce fut aussi la naissance d'une nouvelle direction musicale du groupe, que l'on remarque particulièrement sur le premier titre „ambient" de Can : „Quantum Physics".

L'album suivant, „Landed" (1975) est le premier disque de Can enregistré en technique à multibandes. Avec cet album

gen Aufnahmetechnik zu Ende. Aber es war auch die Geburtsstunde für eine neue musikalische Entwicklung, unüberhörbar manifestiert auf "Quantum Physics", dem ersten Ambient-Titel von Can. Das nächste Album "Landed" (1975) wurde als erste Can-LP in Mehrspurtechnik produziert. Mit diesem rockigen Album empfahlen sie sich englischen Kritikern als „die fortschrittlichste Band auf diesem Planeten".

Auf dem Doppelalbum "Unlimited Edition" wurde 1976 noch einmal in erweiterter Form veröffentlicht, was es zwei Jahre zuvor schon auf der schnell vergriffenen "Limited Edition" zu entdekken gab: unveröffentlichtes Sessionmaterial. Darunter die legendären Aufnahmen aus der „ethnologischen Fälschungsserie" (EFS), farbige Spielereien mit fremden Musikkulturen von fernöstlichen Klängen bis Dixie.

Musikalisch vielseitig wurde das Can-Album "Flow Motion" (1976) mit dem Disco-Hit "I Want More". Das Magazin "Sounds" schrieb: „Can produziert musikalische Magie und magische Musik". 1977 präsentierte sich die Gruppe in neuem musikalischen Outfit. Das renommierte Rhythmus-Duo Rosko Gee (Bass) und Reebop Kwaku Baah (Percussion) war bei Traffic aus- und bei Can eingestiegen. Holger Czukay hatte sich als Bassist zurückgezogen. Auf "Saw Delight" zeichnete er für Special Sounds und Wave Receiver verantwortlich. Sein neues Instrument war der Weltem-

Among those tracks were the legendary recordings from the "Ethnological Forgery Series" (EFS), colorful fooling around with foreign music cultures, from Far East sounds to Dixieland.

Can's "Flow Motion" (1976), featuring the disco hit single "I Want More", was musically versatile. The British paper "Sounds" wrote: "Can produces musical magic and magical music".

In 1977 the group presented itself as a new musical outfit. Famous rhythm duo Rosko Gee (bass) and Reebop Kwaku Baah (percussion) had left Traffic and joined Can. Holger Czukay had retired as a bass player; on "Saw Delight" he was in charge of "special sounds" and wave receiver. His new instrument was the "Weltempfänger", or shortwave radio; while his idea to create new impulses for the musical process via radio signals didn't fit within the new Can structure, it became the basis for his first solo album, "Movies" (1979).

"Out of Reach" (1978) was recorded without Holger Czukay, who'd left the band in May 1977 during the last Can tour. The final Can show, in Lisbon at the end of May, was a superb departure in front of 10,000 raging fans.

The double album "Cannibalism 1" (1978) wasn't just a "Best of Can" compilation, it also was a guide into the future of the Can myth. A new British avantgarde of musicians had been deeply inspired by Can.

Speaking for many, Pete Shelley

particulièrement rock, Can sera décrit par les critiques anglais comme: „Le groupe le plus avancé de son temps".

Sur l'album „Unlimited Edition" sortit de façon élargie ce qui avait déjà été publié sur l'album, très vite épuisé, „Limited Edition": des enregistrements de sessions alors inédits. Parmi eux les enregistrements légendaires de la série „Ethnologische Fälschungsserie", un mélange de musiques de toutes les cultures du monde, de l'Orient jusqu'au Dixie.

En 1976 sort l'album „Flow Motion". Le titre „I Want More" devient un tube en Europe. Le magazine „Sounds" écrit: „Can produit de la magie musicale et de la musique magique".

En 1977 le duo-rythmique renommé, Rosko Gee (basse) et Reebop Kwaku Baah (percussions), quittent le groupe „Traffic" pour rejoindre Can. Holger n'y figure plus en tant que bassiste. Sur le titre „Saw Delight" il signe seulement pour „special sounds" et „wavereceiver". Son nouvel instrument est le „Welt-empfänger" (les ondes courtes). Son idée de créer, à travers les signaux radio, de nouvelles impulsions pour un processus musical, ne put pas vraiment être développée avec Can. Mais elle est la base de son premier album solo „Movies" (1970).

En 1978 sort l'album „Out Of Reach", Holger n'y participe plus. Il a quitté le groupe en 1977 pendant leur dernière tournée.

Leur dernier concert à Lisbonne est un départ grandiose devant 10 000 fans déchaînés.

Avec le double album „Cannibalism 1", sort non seulement une compilation „Best of Can", mais surtout un indi-cateur pour l'avenir du „mythe" de Can. Une toute nouvelle avant-garde de musiciens britan niques se montraient stimulés et influencés par Can. Pete Shelley dit: „Je n'aurais jamais com-

pfänger. Die Idee, mittels Radiosignalen neue Impulse für den musikalischen Prozess zu schaffen, ließ sich für ihn bei Can nicht mehr ausbauen. Sie wurde dann zur Basis für sein erstes Soloalbum "Movies" (1979).

Das nächste Album "Out Of Reach" (1978) wurde schon ohne Holger Czukay eingespielt. Er verließ die Band im Mai 1977 während der letzten Can-Tournee. Das letzte Can-Konzert Ende Mai in Lissabon fand ohne ihn statt. Ein grandioser Abgang vor 10.000 tobenden Fans. Mit dem Doppelalbum "Cannibalism" kam 1978 nicht nur eine "Best Of Can"-Compilation heraus, sondern gleichzeitig ein Wegweiser in die Zukunft des Can-Mythos. Eine neue britische Musiker-Avantgarde zeigte sich von Can stimuliert. Stellvertretend liess sich Pete Shelley (damals Buzzcocks) auf dem Cover zitieren: „Ich hätte niemals Gitarre gespielt, wären da nicht der verstorbene Marc Bolan und Michael Karoli von Can gewesen."

Ende 1978 veröffentlichte die Gruppe ihr vorerst letztes Album: "Can", editiert von Holger Czukay. Die einzelnen Mitglieder konzentrierten sich in den folgenden Jahren auf ihre Solo-Projekte. Mi-

chael Karoli baute sich in der Nähe von Nizza ein Studio. Dort, im Outer Space-Studio, traf sich acht Jahre später die Can-Originalbesetzung von "Monster Movie". Zusammen mit ihrem ersten Vokalisten, Malcolm Mooney, nahmen sie im November 1986 das Album "Rite Time" auf, das 1988 veröffentlicht wurde.

1991 fanden sie sich in der gleichen Besetzung mit Ausnahme von Holger noch einmal im Can-Studio zusammen, um für den Wim Wenders Film "Until The End Of The World" den Titel "Last Night Sleep" aufzunehmen.

Noch ein weiteres Kapitel in der Can-Geschichte sollte folgen. Daß Can-Musik stets Ausdruck eines permanenten Entwicklungsprozesses gewesen ist (und niemals endgültig), manifestierte sich im Mai 1997 mit der Remix-CD "Sacrilege". Zu dieser Hommage an eine Gruppe, die seit nunmehr drei Jahrzehnten die Musiker-Avantgarde inspiriert, traf sich die Prominenz der Techno-, Dance- und Ambient-Szene für ein Tribut-Album mit 15 Can-Klassikern, in ihrer Essenz für die Neunziger aufbereitet von "Yoo Doo Right" bis "...And More".

Gabriele Meierding

(Buzzcocks) is quoted on the Cannibalism cover: "I never would have played guitar if not for Marc Bolan and Michael Karoli of Can".

At the end of 1978 the band released "Can", edited by Holger Czukay. In the following years the individual members focused on solo projects. Michael Karoli built a studio in France, close to Nice. It was there at his Outer Space Studio where in November eight years later the original "Monster Movie" line-up got together again with their first vocalist, Malcolm Mooney, and recorded "Rite Time", which was released in 1988.

In 1991 the band assembled again at the Can Studio with the same line-up, minus Holger, to record the track "Last Night Sleep" for Wim Wenders' film "Until the End of the World".

Another chapter in the Can history was to follow. In May 1997, the remix CD "Sacrilege" demonstrated that Can's music was always an expression of an ever-developing process, and never final. For this tribute to a band that has inspired the vanguard of musicians for three decades now, several prominent representatives of the techno, dance and ambient scene reworked 15 classic Can tracks for the '90s, from "Yoo Doo Right" to "...And More".

Gabriele Meierding

mencé à jouer de la guitare, s'il n'y avait pas eu Marc Bolan et Michael Karoli". En 1978 Can sort son dernier album: "Can", édité par Holger Czukay.

Dans les années qui suivent, les membres du groupe se concentrent sur leurs projets solo. Michael construit près de Nice son propre studio d'enregistrement: le Outer Space-Studio. En 1986, tous les membres de Can s'y retrouvent, avec la constellation d'origine (Malcolm Mooney compris), pour enregistrer l'album "Rite Time" (publié en 1988).

En 1991, ils se retrouvent à nouveau, mais sans Holger cette fois ci, pour enregistrer le titre "Last Night Sleep" pour le film "Until The End Of The World" de Wim Wenders.

Un autre chapitre de l'histoire de Can fut écrit en 1997. L'album de remix "Sacrilège" démontre que la musique de Can a toujours été l'expression d'un processus de développement constant. Tous les grands noms de la nouvelle scène de techno, de dance et d'ambient, se sont retrouvés pour donner leur hommage à ce groupe qui, depuis trois décennies, n'a cessé d'inspirer l'avant-garde de la musique.

"Sacrilège", ce sont quinze titres de Can, remixés dans leur essence pour les années 90, de "Yoo Doo Right" jusqu'à "...And More".

Gabriele Meierding

Can Box · Item No. II · Book

Can Box · Item No. II · Book

Can-Virus

Can Virus

Wie populär muß eine Pop-Gruppe sein, um einflußreich genannt werden zu dürfen? Das Beispiel der deutschen Band Can zeigt, daß das eine Phänomen mit dem anderen nur sehr bedingt in Zusammenhang stehen muß. Nicht, daß Can zu ihrer Zeit nicht populär gewesen wären. Doch gab es ohne Frage viele Gruppen, die den Massengeschmack der späten Sechziger und frühen bis mittleren Siebziger Jahre wesentlich besser getroffen haben als die Gruppe aus Köln. Und dennoch gibt es kaum eine Band, deren Einfluß von ähnlich kontinuierlicher Breiten- und Langzeitwirkung gewesen wäre.

Can haben sich 1978 in gegenseitigem Einvernehmen aufgelöst. Im Gegensatz zu vielen anderen Gruppen, die kurz zuvor, zur selben Zeit oder kurz danach auseinanderbrachen, ließ die Can-Rezeption jedoch zu keinem Zeitpunkt nach. Im Gegenteil. Schon unmittelbar nach dem Split von Can setzten mannigfaltige Can-Schulen ein, die, ohne von der Band selbst initiiert worden zu sein, bis heute wirken, sich immer wieder erneuerten und – das ist absolut einmalig in der mittlerweile ein halbes Jahrhundert andauernden Geschichte des Rock'n'Roll und seiner zahlreichen Kinder – letzt-

Can Virus

Does a band have to be popular to be influential? If you take the example of the German band Can, it's apparent that being influential doesn't necessarily mean being popular. Not that Can weren't popular during their time. Undoubtedly, there were bands other than the one from Cologne who catered more to the taste of the masses at the time; nevertheless, there are few groups whose influence was wider or more durable.

Can agreed to break up in 1978. In contrast to many other groups who lost their fans when they broke up, people did not stop listening to Can. On the contrary: directly after the split, various schools of Can admirers began to form. Although the band themselves don't incite these groups, they continue to branch out.

English bands started it. While many groups are imprecisely credited with being the forerunners of punk, identifiable traces of Can can be found in many groups whose members had their roots in punk. Foremost was the group Public Image, Ltd. Their singer, John Lydon, formerly Johnny Rotten of the Sex Pistols, had been a symbolic figure for punk. After his failed attempt

Le virus Can

Quel degré de popularité un groupe pop doit-il avoir atteint pour qu'on lui reconnaisse de l'influence sur la musique? L'exemple du groupe allemand Can montre que les deux phénomènes ne sont pas absolument liés. Ce n'est pas que Can n'ait pas été populaire de son temps; il y a sans aucun doute beaucoup de groupes qui ont, mieux que ce groupe de Cologne, touché le goût d'un public très vaste à la fin des années 60 et jusqu'au milieu des années 70. Pourtant, il n'en existe pratiquement pas qui ait exercé une influence aussi large et persistante.

Les membres du groupe Can se sont séparés d'un commun accord en 1978. Depuis, on n'a jamais cessé de prendre en considération la musique du groupe, alors que pour beaucoup d'autres groupes, cette considération a cessé avec la dissolution du groupe, ou peu avant ou peu après. Ce fut le contraire pour Can. À peine s'était-il séparé que le groupe a produit des émules, qui n'étaient pas initiés par Can, mais qui s'en recommandent encore aujourd'hui, qui ont été également capables de renouvellement et qui — ce qui est nouveau dans l'histoire du rock vieille maintenant d'un demi-siècle — retournent vers cette origine: Can.

"But Can will be remembered as one of the great 20th century bands. I've listened to their music for over 23 years, and I still freak out at their staying power. All of them continued in music after Can's split in 1978, and all have made great music at some time. Every one of Can's members is a hero, and a true star."

THE WIRE January / 1995
(Taken from Julian Cope's book: KRAUTROCK)

"Can were our clarion call, our initition to our future."

Thurston Moore (Sonic Youth)

"Can are a truly mythic band..... for many today, they are peerless."

SELECT May / 1997
(by Ian Harrison)

"Can, le groupe allemand le plus influent du monde..."

LES INROCKUPTIBLES / 11.6.97
(by Thierry Jousse)

endlich wieder zu Can zurückfanden. Den Anfang machten englische Bands. Während vielen Gruppen bis zurück zu den Doors ungerechtfertigter Weise nachgesagt wird, sie wären Vorläufer des Punk gewesen, hinterließen Can doch recht unmittelbare Abdrücke im musikalischen Profil von Bands, deren Mitglieder gerade erst dem Punk entwachsen waren. Allen voran Public Image Ltd. Deren Sänger John Lydon, vormals Johnny Rotten, war mit den Sex Pistols zur Symbolfigur des englischen Punk geworden. Nachdem sein Versuch, bei Can den Posten des Sängers zu bekleiden, fehlschlug, gründete er nach dem Vorbild der deutschen Progressive-Legende mit dem Bassisten Jah Wobble die Band Public Image Ltd., um mit dem Can-Virus die Welt des New Wave zu infizieren. Die PiL-eigene Mischung aus Punk, Dub und minimalistischen Verquickungen verschiedener Einflüsse elektronischer und ethnischer Musik kam der Chemie von Can streckenweise ziemlich nahe. Jah Wobble verließ zwar schon nach relativ kurzer Zeit wieder die Band, fand aber eigene Wege, um in den verschiedensten Konstellationen mit Jaki Liebezeit und Holger Czukay zusammenzuarbeiten und seine Beziehung zu Can immer wieder aufzufrischen. Lydon hingegen tat sich für seine '86er Ausgabe von PiL mit einem weiteren Can-Maniac zusammen: dem amerikanischen Sound-Pionier Bill Laswell. Public Image Ltd. waren nicht der ein-

to adorn the post of singer in Can, he and bassist Jah Wobble founded the band Public Image, Ltd. One of their aims was to infect the world of new wave with the Can virus. PiL's unique mixture of punk and dub, and ist minimalistic amalgamation of various electronic and ethnic influences came very close to attaining a Can-like chemistry. Jah Wobble left the band after a relatively short time, but established his own relationship to Can, working in various formations with Jaki Liebezeit and Holger Czukay. Lydon himself worked with another Can maniac in his 1986 incarnation of PiL: the American sound pioneer Bill Laswell. Public Image, Ltd. were not the only British channel through which the Can virus spread. In 1977 the Manchester band The Fall was founded, whose singer, Mark E. Smith, never tried to hide the fact that his two greatest influences were Lou Reed and Can. Smith, who permanently reformed the group around himself, seemed to some listeners to be the perfect combination of the two Can singers Malcolm Mooney and Damo Suzuki. Smith proclaimed his reincarnation on "I Am Damo Suzuki" a track on the Fall's 1985 album This Nation's Saving Grace .

Brian Eno didn't belong to the circle of Can disciples, but even so in an interview with the Britsh magazine "Mojo", he said: "I was pretty keen on Can as soon as I heard them in the early

Les groupes anglais marquèrent le début. Tandis qu'on prétend à tort que beaucoup de groupes, à partir des Doors, ont été les précurseurs du punk, ce sont les Can qui ont laissé des marques identifiables dans le profil de certains groupes musicaux dont les membres viennent justement d'émerger du punk. Le meilleur exemple: Public Image, Ltd. dont le chanteur Johnny Lydon est devenu avec les Sex Pistols la figure emblématique du punk anglais. Après sa tentative échouée de devenir chanteur des Can, il a, sur le modèle du Progressive Legende allemand, créé le groupe Public Image Ltd avec le bassiste Jah Wobble, pour infecter le monde de la new wave avec le virus Can. Le mélange PIL caractéristique de ce groupe, constitué de punk, de dub et d'entrelacements minimalistes de différentes influences de musique électronique et ethnique peut prétendre parfois approcher la chimie de Can. Jah Wobble a quitté le groupe relativement peu de temps après, mais il a toujours trouvé des moyens variés pour travailler avec Jaki Liebezeit et Holger Czukay et ainsi rafraîchir sa relation à Can. De son côté, Lydon s'est associé, pour son disque PIL de 1986, à un autre maniaque de Can: le pionnier sound américain Bill Laswell. Public Image Ltd n'était pas le seul canal anglais par lequel a pu se répandre le virus Can. En 1977, à Manchester, a été créé le groupe The Fall, dont le chanteur Mark E. Smith n'a jamais caché que ses

zize britische Kanal, über den der Can-Virus verbreitet wurde. 1977 wurde in Manchester die Band The Fall gegründet, deren Sänger Mark E. Smith nie einen Hehl daraus machte, daß seine einzigen beiden Einflüsse Lou Reed und Can wären. The Fall unternahmen gar nicht erst den Versuch, diese Einflüsse zu verleugnen. Vor allem Smith selbst, um den herum sich die Band permanent neu formierte, ergab in seinem impulsiven Vokalstil die perfekte Schnittmenge aus den beiden Can-Sängern Malcolm Mooney und Damo Suzuki.

Brian Eno gehört sicher nicht zum Kreis der unmittelbaren Can-Jünger, auch wenn er in einem Interview für die britische Zeitschrift "MOJO" äußerte: „Ich war ziemlich scharf auf Can, sowie ich sie in den frühen Siebzigern hörte, während Roxy probte. Ich hatte das Gefühl, sie hatten den Fehdehandschuh aufgenommen, den Velvet Underground haben fallen lassen. Ich fand, die deutschen Bands hatten viel mehr von dieser leicht gefährlichen, sehr urbanen und stets auf der Kante zur Unkontrollierbarkeit befindlichen Sensibilität aufgenommen als die englischen Bands." Eno machte vor einem vergleichbaren Hintergrund zur selben Zeit ähnliche musikalische Erfahrungen und Entdeckungen wie die Can-Musiker, und gerade aus den Parallelen im Umgang mit weltweiten musikalischen Einflüssen und der Bearbeitung von vorhandenem musikalischem Material heraus gab es auch gegenseitige

seventies, when Roxy were rehearsing. I felt they had picked up the gauntlet that the Velvet Underground had thrown down. At that time there was a very clear distinction, I felt, between Beatles, which was generally quite sunny and sweet and English, and, on the other hand, Velvet Undergrund music: I thought that the German bands had picked up much more of that sensibility of rock music as slightly dangerous, very urban, on the edge of going out of control". A contemporary of Can, Eno had had comparable musical experiences and made comparable musical discoveries. Due to their similar handling of international musical influences as well as found musical material, these two figures of the European progressive scene mutually influenced each other. Can were forerunners in the field of sampling, and in 1975 Brian Eno began working with tape loops. Eno admired Jaki Liebezeit's ability to create drum loops; so, in 1977 he asked Jaki to play on his album Before and After Science . In America there was a completely different Can group of Can enthusiasts. One of the first who consciously made reference to Can was Bill Laswell. It's said that at the end of the seventies he put an ad in the New York Times searching for musicians with an interest in various prog rock bands, among them Can. Michael Beinhorn and Fred Maher were among those who responded, and they became the core members of Bill

deux seules influences ont été Lou Reed et Can. The Fall n'a jamais même essayé de nier ces influences. Smith lui-même, autour de qui le groupe s'est toujours reconstitué, a représenté un style vocal impulsif qui se situait exactement à la charnière entre les deux chanteurs de Can: Malcolm Mooney et Damo Suzuki.

Brian Eno ne fait certainement pas partie du cercle des adeptes de Can, et pourtant il a dit dans une interview qu'il

a donnée au magazine britannique "Mojo": "J'étais mordu de Can, tel que je les entendais au début des années 70, alors que Roxy répétait. J'avais l'impression qu'ils relevaient le défi que leur avait lancé le Velvet Underground. Je trouvais que les groupes allemands avaient beaucoup plus que les groupes anglais, cette sensibilité un peu dangereuse, très urbaine, et qui se situe toujours à la limite de l'incontrôlable." À la même époque, Eno faisait des

Abkehr von der geplanten Improvisation: Can.

„Die Can sind die Schwersten"
Englands Musikpresse lobt Kölner Band

ie Engländer, nicht gerade berühmt wegen ihrer Aufgeschlossenheit gegenüber Fremdländischem, haben zumindest in der Beurteilung kontinentaler Popmusik gelernt, über ihren eigenen Schatten zu springen.

Während Britanniens Musikpresse bis vor kurzem jeden nicht angloamerikanischen Rock als Imitation der eigenen Größen einstufte, hat sich die Auffassung in diesem Jahr doch wesentlich geändert: Mehr und mehr Festlandmusiker erregen das Interesse der britischen Popschreiber, und es ist nicht verwunderlich, daß vor allem deutsche Rockgruppen hin

und wieder lobend erwähnt werden. So erhielt die dritte LP der in Paris als neue Pink Floyd gefeierten Amon Düül 2 („Tanz der Lemminge"), Mitte des Jahres auch auf der Briteninsel begeisternde Kritiken, und das Album wurde trotz gänzlich fehlender Promotion recht achtbar verkauft.

Nun ist offensichtlich die

Can an der Reihe, auch im Mutterland der neuen Popmusik Fuß zu fassen. Englands führendes Musikblatt, der „Melody Maker", widmete sich dieser Tage ausführlich der Kölner Gruppe.

Die Can, so hieß es, sei sicherlich die bemerkenswerteste der deutschen Gruppen, weil sie am besten die typi-

schen Stilmerkmale des teutonischen Rocks repräsentiere: die Abkehr von der „geplanten Improvisation" zur völlig freien Verarbeitung spontaner Einfälle sowie die ständige Infragestellung überlieferter musikalischer Gesetze.

Undeutsche Namen deutscher Bands wie Ash Ra Temple, Birth Control oder Embryo sind dank der freundlichen Aufmerksamkeit der britischen Musikkritik in England keine Bücher mit sieben Siegeln mehr. Die Can, so schreibt der „Melody Maker", sind jedoch „die Schwersten", wobei das Wort schwer mit „ernsthaft" zu übersetzen ist.

TWENS & FANS / POP-MAGAZIN FÜR JUNGE LEU

Beeinflussungen zwischen den beiden Polen der europäischen Progressive-Szene. Wie Can Wegbereiter der Sampling-Mentalität waren, so schuf Brian Eno spätestens seit 1975 die Grundlage für die Arbeit mit dem Loop. Schon 1977 holte er sich für sein Album "Before And After Science" Jaki Liebezeit wegen seiner Fähigkeit, live Loops zu trommeln, ins Studio. Insofern lag es nur nahe, daß auch Brian Eno nach der Auflösung von Can Gedanken der Gruppe weitertrug und in ein eigenes ästhetisches Bauwerk integrierte, ohne sich unmittelbar auf Can zu berufen. Über den Umweg von Brian Eno wurden auch The Orb, eine Band, die ebenfalls vom Punk zu einem neuen Verständnis elektronischer und Trance-Musik gefunden hatte, vom Can-Virus infiziert.

In Amerika setzte eine ganz andere Can-Schule ein. Einer der ersten, die sich ganz bewußt auf Can berief, war Bill Laswell. Schon als junger Musiker hatte er ganz genaue Sound-Vorstellungen. Angeblich setzte er Ende der Siebziger Jahre eine Anzeige in die New York Times, in der er nach Musikern mit einem ausgeprägten Interesse für diverse Prog-Rock-Bands, unter anderem Can, suchte. Die, die sich meldeten, waren Michael Beinhorn und Fred Maher, also die Keimzelle zu Bill Laswells Langzeitformation Material. Schon der Name des Projektes deutet darauf hin, daß Laswell einen ähnlichen Umgang mit musikalischen Ressourcen pflegt wie die deutsche Band. Der Weg, auf dem er zu Can gefunden hat, unterscheidet sich jedoch grundlegend von dem jener britischen Musiker,

Laswell's group Material. Though most British musicians of the time remembered Can from their live appearances, Laswell discovered Can through other avenues. "I was," said Laswell, "orginally interested in the music of Miles and Hendrix. From that, I discovered prog rock. That was to some extent the European parallel to fusion in America. I heard Magma from France and Henry Cow from Great Britain and then I came across Can. Can stood out from all of these other projects because their repetitive bass and drum patterns created a trancelike atmosphere. A track like "Halleluwah", built on a single bass line and a single beat, was and still is a very important influence". However, there was a completely different aspect to Can that Laswell found fascinating — an aspect that he later made one of the most successful components of his own music. That is an expertise in unifying musical styles, regardless of which ethnic or technological background they come from. Elements from all types of folk music became an integral part of his own language of expression. With this, Laswell made a conscious connection to Can. "Jaki had a sound that I would call tribal. He had a quality that was similar to that of Ginger Baker's, except that Baker always thought he was playing jazz. But in my opinion he played music that was strongly influenced by African music. As a bassist, I naturally found the repetitive bass lines important. But

expériences et des découvertes musicales analogues à celles que faisaient les musiciens de Can; et c'est justement sur ces parallèles qui se sont établis entre l'utilisation d'influences musicales venues du monde entier et celle de la musique existant sur place, que se sont développés des interactions et des interdépendances entre les deux pôles musicaux de la scène européenne progressiste. De même que Can a été le précurseur de la mentalité sampling, Brian Eno a créé à partir de 1975 la base sur laquelle a pu se mettre en place le travail avec le loop. En 1977 déjà, pour son album "Before And After Science", il a amené Jaki Liebezeit en studio parce qu'il avait besoin de sa capacité de jouer à la percussion des loops live. C'est pourquoi il est clair que, après la dissolution du groupe Can, Brian Eno a repris les idées du groupe, qu'il les a intégrées dans sa propre construction esthétique, sans toutefois citer explicitement les influences de Can. Le groupe Orb qui était parti du punk et était parvenu, en transitant par Brian Eno, à une nouvelle compréhension de la musique électronique et de la musique trance, peut être considéré comme ayant été lui aussi infecté par le virus Can.
En Amérique, il y a eu l'émergence d'une tout autre école Can. L'un des premiers à se recommander expressément de Can fut Bill Laswell. Lorsqu'il était encore un jeune musicien, il avait déjà des idées très précises du sound. Il aurait mis une

(d) die Can meist noch aus dem unmittelbaren Live-Erlebnis kannten. „Ich war", so Laswell, „ursprünglich an der Musik von Miles und Hendrix interessiert. Davon ausgehend entdeckte ich den progressiven Rock. Das war gewissermaßen die europäische Parallele zum Fusion in Amerika. Ich hörte Magma aus Frankreich und Henry Cow aus Großbritannien, und über diesen Umweg kam ich in Berührung mit Can. Can stachen aus all diesen Projekten heraus, weil sie aufgrund ihrer repetitiven Baß- und Schlagzeug-Figuren stets eine Trance-Qualität hatten. Ein Stück wie "Halleluwah", das auf einer Baßlinie und einem Beat aufbaute, war und ist für mich ein ganz wichtiger Einfluß."

Doch es war noch ein ganz anderes Element, das Laswell an Can faszinierte und das er zum erfolgreichen Bestandteil seiner eigenen Musik machte. Er wußte, jede musikalische Richtung mit jeder anderen zu einer organischen Einheit zu verbinden, egal vor welchem ethnischen oder technologischen Hintergrund sie entstanden war. Vor allem Elemente aller nur möglichen Volksmusiken machte er zum integralen Ausdrucksmittel seiner eigenen Sprache. Damit schloß er bewußt an Can an. „Jaki", schwärmt Laswell, „hat einen Sound, den ich tribal nennen würde. Er hat eine ähnliche Qualität wie Ginger Baker, nur daß dieser stets dachte, er würde Jazz spielen. Dabei spielte er eine Musik, die stark afrikanisch geprägt war.

I always hear something in Jaki Liebezeit's drumming that I can't describe. It's in his head and it flows into his drums. It's ethnic. There's no word for it. It has a mysterious ethnic quality". Laswell also took the (e) opportunity to go in the studio with Jaki Liebezeit and involved him in various large projects. Sonic Youth come from a completely different background, but they also have their own door to the Can universe. Like Can, Sonic Youth is a continuing musical experiment that has somehow managed to stay together longer than most. They emerged from the hardcore scene, but during their long journey, opened up to improvisation and electro-acoustic music, broadening their spectrum through noise, drones, minimalistic structures, risky improvisation, and other material. Can's influence was at first less musical than structural, as guitarist and singer Lee Ranaldo described it. "Can are certainly an indirect influence for Sonic Youth, more in the sense of a spiritual relationship. We all listened to Can records, but I don't believe that we saw them at the time as an influence. The similarities begin with the fact that they also functioned as a collective; they didn't influence us musically. Instead they were very democratic, creating a kind of meeting point for very different personalities. They strengthend the roles that each person played, which ultimately strengthened the entire band".

annonce dans le New York Times à la fin des années 70, disant qu'il recherchait des musiciens ayant un intérêt manifeste pour divers groupes rock-prog, entre autres Can. Ceux qui se sont manifestés étaient Michael Beinhorn et Fred Maher, donc la cellule initiale qui allait engendrer le matériel musical de la formation de Bill Laswell — qui allait connaître une longue vie. Le nom du projet indique déjà que Laswell a la même approche des ressources musicales que le groupe allemand. La façon dont il a rencontré Can diffère fondamentalement de celle des musiciens britanniques que les musiciens de Can connaissaient des concerts live. Laswell a expliqué: "Au début, je m'intéressais à la musique de Miles et de Hendrix. À

partir de là, j'ai découvert le rock progressiste. C'était en quelque sorte l'équivalent européen du fusion en Amérique. J'ai entendu Magma, en France et Henry Cow en Grande-Bretagne et c'est comme ça que j'ai pu avoir des contacts avec Can. Can se distinguait de tous ces projets parce que, grâce à ses figures répétitives de batterie et de basse, ils arrivaient à une qualité de transes. Un morceau comme „Halleluwah" construit sur une tonalité de basse et un beat, ça a exercé une très grande influence sur moi".

Mais c'est un tout autre élément qui a fasciné Laswell dans la musique de Can, et qui a constitué une partie qui lui a assuré son propre succès. Il a su marier toute tendance musicale avec toute autre,

Als Bassist sind für mich natürlich auch die repetitiven Baßlinien wichtig gewesen. Aber in Jaki Liebezeits Drumming höre ich stets etwas, von dem ich nicht beschreiben kann, was es ist. Es steckt in seinem Kopf und fließt in sein Schlagzeug. Es ist ethnisch. Dafür gibt es kein Wort. Es hat eine mysteriöse ethnische Qualität." Auch Laswell, der ein ausgemachter Meister der Schaffung ungewöhnlicher persönlicher Musizier-Situationen ist, ließ es sich natürlich nicht nehmen, mit Jaki Liebezeit gemeinsam ins Studio zu gehen und ihn in diverse Großprojekte einzubeziehen. Ein Seelenverwandter und Kollaborateur von Bill Laswell ist der New Yorker Produzent Anton Fier. Je weiter er mit seinem losen Projekt Golden Palominos fortschritt, die Sprache des Art Rock mit der Fraktal-Ästhetik des Drum'n'Bass zu verbinden, desto offenkundiger traten auch in seiner Musik die Ähnlichkeiten mit Can zutage.

Aus einer ganz anderen Ecke kommen Sonic Youth, aber auch die haben einen ganz eigenen Zugang zum Can-Universum. Sonic Youth sind ähnlich wie Can ein musikalisches Dauerexperiment, das allerdings wesentlich länger zusammenhält. Vielleicht ging es bei dem Quartett, das erst in Hoboken residierte und dann nach New York zog, auch nie, wie Irmin Schmidt es von Can erzählt, ums Leben. Sie kamen aus der Hardcore-Szene, öffneten sich aber im Laufe ihrer langen Abenteuerfahrt immer stärker

This commonality with Sonic Youth is obvious in hindsight. At the time of their albums "The Whitey Album" and "Daydream Nation", (that is, at the end of the eighties), Sonic Youth began another exploration of Can. "What struck us at first about Can was their way of dealing with rhthym. There was a constant jam, but it's not just a simple jam, because this jam is based on a constant, strong minimalistic structure. There's a song on "The Whitey Album" that resembles Neu. We began to call it a Can beat. That meant that drummer Steve Shelley would lay down a bottom layer and we'd somehow join in. That was a real Can feeling, something that we always felt really happy with". From

Sonic Youth, who started a sound revolution in the U.S.A., the Can virus spread to a large part of the grunge or alternative scene. At the end of the eighties, Can reached a level of popularity in America that they'd never had during their existence. The interchange of rhythm, harmonies, and vocals, as well as their internal and artistic independence from the established commercial rock scene were compatible with the younger spirit of American rock in the early nineties. Although general interest on the part of the post-Nirvana generation ebbed, that didn't mean that the spotlight on Can suddenly disappeared. The emergence of ambient, electro, and drum

sans considération de son arrière-plan ethnique ou technologique. Il a su utiliser tous les éléments de n'importe quelle musique populaire, de sorte qu'ils deviennent un moyen d'expression intégral de son propre langage musical. C'est par cela qu'il se rattache à Can. Laswell fait l'éloge de Jaki : "Il a un sound que j'appellerais tribal, il a une qualité qui ressemble à celle de Ginger Baker, sauf que ce dernier était persuadé de jouer du jazz alors qu' il jouait une musique marquée d'africanisme. En tant que bassiste, je suis plutôt sensible aux tonalités basses. Mais dans le drumming de Jaki Liebezeit, j'entends toujours quelque chose que je ne peux décrire. C'est dans sa tête et ça s'exprime dans sa batterie. C'est ethnique. Il n'y a pas de mot pour cela. Ça a une qualité ethnique mystérieuse". Laswell, maître des créations engendrées par des situations personnelles originales n'a pas manqué d'amener Jaki Liebezeit dans son studio et de l'intégrer à toutes sortes de grands projets. Un des collaborateurs de Bill Laswell, qui se situe sur la même longueur d'onde que lui, n'est autre que le producteur new-yorkais Anton Fier. Plus il avançait dans son projet Golden Palaminos de relier le langage du art rock au drum'n'bass, plus les ressemblances avec Can apparaissaient clairement dans sa musique.
Sonic Youth vient d'un horizon tout différent, mais eux aussi ont une approche très personnelle de l'univers

den Bereichen der freiimprovisierten und elektroakustischen Musik, bzw. erweiterten ihr Spektrum über den Noise hinaus um Drones, minimalistische Strukturen, gewagte Improvisationen und andere Gestaltungsmittel. Die Einflüsse von Can waren zunächst weniger musikalischer als struktureller Art, wie Gitarrist und Sänger Lee Ranaldo beschreibt. „Can sind sicher auf indirektem Wege ein Einfluß für Sonic Youth gewesen. Mehr im Sinne einer Geistesverwandtschaft. Wir alle hörten von Anfang an die Platten von Can, aber ich glaube nicht, daß wir sie schon damals als Einfluß angesehen hätten. Die Ähnlichkeiten bestanden wohl eher darin, wie sie als Kollektiv funktioniert haben, als im unmittelbaren Zugang zur Musik. Sie waren stets sehr demokratisch und stellten eine Art Treffpunkt ganz unterschiedlicher Charaktere dar. Die Stärke der Rollen, die jeder einzelne spielte, machte letzten Endes die Stärke der Band aus. Außerhalb nahm jeder eine ganz andere Funktion wahr als innerhalb der Band."

Die Gemeinsamkeiten mit Sonic Youth sind in dieser Hinsicht augenfällig. Zu Zeiten ihrer Alben "The Whitey Album" und "Daydream Nation", also Ende der Achtziger Jahre, begannen Sonic Youth auch ganz offen mit einer musikalischen Auseinandersetzung mit Can. „Was uns zuerst direkt an Can auffiel, war ihr Umgang mit dem Rhythmus. Es war stets ein Jam und doch etwas anderes

'n' bass let loose an unequalled Can boom, which began almost immediately to internationalize. The new DJ scene, (among them New York DJs Olive and Soul Slinger), was interested in the intrepid veterans. The London-based band Stereolab lovingly evoked scenes from "Monster Movie" in their album "Emperor Tomato Ketchup". The entire circle of primarily instrumental bands such as Tortoise, Trans Am, or Calexico also count Can as an important influence. Calexico guitarist Joey Burns discussed why Can means so much to worldwide musical understanding in the late nineties: "Thanks, Can. Without you, there wouldn't be much happening today. Stars always fought against the idea of community. Today this idea works much better than it did twenty years ago, because there are completely new ways of communicating. It's a lot easier to establish contact with people from abroad. Our listening habits have also changed as much as our willingness to listen has. This willingness to listen to each other can be traced back to Can. Those musicians gave themselves time to listen to each other and allowed their music a natural flow. They didn't listen to every detail of what the others played, but listened to the sounds. It's exactly this type of thinking that I like. To receive a sound, a signal; to form it, and to turn it into a sculpture." The music by avant garde post rock Chicago sound maniac Jim O'Rourke doesn't seem to

Can. Comme Can, Sonic Youth est un groupe d'expériences musicales permanentes, sauf que ce groupe a tenu beaucoup plus longtemps. Peut-être que ce quartett qui a d'abord habité à Hoboken et qui s'est ensuite installé à New York n'a peut-être pas été le théâtre de telles bagarres, comme Irmin l'a dit de Can. Ils venaient de la hardcore et peu à peu au cours de leur long cheminement collectif, ils se sont de plus en plus rapprochés des domaines de la musique improvisée et électronique ou, plutôt, ils ont élargi leur spectre, s'éloignant du noise pour aller vers les drones, les structures minimalistes et les improvisations savantes et autres. Au début, les influences de Can étaient plus structurelles que musicales, comme l'a dit le guitariste et chanteur Lee Ranaldo.

"Can a certainement eu une influence indirecte sur Sonic Youth. Plus dans le sens d'une communauté d'esprit. On a tous commencé par écouter les disques de Can, mais je ne crois pas qu'à l'époque, on aurait dit qu'ils avaient une influence. Les ressemblances portaient davantage sur leur façon de fonctionner collectivement que sur leur approche directe de la musique. Ils étaient très démocratiques, c'était une rencontre de caractères très différents. Chacun jouait un rôle assez fort pour qu'il donne en fin de compte la force à tout le groupe. Et chacun prenait une autre fonction qu'à l'intérieur du groupe".

Les ressemblances avec Sonic Youth sont évidentes dans cette perspective. Au moment de leurs albums "The Whitey Album" et "Daydream Nation", c'est-à-

als einfach nur ein Jam. Denn diesen Jams lagen stets ganz stark minimalisierte strukturelle Ideen zugrunde. Auf dem "Whitey Album" ist ein Stück, das eine ziemlich enge Beziehung zu Neu hat. Wir begannen, uns die deutsche Musik der Siebziger zu erobern. Von da an sprachen wir direkt von einem Can-Beat. Das bedeutete, Drummer Steve Shelley legte irgendwas unter, und wir sprangen irgendwie darauf. Das hatte für uns ein ganz Can-artiges Feeling, mit dem wir uns stets recht gut fühlten."

Von Sonic Youth aus, die eine gewaltige Soundrevolution und Demokratisierung musikalischer Strukturen in den USA auslösten, übertrug sich der Can-Virus auf die gesamte Grunge- oder Alternative-Szene. Keine Band in Amerika, die sich nicht früher oder später auf Can berief. Ende der Achtziger gelangte die Kölner Band auf diesem Weg zu einer Popularität in Amerika, die sie zu ihren aktiven Zeiten niemals inne gehabt hatte. Gerade die Wechselwirkung von Rhythmus, Harmonien und Gesang, aber auch die interne, geschäftliche und künstlerische Unabhängigkeit vom Establishment waren zum Geist der amerikanischen Frühneunziger in jeder Hinsicht kompatibel.

Das sollte jedoch nicht heißen, daß mit dem Abschwellen des allgemeinen Interesses an der Post-Nirvana-Generation die Aufmerksamkeit, die man Can entgegenbrachte, plötzlich nachgelassen hätte. Im Gegenteil. Das Aufkommen von Illbient, Electro und Drum'n'Bass löste einen

have much in common with Can's. But after close observation, it can be seen that O'Rourke has developed a comparable sense for musical resources and their mutability. Unlike other musicians, he doesn't feel influenced by the earlier records; rather, he prefers Soon Over Babaluma: "My favorite Can track is "Quantum Physics", and it always struck me as a sort of cousin to Miles Davis's (and Teo Macero's!!) "He Loved Him Madly" from Get Up With It. The careful use of editing to pare down impro-visational performances to give them a composed feel was a great influence to me in my early days of learning to cut splice and create compositions with these techniques. Both of these tracks taught me that the music did not need to be about the splice as much as it was in musique concrete, which was also an early influence, but could be a useful and subtle tool. That is probably the biggest influence that Can has had on me".

Irmin Schmidt, Holger Czukay, Michael Karoli, and Jaki Liebezeit are far too enterprising to allow all of these developments to go by unnoticed. They're active; they themselves spread the Can virus. In 1997 Holger Czukay joined the Cologne DJ team Air Liquide and went on an American tour,which is documented on the double CD "Clash". In 1997 the album "Sacrilege" was released: which both is and is not a Can album. Although the songs are by Can,

dire à la fin des années 80, Sonic Youth a commencé à se mesurer clairement à Can. "Ce qui nous a interpellé, chez Can, c'était son approche du rythme. Ça donnait l'impression d'être une jam mais pourtant c'était plus qu'une jam car à la base de cette jam, il y avait des idées structurelles tout à fait minimalisées. Sur le "Whitey Album", il y a un morceau qui a une relation assez étroite à la musique contemporaine. On commençait à aller à la conquête de la musique allemande des années 70. C'est à ce moment-là qu'on a parlé directement de beat Can. Ça veut dire que le drummer Steve Shelley nous mettait une base et on embrayait. Ça donnait un feeling très Can qui nous convenait parfaitement".

À partir de Sonic Youth qui a représenté aux États-Unis une véritable révolution du sound et a entraîné une démocratisation des structures musicales, le virus Can s'est propagé à toute la scène alternative et au grunge. En Amérique, il n'y a plus eu un seul groupe qui ne se recommande pas de Can. À la fin des années 80, le groupe de Cologne a atteint un degré de popularité qu'il n'avait jamais connu dans sa phase d'activité. Ce sont les interactions entre rythme, harmonie et chant, mais aussi l'indépendance par rapport à l'establishment sur le plan commercial et artistique qui se sont trouvées être tout à fait compatibles avec l'esprit américain des années 90. Ça ne veut pas dire que l'attention que

beispiellosen Can-Boom an diversen Fronten aus, der sich sogleich zu internationalisieren begann. Die neu erwachte DJ-Szene, allen voran DJ Olive und DJ Soul Slinger, beide aus New York, interessierte sich für die nach wie vor abenteuerlustigen Veteranen aus Köln ebenso wie die Londoner Loop-Pop-Band Stereolab, die auf ihrem Album "Emperor Tomato Ketchup" liebevoll von "Monster Movie" abmalt, oder der gesamte jüngere Zirkel vornehmlich instrumental arbeitender Bands wie Tortoise, Trans Am oder Calexico, die unter dem ungeschickten Begriff Post Rock zusammengefaßt werden. Stellvertretend für alle anderen führt Calexico-Gitarrist Joey Burns aus, wieso Can für das weltweite Musikverständinis der späten Neunziger so ungemein wichtig sind. „Danke, Can. Ohne Euch würde es heute vieles nicht geben. Die Gemeinschaft war stets ein Prinzip, das dem des Stars entgegengesetzt war. Heute geht diese Idee viel besser auf als vor zwanzig Jahren, weil es ganz andere Wege der Kommunikation gibt. Man kann wesentlich leichter über große Distanzen in Verbindung treten. Die Hörgewohnheiten haben sich ebenso verändert wie die Hörbereitschaft. Und diese spezielle Bereitschaft, einander zuzuhören, geht direkt auf Can zurück. Diese Musiker haben sich Zeit gelassen, einander zugehört und der Musik ihren natürlichen Fluß gelassen. Sie hörten nicht unbedingt im Detail, was der andere spielte, aber sie

the original tapes were handed over to musicians such as Brian Eno, Sonic Youth, Westbam, A Guy Called Gerald, The Orb, Air Liquide, Jah Wobble, and many others, who remixed the songs to make a double CD. The Berlin DJ Westbam hit the mark when he remembered a statement from a journalist who described Can's music as music for the year 2000. What would he have said if he'd heard these remixes now, just before the end of the century? "Maybe he would have hated it and said that everything had gone wrong". Perhaps. But Can's music, recorded thirty years ago, doesn't produce even a hint of nostalgia. A song such as "Yoo Doo Right" is perhaps the most timeless statement that's ever been released on a rock album. Kids who've discovered this song for the first time don't love it because they want to bring back the good old days, but because they feel that this song expresses their own experiences. The remixers didn't have to bother translating a faded language into a new context, but could simply set to work without reservations. When there were problems, they were exclusively of a technical nature. Lee Ranaldo about Sonic Youth's contribution: "We experimented on this project, the way we do on most things that are important to us. We looked upon it as a very special case. I got together with our sound engineer Wharton Tiers and drummer Steve Shelley; Kim Gordon and Thurston Moore weren't there. We

l'on portait à Can aurait disparu parallèlement à la baisse d'intérêt pour la génération post-nirvana. Au contraire. L'émergence de Illbient, de l'electro et de la drum'n'bass a déclenché un boom Can sans précédent sur plusieurs fronts et celui-ci a commencé en même temps à s'internationaliser. La nouvelle scène DJ et surtout DJ Olive et DJ Soul Slinger, tous deux de New York, s'est intéressée aux (encore) aventuriers-vétérans de Cologne, de même que le groupe londonien Loop Pop Band Stereolab qui, dans son album "Emperor Tomato Ketchup" copie gentiment "Monster Movie", et aussi tout le cercle des plus jeunes, surtout les groupes qui font plutôt de l'instrumental, comme Tortoise, Trans Am ou Calexico qu'on

range sous l'appellation pas très heureuse de post-rock. Le guitariste de Caleixo, Joey Burns explique, résumant la position de tous les autres, pourquoi Can a été si important pour la musique vers la fin des années 90: "Merci Can, sans vous il y a beaucoup de choses qui n'existeraient pas. La communauté était un principe qui s'opposait aux stars. Aujourd'hui cette idée est plus compréhensible qu'il y a vingt ans parce qu'il existe de nouveaux moyens de communication, on peut rester en contact en étant plus loin. Les habitudes d'écoute ont autant changé que les capacités d'écoute. Et ces capacités de s'écouter mutuellement, c'est à Can qu'on les doit. Ces musiciens se sont donnés le temps de s'écouter et de laisser

hörten auf den Ton des anderen. Und gerade diesen Gedanken mag ich. Einen Ton, ein Signal aufnehmen, es formen und zu einer Skulptur machen."

Die Musik des dem Post-Rock-Umfeld nahestehenden Chicagoer Sound-Maniacs Jim O'Rourke, der, von der Avantgarde kommend, einen ganz eigenen Zugang zur Pop-Musik gefunden hat und somit in den Neunzigern einen ähnlichen Weg beschreibt wie Irmin Schmidt und Holger Czukay in den Sechzigern, hat auf den erstenBlick nicht allzuviel mit Can gemein. Genau betrachtet hat er jedoch eine ähnliche Sensibilität für musikalische Ressourcen und deren Transformierbarkeit entwikkelt. Im Gegensatz zu vielen anderen Musikern beruft er sich nicht auf die frühen Platten von Can, sondern auf "Soon Over Babaluma". „Mein Lieblingstrack von Can ist "Quantum Physics". Das Stück schlug bei mir ein wie ein Cousin von Miles Davis' (und Teo Maceros) "He Loved Him Madley" von "Get Up With It". Das vorsichtige Editing, durch das improvisatorische Performances derart reduziert werden, daß sie ein Gefühl von Komposition erhalten, war in meinen frühen Tagen ein wichtiger Einfluß im Hinblick darauf, das Verspleißen von Bandschnipseln zu erlernen und mittels dieser Technik Kompositionen zu kreieren. Diese beiden Tracks lehrten mich, daß es in der Musik nicht unbedingt um das Verspleißen selbst geht, wie zum Beispiel

in der Musique Concrete, die ebenfalls ein wichtiger Einfluß für mich war, daß es aber ein sinnvolles und dezentes Werkzeug wäre. Das ist sicher der wichtigste Einfluß, den Can auf mich hatte."

Irmin Schmidt, Holger Czukay, Michael Karoli und Jaki Liebezeit sind viel zu sehr zeitlose Abenteurer, um all diese Entwicklungen tatenlos an sich vorbeiziehen zu lassen. Sie greifen ein und setzen sich dem selbst in Umlauf gebrachten Virus unerschrocken wieder aus. Schon 1997 tut sich Holger Czukay mit dem Kölner DJ-Team Air Liquide zusammen und begibt sich auf eine ausgedehnte Amerika-Tour, die auf der Doppel-CD "Clash" dokumentiert wird. 1998 erscheint das Album "Sacrilege". Ein Can-Album und kein Can-Album. Obgleich nicht nur die Songs, sondern auch sämtliche Original-Tracks von Can stam-

sampled a few songs and then recorded a couple of drum loops. When we were all there, we simply played together over that. We slowed down a few spots and overdubbed a couple of other spots with the guitar. It was really strange, because the old recordings only existed on two-track, so there were no songs that you could make a genuine remix of, in the usual sense of the word. So we tried to simply hold on to the mood of the song. We were a little different in that respect from most of the other album remixers. Maybe that's the point of making a tribute album, but most of the remixes say more about the remixer than they do about Can. A lot of them just fed their computers with little sound bytes, so that in the end you didn't hear anything at all of Can. We did the opposite: we left large parts just as they

la musique trouver son rythme. Ils n'ont peut-être pas écouté en détail ce que l'autre jouait mais ils ont écouté la tonalité de l'autre. Et c'est cette idée que j'aime. Capter un son, un signal et le former pour en faire une sculpture".

Irmin Schmidt, Holger Czukay, Michael Karoli et Jaki Liebezeit sont des aventuriers qui se situent beaucoup trop hors du temps pour avoir laissé ces choses se développer sans intervenir. Ils interviennent et se confrontent au virus qu'ils ont eux-mêmes lancé. Déjà en 1997, Holger Czukay se met avec un DJ d'Air Liquide de Cologne et se rend aux USA pour une longue tournée dont témoigne le double CD "Clash". En 1998 paraît l'album "Sacrilège". Un album Can tout en ne l'étant pas. Bien que tous les tracks originaux et les songs proviennent de Can, ils remettent en quelque sorte ces créations dans les mains de musiciens comme Brian Eno, Sonic Youth, Westbam, A Guy called Gerald, The Orb, Air Liquide, Jah Wobble et beaucoup d'autres pour rassembler leurs remixes en un double CD. L'avant-garde d'hier tend la main à ses enfants et petits-enfants et on s'aperçoit qu'on n'est pas si loin les uns des autres. Une aventure reste une aventure, qu'elle soit d'il y a mille ans ou qu'elle soit de la science-fiction. Le DJ berlinois Westbam le formule très bien dans le booklet du CD en disant qu'il se rappelle le statement d'un journaliste décrivant la musique de Can comme musique pour l'an 2000 et

men, geben sie ihre Kreationen Musikern wie Brian Eno, Sonic Youth, Westbam, A Guy Called Gerald, The Orb, Air Liquide, Jah Wobble und vielen anderen in die Hand, um deren Remixe zu einer Doppel-CD zusammenzufassen. Die Avantgarde von einst reicht der Avantgarde ihrer Söhne und Enkel die Hand, und man stellt fest, daß man doch gar nicht so weit auseinanderliegt. Ein Abenteuer bleibt immer ein Abenteuer, egal, ob es tausend Jahre zurückliegt oder Science Fiction ist. Der Berliner DJ Wetsbam formuliert es treffend im Booklet der CD, wenn er sagt, er erinnere sich an das Statement eines Journalisten, der Can als Musik für das Jahr 2000 beschreibt. Was würde der wohl erst sagen, wenn er diese Remixe hören würde, die kurz vor diesem Datum entstanden sind? „Vielleicht würde er es hassen und sagen, alles ist falsch gelaufen." Vielleicht. Doch die visionäre Musik, die Can dreißig Jahre zuvor eingespielt hat, weckt auch angesichts der Jahrtausendwende noch nicht den leisesten Hauch von Nostalgie. Ein Song wie "Yoo Doo Right" ist das vielleicht zeitloseste Statement, das jemals auf einer Rock-Platte verfaßt wurde. Kids, die dieses Stück drei Jahrzehnte nach seiner Entstehung entdecken, lieben es, nicht weil sie an die besseren Tage von einst glauben würden, sondern weil sie sich mit diesem Song in ihren Erfahrungen verstanden fühlen. Und so brauchten sich die Remixer auch gar nicht erst zu bemühen, eine verklun-

were. We took the entire vocal section directly from the record. We just simply wanted to add something to the song instead of masking it". Other contributors followed other ideas. But it's exactly that which gives the album its timelessness. Three decades after the founding of the band, and twenty years after its end, Can is still actively involved in music events, not just as the musicians from a former legend, but as a collective.

There is no other band that could claim something comparable for themselves. And Can are still far from the end of their road.

Wolf Kampmann

il se demande ce que ce journaliste dirait en entendant ces remixes apparus peu avant cette date: "peut-être qu'il haïrait tout ça et dirait qu'ils ont pris un mauvais chemin".

Peut-être, mais la musique visionnaire que Can a créée il y a trente ans n'éveille pas la moindre nostalgie à l'aube du deuxième millénaire. Un song comme "Yoo Doo Right" est peut-être le statement le plus intemporel qu'on n'ait jamais eu sur aucun disque. Les kids qui découvrent ce morceaux trois décennies après sa création l'aiment, non parce qu'ils croient qu'il y a eu des jours meilleurs jadis, mais parce que, avec ce song, ils se sentent compris avec leurs expériences actuelles. C'est pourquoi les remixers n'ont pas besoin de s'évertuer

à transposer le langage dans un contexte plus moderne. Et si jamais il y a eu des problèmes de transformation, ils se situaient exclusivement au niveau de la technique. Lee Ranaldo, sur les intentions des mixes Sonic Youth de "Spoon", dit: "On s'est mis à ce projet comme à tous les projets qui nous semblent intéressants. On l'a considéré comme un cas tout à fait particulier. J'ai rencontré l'ingénieur du son Wharton Tiers et le drummer Shelley pendant que Kim Gordon et Thurston Moore n'étaient pas là. On a fait des samples à partir du morceau qu'on utilisait et on a fait quelques drum-loops. Quand on a de nouveau été tous les quatre, on a revu tout ça ensemble. On a ralenti certains passages, et on a joué par dessus

Can Box · Item No. II · Book

gene Sprache in einen neuen Kontext zu übersetzen, sondern konnten sich ohne Vorbehalt an diese Arbeit ranmachen. Und wenn es überhaupt Transformationsprobleme gab, so waren diese ausschließlich technischer Natur. Lee Ranaldo über die Intentionen des Sonic-Youth-Mixes von "Spoon": „Wir haben uns an dieses Projekt herangetastet wie an die meisten Dinge, die uns wichtig sind. Wir haben es als ganz besonderen Fall betrachtet. Ich bin mit unserem Ton-Ingenieur Wharton Tiers und Drummer Steve Shelley zusammengekommen, während Kim Gordon und Thurston Moore nicht da waren. Wir fertigten einige Samples von dem Stück an, das wir benutzten, und machten ein paar Drum-Loops. Als wir dann wieder alle vier zusammen waren, machten wir uns einfach gemeinsam darüber her. Wir verlangsamten ein paar Stellen und spielten über ein paar andere Bits mit der Gitarre drüber. Das war wirklich lustig, denn die frühen Aufnahmen existierten nur auf 2-Track. Es waren also keine Stücke, von denen man richtige Remixe im herkömmlichen Sinn anfertigen konnte. Also versuchten wir wenigstens, die Stimmung des Songs zu erhalten. Damit stellten wir uns ein wenig in Gegensatz zu den meisten anderen Remixern des Albums. Vielleicht soll ein Tribute-Album ja darauf hinauslaufen, aber die meisten Remixe sagten doch wesentlich mehr über die Remixer als über Can. Viele haben ihren Computer doch nur

mit ganz kleinen Sound-Bites gefüttert, so daß man von Can am Ende gar nichts mehr hört. Wir haben dagegen große Teile gelassen, wie sie waren. Die ganze Vocal-Section haben wir direkt von der Platte genommen. Wir wollten ihrem Song einfach nur etwas hinzufügen, anstatt ihm eine völlig neue Maske überzustreifen."

Andere Beteiligte haben andere Intentionen verfolgt. Doch genau das macht die monumentale Zeitlosigkeit des Albums aus. Insgesamt zeigt "Sacrilege" das ganze Spektrum der Can-Rezeption zwei Jahre vor dem Jahrtausend-Ende. Drei Jahrzehnte nach Gründung der Band und zwanzig Jahre nach ihrem Ende sind Can immer noch aktiv ins Musikgeschehen einbezogen. Und das nicht nur als Ex-Musiker einer einstigen Legende, sondern als Kollektiv. Keine andere Gruppe könnte Ähnliches von sich behaupten. Und Can sind noch lange nicht am Ziel ihres Weges.

Wolf Kampmann

quelques bits de guitare. C'était amusant parce que les enregistrements anciens existaient seulement sur 2-track, ce n'était donc pas des morceaux dont on pouvait faire des remixes dans le sens normal. Alors on a essayé de restituer l'atmosphère du song. On s'est mis un peu en opposition avec la plupart des autres remixers de l'album. Peut-être que ça devrait aboutir à un album spécial mais la plupart des remixes en disaient plus sur les remixers que sur Can. Il y en a beaucoup qui n'ont sauvegardé dans leur ordinateur que de très petits bits de sound, de telle sorte qu'on n'entend à la fin presque plus rien de Can. Alors au contraire, on a laissé de larges morceaux tels quels. Toute la section vocale, on l'a prise directement du disque. On voulait seulement ajouter quelque chose aux songs au lieu de leur mettre un masque complètement nouveau. Il y en avait d'autres qui avaient d'autres intentions. Mais c'est justement ça qui fait l'intemporalité incroyable de l'album. Dans l'ensemble, "Sacrilege" montre toute la palette de la réception de Can deux ans avant le deuxième millénaire. Trois décennies après sa création et vingt ans après sa dissolution, le groupe Can est toujours activement intégré à la vie musicale. Et pas seulement en tant qu'ex-musiciens mais en tant que collectif. Aucun autre groupe ne peut dire ça. Et Can n'est pas encore au bout de son chemin.

Wolf Kampmann

Can Box · Item No. II · Book

Can Box · Item No. II · Book

Can Box · Item No. II · Book

IRMIN SCHMIDT

Unendlich viel Wahn- sinn

Endless Madness

Interview Irmin Schmidt

Sofern ich das richtig sehe, geht der Grundgedanke von Can ja auf Dich zurück.

Can ist uns passiert. Ich wollte eine Gruppe gründen, die spontan und kollektiv erfindet, mit Musikern aus der Neuen Musik, dem Jazz und dem, was man damals Beat nannte. Es sollten hervorragende Musiker sein, die etwas anderes, möglichst mehr konnten als ich, von denen ich was lernen konnte. Und das Wichtigste war, eben nicht zu wissen, was dabei herauskommen würde. Ich war als Komponist in den damals strengen Ordensregeln und Glaubenssätzen der Neuen Musik aufgewachsen. Für Boulez war Spontaneität ein Schimpfwort. Aber diese ganzen Dogmen lösten sich damals auf. Es gab z.B. die Gruppe von Frederik Rzewski, die mich sehr beeindruckte. Das war noch ganz im Rahmen der Neuen Musik, es gab aber viel Spontaneität und hörte sich manch-

Interview Irmin Schmidt

If I understand it correctly, Can was originally your idea.

Can happened to us. I wanted to start a group that invented spontaneously and collectively: a group consisting of musicians from contemporary classical music, jazz, and what was then known as beat. They had to be excellent musicians who could do other things, perhaps more than I could, so that I could learn something from them. Most important, was not to know what would arise out of it all. As a composer I had grown up with the monastic rules and doctrines that dominated New Music at that time. To Boulez, spontaneity was invective. However, the entire dogma began at that time to dissolve. For instance, Frederik Rzewsky's group impressed me very much.Although they worked within the framework of New Music, there was also a great deal of sponten-aeity: sometimes their music

La folie infinie

Interview Irmin Schmidt

Si je comprends bien, c'est toi qui as eu l'idée de Can.

Can nous est tombé dessus... Je voulais fonder un groupe qui invente spontanément et collectivement, avec des musiciens de la Nouvelle Musique, avec du jazz et avec ce qu'on appelait à l'époque du "beat". Çà devait être des musiciens excellents, qui savaient faire autre chose que moi, et même mieux que moi car je voulais apprendre avec eux. Et le plus important était de ne pas savoir ce qui allait en sortir. J'avais été éduqué dans l'ordre sévère des règles strictes et dans les professions de foi de la Nouvelle Musique. Pour Boulez, parler de spontanéité était une insulte. Mais tous ces dogmes ont peu à peu disparu. Il y a eu par exemple le groupe de Frederik Rzewski qui m'a beaucoup impressionné. C'était en core dans le cadre de la Nouvelle Musique mais il y avait beaucoup de spontanéité et çà avait

"Can's founder, Irmin Schmidt, said he was influenced 'by everything from street noises to conversational timbre'. 'I listen to European music of the last 400 years, tribal music, Japanese gagaku compositions. I hear bird songs, factory noise, snoring .... all of this has a bearing on my music-making. Our music was sandwiched somewhere between organic and machine made. The best electronic music today from techno creators like Carl Craig and Moby, has that same instinctive feel'."

THE EUROPEAN 26.6.97
(by Mark Giffard)

mal richtig chaotisch an. Vor allem aber hatte ich Cage kennengelernt und durch ihn eine neue Freiheit im musikalischen Denken. Anfang 1966 war ich einige Zeit in New York, lernte Steve Reich kennen, LaMonte Young, spielte nächtelang mit Terry Riley seine ersten Minimal-kompositionen, traf die Fluxusleute Dick Higgins, Nam June Paik, sah Warhols Chelsea Girls – da waren alle Vermischungen und Stilbrüche möglich. Es brodelte wunderbar wüst durchein-ander. Als ich zurückkam, wußte ich, daß ich noch mal neu anfangen wollte. Es gab aber in Köln z.B. keine Beat-musiker, die ich ernst nehmen konnte. Die einzigen, die ich kannte, waren The Lords.

Ihr Manager hatte die mal zu mir ge-schickt, um ihnen ein bißchen Harmo-nielehre beizubringen, damit sie Songs schreiben lernen.

Das war ganz witzig und endete stets damit, daß wir drei Flaschen Whisky leerten, und ich für sie sturzbesoffen die seltsamsten Harmonieregeln ausdachte. Wirklich spannend war aber Manfred Schoofs Free Jazz Gruppe. Jaki spielte da Schlagzeug. Er, Manfred und Gerd Dudek hatten auch schon auf zwei oder drei meiner Film- und Theatermusiken mitgemacht.

Holger kannte ich vom Stockhausen-Kurs her. Ich wußte, daß er auch Jazz spielte. Er war einerseits ein sehr verquerer Komponist Neuer Musik, der alles unendlich kompliziert errechnete,

sounded truly chaotic. Above all, however, I had met Cage and through him, developed a new freedom in musical thought. At the beginning of 1966, I was in New York for a while and met Steve Reich and LaMonte Young. I spent night after night with Terry Riley, playing his first minimalistic com-positions. I met the Fluxus people Dick Higgins, Nam June Paik; I saw Warhol's "Chelsea Girls". All sorts of styles blended and mingled; everything seethed wildly. When I returned, I knew that I wanted to start anew. However, I couldn't take any beat musicians in Cologne seriously. The only ones I knew of were The Lords. Their manager sent them to me; he asked me if I could teach them a little music theory so that they could write some songs. That was very funny; we ended up emptying three bottles of whiskey, so I was blind drunk as I worked out the strangest harmony parts for them. Manfred Schoof's free jazz group was really exciting, though. Jaki played drums for them. He, Man-fred, and Gerd Dudek had also played in two or three of my film and theater music projects.

I knew Holger from the Stockhausen course. I also knew that he played jazz. On one hand, he was a confounding contemporary music composer: he calculated everything in very complex ways; but on the other hand, he also played jazz. I wrote him a letter in which I explained to him that I wanted to start

des accents tout à fait chaotiques. Et surtout j'ai fait la connaissance de Cage et grâce à lui donc, aussi, d´une nouvelle liberté de penser la musique. Au début de l'année 1966, j'ai été quelque temps à New York où j'ai fait la connaissance de Steve Reich, de La Monte Young; pendant des nuits entières j'ai joué avec Terry Riley ses premières compositions minimales, j'ai rencontré les gens de Fluxus Dick Higgins, Nam June Paik, j'ai vu les Warhols Chelsea Girls - toutes les ruptures de style, tous les mélanges étaient permis. Çà fusait merveilleusement dans tous les sens. Lorsque je suis rentré, j'ai compris que je voulais tout recommencer à zéro. Mais à Cologne par exemple il n'y avait pas de musiciens beat que je pouvais prendre au sérieux. Les seuls que je connaissais, c'était The Lords: leur manager me les avait envoyés pour qu'ils apprennent un peu l'harmonie avec moi et qu'ils puissent ainsi écrire leurs songs. C'était assez marrant et çà se terminait toujours en vidant trois bouteilles de whisky et, dans un état second, je leur fabriquais les principes d'harmonie les plus farfelus. Mais c'est surtout le groupe de free jazz de Manfred Schoof qui était le plus intéressant. Jaki était à la batterie. Lui, Manfred et Gerd Dudek avaient déjà collaboré avec moi dans deux ou trois de mes musiques de films ou de théâtre. Je connaissais Holger par les cours de Stockhausen. Je savais qu'il jouait du jazz. D'un côté c'était un compositeur

aber andererseits eben auch Jazz machte. Ich schrieb ihm einen Brief, in dem ich ihm erklärte, daß ich eine Gruppe gründen wollte, in der all diese Elemente eine Rolle spielen sollten. Jaki fragte ich, ob er nicht einen Schlagzeuger kennt, denn ihn selbst wollte ich gar nicht. Der gehörte für mich ganz einfach zu Manfred Schoofs Gruppe, und an einem Free Jazz Schlagzeuger war ich nicht besonders interessiert, ich wollte einen, der wüste Grooves spielt. Max Roach, Elvin Jones, sowas in der Richtung.

Dann gab es noch einen Komponisten und Flötisten aus der Neuen Musik, David Johnson, der auch eine Zeitlang bei mir gewohnt hatte und mitmachen wollte. Holger war auch äußerst interessiert und sagte, daß er einen jungen Beat-Gitarristen aus der Schweiz kenne, viel jünger als wir und noch ziemlich unbeleckt von allem, was wir studiert hatten. Der haut einfach nur rein. Der kann auch nur drei Akkorde. Was nicht stimmte, denn einiges mehr wußte er schon. Aber er wußte vor allem, worum es geht, wenn man über Beat redete. Ich sagte also, bring ihn doch mit. Wir hatten dann ein Meeting, bei dem wir über alles reden wollten. Da kam dann der Jaki an, worüber ich mich wunderte. Ich sagte, Du wolltest mir doch einen Typen schicken, u nd er entgegnete, der ist da. Es stellte sich heraus, daß Jaki der Free Jazz einfach stank. Er wollte auch etwas anderes, Neues machen. Als Mi-

a group in which all of these elements would play a role. I asked Jaki if he knew of a drummer, since I didn't want Jaki himself at all. To me, he simply belonged to the Schoof group, and I was not especially interested in having a free jazz drummer; I wanted someone who would play wild grooves: Max Roach, Elvin Jones, something in that direction.

There was also a composer and flautist from the contemporary music scene, David Johnson, who sublet a room from me for a while and wanted to play. Holger was also highly interested; he told me that he knew of a young Swiss beat guitarist, who was much younger than the rest of us and was still unfamiliar with the kind of music we'd been studying. He simply bangs away. He only knows three chords. Which actually wasn't true; he already knew something. He certainly knew everything there was to know about beat music. So I said bring him along. Then we met to talk about everything. Jaki came, which puzzled me. I said you were going to send me somebody, and he answered: here he is. It turned out that Jaki was tired of free jazz. He wanted to do something else, something new. When Michael came in, I took to him from the first moment on. Ten minutes later we were friends and still are today. I had an apartment where we could meet; the band formed because we all had a similar desire to start one. Holger and Michael had already talked about

de Nouvelle Musique très en-dehors des conventions qui inventait des musiques infiniment compliquées et d'autre part, il faisait du jazz. Je lui ai écrit une lettre dans laquelle je lui expliquais que je voulais créer un groupe dans lequel tous ces éléments devaient jouer un rôle. J'ai demandé à Jaki s'il connaissait un batteur parce que je ne voulais pas de lui pour ça. Pour moi, il faisait partie tout simplement du groupe Manfred Schoof, et je ne voulais pas spécialement de batteur de free jazz, je voulais un batteur qui joue des grooves fous. Max Roach, Elvin Jones, quelque chose dans ce genre. Et puis il y avait encore un compositeur flûtiste de la Nouvelle Musique, David Johnson, qui avait

habité avec moi pendant un temps et qui voulait aussi participer. Holger aussi était particulièrement in téressé par le projet et il a dit qu'il connaissait un jeune guitariste beat qui venait de Suisse, qui était beaucoup plus jeune que nous et qui ne portait pas tout le poids de ce que nous avions appris, il s'éclatait seulement, avec les trois accords qu'il connaissait... En fait c'était pas tout à fait vrai, il en savait plus que ça. En tout cas, il savait de quoi on parlait quand on parlait de beat. Je lui ai dit de l'amener, on devait avoir un meeting où on voulait parler de tout. Et Jaki est arrivé, ce qui m'a étonné. Je lui ai dit: "Mais tu voulais m´envoyer un type." et il m'a dit : "Il est là.". Et il a expliqué

chael reinkam, war das auf den ersten Blick eine große Sympathie. Zehn Minuten später waren wir gut befreundet und sind das heute noch. Ich hatte die Wohnung, in der wir uns treffen konnten, aber eine Band-Gründung ist es erst dadurch geworden, daß jeder von uns sowas Ähnliches im Sinn hatte.

Holger und Michael hatten ebenfalls schon mal vorgehabt, eine Beatgruppe zu gründen. Und Jaki wollte eine Musik machen, in der einfach alles passieren kann. Auch mal eine Stunde nur ein einziger Rhythmus oder zehn Minuten überhaupt keiner. Wir nahmen uns vor, keine Regeln aufzustellen. Keiner von uns wußte, wo das hinführen sollte.

Und dann kam Malcolm Mooney...

Den zweiten großen Zündfunken gab es, als Malcolm auftauchte.

Hildegard hat ihn bei Serge Tcherepnin, einem Freund, der auch in der Stockhausen-Klasse gewesen war, in Paris kennengelernt und zu uns nach Köln eingeladen. Er kam und wohnte bei uns. Ich nahm ihn natürlich mit ins Studio im Schloß Nörvenich. Er stieg spontan ein und blieb 1 1/2 Jahre.

Jaki und Malcolm waren vom ersten Moment an eine Einheit. Eine rhythmische Zelle, von der eine unglaubliche Kraft ausging. Von diesem Moment an wurde aus all dem, was potentiell schon vorhanden war, plötzlich eine Rock-Gruppe. David Johnson wurde das zu

starting a beat group. And Jaki wanted to make music in which anything could happen: an hour of one single rhythm, or ten minutes without any whatsoever. We intended to have no rules. None of us knew in which direction it would go.

And then came Malcolm Mooney...

Malcolm's appearance was the next big spark. Hildegard had met him in Paris, at the home of Serge Tcherepnine, a friend who had also been in the Stockhausen class. She invited Malcolm to come to Cologne. He came and stayed with us. Naturally, I brought him to the studio in Schloß Nörvenich. He joined in spontaneously and stayed for a year and a half.

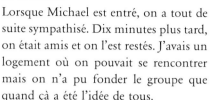

Jaki and Malcolm were a unit from the first moment. A rhythmic cell with unbelievable strength. From that moment on, the possibilities gelled and we were suddenly a rock band. There was too much rock and not enough art for David Johnson. He worked on technical things for a while, but finally quit. We, however, were quite happy with the music. I knew the art collector Christoph Vohwinkel. Schloß Nörvenich belonged to him at the time, and he offered to let us use a room as a studio. But those are the usual stories about the early days: there is someone who knows a lot of people, who can scrounge together some money, and can find a room. In the end, the four of us founded the band. Founding is a word that makes

qu'il en avait marre du free jazz, qu'il voulait faire autre chose, quelque chose de nouveau.

Lorsque Michael est entré, on a tout de suite sympathisé. Dix minutes plus tard, on était amis et on l'est restés. J'avais un logement où on pouvait se rencontrer mais on n'a pu fonder le groupe que quand çà a été l'idée de tous.

Holger et Michael avaient en tout cas eux aussi eu l'idée de former un groupe, et Jaki voulait faire une musique où tout peut se passer; par exemple une heure entière avec un seul rythme ou bien dix minutes sans aucun rythme. On avait tous l'intention de ne pas s'imposer de règle et on ne savait pas où çà nous mènerait.

Et c'est alors que Malcolm Mooney est arrivé...

Lorsque Malcolm est arrivé, çà a été la deuxième étincelle. Hildegard l'avait connu à Paris chez Serge Tcherepnin, un ami qui avait aussi suivi les cours de Stockhausen et elle l'avait invité chez nous à Cologne. Il est arrivé et a habité avec nous. Je l'ai naturellement emmené à notre studio du château Nörvenich. Il s'est joint spontanément à nous et il est resté un an et demi.

Jaki et Malcolm ont tout de suite constitué une unité, une sorte de cellule rythmique d'ou sortait une force inouïe. À partir de ce moment-là, tout ce qui était contenu en puissance chez nous a

rockig und zu kunstlos. Er machte dann eine Zeitlang noch Technik, bis er dann ganz ausstieg. Wir anderen waren aber sehr glücklich damit. Ich kannte den Kunstsammler Christoph Vohwinkel, dem damals das Schloß Nörvenich gehörte und der uns dort einen Raum als Studio zur Verfügung stellte. Das sind eben so Gründungsgeschichten, bei denen es einen gibt, der ganz viele Leute kennt, etwas Kohle ranschaffen und einen Raum besorgen kann. Letzten Endes haben aber wir vier die Band gegründet. Gründen ist ein Wort, das etwas mit Fundament einlassen zu tun hat. Das ist ja mehr als ein Gedanke.

Auf "Delay" sind ja noch ein paar Fotos mit David Johnson zu sehen. War der noch bei den Aufnahmen am musikalischen Prozeß beteiligt, oder ist der schon vorher verschwunden?

Nein, er war noch bei manchen Sachen dabei. Ich kann mich aber nicht mehr erinnern, bei welchen. Zum Beispiel bei "Melting Away", diesem Gotik-Stück nach Adam de la Halle, glaube ich.

In der Besetzung wird er aber nicht erwähnt.

Ich meine, daß David das Heft mit den de la Halle-Kompositionen mal bei mir gefunden hat und ins Studio mitnahm. Ich hatte mich vor Can viel mit der Musik des 14. und 15. Jahrhunderts be-

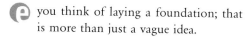 you think of laying a foundation; that is more than just a vague idea.

On "Delay", there are a couple of photos with David Johnson. Did he participate musically during the recording process, or had he already disappeared?

No, he was there for a few things. I can't really remember which ones, though. For instance, I believe he played on "Melting Away", a Gothic-style track based on a piece by Adam de la Halle.

He wasn't mentioned in the lineup.

I think that David had found the book of de la Halle compositions at my house and brought it with him to the studio. Before Can, I'd been occupied with the music of the fourteenth and fifteenth centuries: Vitry, Machaut, Adam de la Halle. I still like this music very much. I have six different recordings at home of the "Notre Dame Mass" by Machaut. I've imagined that this music used to be played with a totally different kind of power. In those days, when you went to church, you had a different sort of ardor, a belief that you might find today, if at all, in certain gospel things. I believe that a lot of this music was not merely sung in a fine Gothic ornamental style, but often had an unbelievable rhythm; the people sang hard, so that they yelled it out. You'll find a lot of these musical

abouti au groupe de rock. Pour David Johnson, c'était trop rock, ce n'était plus de l'art. Il a encore fait un peu de technique puis il a quitté le groupe. Le reste du groupe était heureux comme çà. Je connaissais le collectionneur d'œuvres d'art Christoph Vohwinkel à qui appartenait le château Nörvenich et qui avait mis un studio à notre disposition. Ce sont les histoires de la formation de notre groupe; tu en as comme çà un qui connaît plein de gens, qui peut procurer de l'argent et procure un lieu pour travailler. En dernier lieu on peut dire qu'on a fondé le groupe à nous quatre. Fonder suppose qu'on pose les fondations, c´est plus qu'une idée.

Sur "Delay" on voit encore des photos de David Johnson. Il était encore là pendant les enregistrements et il a participé à ce processus musical ou bien est-ce qu'il était déjà parti?

Non, pour certaines choses il était encore là. Je ne me rappelle plus lesquelles. Mais je crois par exemple pour "Melting Away", ce morceau gothique d'après Adam de la Halle.

Il n'est pourtant pas mentionné dans la compositi on du groupe.

Je crois que David avait trouvé chez moi le cahier avec les compositions de la Halle et qu'il les a apportées au studio. Avant Can, je m'étais beaucoup intéressé

schäftigt, Vitry, Machaut, Adam de la Halle. Ich mag diese Musik immer noch sehr. Die Notre Dame Messe von Machaut habe ich zuhause in fünf Einspielungen. Ich habe mir vorgestellt, daß man diese Musik damals mit einer ganz anderen Power gespielt hat. Wenn man damals in die Kirche ging, wurde das ja auch von einer ganz anderen Inbrunst getragen, von einem Glauben, den man heute höchstens noch bei bestimmten Gospel-Sachen findet. Ich glaube, daß vieles von dieser Musik nicht nur gothisch fein ziseliert war, sondern oft auch einen unheimlichen Rhythmus hatte, und die Leute so richtig reingehauen haben. Daß die gebrüllt haben. Von dieser musikalischen Idee findest du eine Menge in den frühen Can-Stücken wieder. In diesen ganzen quintigen, langen Flächen auf "Father Cannot Yell", "Mary, Mary, So Contrary" oder "Mushroom". Das hat aber auch noch mit einer anderen Geschichte zu tun, die mich damals sehr faszinierte, und das war Gagaku, die alte, traditionelle japanische Hofmusik des 17. und 18. Jahrhunderts. Auch die hat etwas ganz Verfeinertes und eine unglaubliche Power. Diese Mischung hatte auf mich immer einen großen Einfluß.

Was waren denn nun wirklich die ersten Aufnahmen? "Delay" oder "Monster Movie"?

Beides. Alles, was auf "Delay" und

ideas in early Can tracks, in these long passages of fifthsin "Father Cannot Yell", "Mary, Mary, So Contrary", or "Mushroom". That, however, has something to do with another thing that fascinated me at the time: Gagaku, the ancient traditional Japanese court music of the seventeenth and eighteenth centuries. It, too, had something very refined, along with an unbelievable power. This mixture has always had a great influence upon me.

Which recording actually came first — "Delay" or "Monster Movie"?

Both. Everything on "Delay" and "Monster Movie" was recorded during the first three-quarters of the year. "Yoo Doo Right" is the last track from that period.

So "Monster Movie" was not at all conceptualized; you simply put together some tracks that were recorded during this period.

"Monster Movie" contained the tracks we thought were the best. We had a friend who put out the first five hundred privately, before the record appeared on Liberty. He pressured us to complete the project, but we were not yet satisfied, and suddenly "Yoo Doo Right" arose spontaneously from a session. We thought it was better than everything else. We told ourselves that we ought to

aux musiques des XIV et XVèmes siècles: Vitry, Machaut, Adam de la Halle. J'aime toujours beaucoup cette musique. J'ai chez moi cinq versions de la "Messe Nostre Dame" de Machaut. J'ai l'impression qu'à l'époque, on jouait çà avec une toute autre puissance; quand on allait à l'église, c'était alors avec une ferveur, une foi qu'on ne retrouve plus guère aujourd'hui que dans quelques groupes de gospel. Dans cette musique, ce n'est pas seulement du gothique finement ciselé, c'est aussi très souvent un rythme incroyable, qui a dû soulever les gens. À en crier. Cette idée musicale, tu la retrouves dans plein de morceaux des débuts de Can. Dans toutes ces quintes, ces longues surfaces dans

"Father Cannot Yell", "Mary, Mary, So Contrary" ou "Mushroom". Et çà a aussi à faire avec une autre histoire, qui m'a alors beaucoup fasciné, c'est Gagaku, la musique de cour japonaise des XVII et XVIIIèmes siècles. Elle aussi, elle a cette finesse et aussi cette puissance. Ce mélange a toujours exercé une grande influence sur moi.

Les premiers enregistrements, c'était "Delay" ou "Monster Movie"?

Les deux. Tout ce qui se trouve sur "Delay" et "Monster Movie" date en fait de notre premier trimestre. "Yoo Doo Right" est le dernier morceau de cette première période.

Can Box · Item No. II · Book

"Monster Movie" ist, entstand eigent- lich im ersten Dreivierteljahr. "Yoo Doo Right" ist wohl das letzte Stück dieser Periode.

Also war "Monster Movie" gar nicht in dieser Art und Weise konzipiert, sondern ihr habt ein paar Stücke zu- sammengetragen, die in dieser Zeit entstanden sind.

"Monster Movie" war die Auswahl der Stücke, die wir am besten fanden. Wir hatten einen Freund, der diese erste Fünfhunderter-Privatausgabe machte, bevor die Platte dann auf Liberty her- auskam. Er drängte uns, fertig zu wer- den, wir waren aber immer noch nicht zufrieden, und plötzlich entstand ganz spontan aus einer Session heraus "Yoo Doo Right". Das fanden wir besser als alles andere. Wir sagten uns, das bleibt in voller Länge und wird die B-Seite des Albums.

Lag "Yoo Doo Right" nicht eine zwölfstündige Improvisation zu- grunde?

Ja, das war ein ganzer Tag. Wir haben immer wieder angefangen, aufgehört und neu angefangen. Wir haben ja nicht zwölf Stunden durchgespielt. Das Stück hat sich aber in dieser Zeit kaum verän- dert. Es ist während des Spielens nur fertiger geworden. Am Ende hatten wir unendlich viel Band, doch es war sehr

keep the entire thing, so it became the B-side of the album.

Didn't you put down "Yoo Doo Right" in a twelve-hour impro- visation session?

Yes, that was an entire day. We started, stopped, and started over again. We didn't play through the entire twelve hours. But the song didn't change during this time; it just became more complete while we played. At the end, we had a great deal of tape, but it quickly became clear how it had to be edited. That track was barely edited. There were 20 minutes that were simply good, we cut them out, corrected a little bit here and there — and basta. The end, over, out.

A rather atypical Can track.

No, it was typical, because it was completely spontaneously created while playing. At the same time, it had a structure, a very clear form. And that's exactly what Can was all about.

At that time, did you have any inkling of the visionary power which you gave on that day to songs such as "Yoo Doo Right" or "Father Cannot Yell"?

I would not have expressed that so reverentially. But I knew that there was

 *Donc vous n'avez pas conçu "Monster Movie" de cette manière, vous avez regroupé des morceaux qui avaient été faits à cette période ?*

"Monster Movie" est un choix de nos morceaux préférés. On avait un ami qui nous a fait une première édition de cinq cents disques avant que celui-ci ne sorte sur Liberty. Il nous pressait mais on n'était toujours pas satisfaits et puis un jour, on a fait une session d'où est sorti spontanément "Yoo Doo Right". On a trouvé çà meilleur que tout le reste et on a dit: "Çà, on ne va pas le couper, et ce sera la face B de l'album".

"Yoo Doo Right", çà ne vient pas d'une improvisation qui a duré douze heures?

 C'est vrai, çà a duré toute une journée. On n'a pas arrêté de jouer, recommencer, arrêter, reprendre. On n'a pas joué douze heures d'affilée. Mais le morceau a à peine été changé pendant ce temps. Il s'est élaboré au fur et à mesure qu'on le jouait. À la fin, on avait beaucoup de bandes mais on savait déjà clairement comment on allait couper. Dans le morceau, il n'y a presque pas de coupes. Il y avait ces vingt minutes, on s'est dit: "On les prend, on fait encore une petite correction et après, basta, fini, terminé".

C'est donc plutôt un morceau pas trop typique de Can.

Non, c'était plutôt typique car çà a été créé spontanément en jouant, il y avait une structure, une forme bien précise.

schnell klar, wie man das abschneidet. Das Stück hat in sich kaum Schnitte. Es gab diese 20 Minuten, die einfach stimmten, die schnitten wir raus, sagten, hier noch eine kleine Korrektur und basta. Ende, Schluß, aus.

Also eher ein untypisches Can-Stück.

Nein, das war schon typisch, denn es war ganz spontan beim Spielen entstanden, es hatte aber eine Struktur, eine ganz eindeutige Form. Und genau das machte ja Can aus.

Wart ihr euch damals eigentlich der visionären Kraft bewußt, die ihr mit Stücken wie "Yoo Doo Right" oder "Father Cannot Yell" an den Tag gelegt habt?

So pathetisch hätte ich es nicht gesagt. Mir war aber bewußt, da steckt eine unglaubliche Kraft drin. Und das war auch etwas, wo ich hinwollte. Es drückte genau aus, was damals in diesem Moment gesagt werden mußte. Das ist nicht visionär, sondern eher geistesgegenwärtig. Es ist wie in einem Interview. Morgen fällt mir ein, ich hätte doch noch etwas ganz anderes sagen sollen. Geistesgegenwart heißt, daß ich es aber genau im richtigen Moment sage. Und diese geistesgegenwärtigen Äußerungen in der Kunst sind jene, die haltbar sind. Das ist das, was man visionär nennt. Man definiert einen persönlichen Mo-

an unbelievable amount of power in it. And that was also where I wanted to go. It expressed exactly what had to be said in that moment. It's not visionary, but displays a presence of mind and spirit. It's like an interview. Tomorrow, it'll occur to me that I should have said something entirely different.

Having a presence of mind and spirit means that I'll say exactly what has to be be said in that particular moment. These expressions of mental and spiritual presence in art are the ones that endure. That is what is called visionary. You define a personal moment that so precisely corresponds to a historical one, that a work mof art is created which will last. I believe that's what happened. We knew that we had very precisely expressed something that we all felt.

So "Soundtracks" came afterwards. It was produced entirely unlike a regular album because it contained finished tracks that were actually made-to-order film music. Also, the album marks another hybrid Can phase, in which one singer came and the other one went.

That's why I'm happy that we made that album. The record company wanted a second album. The second album that we — perfectionists that we were — imagined, was just not ready. Siggi Loch, who at that time had started this United Artists Company at Liberty, was a good

Et c'est çà qui caractérise Can.

Est-ce que vous étiez conscients de cette force visionnaire dont vous avez fait preuve dans des morceaux comme "Yoo Doo Right" ou "Father Cannot Yell"?

Je n'aurais pas dit çà de façon si pathétique mais c'est sûr qu'on savait qu'il y avait beaucoup de puissance dans ces morceaux, et c'est ce vers quoi je tendais toujours. Çà exprimait exactement ce qui devait être exprimé au moment où on jouait. C'est pas être visionnaire, c'est saisir l'instant. C'est comme une interview: demain je me dirai que j'aurais dû dire tout autre chose. Saisir l'instant, çà voudrait dire que je le dis au bon moment. Et en art, ces expressions adaptées à l'instant, c'est ce qui perdure. C'est çà qu'on appelle visionnaire. On définit un moment personnel qui colle si précisément avec un moment historique, qu'il en sort une œuvre artistique à laquelle on peut se rattacher. Je crois que c'est ce qui s'est passé, on a eu l'impression d'exprimer assez exactement ce qu'on ressentait tous.

Après, il y a eu "Soundtracks". Il est né de façon tout à fait différente d'un album normal parce qu'il rassemble des morceaux qui ont été produits à côté, comme "service en plus". Et d'autre part il représente une phase hybride de Can où un chanteur partait quand un autre arrivait.

(d) ment, der sich mit einem historischen so präzise deckt, daß ein Stück Kunst entsteht, an das man sich auch später halten kann. Ich glaube, das ist passiert. Wir wußten, daß wir etwas ziemlich präzise ausgedrückt hatten, das wir alle empfanden.

Danach kam ja dann "Soundtracks". Das ist ja ganz anders entstanden als ein normales Album, denn es hat ja fertige Stücke zusammengefaßt, die eigentlich als Dienstleistung entstanden waren. Zum anderen bezeichnet es aber auch eine hybride Phase von Can, in der ein Sänger kam und der andere ging.

Deshalb bin ich auch froh, daß wir das Album gemacht haben. Die Plattenfirma wollte ein zweites Album. Das zweite Album, das uns, die wir ja Perfektionisten waren, vorschwebte, war einfach noch nicht fertig. Siggi Loch, der damals Liberty, diese United-Artists-Firma, gegründet hatte, war ein guter Mann. Er sagte, es muß ein Produkt auf den Markt, und Ihr habt so wunderbare Stücke für Filme gemacht, also machen wir eine Filmmusikplatte als Zwischenalbum. Ich mag dies Album gerade deswegen sehr gerne, weil es diesen Übergangszustand beschreibt von Malcolm zu Damo und die Veränderungen in der Musik.

Erstaunlicherweise hört man ja auf diesem Album schon an der Musik,

man. He said there has to be a product on the market, and you've made some wonderful film music, so let's make an album out of that, as an interim album. I like this album because it describes (e) the transition period between Damo and Malcolm, as well as the changes in the music.

Amazingly enough, when you hear this album, you can tell from the music who's going to sing, even before you hear the voice. The music with Damo is much more supple.

When Damo joined, something happened between him and Michael that was similar to what had happened between Malcolm and Jaki. It just took off. That was understandable for many reasons. The guitar is a melody instrument, and Damo sang melodies. Malcolm was sort of a vocalizing drumkit. Damo was an inventor of melodies. A new balance was also added, since Damo and Michael were about the same age. Suddenly, there was a balance between those of us who were older, and the two others, who were ten years younger. That was very good for the group. It's clear that, in a group in which the actions of one person affect all of the others, in a group in which everything is created together, one single change naturally changes the entire group. That was and always was the concept.

C'est pour ça que je suis content qu'on ait fait l'album. La firme de disque voulait qu'on en fasse un autre. Le deuxième album qu'on voulait faire — et on était très perfectionnistes — il n'était pas prêt. Siggi Loch qui alors avait fondé Liberty, cette firme United-Artists, était un type bien, il nous a dit: "Il faut absolument mettre un nouveau produit sur le marché, vous avez fait des choses merveilleuses en musique de films, faisons un disque de musiques de films entre deux albums".

J'aime cet album justement parce qu'il rend compte de cette phase intermédiaire entre Malcolm et Damo et qu'il montre les changements dans notre musique.

C'est curieux, dans cet album, on entend déjà à la musique, avant même que le chant ait commencé, qui va chanter. Avec Damo, la musique est beaucoup plus souple.

Lorsque Damo est arrivé, il s'est passé entre lui et Michael la même chose que ce qui s'était passée avant entre Malcolm et Jaki. Ils se sont tout de suite trouvés. Il y a plusieurs raisons. La guitare est un instrument pour mélodie et Damo

Archaisches Resultat aus zweierlei Revolutionen

Kn. Die Spannung war gross im Zuschauerraum des Zürcher Schauspielhauses, als am vergangenen Donnerstag die Lichter verlöschten. Und wer es nicht schon beim Durchblättern des neu gestalteten Programmhefts (mit Abbildungen versehen und einem Marx-Zitat am Anfang) gemerkt hatte, dass die Geschichte des Schauspielhauses mit der *Aera Löffler* in eine neue Phase getreten ist, dem wurde diese Tatsache spätestens dann bewusst, als *Malcolm Mooney*, der schwarze Vokalist einer hervorragenden deutschen Beat-Gruppe (*The Can*), mit einem fröhlichen «hello people — das Schauspielhaus ist Scheisse» das verdutzte Publikum begrüsste, gleich zur Sache kam, ans Werk ging und zusammen mit seinen Begleitern die »Prometheus« ein- und einige Jahrzehnte Schauspielhausgeschichte ausplütetex.

Sollte sich die Revolution des Prometheus vor dem Hintergrund des Archaischen abspielen, so führte eben diese Revolution in den Klängen der »Can«-Gruppe ins Anarchische. Gedacht war wohl eine musikalische Parallelführung des Themas — zustande kam eher eine Konkurrenzierung. Stilsprengend war die Beat-Musik entschieden, und mochte sie auch zu einer Dynamisierung des statischen Bühnengeschehens beitragen, so blieb doch diese Wirkung geringfügig neben der anderen, eigengesetzlichen: den einen wird der Beat besser gefallen haben, den anderen das Stück, wobei zu sagen wäre: Archaik, Revolution, Barbarismus spürt man in der kunstvollen Musik der »Can«-Gruppe bestimmt unmittelbarer als in der kunstvollen Sprache Heiner Müllers.

Tagesanzeiger, 2.9.1969

bevor überhaupt die Stimme einsetzt, wer singen wird. Die Musik wird mit Damo viel geschmeidiger.

Als Damo kam, passierte zwischen ihm und Michael sowas ähnliches wie zuvor zwischen Malcolm und Jaki. Es hakte einfach ein. Das war aus vielerlei Gründen verständlich. Die Gitarre ist ein Melodie-Instrument, und Damo hat Melodien gesungen. Malcolm war ja eher ein stimmlicher Schlagzeuger. Damo war Melodie-Erfinder. Hinzu kam natürlich, daß es auch im Lebensalter eine neue Balance gab, denn Damo und Michael waren ungefähr gleichaltrig. Plötzlich gab es ein Gleichgewicht von uns Älteren zu den beiden, die zehn Jahre jünger waren. Das tat der Gruppe sehr gut. Und es ist ja klar, daß in einer Gruppe, in der alles, was einer tut, sich sofort auf alle anderen auswirkt, und in der alles gemeinsam entsteht, eine einzige Veränderung natürlich die ganze Gruppe verändert. Das war ja das Konzept und blieb immer so.

Wie habt ihr aus euren Soundtracks überhaupt eine Auswahl getroffen, denn ihr hattet ja viel mehr, als letztlich auf das Album kamen?

Da trifft man eben eine Auswahl der Sachen, die man am schönsten findet. Wir entschieden uns für die Stücke, die am ehesten einen Song-Charakter hatten. Lieder. Ganz ohne Frage stand fest,

Out of all your soundtracks, how did you manage to choose? You certainly recorded many more tracks than those that finally appeared on the album.

You choose the things that you think are the most beautiful. We decided to pick the tracks that had the best song characteristics. Songs. Without question, it was clear that "Mother Sky", a long track, would of course appear in its entire form. I wouldn't have which of our recordings would have been better for the album.

On the cover you announced a second soundtrack album, which, however, never appeared.

There are certain traces on later albums. But we had the following in mind: we did the music for the film "Ein Großer Graublauer Vogel", whose title song was "She Brings the Rain". This song was already done. The actual soundtrack, however, was based on short wave sounds, which I'd been recording and editing at home night and day. We played along with these sounds in the studio. A couple of eerily beautiful pieces were created in this way. The film itself gave me the idea to use short wave sounds as the basis for the score. In the film, people are constantly wiretapping, filming, and observing each other; they sit in front of monitors, viewing what

chantait des mélodies. Malcolm était plutôt une batterie vocale. Damo était un inventeur de mélodies. À ceci s'ajoute le fait qu'il y a eu un nouvel équilibre entre nos âges; car Damo et Michael avaient à peu près le même âge, ce qui a amené tout à coup un nouvel équilibre dans le groupe entre nous et ces deux-là qui avaient dix ans de moins que nous. Çà a fait du bien au groupe. Il est clair que dans un groupe où ce que fait l'un se répercute tout de suite tout le groupe, et où on fait tout ensemble, le moindre changement change tout le groupe. Ç'était çà notre conception et elle est toujours restée.

Dans tous vos "Soundtracks", comment avez-vous pu opérer un choix - parce que vous aviez bien plus que ce qui est sur l'album?

On choisit ce qu'on trouve le mieux. On a choisi les morceaux qui avaient le plus un caractère de songs, des chansons. Il était clair que "Mother Sky", un long morceau, allait être tel quel sur le disque. Je ne voyais pas ce que l'on aurait pu faire de mieux.

Sur la couverture, vous annoncez un deuxième album "Soundtracks" qui n'est jamais sorti.

C'est sorti au compte-gouttes dans les albums suivants. Mais ce qu'on voulait, c'est çà: pour le film "Ein großer grau-

daß "Mother Sky", ein langes Stück, in dieser Form auf die Platte kommt. Ich wüßte nicht, welche unserer Sachen damals besser gewesen wären.

Ihr kündigt auf dem Cover ein zweites Soundtrack-Album an, das aber nie erschienen ist.

Da ist ja einiges tröpfchenweise auf späteren Alben untergekommen. Aber was wir damals im Sinn hatten, war folgendes: Wir haben für den Film „Ein Großer Graublauer Vogel" die Musik gemacht, dessen Titel-Song "She Brings The Rain" war. Dieses Lied gab es schon. Die eigentliche Filmmusik aber basierte auf Kurzwellenklängen, die ich zuhause tage- und nächtelang aufgenommen und zusammengeschnitten hatte. Im Studio haben wir dann zu diesen Klängen gespielt. Dabei sind ein paar unheimlich schöne Stücke entstanden. Die Idee, die Filmmusik auf Kurzwellenklängen aufzubauen, ergab sich für mich aus dem Film selbst. Da gab es ständig Leute, die sich gegenseitig abhörten, belauschten, heimlich filmten, vor Monitoren saßen und sich das wieder anschauten. Also habe ich am Schneidetisch, zusammen mit Peter Przygodda, der den Film geschnitten hat, in endloser Kleinarbeit aus den Kurzwellensounds einen Soundtrack gemacht, in dem die reale Klangwelt des Films und die Musik sich ständig vermischten und ineinanderflossen. Da saß dann jemand

they've produced. So I sat down at the editing table with Peter Przygodda, the editor of the film, and we painstakingly made a soundtrack out of the short wave signals, in which the real sound world of the film and the music itself constantly blended and flowed into each other. Someone sat in front of a set of speakers, out of which the short wave noises came; they became music in a mysterious way.

Then, for instance, there would be an edit: people sitting in an airplane, and the noise of the propellors and the short wave signals resonated together. A guitar bored its way in, like a hallucination, as if you could hear a noise and something singing inside the noise. Back to your question: we actually wanted to put this music on a later soundtrack album.

Did "Mother Sky" ever turn up in its original length in any film?

Yes. The director Jerzy Skolimovski had heard "Yoo Doo Right" and wanted music for a particular eighteen-minute stretch. I developed the idea that the rhythm would not change during the entire eighteen minutes; the music would spring between references to something real and the film music itself for the duration of the track. However, it ought to do so in very abrupt cuts, parallel to the film edits. Every time that the scene changed, there would be a bang; then the music would change, but

blauer Vogel" dont le titel-song était "She Brings The Rain", cette chanson existait déjà, mais la vraie musique du film, elle était basée sur des sons d'ondes courtes que j'avais enregistrés à la maison pendant des jours et des nuits, et que j'avais assemblés. En studio, on a ensuite joué sur ces sons. Çà a donné des morceaux splendides. L'idée de construire une musique de film sur des sons des ondes courtes venait en fait du film lui-même. Dedans, il y avait toujours des gens qui s'écoutaient mutuellement, qui s'espionnaient, se filmaient en cachette, qui s'installaient devant leur écran et visionnaient tout çà. Alors avec Peter Przygodda, qui avait monté le film, on s'est installé à la table de montage et en travaillant avec précision, avec les sons des ondes courtes, on a fait un soundtrack dans lequel le monde sonore réel du film et la musique se mélangent et s'inter-pénètrent sans cesse. Par exemple, il y avait quelqu'un qui était assis devant un appareil d'écoute dont sortaient des sons des ondes courtes qui se transformaient mystérieusement en musique. Sans qu'on le remarque, çà devenait rythme. Il y avait une scène, par exemple, les gens étaient assis dans un avion et le bruit de l'hélice et les sons des ondes courtes se mêlaient, enregistrés ensemble, et tu avais la guitare qui s'imposait comme une hallucination, comme si tu entendais un bruit et que çà chanterait dedans. Pour en revenir à ta question: on voulait

vor einer Abhöranlage, aus der Kurzwellensounds rauskamen, aus denen dann auf geheimnisvolle Weise Musik wurde. Auf unmerkliche Art kam ein Rhythmus dazu. Dann gab es zum Beispiel einen Schnitt, die Leute saßen in einem Flugzeug und das Propellergeräusch und der Kurzwellensound ergaben einen gemeinsamen Klang, der aufgenommen worden war, eine Gitarre bohrte sich hinein, wie eine Halluzination, als würde man ein Geräusch hören und innen drin singt es.

Zurück zu Deiner Frage: Diese Musik wollten wir eigentlich auf ein späteres Soundtrack-Album nehmen.

War denn "Mother Sky" wirklich jemals in dieser Länge in einem Film?

Ja. Der Regisseur Jerzy Skolimovski hatte "Yoo Doo Right" gehört und wollte eine Musik für eine ganz bestimmte Strecke von etwa 18 Minuten. Ich entwickelte die Idee, daß sich während der ganzen 18 Minuten der Rhythmus nie verändert und die ganze Zeit ein Stück läuft, die Musik aber laufend hin und herspringt zwischen einem ganz realen Bezug und Film-Musik. Diesmal aber tut sie das in harten Schnitten, parallel zu den Filmschnitten. Jedes Mal, wenn die Szene wechselt, macht es Rums, die Musik wird ganz anders, nur der Rhythmus bleibt. Diese Stellen sitzen immer sehr schön, weil der ganze Film sehr musikalisch geschnitten ist. Einmal

the rhythm would remain the same. These sudden changes fit in rhythmically so well because the entire film is edited very musically. At one point there is a bang, and the music almost disappears; only the groove continues unnoticeably. The main character comes to a woman in a room, she puts on a record, and Damo starts singing "Mother Sky" again. That gave the music an immediate live reference point. Then there's another noise, he's in an underground station, has to run, and the music is really wild. So the music follows the film's dramaturgy. This wonderful guitar solo by Michael goes back to the story I told him about a street scene with Chinese people. Afterwards, he didn't recognize the spot in the film at all. Anyway, this is how our film music developed. I was the only one who saw the films and worked with the directors. Afterwards, I would tell the others what might be called tales: stories which resulted in a joint image in our minds, so that the music would only be played as music and not as a film score. But because I was familiar with the film, I could also judge when we were on the wrong path and occasionally had to start over again. The entire process is a fantastic amalgamation of your own music and the work in another medium, in which you fit in, for example, like an actor.

Were you ever tempted during these

reprendre cette musique pour en faire un album plus tard.

Est-ce que "Mother Sky" a vraiment été joué dans toute sa longueur dans un film?

Oui, le metteur en scène Jerzy Skolimovski avait entendu "Yoo Doo Right" et voulait une musique pour une scène d'environ dix-huit minutes. J'ai eu l'idée de faire en sorte que, pendant ces dix-huit minutes, le rythme ne change jamais, qu'il y ait un morceau qui continue sans interruption; que la musique soit parfois un élément du monde réel du film et parfois juste une musique de film. Alors que cette fois-ci, la musique a des coupes franches, parallèles à celles du film. À chaque changement de scène, çà fait "rrooms", et la musique change alors que le rythme reste le même. Ces morceaux sont bien intégrés parce que le film est en lui-même monté très musicalement. À un moment, çà fait "rrooms" et la musique disparaît presque, il n'y a que le groove qui continue discrètement. Le personnage principal s'avance vers une femme, dans une chambre, elle met un disque et Damo reprend la chanson "Mother Sky". Là tu vois que la musique a une relation immédiate au monde réel du film. Puis çà fait encore "rrooms" et le type est à une station de métro, il court et la musique devient violente. Toute la dramaturgie du film est ainsi suivie par la musique. Le merveilleux solo de

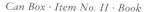

macht es Rumms und die Musik ist fast ganz weg, nur der Groove geht unmerklich weiter. Der Hauptdarsteller kommt zu einer Frau ins Zimmer, sie legt eine Platte auf, und Damo fängt wieder an, "Mother Sky" zu singen. Da hat die Musik einen unmittelbaren Live-Bezug. Dann macht es wieder Rumms, er ist auf einer U-Bahn-Station, muß rennen, und die Musik wird richtig wüst. So folgte das Stück der Dramaturgie des Filmes. Dieses wundervolle Gitarrensolo von Michael ging auf eine meiner Erzählungen zurück, die ich ihm von einer Straßenszene mit Chinesen gab. Er erkannte die Stelle nachher im Film gar nicht wieder. Aber so sind unsere Film-Musiken eben entstanden. Nur ich habe die Filme gesehen und mit den Regisseuren gearbeitet. Danach habe ich den anderen gewissermaßen Märchen erzählt. Geschichten, die in den Köpfen ein gemeinsames Bild ergaben, so daß die Musik wirklich nur als Musik gespielt wurde und nicht als Musik zum Film. Aber da ich den Film kannte, konnte ich auch beurteilen, wann wir auf den falschen Weg gekommen waren und gelegentlich nochmal anfangen mußten. Das ist eine ganz tolle Verquikkung von eigener Musik und der Arbeit an einem anderen Medium, in das man sich einordnet wie zum Beispiel ein Schauspieler.

Hat euch bei dieser Verquickung nicht auch die gegenteilige Heran-

amalgamations to try the opposite approach, namely to make pictures for your music?

Not for our music. It's already full of the images that were in our heads, and of the new and possible images that the music evokes in the minds of others. But I was attracted by the idea of making images of Can, about making music, of making images of the people. I worked on many films with Peter Pzrygodda. That's why the film "Can-Freeconcert-Film" exists. I actually wanted to work more on this film, but there was immediate trouble because I

was with Peter in the editing room and not in the studio.

"Tago Mago" was, so to say, the real second document.

It was the album that we acknowledged as the second one.

It was actually two albums.

That was Hildegard's fault. We wanted to have sides one and two as the record, but during the recording we produced an enormous amount of crazy stuff, things that we never would have dared

guitare de Michael a son origine dans une histoire que je lui avais racontée sur des chinois dans une rue. Dans le film, il n´a pas reconnu la scène que je lui avais racontée, mais c'est comme çà qu'on a fait nos musiques de films. Il n'y avait que moi qui avais vu les films et travaillé avec le metteur en scène, et après, je racontais aux autres des "quasi-contes de fées". D es histoires qui se déroulaient dans nos têtes si bien que notre musique était vraiment une musique et pas de la musique de film. Mais comme je connaissais le film, je pouvais dire quand on s'en éloignait trop et s'il fallait recommencer. C'est un su-per-mélange de pure musique et de travail sur un autre médium auquel on obéit, un peu comme un acteur.

Dans ce mélange, vous n'avez pas été tentés de faire le contraire, c'est-à-dire de faire des images pour votre musique?

Pas pour notre musique. Elle était déjà pleine de toutes les images qu'on avait dans nos têtes. Et de toutes celles qu'elle suscitait chez ceux qui l'écoutaient. Mais c'est vrai, çà m'aurait tenté de faire des images sur Can, sur la création musicale, sur les membres du groupe. Pour plusieurs films, j'avais travaillé avec Pe-ter Pzrygodda, et c'est pour cela qu'il y a eu le film du free-concert de Can et à vrai dire j'aurais aimé participé plus au travail de ce film mais çà avait déjà créé

*gehensweise gereizt, nämlich Bilder
zu eurer Musik zu machen?*

Nicht zu unserer Musik. Die ist ja schon
voll von den Bildern, die in unseren
Köpfen waren. Und den immer wieder
neuen und möglichen Bildern, die sie
in anderen Köpfen hervorruft. Aber
mich hätte schon gereizt, über Can,
übers Musikmachen, über die Leute Bilder zu machen. Bei vielen Filmen hatte
ich mit Peter Pzrygodda gearbeitet. Deshalb gibt es den Can-Freeconcert-Film,
und eigentlich wollte ich an der Arbeit
an diesem Film auch viel mehr teilneh-
men, aber da gab's dann sofort Zoff, weil
ich bei Peter im Schneideraum und nicht
im Studio war.

*"Tago Mago" war dann sozusagen
das zweite richtige Dokument.*

Das war das Album, das wir als zweites
richtiges Album anerkannten.

*Das waren ja eigentlich zwei Alben
in sich.*

Daran war Hildegard schuld. Wir wollten die Seite eins und zwei zum Album
machen, hatten aber während der Produktion eine Menge Wahnsinn produziert, hätten uns aber nie getraut, das
zu veröffentlichen. Wir dachten einfach
gar nicht, daß das geht. Hildegard war
inzwischen unsere Managerin geworden
und deshalb öfter im Studio. Es war

to release because we didn't trust ourselves. We just didn't think it would be possible. Meanwhile, Hildegard had become our manager and was therefore more often in the studio. It was Hildegard who first convinced us, and then she convinced Siggi Loch. "That is Can, people ought to hear it", she said, "and it has to be a double album." Thanks also to Siggi Loch's great understanding, the unthinkable was made possible. It's still the best-selling Can album.

But in my opinion, the second record causes the wrong picture to develop, because it seems as if you started to improvise on "Tago Mago", although you'd actually begun before that.

"Tago Mago" isn't any more improvised than anything else that came before and no less structured than "Yoo Doo Right" or "Mother Sky". It's just a new attempt to define this type of cooperative composition, because in the moment in which you find a final form for this cooperative music making, it's finished. Since this is the case, Hildegard was absolutely correct that these other things, which were born out of the same desire for structure, but instead have another sort of form, had to go on the record.

But "Monster Movie" is a hundred light years away from everything that was happening at the time. "Tago

des embrouilles parce que j'étais avec Peter dans la salle de montage et pas au studio.

"Tago Mago" a été alors en quelque sorte le deuxième document?

C'est l'album que nous avons tous reconnu comme notre deuxième album.

En fait, c'était deux albums en un.

C'est de la faute d'Hildegard! Les faces un et deux devaient constituer l'album mais pendant la production, on avait fait des tas de folies qu'on aurait jamais osé publier. On aurait jamais pensé que ce soit possible. Hildegard était devenue notre manager et elle était donc souvent au studio. C'est elle qui nous a d'abord convaincus, puis Siggi Loch: "C'est du Can, les gens doivent l'entendre aussi, ce sera un album double". Grâce à la compréhension de Siggi Loch, l'impossible est devenu possible et encore aujourd'hui c'est le disque le plus vendu.

Avec votre deuxième disque, je trouve que vous donnez une idée fausse du groupe car il donne l'impression que vous avez commencé à improviser seulement avec "Tago Mago", alors que vous improvisiez déjà avant.

C'est vrai, çà donne cette impression. "Tago Mago" n'est pas plus improvisé

Hildegard, die erst uns überzeugte, und dann Siggi Loch. Das ist Can, das müssen die Leute hören, dann wird das eben ein Doppelalbum. Dank auch des großen Verständnisses von Siggi Loch wurde das damals für uns Undenkbare möglich, und es ist nach wie vor die meistverkaufte Can-Platte.

Durch die zweite Platte ensteht meiner Meinung nach aber ein falsches Bild, denn es scheint, als würdet ihr mit "Tago Mago" anfangen zu improvisieren, was ihr ja aber auch schon vorher gemacht habt.

"Tago Mago" ist nicht stärker improvisiert als irgendwas, das vorher entstanden war, und nicht weniger geformt als "Yoo Doo Right" oder "Mother Sky". Es sind nur immer wieder neue Anläufe, dieses gemeinsame Komponieren zu definieren. Denn in dem Moment, wo

du dafür eine endgültige Form findest, ist es erledigt. Gerade deswegen hatte ja Hildegard so recht damit, daß diese anderen Sachen, die aus demselben Formwillen geboren wurden, aber eine andere Form zeigen, auch auf die Platte mußten.

Trotzdem war "Monster Movie" hundert Lichtjahre von allem entfernt, was damals passierte. "Tago Mago" ist aber schon in gewisser Weise zeitgeistkompatibel. Es ist versponnener und maßloser, nicht mehr so reduziert wie "Monster Movie".

Dazu kann ich aber wenig sagen. Es ist einfach so geworden. Diese Maßlosigkeit und Versponnenheit waren von Anfang an da. Es gibt ja ein paar Dokumente von frühen Konzerten, die zu irgendwelchen Kunstanlässen auf Schloß Nörvenich stattfanden. Ich schwöre, das war an Maßlosigkeit gar nicht zu über-

Mago" is, in a certain way, compatible with the spirit of its time. It's wilder and more excessive, not as reduced as "Monster Movie".

I can't say much about that. That's just the way it was. This excess, this wildness was there from the beginning. There are a couple of documents of early concerts that took place during various art events at Schloß Nörvenich. I swear there wasn't anything more excessive than that. They're similar to "Aumgn" and "Peking O", but were actually played before the material on "Monster Movie". All of these tendencies were always simultaneously there, but couldn't always be taken equally into account when choosing tracks for the individual records. On the other hand, "Halleluwah" is also on "Tago Mago"; it's entirely in the vein of "Yoo Doo Right" and "Mother Sky". Or "Mush-room" is even more reduced than everything on "Monster Movie".

After "Tago Mago", where did Can find itself?

Damo was unquestionably a member at that time. It wasn't so apparent before then. It was also important for "Ege Bamyasi" that we moved. We rented a big cinema as a studio: an enormous room. Also, we had a hit on "Ege Bamyasi". Naturally, that's nice. You can expand your studio, acquire all kinds

que tout ce qui avait été fait avant et il n'a pas moins de forme que "Yoo Doo Right" ou "Mother Sky". On a toujours fait de nouvelles tentatives pour définir cette composition collective. À partir du moment où tu trouves une forme définitive pour un morceau, alors tout est perdu. C'est pourquoi Hildegard avait tellement raison quand elle disait que ces autres morceaux, malgré leur forme complètement différente, devaient être sur le disque, car ils avaient néanmoins été créés avec la même intention formelle.

Mais quand même, "Monster Movie" se trouve à des années-lumière de ce qui se passait à l'époque. "Tago Mago" est en quelque sorte compatible avec l'esprit du temps, c'est plus emmêlé, ça passe la mesure, ce n'est plus aussi réduit que "Monster Movie".

Je ne peux pas dire grand-chose là-dessus, ça s'est tout simplement développé comme ça. Cette démesure et cet „emmêlement" étaient là dès le début. Il existe encore des documents de nos premiers concerts, qu'on avait donnés à diverses occasions dans le château Nörvenich. Je te jure, impossible de nous battre sur le plan de la démesure. Ça ressemble beaucoup plus à "Aumgn" ou à "Peking O" alors qu'ils datent d'avant Monster Movie. Tous ces courants ont toujours existé mais dans les choix qu'on a dû faire pour les disques, on n'a pas

bieten. Die ähneln viel mehr „Aumgn" und „Peking O", sind aber einige Zeit vor den Stücken von "Monster Movie" entstanden. All diese Strömungen waren immer gleichzeitig da, konnten aber bei der Auswahl zu den einzelnen Platten nicht immer gleichermaßen berücksichtigt werden. Andererseits ist auf "Tago Mago" auch "Halleluwah", und das steht wieder ganz in der Tradition von "Yoo Doo Right" und "Mother Sky". Oder "Mushroom", das ist noch reduzierter als alles auf "Monster Movie".

An welchem Punkt war Can nach "Tago Mago"?

Damo war zu jenem Zeitpunkt ein unfragliches Mitglied. Davor war das noch nicht so ganz klar gewesen. Wichtig war für "Ege Bamyasi" auch, daß wir umgezogen waren. Wir hatten ein großes Kino als Studio gemietet. Einen Riesenraum. Außerdem fiel in die Zeit von "Ege Bamyasi" unser erster Hit. Natürlich ist das angenehm. Man kann sich davon das Studio ausbauen, allerlei Geräte anschaffen und einen LKW für die Tourneen kaufen. Wir haben das ganze Geld investiert. Das schaffte Freiheit, Selbstvertrauen und auch Bestätigung. Wir wollten ja nie nur eine Kunstgruppe sein, die Avantgarde für ein paar Weise macht. Es war schon richtig, daß wir einen Hit hatten. Das war in unser aller Sinn und machte uns auch Spaß. Und an diesem Hit hatte Damo eben sein

of equipment, buy a truck for touring. We invested all of our money. That created freedom, self-confidence; we felt validated. We never wanted to be just an art band, making avant garde stuff for a couple of wise men. It was great to have a hit. It was what we wanted, and we had a lot of fun. Damo shared in his fifth of the hit, just like everyone else. We were really at the high point of our collective feeling. That was a wonderful time. That was also when the first big, successful European tours began. In many respects it really took off.

How did the new studio influence "Ege Bamyasi"?

In music that lives from taking the entire environment, every noise, every atmosphere changes it; naturally, a new room had a big influence. The studio in Weilerswist was more of a studio and living room for us than was the room at Schloß Nörvenich. A lot more people lived there. Ulrich Rückriem lived there. We got on his nerves terribly, because we wouldn't let the poor people sleep. He and his family slowly went insane, because we always started in the afternoon and went home at dawn. We didn't bother anyone in the new studio, so the place became more of a living space for us, where we spent at least three-quarters of the day. We simply crashed at home. I practically never saw my wife and child. Living at the studio

pu tous les garder. Mais d'un autre côté, il y a bien "Halleluwah" sur "Tago Mago", et ce morceau est tout à fait dans la tradition de "Yoo Doo Right" et "Mother Sky". Ou "Mushroom" qui est encore plus réduit que tout ce qu'on trouve sur "Monster Movi e".

Où en était Can après „Tago Mago"?

À ce moment-là, Damo était un membre du groupe, la question ne se posait pas. Avant, ça n'était pas très clair. Pour "Ege Bamyasi", il est important de savoir qu'on venait de déménager. On avait loué un grand cinéma comme studio, une salle immense. Et puis au moment de "Ege Bamyasi", on a fait notre premier hit. Bien sûr, c'est très agréable, avec l'argent on a pu aménager le studio, on a acheté des tas d'instruments et un camion pour faire nos tournées. On a tout investi. Ça nous a donné de la liberté, mais aussi ça nous a donné confiance en nous. On n'avait jamais voulu être seulement un groupe artistique qui représentait l'avant-garde pour quelques intellos. On était contents d'avoir fait un hit, c'était ce qu'on avait voulu et ça nous a fait plaisir. Et pour ça, Damo a naturellement contribué, comme les autres. On était à l'apogée de notre sentiment d'appartenance à un collectif. C'était le bon temps. C'est à ce moment-là qu'ont aussi commencé les premières grandes tournées à succès en Europe. Ça commençait à tourner à plein tube.

(d) frünftel Anteil wie jeder andere. Wir waren so richtig auf der Höhe unseres Kollektivgefühls angelangt. Das war eine schöne Zeit. In dieser Zeit fingen auch die ersten großen, erfolgreichen Tourneen durch Europa an. Es ging in vieler Hinsicht so richtig los.

Welchen Einfluß hatte denn dann bei "Ege Bamyasi" das neue Studio?

Bei einer Musik, die davon lebt, daß sie die gesamte Umwelt mit in die Musik einbezieht – jedes Geräusch, jede Atmosphäre haben die Musik verändert – hat natürlich ein neuer Raum auch großen Einfluß. Das Studio in Weilerswist war viel mehr Studio und Lebensraum für uns, als das in Schloß Nörvenich der Fall sein konnte, denn dort wohnten noch andere Leute. Da wohnte der Ulrich Rückriem, dem wir schrecklich auf die Nerven gingen, weil wir den armen Menschen überhaupt nicht schlafen ließen. Er und seine Familie krieg-

ten langsam einen Rappel, denn wir fingen ja immer erst am Nachmittag an und gingen im Morgengrauen nach Hause. In dem neuen Studio störten wir niemanden. Wir lebten gewissermaßen dort, denn wir verbrachten dort drei Viertel des Tages. In unserem jeweiligen Zuhause haben wir ja nur gepennt. Ich habe meine Frau und mein Kind so gut wie nie gesehen. Dieses Dort-Leben erfüllte den Raum auch mit der Zeit mit einer gewissen Magie. Außerdem macht es sicher schon etwas aus, wenn Platz da ist und man sich ausbreiten kann. Klänge entwickeln sich anders in so einem Raum. **(d)**

Wenn ich "Tago Mago" nehme und dann zu "Ege Bamyasi" gehe, beobachte ich, daß die Musik immer mehr mit Weltmusik-Elementen angereichert wird. Habt ihr euch selbst immer mehr Musik erschlossen, die ihr dann in den Kontext von Can einbringen wolltet?

Can Box · Item No. II · Book

filled the room with a certain magic. Also, it's certainly something else, when there's space and you can spread out. Sounds develop differently in such a room.

When I listen to "Tago Mago" and then to "Ege Bamyasi", I notice that the music becomes more laden with world music elements. Did you yourselves listen to more music that you wanted to then bring into the context of Can?

It's normal during the course of a musician's life to constantly listen to new types of music. Everyone listened to something different. However, we didn't limit ourselves to the currently popular rock and pop music. This terrible term, world music, didn't exist at that time. Each Can musician had had dealings with non-European music before the band began. For instance, Holger had already re corded an album with elements of Vietnamese music. Since we weren't fixated on European music, we had something in common. Michael was happy when he found an album from Bali at my house, because at the time there was practically nothing of the sort around. He collected tapes and records from Bali, and I had one too, because I also loved this music. I studied music ethnology and was interested in Japanese and African music. Jaki had spent time in Morocco

Quelle influence a eue le nouveau studio sur "Ege Bamyasi"?

Pour une musique qui se nourrit de tout ce qui l'entoure — le moindre bruit, tout changement d'atmosphère changeaient la musique — un nouveau studio aurait nécessairement une influence. Le studio de Weilerswist était pour nous beaucoup plus un studio et un lieu de vie que ne pouvait l'être le château de Nörvenich, où d'autres gens habitaient. Par exemple Ulrich Rückriem à qui on tapait sur les nerfs... On ne laissait pas ces pauvres gens dormir. Lui et sa famille en ont eu marre, parce qu'on commençait à travailler au studio l'après-midi et on finissait au petit matin. Dans le nouveau studio, il n'y avait personne à déranger, on y vivait pratiquement puisqu'on y passait les trois-quarts de la journée. Chez nous, on n'allait que pour dormir. Je n'ai pratiquement pas vu ma femme ni mon enfant pendant toute cette période. Et à force d'y habiter, le lieu s'est empli d'une certaine magie. Et puis çà joue un rôle quand on a de la place et qu'on peut s'étaler. Les sons peuvent évoluer autrement.

Quand je vais de "Tago Mago" à "Ege Bamyasi", je constate que la musique s'enrichit de plus en plus d'éléments de toutes les musiques du monde. C'est vous-mêmes qui avez été à la découverte d'autres musiques que vous avez ensuite intégrées à Can?

d Daß man sich im Laufe eines Lebens als Musiker immer wieder neue Musiken erschließt, ist ja der Normalfall. Jeder hörte etwas anderes. Wir haben uns eben nicht ausschließlich mit der gerade angesagten Rock- und Pop-Musik beschäftigt.

Dieses schreckliche Wort Weltmusik existierte damals ja noch nicht. Jeder Can-Musiker hatte sich auch schon vor der Gruppe mit außereuropäischer Musik befaßt. Holger zum Beispiel hat schon vor Can eine Platte mit Elementen vietnamesischer Musik gemacht. Daß wir nicht nur auf die europäische Musik fixiert waren, gab uns ja auch von Anfang an eine gemeinsame Basis. Michael war glücklich, als er bei mir eine Bali-Platte fand, denn es gab damals fast nichts dergleichen. Er hat Bänder und Platten aus Bali gesammelt, und ich hatte auch eine, weil ich diese Musik auch liebte.

Ich hatte auch Musik-Ethnologie studiert und mich mit japanischer und afrikanischer Musik beschäftigt. Jaki hat Zeiten in Marokko verbracht und längere Zeit in Spanien gelebt. Dort ist er auf arabische Musik gestoßen, kannte sich damit ungeheuer aus und hatte auch jede Menge davon zuhause. Alles vor Can. Wenn also einer von uns eine japanische, balinesische oder marokkanische Platte für sich entdeckte, hörte er sie nicht mehr allein, sondern sagte, hört mal, ich habe hier etwas. Es gab aber einen Unterschied zur sogenann-

and had lived for quite a while in Spain. He encountered Arabic music there. He was amazingly knowledgeable about it and had a lot of it at home. All of this happened before Can. So if someone discovered a Japanese, Balinese, or Moroccan record, he didn't listen to it alone anymore; instead he said listen to this, I've got something here. There was, however, a difference between that and so-called world music. This entire world music praxis contains something very touristy. We tried to avoid that with all of our might. Of course, these elements influenced our music; we just didn't bring them back as souvenirs from Istanbul. Instead we kept a certain distance; we acknowledged the ever-remaining inability to understand. That's why we released this fake "E.F.S." Ethnological Forgery Series; they were tracks in which we very clearly assimilated something non-European: nothing imitated, simply a forgery. But "forgery" also means "forging" and has a lot to do with alchemy. It is, so to say, a melting of these things. The term "Ethnological Forgery Series" is an ironic name, not a persiflage.

Michael said with regard to "Ege Bamyasi", that it involved a phase of great self-doubt within the band.

You can't always run around thinking that everything is great. There's something about people that makes

Dans la vie d'un musicien, il n'y a rien de plus normal que d'aller à la découverte de nouvelles musiques. Chacun de nous écoutait des choses différentes. On ne s'est pas occupé exclusivement de la musique rock et pop. À cette époque, cette horrible expression de "world music" n'existait pas encore. Chacun de nous avait déjà, avant Can, eu des contacts avec des musiques non-européennes. Holger par exemple avait déjà fait un disque avec des musiciens vietnamiens. C'était même une base commune entre nous: on n'était pas fixés seulement sur la musique européenne. Michael avait été heureux de trouver chez moi un disque de Bali, parce que çà ne se trouvait pas à l'époque. Lui, il collectionnait les bandes et les disques de Bali et moi j'en avais un parce que j'aimais aussi cette musique. J'avais aussi étudié l'ethnologie musicale et je m'étais occupé des musiques africaine et japonaise. Jaki avait passé un certain temps au Maroc et vécu quelques années en Espagne où il avait fait la connaissance de la musique arabe, et il s'y connaissait incroyablement, il avait beaucoup d'enregistrements chez lui. Et tout çà avant Can. Si bien que, quand l'un de nous découvrait un disque de Bali, ou un disque japonais ou marocain, il ne l'écoutait jamais seul, il disait aux autres: "Écoute ce que j'ai trouvé". Mais il y a une différence avec la world music qui a une connotation touristique, et çà, on a évité de toutes

ten Weltmusik. Diese ganze Weltmusik-Praxis hat ja etwas sehr Touristisches. Das haben wir eben mit aller Macht vermieden. Diese Einflüsse haben zwar immer eine große Rolle in unserer Musik gespielt; wir brachten das aber nie einfach nur als Souvenir aus Istanbul mit, sondern brachten es mit dem Abstand und dem Bekenntnis zum Unverständnis, das immer übrigbleibt, ein. Deshalb brachten wir ja auch diese E.F.S., d.h. ethnologische Fälschungsserie, heraus, also Stücke, in denen wir etwas Außereuropäisches besonders deutlich verarbeiteten. Also nichts Nachgemachtes, sondern eben eine Fälschung. Forgery heißt aber auch Schmiedekunst und hat viel mit Alchemie zu tun. Das ist sozusagen ein Einschmelzen dieser Sachen. Ethnological Forgery Series ist ein ironischer Name, keine Persiflage.

Michael sagt im Zusamenhang mit "Ege Bamyasi", daß das eine Phase großer bandinterner Selbstzweifel war.

Man kann nicht ewig rumlaufen und alles ganz toll finden. Man hat doch an dem, was man macht, Zweifel. Diese Gruppe war ja sowieso ein sehr verletzliches Gebilde, denn wenn man so arbeitet wie wir, ist das in höchstem Maße verletzlich. Man läßt kein bißchen Routine zu, man läßt kein einmal Erworbenes als Besitzstand zu, es wird immer gleich wieder in Frage gestellt. Anders

them have doubts. The group was like a very fragile structure, because when you work like we did, the whole thing is highly vulnerable. You don't allow yourself any routine, you don't allow anything you've acquired to become a possession, you always have to question things. Otherwise spontaneous composition doesn't work. That can lead to great crises. Although "Ege Bamyasi" still turned out to be a pretty good record.

I read an interview that you gave to "Bravo" during the "Ege Bamyasi" period. You introduce the band

members and mention a second guitarist by the name of Henner Heuer.

That was nonsense. That was some story that some guy at "Bravo" made up. He had a group photo of us with our roadie. Because he didn't know who he was, he simply invented this guitarist Henner Heuer for us. At some point, however, we started to play along with this fantasy.

Your biggest hit "Spoon" was on "Ege Bamyasi". It occurred in connection with a rather bold press campaign from your side. I mean this story of the stolen tape which supposedly

nos forces. Ces influences ont toujours eu des répercussions sur notre musique: on ne les a pas rapportées comme de simples souvenirs d'Istanbul, mais en respectant la distance et l'incompréhensibilité qui persistent toujours. C'est pourquoi nous avons fait ces E.F.S. (Ethnological Forgery Series): c'était des morceaux où on travaillait tout spécialement quelque chose des musiques non-européennes. Ce n'était pas des copies, c'était des faux. "Forgery", l'art de la forge, çà a quelque chose à voir avec l'alchimie. C'est une sorte de refonte de ces choses. Nos séries de "forge ethnologique", c'était une appellation ironique mais pas un persiflage.

Michael a dit à propos de "Ege Bamyasi" que çà avait correspondu à une phase où le groupe doutait de lui-même.

On ne peut pas agir en trouvant toujours tout merveilleux. On a quand même des doutes sur ce qu'on fait. Notre groupe était de toute façon un assemblage vulnérable, parce que, quand on travaille comme on le faisait, on est vulnérable au plus haut point. On n'accepte pas la routine, rien n'est acquis définitivement, tout est tout de suite remis en question. On ne peut pas composer spontanément autrement que comme çà. Çà peut mener à des crises. Mais "Ege Bamyasi" n'est quand même pas trop nul,... non?

J'ai lu une interview du temps de

geht dieses spontane Komponieren auch nicht. Das kann dann zu großen Krisen führen. Aber "Ege Bamyasi" ist doch eine ganz gute Platte geworden.

Ich habe ein Interview aus der "Ege-Bamyasi"-Zeit gelesen, das Du der Bravo gegeben hast. Da stellst Du die Bandmitglieder vor und sprichst auf einmal von einem zweiten Gitarristen namens Henner Heuer.

Das war Quatsch. Das war eine Geschichte, die irgendein Bravo-Typ verzapft hat, der zu seinem Interviewtext ein Gruppenfoto von uns hatte, auf dem auch unser damaliger Techniker und Roady war. Da er nicht wußte, wer das war, hat er uns einfach diesen Gitarristen Henner Heuer angedichtet.
Irgendwann haben wir dann aber auch angefangen, mit diesem Phantom zu spielen.

Auf "Ege Bamyasi" war ja auch euer größter Hit "Spoon", und damit verbindet sich ja eine ziemlich dreiste Pressekampagne euerseits. Ich meine die Geschichte mit dem geklauten Tape, auf dem der Name des Mörders der Durbridge-Serie genannt gewesen sein soll.

Das war eine Idee, die im Grunde auf Wahrheit beruhte, aber auf einer schön erfundenen. Und diese Erfindung war von Manfred Schmidt.

identified the name of the Durbridge killer.

That was a great idea that was actually based on the truth, but on a wonderfully inventive truth. This invention goes back to Manfred Schmidt. The buzz about "who's the killer?" always belonged to the Durbridge series. If you worked on such a television series, you had to sign — under threat of penalty — a statement agreeing never to reveal the name of the murderer. While we were working on the music, my car was broken into, and my cassette player and radio were stolen. There were also some cassettes of the current work: unfinished tracks, snatches of conversations. Manfred Schmidt immediately said: the thief is a gift from heaven. The thief knows the name of the murderer. The press just jumped on it; it was a wonderful promotion gimmick. Manfred Schmidt simply made a true story a little bit more true.

You had a chart success with "Spoon". Did charting at that time have the same meaning that it has today?

No idea. Three hundred thousand singles seemed like a lot to us.

Compared to "Tago Mago", I think the music is far more transfiguring.

Really, the word "transfigured" used in connection with Can would seldom pass

"Ege Bamyasi", que tu avais donnée au magazine "Bravo". Tu présentes les membres du groupe et tu mentionnes un deuxième guitariste nommé Henner Heuer.

C'était une blague. C'était une histoire qu'un type du journal avait lancée, il avait une photo de notre groupe pour illustrer son interview, et il y avait dessus notre ancien roadie et technicien. Comme il ne savait pas qui c'était, il a tout simplement inventé ce personnage. Et puis on s'est mis à jouer avec ce fantôme.

Sur "Ege Bamyasi", il y a aussi votre grand hit "Spoon" et çà rappelle une campagne de presse assez osée que vous aviez orchestrée. Je fais allusion à cette bande volée sur laquelle le nom du meurtrier de la série Durbridge était censé être donné.

C'était une histoire bâtie sur un fond de vérité et, sinon, bien ficelée. C'était une invention de Manfred Schmidt. Le battage qu'il y a eu autour de ce "qui est l'assassin" faisait immanquablement partie des séries de Durbridge et, quand on travaillait pour celles-ci, il fallait signer sous la menace des pires sanctions en cas de non-respect d'une clause: ne pas dévoiler le nom de l'assassin. Pendant qu'on travaillait à la composition de la musique pour cette série, ma voiture a été forcée, on a volé la radio et

Der Rummel um dies „Wer ist der Mörder" gehörte immer zu den Durbridge-Serien, und wenn man daran mitarbeitete, mußte man, unter Androhung schlimmster Konventionalstrafen, unterschreiben, daß man den Namen des Mörders niemandem verrät. Während wir an der Musik arbeiteten, wurde mein Auto geknackt, Radio und Cassettenrecorder geklaut. Auch Cassetten von der laufenden Arbeit, unfertige Stücke, auch Gesprächsfetzen. Manfred war sofort klar: Der Dieb war ein Geschenk des Himmels. Der Dieb kennt den Namen des Mörders. Eine fantastische Promotiongeschichte, die Presse sprang voll drauf an. Manfred hat eine wahre Geschichte eben etwas wahrer gemacht.

Mit "Spoon" hattet ihr einen Charts-Erfolg. Hatte denn so eine Chart-Plazierung schon die gleiche Bedeutung wie heute?

Keine Ahnung, für uns jedenfalls waren damals über 300.000 Singles unheimlich viel.

Ich empfinde die Musik (verglichen mit "Tago Mago") als wesentlich verklärter.

Das Wort 'verklärt' wäre mir im Zusammenhang mit Can wirklich sehr selten über die Lippen gekommen. Das würde ich allenfalls ein bißchen für "Future Days" gelten lassen.

my lips. I'll allow, it might be appropriate for "Future Days". Can was never the type of group where harmony reigned among the individual members. There was constant tension. You can clearly hear the tension in the music on "Ege Bamyasi". "Future Days" was a little bit more harmonic. We were on holiday before we started, so perhaps we all came back just a little bit more transfigured.

Holger Czukay says that "Future Days" would have been Can's ambient album.

I can hardly begin to talk about that. If he means that we brought the ambience of the environment into the music, then we've always made ambient, even on stage. And if he meant it in the usual sense, that the music was introduced into the ambience to make it nicer, a kind of interior decoration, then we've never made ambient. If you want to be entertained while eating a nice dinner, Can music will get on your nerves, even "Future Days". This music wants to be heard. Although recently, a young director told me that he and his girlfriend always listen to Can because the music makes them so horny; if that's what Holger means, then I agree.

I'd say there's an exception: "Monster Movie". That album sounds as if it had been made in 1996. And you

le lecteur de cassettes, avec des cassettes de notre travail en cours, des morceaux inachevés, des bouts de dialogues. Pour Manfred, tout était clair: ce voleur était un cadeau du ciel, il connaissait le nom de l'assassin! C'était une fantastique promotion, la presse a joué complètement le jeu. Manfred a rendu une histoire vraie encore un peu plus vraie!

Avec „Spoon", vous avez été au hit parade. Est-ce que ce classement avait la même signification qu'aujourd'hui?
Je ne sais pas, mais pour nous à l'époque, 300 000 singles, c'était énorme.

Par rapport à "Tago Mago", je trouve la musique de "Spoon" beaucoup plus sublimée.

Quand on parle de Can, je crois qu'on utilise rarement le mot "sublimé". Je l'utiliserais éventuellement pour "Future Days". Can n'était pas un groupe où régnait l´harmonie. Il y avait toujours des tensions. Dans "Ege Bamyasi", on sent très bien ces tensions dans la musique. „Future Days" est certainement plus harmonieux, on avait été en vacances et on était rentré un peu sublimés justement!

Die „Messer"- Musik ist da!

Der neunte Durbridge im Deutschen Fernsehen „Das Messer" enttäuschte und verärgerte die meisten Zuschauer, die tapfer drei Abende lang vor dem Bildschirm ausgehalten hatten. Lange Gesichter ringsum, nur nicht bei einem der Beteiligten: Bei der Pop-Gruppe Can, die die Musik zu dem Krimi geschrieben hatte, herrscht nun eitel Sonnenschein.

Ihre Musik war schuld, daß die Telefondrähte beim Westdeutschen Fernsehen in Köln heißliefen. Ein Sprecher des Hauses sagt: „Wir wissen gar nicht mehr, was wir tun sollen. So viele Anrufer fragen nach der Musik. Sie jedenfalls war messerscharf, wie wir an der Reaktion gemerkt haben."

Mit der Ratlosigkeit ist es inzwischen vorbei. Die Plattenfirma der Gruppe schaltete schnell und brachte eine Single mit den Can-Melodien heraus. „Spoon" heißt sie und ist ab sofort in den Plattengeschäften erhältlich. A. R.

„SPOON" heißt der „Messer"-Titel der Can (Bild).   Foto: Rakete

Can war nie eine Gruppe, in der viel Harmonie geherrscht hat. Es gab ständig Spannungen. Bei "Ege Bamyasi" war die Spannung auch ziemlich deutlich in der Musik spürbar. Auf "Future Days" war das dann etwas harmonischer. Wir waren vorher in den Ferien und sind vielleicht ein bißchen verklärt zurückgekommen.

Holger Czukay sagt, "Future Days" wäre die Ambient-Platte von Can gewesen.

Damit kann ich wenig anfangen. Wenn er meint, daß wir das Ambient, die Umwelt, mit in die Musik einbezogen haben, dann haben wir immer Ambient gemacht, auch auf der Bühne. Und wenn er es im gebräuchlichen Sinne meint, daß die Musik in das Ambient einbezogen wird, es angenehmer macht, sozusagen zur Raumgestaltung beiträgt, dann haben wir nie Ambient gemacht. Wenn man nett zu Abend essen und sich unterhalten will, nervt Can-Musik. Auch "Future Days". Diese Musik will eigentlich, daß man ihr zuhört. Obwohl, neulich hat mir ein junger Regisseur erzählt, daß er und seine Freundin immer Can auflegen, weil sie so geil macht. Wenn Holger das meint, einverstanden.

Ich würde sagen, es gibt eine Ausnahme, und das ist "Monster Movie". Das Album klingt, als wäre es 1996 entstanden und ist zu jeder Gelegenheit gut hörbar.

can listen to it under all circumstances.

You always hear that from young English or American musicians. They think it's contemporary music. The early stuff that we did very closely resembles what's going on today.

That's certainly got to have something to do with the singer.

Possibly. But it also has a lot to do with Jaki. Actually, with all of us. A lot of young people have the feeling that they're listening to something very current, something that's just been recorded, when they hear „Halleluwah," "Mushroom": that is, songs with Damo.

Holger said that everyone complained because he wouldn't play bass properly when you were recording "Future Days"; he was only interested in the technical side of things.

We were always fighting about something; at that time we were fighting about that. The technical stuff became somewhat more complex, we had a great deal more equipment, and the person who dealt with it all had far more to do. And that person was Holger. It's possible that that bothered us. Maybe we were also wrong. I have to say that the balance in the early things was better. But we fought about everything;

Holger Czukay a dit que "Future Days" avait été le disque "ambient" de Can.

Je ne sais pas quoi en dire. S'il pense qu'on a intégré l'ambiance autour de nous dans notre musique, alors on a toujours fait ça, même sur scène. S'il utilise le mot dans le sens usuel, c'est-à-dire que la musique joue un rôle dans l'ambiance, la rend plus agréable, qu'elle contribue à l'aménagement de l'espace, alors on n'a jamais fait d'ambient. Quand on veut manger tranquillement en parlant de tout et de rien, la musique de Can est énervante. Et même "Future Days". C'est une musique qui s'écoute. Bien que... Il y a peu de temps, un jeune metteur en scène me disait qu'il mettait toujours un disque de Can avec sa copine, que c'était érotisant. Si c'est ça que Holger veut dire, alors OK.

Je dirais qu'il y a une exception: c'est "Monster Movie". On pourrait croire que ce disque date de 1998, on peut l'écouter dans toutes les circonstances.

C'est ce que disent toujours les jeunes musiciens américains ou anglais. Ils disent que c'est très actuel. Nos premiers morceaux sont probablement ceux qui s'approchent le plus de ce qu'on entend actuellement.

Ce qui a sans doute un rapport avec le chanteur.

Sans doute, mais tout autant avec Jaki.

Das kriegt man auch immer wieder von jungen Musikern aus Amerika und England zu hören. Die halten das für eine Musik von jetzt. Die frühen Sachen, die wir gemacht haben, sind wohl dem, was heute passiert, am nächsten.

Was sicher auch einiges mit dem Sänger zu tun hat.

Möglicherweise. Aber ebensoviel mit Jaki. Eigentlich mit allen.
Das Gefühl, daß das ganz aktuelle, gerade erst entstandene Musik ist, haben viele junge Leute auch bei "Halleluwah", "Mushroom", also Stücke mit Damo.

Holger sagte, daß ihr euch alle beschwert hättet, daß er bei den Aufnahmen zu "Future Days" nicht mehr richtig Baß spielen würde, sondern nur noch mit der Technik beschäftigt wäre.

Wir haben uns immer über irgendwas gezankt. Und damals war es eben das. Die Technik wurde etwas komplexer, wir hatten wesentlich mehr Equipment, und derjenige, der damit beschäftigt war, hatte damit eben auch wesentlich mehr zu tun. Und das war Holger. Möglicherweise hat uns das genervt. Vielleicht hatten wir auch unrecht. Ich muß sagen, daß frühere Sachen von der Balance eher besser geklungen haben. Aber gezankt haben wir uns über alles mögliche. Wir waren alle nicht einfach.

none of us was easy to get along with. God knows Holger wasn't, either.

I can imagine that. I've always asked myself how everything was recorded.

Above all, the songs were created out of a strong obsession. We actually didn't fit together at all. We weren't like most groups; we weren't friends who started a group because they all make the same kind of music. Actually, I've always been amazed that we were able to form Can. This constellation of people with completely different musical experiences and contradictory ideas of life was, in some respects, a brainchild. But despite the crazy tensions that were produced, there was a mysterious cooperative passion that held us together.
In happy moments we had the experience of playing like a single creature, a mighty, pulsing organism. Our music is always attempting to recreate this situation. It doesn't simply happen; it happens through extreme concentration and alertness, through a presence of mind and spirit, through listening — you become all ears, everything around you becomes music. The door to the garden is open. Outside autos buzz by, and now and then, Starfighters pass overhead. Jaki's been tuning his drums for an hour; with the utmost concentration, he's been knocking out signals in a secret code

Et au fond avec nous tous. Ce sentiment que c'est une musique actuelle, créée aujourd'hui, il y a beaucoup de jeunes qui l'ont, et même quand ils entendent "Halleluwah" et "Mushroom", donc des morceaux du temps de Damo.

Holger a dit que vous vous étiez tous plaints que, pendant les enregistrements de "Future Days", il ne jouait plus de la basse parce qu'il était seulement à la technique.

On s'est toujours disputés sur quelque chose. À l'époque, eh bien c'était çà. La technique était devenue plus complexe, on avait plus de matériel, çà demandait plus de travail à celui qui s'en servait, et c'était justement Holger. Çà nous a sans doute un peu énervés et on avait sans doute tort. Je dois dire que les morceaux des débuts, en ce qui concerne

l'équilibre, je les trouve meilleurs. Mais on s'est toujours disputés sur des trucs, on n'était pas des gens faciles et Holger encore moins.

Je peux bien m'imaginer çà, je me suis toujours demandé comment vous avez fait...

On a fait çà parce qu'on était véritablement possédés. Au fond, on n'allait pas ensemble, on n'avait jamais été des amis qui se mettent ensemble pour fonder un groupe parce qu'ils font la même musique. Pour moi, c'est encore un miracle qu'on soit devenus Can. Cette constellation de gens avec des expériences musicales toutes différentes et des conceptions de la vie aussi opposées, c'était pas évident. Mais malgré toutes ces tensions entre nous, il y avait aussi une passion commune

Can Box · Item No. II · Book

Und weiß Gott, Holger auch nicht.

Ich kann mir das gut vorstellen. Ich habe mich auch immer gefragt, wie all die Sachen entstanden sind.

Vor allem sind sie aus einer ziemlichen Besessenheit entstanden. Eigentlich passten wir gar nicht zueinander. Wir waren ja nicht, wie das meistens passiert, Freunde gewesen, die eine Gruppe gründen, weil sie alle dieselbe Musik machen. Eigentlich ist es für mich immer noch ein ziemliches Wunder, daß aus uns Can geworden ist. Diese Konstellation von Leuten mit völlig verschiedener musikalischer Erfahrung und auch ganz gegensätzlichen Lebensvorstellungen war in mancher Hinsicht doch eine Kopfgeburt. Aber bei all den irrsinnigen Spannungen, die daraus entstanden, gab es

eine gemeinsame geheimnisvolle Leidenschaft, die uns zusammenhielt.

Es war die Erfahrung, daß man in glücklichen Momenten beim Spielen ein einziges Wesen, ein mächtiger pulsierender Organismus wurde.

Unsere ganze Musik ist der immer wieder neue Anlauf, diesen Zustand herzustellen. Der kommt nicht einfach so über einen, der kommt aus einer ungeheuren Konzentration und Wachheit, Geistesgegenwart eben, Ohrengegenwart. Du wirst ganz Ohr, alles um dich herum wird Musik.

Die Tür zum Garten steht auf, draußen sausen Autos und ab und zu brüllen Starfighter vorbei, Jaki stimmt seit einer Stunde sein Schlagzeug, indem er mit äußerster Konzentration Klopfzeichen in einem Geheimrhythmus sendet, den nur seine Trommel und die dazugehöri-

understood only by the drum and the godhead within it. "Music should only be made by machines or gods", he once said. Holger is far away in his mixing board capsule, alternately producing short, shrill cries and muffled earthquakes. Michael stares at his guitar, which is lying before him, humming and simultaneously transmitting the eight o'clock news. Damo is lying on a garbage bag filled with styrofoam, fidgeting and giggling because the thing is somehow sexy and squeaks so beautifully. And I sit at the piano playing middle B with one finger until the Starfighters, the knocking, the styrofoam squeaking, the guitar humming, and earthquakes unify themselves into a groove. After an hour, the entire room and your body is pulsing; everything is in the groove. You listen to the others and to what your hands are making. It takes off like a shot, you're happy, and after two hours, you suddenly get the stupid idea to leave your little riff, your B, and you start to play a little melody. Everything starts to wobble, and you want to play your riff again, but it's gone and it all falls apart. Jaki beats his drums instead of you for another half an hour; Michael looks mutely at his guitar again, Damo moans, Holger plays the tape back and announces: out of that, I'll edit a track that'll pay your pension in thirty years. I know that we'll all listen to the track, and although we'll actually think it's

mystérieuse qui nous soudait. On a fait l'expérience de jouer ensemble jusqu'à devenir un seul être, un organisme qui vit avec puissance. Notre musique, c'est la tentative toujours renouvelée de faire revenir cet état. Et ça ne vient pas comme ça, c'est le résultat d'une formidable concentration et d'une grande présence, de corps et d'esprit, de toutes nos oreilles. Tu n'es plus qu'oreille, tout autour de toi devient musique.

La porte du jardin s'ouvre, dehors les voitures passent à toute allure, de temps en temps un avion à réaction fend l'air, ça fait une heure que Jaki accorde sa batterie en envoyant, avec toute sa concentration, des signaux dans un rythme secret que seuls comprennent sa caisse claire et la divinité qui y est attachée — "La musique ne devrait être faite que par des machines et par des dieux" a-t-il dit un jour —, Holger est parti dans la capsule à table de mixage et produit alternativement des cris aigus et des coups sourds de tremblement de terre, Michael regarde fixement sa guitare posée devant lui, laquelle émet des grognements et en même temps diffuse les infos de 20 heures, Damo est couché sur un sac-poubelle rempli de morceaux de polystyrène, il glisse d'avant en arrière et ricane parce que ce truc est obscurément sexy et en plus, il geint joliment, moi je suis au piano et d'un doigt je joue le si... jusqu'à ce qu'il se fonde soudain aux avions à réaction, aux signaux de la caisse claire, aux

ge Gottheit versteht — „Musik sollte nur von Maschinen oder Göttern gemacht werden", hat er mal gesagt —, Holger ist ganz weit weg in seiner Mischpultraumkapsel und produziert abwechselnd kurze gellende Schreie und dumpfe Erdbebenstöße, Michael starrt seine Gitarre an, die vor ihm liegt und brummt und gleichzeit die 8-Uhr-Nachrichten sendet, Damo liegt auf einem Müllsack, der mit Styropor gefüllt ist, rutscht hin und her und kichert, weil das Ding irgendwie sexy ist und so schön quietscht, und ich sitze am Klavier und spiele mit einem Finger das eingestrichene H bis es sich plötzlich mit Starfightern, Klopfzeichen, Styropor-Quietschen, Gitarrenbrummen und Erdbebenstößen zu einem Groove vereinigt. Nach einer Stunde pulsieren der ganze Raum und dein Körper, einfach alles in diesem Groove, du hörst den anderen und dem, was deine Hände machen, zu, es geht ab wie die Hölle, du bist glücklich und nach zwei Stunden hast du plötzlich die dumme Idee, dein kleines Riff, dein H zu verlassen, und spielst eine kleine Melodie, alles fängt an zu wackeln, du willst dein Riff wieder spielen, es ist aber weg und alles bricht zusammen. Jaki verprügelt statt deiner noch eine halbe Stunde sein Schlagzeug, Michael starrt wieder stumm auf die Gitarre, Damo mault, Holger spult Bänder zurück und verkündet: Daraus schneide ich euch ein Stück, das wird in 30 Jahren eure Rente sein, ich weiß, gleich werden wir uns das an

rather good, we'll maintain the opposite, we'll complain, get into arguments and start to play again because it has to come off better if we play it one more time. And sometimes it worked. Well, that's approximately the way that things were created. That's why hardly anything of ours is transfigured, as you called it.

But I think that it's exactly Damo Suzuki's singing that is — at least to some extent — very transfiguring.

Well, if you must, perhaps Damo had a harmonizing effect on us, not only melodically, but because he also had an intact, naive view of everything. He did everything with great charm.

I have the impression that "Future Days" was the most artificial record you'd made up to that point.

Perhaps. But it was very relaxed music according to our standards. The song "Future Days" remains in my memory as one of the most harmonic productions. I still like it very much. We also recorded a great many tracks for "Unlimited Edition" during that time.

I view "Future Days" as the end of a developmental phase that continually refers back to the "Delay" recordings.

There was certainly an interruption when Damo left. One-fifth of the group

grognements dans la guitare, aux geignements du polystyrène, et aux coups des tremblements de terre. Au bout d'une heure, tu sens les pulsations de tout l'espace, de ton corps dans ce groove, tu écoutes les autres et aussi ce que tes mains jouent, çà bouge d'enfer, tu es heureux, mais au bout de deux heures, tu as la mauvaise idée de quitter ton riff, ton si... Tu joues une petite mélodie... Tout se met à flotter, tu veux reprendre ton riff mais il s'est envolé, et tout s'écroule.. Au lieu de te taper dessus, Jaki se met à taper sur sa batterie pendant une demi-heure de plus, Michael se remet à regarder fixement sa guitare, Damo fait la gueule, Holger rembobine les bandes et annonce: "Je vais vous extraire de quoi monter un morceau, je vous jure que ce sera notre retraite dans trente ans." Et moi je sais qu'on va écouter, qu'on trouvera çà bien mais qu'on dira le contraire, qu'on critiquera, qu'on se disputera, qu'on jouera encore, parce que çà doit être encore mieux, encore plus ensemble. Et parfois, çà marche... Ben oui, c'est comme çà qu'on a fait. Et c'est pourquoi on ne peut pas dire que quelque chose se soit "sublimé" — comme tu dis.

Mais moi je trouve que justement Damo Suzuki, avec sa façon de chanter, il a tendance à tout sublimer.

Bon, si tu veux absolument, c'est possible que Damo ait parfois eu une

hören und, obwohl wir es eigentlich alle ziemlich gut finden, das Gegenteil behaupten, meckern, uns in die Haare kriegen, wieder anfangen zu spielen, weil's eben eigentlich doch noch besser gehen müßte, noch mehr zusammen. Und manchmal hat's geklappt. Tja, so ungefähr sind die Sachen entstanden. Und deswegen hat sich bei uns auch kaum etwas verklärt — wie Du das nennst.

Aber ich finde, gerade Damo Suzuki ist mit seinem Gesang teilweise sehr verklärend.

Also wenn Du das unbedingt willst, vielleicht hat Damo manchmal harmonisierend auf uns gewirkt, musikalisch mit seinen Melodien, und weil er eine gewisse ungebrochene, naive Sicht auf all das hatte. Alles, was Damo machte, hatte großen Charme.

Ich habe den Eindruck, daß "Future Days" bis zu diesem Zeitpunkt die

artifiziellste Platte gewesen ist.

Vielleicht. Es ist aber auch eine für unsere Verhältnisse sehr entspannte Musik. Das Stück "Future Days" habe ich als eine der hamonischsten Produktionen in Erinnerung. Ich mag's immer noch sehr. Zur selben Zeit sind auch viele Stücke von "Unlimited Editon" entstanden.

In meinen Augen ist "Future Days" auch das Ende einer Entwicklungsphase, die kontinuierlich bis zu den Aufnahmen von "Delay" zurückgeht.

Es war sicher ein Bruch, als danach Damo wegging. Ein Fünftel der Gruppe war plötzlich weg. Danach kam "Soon Over Babaluma".
Ohne ihn. Das war natürlich anders. Aber jede Can-Platte war sowieso ganz anders als die vorhergehende.

Ich finde dennoch, daß bis "Future Days" ein Album aus dem anderen

was suddenly gone. Afterwards, we did "Soon Over Babluma". Without him. That was naturally something different. But every Can record differed from the preceeding one.

I think, however, that up until "Future Days", one album grew out of the next. But when I hear "Soon Over Babaluma", I have the feeling that there are parts that seem to be fairly routine and sound like Can filler, something that previously would have been unthinkable.

Maybe on side two. At some point, certain forms of behaviour and reactions develop, that cause a kind of routine. It's possible it began then: a certain fatigue in the tension, like a rubber band that loses its elasticity.

One distinct difference for me is that the singing is no longer autonomous. Instead it's just another function of the music.

Michael is not a lead singer, and he didn't want to be one. The singing was integrated as a part of Michael's playing.

Why did you decide not to look for another singer?

We looked; and how we looked. We just didn't find anyone who fit in with us. We were very open to the possibilities.

influence apaisante sur nous, du point de vue musical, avec ses mélodies; et aussi parce qu'il avait une certaine façon, naïve et directe, de voir les choses. Tout ce que Damo faisait avait du charme.

J'ai l'impression que "Future Days" est le disque le plus artificiel produit jusqu'à ce moment.
Peut-être. Mais c'est pour nous une musique très détendue. Je me rappelle de „Future Days" comme une des productions les plus harmonieuses. Je l'aime toujours beaucoup. En même temps, il y a eu aussi beaucoup de morceaux de „Unlimited Edition" qui sont nés.

Pour moi, „Future Days" est la fin d'une phase dont le début remonte aux enregistrements de „Delay".

Il est sûr que le départ de Damo a provoqué une rupture, un cinquième du groupe disparaissait. Après, il y a eu „Soon Over Babaluma" — sans lui, ce qui était différent. Mais chaque disque était de toute façon différent du précédent.

Je trouve cependant que, jusqu'à „Future Days", il y a une continuité entre chaque album, mais quand j'entends „Soon Over Babaluma", j'ai l'impression qu'il y a des longueurs, ce qui était impensable avant avec Can, j'ai l'impression qu'il

hervorging. Wenn ich aber "Soon Over Babaluma" höre, habe ich das Gefühl, daß es Längen gibt, die vorher bei Can undenkbar waren, daß manches routinierter wirkt und einiges nach Can-Versatzstücken klingt.

Auf Seite zwei vielleicht. Irgendwann entwickeln sich eben doch bestimmte Verhaltens- und Reaktionsformen untereinander, die eine Art Routine hervorrufen. Möglich, daß das da angefangen hat. Eine gewisse Erschöpfung dieser Spannung, wie bei einem Gummiband, das irgendwann ausleiert.

Ein Merkmal besteht für mich darin, daß der Gesang nichts Eigenständiges mehr ist, sondern nur noch eine Funktion der Musik.

Michael ist kein Lead-Sänger, und wollte das auch nicht sein. Der Gesang wurde integriert als Bestandteil des Spiels von Michael.

Warum habt ihr euch denn dafür entschieden, keinen neuen Sänger zu suchen.

Wir haben gesucht. Und wie wir gesucht haben. Wir haben nur keinen gefunden, der uns oder zu uns gepaßt hätte. Wir waren sehr bereit dazu. Vielleicht haben wir auch nicht vernünftig gesucht, sondern ließen es einfach passieren. Wir haben nicht mit Macht durchgekämmt,

Perhaps we didn't look hard enough; instead, we just let it all happen. We didn't comb the bushes with all of our might, to see what talent England, for instance, had to offer. We tried a couple of singers. We played a few live concerts with them. One was just as bad as the next. Not the concerts themselves, but the results with the singers. They were to some extent really talented and impossibly nice people, but either they were too harmless for us — because we were a band full of awfully bad boys — or else they thought it would be fine, in such a group, to completely flip out. It was necessary to have something between rock hard professionalism and a strange freakiness in order to get up on the stage every night and not know what you were going to play. None of these people had this balance between madness and discipline.

In connection to that there was also relentless criticism from each band

member about the others. Hardly anyone can deal for long with the kind of things that we did to each other.

Could it possibly have had something to do with a feeling of togetherness?

Right. Even when we tore each other apart, we were still such a conglomerate of togetherness that anyone who tried to join in would soon become horrified. At that point we had already been together for six years or more. To spontaneously compose onstage creates a kind of togetherness that nobody else can possibly imagine. There is almost a telepathic understanding among everyone. If you do that for a couple of years, then a kind of armor forms itself around a group of people. It was probably ridiculously difficult to find yourself in this and feel at home. Nowadays I can imagine that people felt terribly alienated around the four of us.

y a presqu'une routine, que ce sont des morceaux connus qui reviennent.

Sur la face deux, peut-être. Après un certain temps, tu prends quelques habitudes, çà entraîne une certaine routine. C'est possible que çà ait commencé là, c'est comme un élastique qui perd sa tension.
Une des caractéristiques est que le chant ne constitue plus quelque chose d'indépendant, il est seulement une fonction de la musique.

Michael n'est pas un chanteur et il ne voulait pas non plus l'être. Le chant a été intégré en fait comme une composante du jeu de Michael.

Pourquoi avez-vous décidé de ne pas chercher de nouveau chanteur?

On a cherché. Vraiment. Mais on n'en a pas trouvé un qui aille avec nous. On était prêts à en accueillir un. Peut-être qu'on n'a pas bien cherché, on a attendu que çà vienne. On n'a pas cherché avec assez de force quels talents il pouvait y avoir en Angleterre par exemple. On a testé quelques chanteurs, on a même fait quelques concerts live avec eux. Ils étaient pires les uns que les autres. Pas les concerts, mais la collaboration. La plupart étaient très talentueux et sympas mais ou bien ils étaient trop gentils, parce qu'on était une sacrée bandes de durs, ou alors ils pensaient: "Avec un

(d) was sich zum Beispiel in England an Begabung angeboten hätte. Ein paar Sänger haben wir ja ausprobiert. Wir machten ein paar Live-Konzerte mit ihnen. Eins schrecklicher als das andere. Nicht die Konzerte an sich, aber das Resultat mit den Sängern. Das waren teilweise wirklich begabte und unwahrscheinlich nette Leute, aber entweder waren sie für uns zu harmlos, denn wir waren nun mal 'ne Bande von ziemlich üblen Burschen, oder sie dachten, es würde genügen, in so einer Gruppe ganz doll ausgeflippt zu sein. Es war irgendwas zwischen eisenharter Professionalität und einer seltsamen Ausgeflipptheit, die es braucht, um jeden Abend auf die Bühne zu gehen und nicht zu wissen, was man spielen wird. Diese Balance zwischen Verrücktheit und Disziplin hatte keiner von denen.

Damit verbunden war auch eine unerbittliche Kritik eines jeden Mitgliedes an jedem anderen. Was wir uns gegenseitig angetan haben, das hält so schnell keiner aus.

Hatte es vielleicht auch etwas mit eurem Gemeinsamkeitsgefühl zu tun?

Richtig. Auch wenn wir uns bis aufs Fleisch stritten, waren wir natürlich so eine geballte Ladung von Gemeinsamkeit, daß jeder, der dazu kam, auch ziemlich schnell auf den Horror kam. Wir waren ja zu diesem Zeitpunkt schon seit sechs Jahren oder länger zusammen. Auf

We probably didn't understand how hard that might have been for someone else.

The title "Landed" gives me the impression that you wanted to get back to a certain rootedness. Is that about right?

(e) Actually we never had any preconceived ideas; instead we were always in some sort of state resulting from the circumstances of time and the point at which we had just landed. We wanted our music to correspond to that. We always wanted to land on strange planets. The title "Landed" is a reference to the preceeding record "Soon Over Babaluma". And we actually never landed on the ground of the commercial rock business.

I don't mean that in the commercial or non-commercial sense; rather there is a change from the celestial moments that are on "Future Days" or "Soon Over Babaluma". Even the opener "Full Moon On The Highway" completely...

...missed the mark. That wasn't the fault of the song itself; the problem was, that that was the first time we had ever worked with a 16-track machine. We finally had the thing, recorded with it, and then thought that we had to go to another studio in order to mix it. There they had an English engineer who

tel groupe, il suffit de flipper à mort."
Nous, on se situait entre un profession-
nalisme très exigeant et un côté flippant
étrange, celui que tu dois aussi avoir
pour pouvoir monter sur une scène le
soir sans vraiment savoir ce que tu
joueras. On n'en a pas trouvé qui
connaisse ce mélange de folie et de
discipline. Et puis il y avait aussi la
critique très dure qu'on ne s'épargnait
pas l'un à l'autre. Ce qu'on s'est fait et
dit, peu de gens peuvent le supporter.

*Est-ce que ça avait quelque chose à
faire avec votre sentiment de groupe?*

Exact. Même si on se disputait comme
des bêtes, on était tellement solidaires
et, par là, tellement exclusifs, que les
nouveaux éprouvaient tout ça comme
une horreur. À cette époque, ça faisait
six ans ou plus qu'on était ensemble.
Quand tu composes avec les autres sur
une scène, ça crée une communauté si
profonde que les autres ne peuvent

même pas l'imaginer. C'est presque de
la télépathie. Et si tu pratiques ça
pendant des années, tu construis une
sorte de mur autour du groupe. Ça devait
être extrêmement difficile d'arriver
comme ça et de se trouver bien dans cette
constellation. Maintenant je me rends
compte que tu devais, comme étranger
à nous quatre, te sentir exclu. On n'a
sans doute pas compris à l'époque,
combien ça avait dû être difficile pour
quelqu'un de l'extérieur.

*Avec "Landed", j'ai l'impression, et
déjà avec le titre, que vous avez
cherché à revenir sur terre. Je me
trompe?*

En fait, on n'avait jamais d'idée
préconçue, on était plutôt dans un
certain état d'esprit qui nous venait des
circonstances et du moment où on était
atterris (landed). C'est en fonction de
ça qu'on faisait notre musique. On
voulait atterrir dans des territoires que

Can Box · Item No. II · Book

der Bühne spontan zu komponieren, schafft eine Gemeinsamkeit, die sich ein anderer gar nicht vorstellen kann. Das ist ein beinahe telepathisches Einverständnis miteinander. Wenn du das ein paar Jahre lang machst, dann schafft das eine Art Panzer um eine Gruppe von Leuten herum. Es war wahrscheinlich wahnsinnig schwer, dazuzukommen und sich darin heimisch zu fühlen. Ich kann mir jetzt vorstellen, daß man sich bei uns vieren ungeheuer fremd vorkam. Wir haben wahrscheinlich gar nicht kapiert, wie schwierig das für einen anderen war.

Bei "Landed" habe ich schon beim Titel den Eindruck, daß ihr zu einer gewissen Bodenständigkeit zurück wolltet. Liege ich da richtig?

Eigentlich hatten wir nie ein Anliegen, sondern waren immer in irgendeiner Verfassung, die sich aus den Umständen der Zeit und dem Punkt, an dem wir gerade gelandet waren, ergab. Dementsprechend machten wir unsere Musik. Wir wollten immer auf uns noch unbekanntem Gelände landen. Der Titel "Landed" ist auch ein Spiel mit dem Titel der vorangegangenen Platte "Soon Over Babaluma". Und auf dem Boden der Tatsachen des kommerziellen Rockgeschäfts sind wir eigentlich auch nie so richtig gelandet .

Ich meine das gar nicht im kommerziellen oder nichtkommerziellen Sinne,

seemed to be in a state of constant euphoria, who mixed everything at an unbelievably loud volume. We were used to something that was far more human in our studio. We couldn't judge what this man was hearing. We didn't know any more if it was the same, couldn't agree among ourselves about the song, and in the end it sounded like a caricature. At first we meant it in earnest; it shouldn't sound at all like a caricature. The voices on it sound completely stupid. Later, there were a lot of people who were of the opinion that we had really given a lot of thought to this song, but we didn't mean the song to sound the way it did. When we realized that we had no idea how to save the song, we said to ourselves forget it: it sounds so weird, damn it, just let it stay the way it is.

The album's first five songs present a certain kind of clarified unity, whereas with "Unfinished" there's a very strong break.

These five songs didn't make an album, and we were under pressure to meet the delivery date. We worked magic throughout the night, and "Unfinished" and a few things from "Unlimited Edition" resulted.

I had the impression that it was supposed to be the credibility piece of the album.

l'on ne connaissait pas encore. Le titre "Landed" est un jeu de mots avec le titre précédent "Soon Over Babaluma" et on peut dire qu'on n'a jamais tout à fait atterri sur le terrain du show biz, du rock.

Je ne voulais pas parler du côté commercial mais je voulais dire plutôt que vous vous êtes détournés des moments sphériques de "Future Days" ou de "Soon Over Babaluma". Déjà, le premier morceau "Full Moon On The Highway", est vraiment...

...raté. Mais ce n'est pas la faute du morceau, çà tient au fait que, pour "Landed", on a travaillé pour la première fois avec une machine à seize pistes. Avec cet instrument, on pensait qu'il fallait enregistrer mais faire le mixage dans un autre studio. Mais là, il y avait un ingénieur du son euphorique en permanence, qui montait tout avec un volume dingue. Dans notre studio, on avait l'habitude de conditions plus humaines. On ne pouvait même plus juger de ce qu' il entendait, on ne savait plus si on entendait la même chose, on ne pouvait plus s'entendre sur les morceaux, et à la fin, on entendait une caricature. Mais on voulait du sérieux et non pas une caricature. Les voix devenaient atroces. Après, il y a toujours eu des gens qui nous disaient qu'on avait dû avoir plein d'idées pour faire çà, mais ce n'est pas comme çà que çà s'est passé.

sondern eher als Abwendung von den sphärischen Momenten, die es auf "Future Days" oder "Soon Over Babaluma" gibt. Gleich der Opener "Full Moon On The Highway", der ja so richtig...

...danebengegangen ist. Das liegt aber nicht an dem Stück selbst, sondern daran, daß wir auf "Landed" erstmalig mit einer 16-Spur-Maschine gearbeitet haben. Wir hatten das Ding endlich, nahmen damit auf und dachten, daß wir das in einem anderen Studio mischen müßten. Dort gab es einen englischen Toningenieur, in einem Zustand konstanter Euphorie, der mischte alles in einer irrsinnigen Lautstärke. Wir waren in unserem Studio Humaneres gewöhnt. Wir konnten gar nicht mehr beurteilen, was der hörte. Wir wußten nicht mehr, ob es dasselbe ist, waren uns auch nicht mehr über das Stück einig, und am Ende klang es wie eine Karikatur. Wir hatten das aber ernst gemeint. Das sollte gar nicht wie eine Karikatur klingen. Die Stimmen darauf klingen völlig bescheuert. Es gab ja im Nachhinein eine Menge Leute, die der Meinung waren, wir hätten uns bei diesem Stück unheimlich viel gedacht, aber das Stück war wirklich nicht so gemeint. Erst als wir uns keinen Rat mehr wußten, wie das noch zu retten sei, sagten wir uns, sei's drum. Das klingt so seltsam, daß es jetzt verdammt nochmal so bleiben soll.

It wasn't meant that way. We simply had to create a bit of magic, so that the record would be done on the next day. Michael had a word with this funny, old, broken organ, and suddenly it began to work; it made wonderful sounds that it had never before made and never made again.

You can hear a lot of keyboards on "Landed". It seems to me as if it's more of an Irmin Schmidt record than any of the previous records.

I've never felt that way. Just because I mess around a bit with the organ on "Half Past One" and "Unfinished", it doesn't seem as if there is more of me in this record than in the others.

I mean that more in terms of the sound images.

I don't think so. On "She Brings the Rain", I don't play anything at all, which decidedly influences the sound image.

I have the feeling that "Flow Motion" is almost the second part of "Landed". The songs on it are for the most part very clear, but the structures are evidently more varied. There's a waltz, a reggae track, a couple of funk things, a samba, a ritual drumming track...

Maybe that's the way we had developed

Et quand on n'a plus su quoi faire pour sauver le morceau, alors on s'est dit que c'était comme ça que ça devait être. C'était devenu si bizarre qu'on a décidé que... merde! ça resterait comme ça.

Les cinq premiers titres de l'album constituent en quelque sorte une unité mais avec "Unfinished", on a une grande rupture.

Ces cinq titres ne suffisaient pas pour faire un album mais on était pressé par le temps. Alors, pendant une nuit, on a fait les magiciens, et, comme ça, est apparu "Unfinished" et quelques autres

titres pour "Unlimited Edition".

J'avais un peu l'impression que c'était le morceau de crédibilité de votre album.

Pas du tout, on devait tout simplement faire les magiciens pour que le disque soit prêt le lendemain matin. Michael a parlé à ce vieil orgue étrange et déglingué, et celui-ci s'est mis à marcher d'un coup et à donner des sons enchanteurs, ce qui n'était jamais arrivé avant et ne s'est jamais plus reproduit.

On entend beaucoup le keyboard sur

Can land on their feet

CAN: "Landed" (Virgin V2041). Michael Karoli (guitar, violin, vocals), Irmin Schmidt (keyboards, Alpha 77, vocals), Jaki Liebezeit (percussion, wind instruments), Holger Czukay (bass, vocals). With Olaf Kubler (tenor sax on "Red Hot Indians"). Produced by Can at Inner Space Studios.

THERE are times when I'm convinced that Can enter a recording studio intent on liberating what can only be described as the most homicidal musical tendencies.

For sure, there are few be anywhere in the world who could have engineered with such audacious precision a work of such elemental force as "Unfinished," the 13 minute opus which closes this, their seventh album (their first, incidentally, on this label).

And one escapes from encounters with the likes of "Monster Movie" and "Tago Mago", feeling, at best, a sense of mental and physical displacement. Yet there exists such a fascination with the mechanics and contrivances of a Can performance that the listener is inevitably drawn again and again on the most perilous aural expeditions.

The sheer consistency shown by this band over the last six years has been miraculous, and ensures that nothing they produce can ever be disregarded, although it has been quite impossible to predict their development from one album to the next. It is possible to trace only in retrospect their progression and suggest affinities between successive albums from that perspective. "Landed," then, sees an extension of the principles first outlined on "Soon Over Babaluma."

still to reach the peak of their already awesome creative power. To elaborate: on "Landed" Can have — with the exception of "Unfinished" and the only other instrumental piece, "Vernal Equinox" — concentrated on concisely structured compositions built around lyrics which have, I'm sure, been composed rather than improvised in the style of either Malcolm Mooney or Damo, their previous vocalists.

MELODY MAKER, 1975

Die ersten fünf Songs des Albums stellen ja in gewisser Weise in ihrer Übersichtlichkeit eine Einheit dar, während mit "Unfinished" ein ganz starker Bruch kommt.

Diese fünf Songs waren noch kein Album, und wir waren mit dem Veröffentlichungsdatum unter Druck. Da haben wir eben eine Nacht lang gezaubert und dabei entstand "Unfinished" und auch einiges von "Unlimited Edition".

Ich hatte auch den Eindruck, als wäre es ein wenig das Credibility-Stück des Albums.

So war das nicht gemeint. Wir mußten einfach ein bißchen zaubern, damit am nächsten Tag die Platte fertig war. Michael hat mit dieser komischen alten kaputten Orgel gesprochen, und plötzlich ging die an und gab ganz wundersame Töne von sich, die sie nie zuvor und nie wieder danach hervorgebracht hat.

Man hört sehr viele Keyboards auf "Landed". Mir scheint, es ist mehr als irgendeine andere Platte eine Irmin-Schmidt-Platte.

Hab ich nie so empfunden. Nur weil ich auf "Half Past One" und "Unfinished" ein bißchen solistischer herumorgele als sonst, fühle ich mich auf dieser Platte nicht mehr enthalten als auf anderen.

at that point. It was certainly not programmed.

It appears to me to be your world beat record.

There was really no concept behind it. The songs were created next to and after each other. What gave the record its unity was our common mood at the time. There was never a concept for any of the albums. Concept albums weren't our thing. I always saw "Flow Motion" in connection with "Future Days". That was a rather harmonic record.

Had you also learned how to deal with mixing technique?

That could be. After a while, you get to know your way around.

I also think it's very pleasant, but it seems to be more of a gallery of various things than are the other records.

Maybe that's the result of a certain craftsmanship. The opener "I Want More" really hit the charts in England; it was a lot of fun to play. And I still think it's a good song. Holger didn't like the "Cascade Waltz" at all, and I love that track; from that you can deduce how far apart we'd grown. Michael loves that track too, but doesn't like particular things that I play on the organ; and Jaki

"Landed". J'ai l'impression que ce disque est particulièrement un disque Irmin Schmidt.

Je n'ai jamais eu cette impression. ce n'est pas parce que, dans "Half Past One" et "Unfinished" je joue un peu plus en solo avec l'orgue, que je suis plus présent qu'ailleurs.

Je disais çà plutôt par rapport à l'ensemble sonore.

C'est pas vrai. Dans "She Brings The Rain", je ne joue pas du tout... et çà doit se remarquer énormément dans l'ensemble sonore.

J'ai l'impression que "Flow Motion", au niveau de la conception, est presque la deuxième partie de "Landed". Les morceaux sont encore en grande partie clairs, mais la structure est ouverte. Il y a une valse, un reggae, quelques éléments funk, une samba, un morceau de tambour rituel...
Peut-être que c'était le moment pour çà. Ce n'était pas notre programme.

J'ai l'impression que c'était votre disque world-beat.

On n'a pas eu cette conception on ne l'a pas voulue. Les morceaux sont arrivés les uns derrière les autres et ce qui donnait l'unité à un disque, c'était notre état d'esprit à l'époque du disque. On

Ich meinte das auch eher aufs Klangbild bezogen.

Finde ich nicht. Auf "She Brings The Rain" spiele ich gar nicht, was das Klangbild entscheidend beeinflußt.

Bei "Flow Motion" habe ich das Gefühl, daß es konzeptionell beinahe der zweite Teil von "Landed" ist. Die Stücke sind zum größten Teil sehr übersichtlich, nur die Strukturen liegen noch etwas offener zutage. Es gibt einen Walzer, einen Reggae, ein paar Funk-Sachen, eine Samba, ein rituelles Trommelstück...

Vielleicht hat es sich bei uns zu diesem Zeitpunkt so entwickelt. Programm war es sicher nicht.

Mir kommt es so vor, als wäre es eure World-Beat-Platte.

Dahinter stand aber wirklich gar keine Konzeption. Die Stücke sind so neben- und nacheinander entstanden. Und was der Platte dann eine Einheit gab, war unsere gemeinsame Stimmung zur damaligen Zeit. Es gab sowieso nie ein Konzept für ein Album. Konzeptalben waren nicht unsere Sache. Ich habe "Flow Motion" eher immer wieder im Zusammenhang mit "Future Days" gesehen. Das war eine eher harmonische Platte.

Seid ihr auch besser mit der Mehrspurtechnik klargekommen?

Kann sein. Nach einer Weile kennt man sich eben besser aus.

Ich empfinde sie auch als sehr angenehm, empfinde sie aber mehr als andere Platten als Galerie verschiedener Sachen.

likes the track but thinks the drums are too quiet. Everyone thinks that it would have been a good song, but...

Were there factions in the band?

No, but if there had been, they would have changed by the hour. It was always about music. We could spend an entire night warring about a small tempo difference, or three notes, or should a quarter or an eighth come sooner or later.

There was a big change in the lineup for "Saw Delight". Suddenly Reebop and Rosko Gee were there. Were they able to share at all in this band feeling that had already developed?

No. I have to say that categorically. They never really understood or accepted our way of dealing with money and authorship. For example, "She Brings The Rain", on which neither Jaki nor I play: it's still a Can song and we both receive the same amount of money as the others. Each person always got the same amount as the others, and the group, Can, was always the author. And we have never, not once, fought over that. But Rosko and Reebop had internalized the music business too much; they couldn't understand our way. They wanted to maintain authorship if they thought that a track had been substantially written by them. I really

n'a jamais travaillé selon une conception préétablie pour faire un album. On n'était pas des gens à concevoir à l'avance. J'ai toujours considéré "Flow Motion" en harmonie avec "Future Days". Un disque plutôt harmonieux.

Est-ce que ça a mieux marché, après, votre technique à plusieurs pistes?

Possible. Après un moment on s'y connaît mieux.

Moi aussi je trouve ce disque très agréable, mais je le trouve une peu comme quand on est dans une galerie: il y a tout un tas de choses très différentes.

Peut-être que c'était le résultat d'une certaine compétence. "I Want More" a été un vrai hit en Angleterre, c'était un morceau qui faisait plaisir à jouer et je le trouve encore très réussi. Holger déteste la "Cascade Waltz" mais moi j'aime, ce qui montre qu'on peut être loin l'un de l'autre. Michael aime bien ce morceau sauf certains passages que je joue à l'orgue et Jaki l'aime bien également mais trouve la batterie trop discrète.
Chacun pense que c'est un bon morceau... mais avec un mais.

Est-ce qu'il y avait des fractions dans le groupe ?

Non, ou alors, elles changeaient toutes

Vielleicht war das ein Ergebnis einer gewissen Fertigkeit. "I Want More" war ein richtiges Chart-Stück in England, ein Stück, das zu spielen richtigen Spaß machte. Und ich halte es nach wie vor für gelungen. Den "Cascade Waltz" mag Holger überhaupt nicht, und ich liebe das Stück, woran man sehen kann, wie weit das auseinander geht. Michael liebt das Stück auch, mag aber bestimmte Sachen, die ich auf der Orgel spiele, nicht, und Jaki mag das Stück, findet aber das Schlagzeug zu leise. Jeder findet, eigentlich wäre es schon ein gutes Stück, aber...

Gab es denn Fraktionen in der Band?

Nein, und wenn, haben sie stündlich gewechselt. Es ging immer um Musik. Wir konnten über einen minimalen Tempo-Unterschied oder drei Töne oder ein Viertel oder Achtel früher oder später eine Nacht lang miteinander Krieg führen.

"Saw Delight" war ja dann ein großer besetzungstechnischer Einschnitt, weil plötzlich Reebop und Rosko Gee dazukamen. Konnten die überhaupt dieses Bandgefühl, das vorher bestanden hatte, teilen?

Nein. Das muß ich so kategorisch sagen. Die haben unseren, im wahrsten Sinne des Wortes zwanglosen Umgang mit Geld und Autorenschaft überhaupt

liked them both and learned a great deal from Reebop. But this band feeling — they never shared that special Can feeling.

How did this expansion come about?

As I said, we had a lot of conflict. Between Holger and Jaki, between Holger and me. We fought about bass playing, about rhythm, about whatever. At some point Holger suffered a lot, he went through hell, because we were constantly picking on him. Sometimes we pushed our self-destruction too far. Certainly too far. Holger quit playing bass and began using Morse Code and playing samples. They were real samples. At an earlier time, it might have worked. It was actually a typical Can idea, but we had already drifted too far apart.

The dynamic changed so much on this album that a very strange lulling effect occurred.

That had nothing to do with the music, but with the way it was mixed. I like some of the tracks, but they were mixed and produced incorrectly.

As far as substance goes, some of the songs might be very pretty, but there's a thickness that is almost impossible for the listener to penetrate.

There are so many ways to make strange

les cinq minutes. Il n'y avait que la musique. On pouvait se faire la guerre une nuit entière pour un rien, une différence minimale dans le rythme, pour trois tons au-dessous ou au-dessus, pour une croche ou une double-croche plus tôt ou plus tard...

Avec "Saw Delight", tout a changé sur le plan technique et la composition du groupe parce que Reebop et Rosko Gee vous ont rejoints. Est-ce qu'ils ont pu partager votre communauté?

Non, je dois le dire catégoriquement. Ils n'ont pas du tout compris notre façon totalement détendue d'envisager les relations d'argent et de création collective et ils n'ont pas voulu les accepter. Par exemple, encore pour „She Brings The Rain", où ni moi ni Jaki ne jouons — mais c'est un morceau de Can — on reçoit tous les deux la même somme que les autres. On a toujours reçu la même somme, et l'auteur, c'était Can. Et jamais, pas une seule fois çà a été un sujet de dispute. Mais Rosko et Reebop avaient trop intériorisé le music business pour comprendre çà. Ils voulaient avoir leurs droits d'auteur quand ils pensaient que la substance du morceau venait d'eux. Je les aimais beaucoup tous les deux, et j'ai beaucoup appris surtout avec Reebop, mais cet esprit Can bien spécifique, ils ne l'ont jamais partagé.

Pourquoi est-ce que vous vous êtes agrandi?

Can Box · Item No. II · Book

nicht kapiert und akzeptiert. Z.B. noch-
mal "She Bring The Rain", auf dem we-
der Jaki noch ich spiele, aber es ist von
Can, und wir beide bekommen davon
dasselbe Geld wie die anderen. Jeder hat
immer das gleiche Geld bekommen wie
die anderen und immer war die Gruppe, war Can Autor. Und nie, wirklich
nicht ein einziges Mal haben wir uns
darüber gestritten. Aber Rosko und
Reebop hatten dieses Musikbusiness zu
sehr verinnerlicht, um das zu verstehen.
Sie bestanden auf Autorenschaft, wenn
sie fanden, daß ein Stück von der Substanz her von ihnen war. Ich habe sie
beide sehr gern gehabt, und von Reebop
hab ich unendlich viel gelernt. Aber dieses Bandgefühl, das spezifische Can-
Gefühl haben sie nicht geteilt.

*Warum kam es denn aber überhaupt
zu dieser Erweiterung?*

Es gab wie gesagt große Mißhelligkeiten
unter uns. Zwischen Holger und Jaki,
zwischen Holger und mir. Wir stritten
uns übers Baß-Spielen, über Rhythmus,
über sonstwas. Irgendwann war der Holger das leid, denn er ging ja selber durch
eine Hölle, weil er andauernd angemek-
kert wurde. Manchmal trieben wir unsere Selbstzerfleischung einfach sehr weit.
Mit Sicherheit zu weit. Holger gab dann
das Baßspiel auf und begann mit dem
Morsen und dem Einspielen von Samples.
Das waren ja wirklich echte Samples.
Zu einem früheren Zeitpunkt hätte das
wahrscheinlich funktioniert. Es war eigentlich eine typische Can-Idee, aber
es war schon zu vieles auseinander-
gedriftet.

*Auf diesem Album veränderte sich
auch die Dynamik so, daß ein ganz
merkwürdiger luller-Fluß entsteht.*

music, and a certain impenetrability in musical structures is, of course, typical for 20th century music. That appears quite often in all of the contemporary music today. And again that has something to do with our general state of mind. The world appears to be impenetrable. The jungle of information has grown so thick that it is impenetrable. This can be used in good and exciting ways in music, or it can simply become too dense. That in itself is still not a criterion. It depends upon how it succeeds.

I don't think it succeeded particularly. And you didn't continue on this path; instead you returned to the reductionism of the earlier albums.

There were always both. There was always a very reduction at one pole and a completely impenetrable net at the other. On "Tago Mago" there are already impenetrable spots, even if they're much more refined, better. It's certainly clear that a great deal on "Saw Delight" is not very successful. Some things were nevertheless quite lovely. The muscians simply discussed too many things to death. This band feeling that had previously held Can together was simply not there. It wasn't possible with the new members. That's why the record is more confused than the others. What sounds impenetrable on "Saw Delight" was, to some extent, simply just confused. We

Comme je l'ai dit, il y avait pas mal de dissensions entre nous. Entre Holger et Jaki, entre Holger et moi. On se disputait sur le jeu de la basse, sur le rythme, sur des choses comme çà. À un moment, Holger en a eu marre parce qu'il allait mal, il se faisait toujours critiquer. Parfois on allait un peu loin dans notre besoin de destruction. Vraiment trop loin. Holger a laissé tomber la basse et il a commencé avec le morse et les samples. C'était vraiment des vrais samples. Si çà s'était passé plus tôt, çà aurait fonctionné parce que c'était typiquement une idée Can. Mais on s'était déjà trop éloignés les uns des autres.

Sur cet album, la dynamique a tellement changé que çà produit une mélodie un peu vaseuse et assez étrange.

Çà n'est pas à cause de la musique en premier lieu, mais plutôt à cause de la façon dont c'est mixé. Il y a des morceaux que j'aime bien mais ils ont été mal mixés et assemblés.

En ce qui concerne la substance, il peut bien y avoir de bons morceaux, mais tu as une densité telle que çà empêche celui qui écoute de vraiment entrer dans la musique.

Il y a beaucoup de façons de faire de la musique étrange. Et une certaine opacité

Das hat aber nicht nur mit der Musik zu tun, sondern auch damit, wie gemischt wurde. Ich mag einige der Stükke schon, aber sie wurden einfach falsch gemischt und hergestellt.

Von der Substanz her mögen ja einige Stücke auch noch ganz schön sein, aber es wird eine Dichte erreicht, die es dem Hörer fast unmöglich macht, in die Stücke einzudringen.

Man kann auf so unendlich viele Arten seltsame Musik machen, und eine gewisse Undurchdringlichkeit musikalischer Strukturen ist ja eigentlich ein typisches Charakteristikum der Musik des 20. Jahrhunderts. Das tritt ja in der ganzen neuen Musik sehr oft auf. Und das hat ja wiederum etwas mit unserem Geisteszustand zu tun. Die Welt erscheint uns undurchdringbar. Die Informationen werden immer dichter, bis sie undurchdringlich sind. Das kann auf musikalisch gute und spannende Weise umgesetzt werden oder einfach nur zu voll sein. Das an sich ist noch kein Kriterium. Es kommt darauf an, wie es gelingt.

Ich finde es aber nicht besonders gelungen. Und ihr habt diesen Weg ja auch nicht fortgesetzt und seid zur Reduktion früherer Alben zurückgekehrt.

tried to rescue it, endlessly overdubbed it in order to figure out what worked, and then everything got mixed up. Jaki got very upset about that, quite correctly. It was an expression of a certain confusion. Nobody knew anymore how we could bring back the great clarity that we had earlier.

But you nevertheless made another album after "Saw Delight".

We actually made two, but one was held back, because "Out Of Reach" was really trash. We never re-released that. The peak of confusion. The title itself was prophetic. All of the musical ideas were out of our reach.

And then came "Can".

That was actually a quite reasonable album.

Apart from the Jacques Offenbach slip "Can Can".

Oh, I think that's funny. That's also an E.F.S. It's a joke. It certainly grooves. Offenbach would have liked it; he had a feel for the vulgar. Maybe it's a little dumb. Dumb-punk, but suitable. I'm not at all ashamed of that track.

A propos punk: with punk, an entire generation of new singers came along who had an intuitive sense for your

des structures musicales, c'est un peu la carctéristique de la musique du XXème siècle. Tu rencontres çà dans toute la nouvelle musique. Et çà a quelque chose à voir avec notre état d'esprit. Le monde nous semble impénétrable, les infor-mations sont de plus en plus denses jusqu'à en devenir impénétrables. Musicalement, çà peut bien se traduire d'une manière prenante, ou alors c'est simplement trop dense. Ce n'est pas un critère, ce qui compte, c'est de savoir si ça marche.

Je ne trouve pas que ce soit parti-culièrement réussi et vous n'avez d'ailleurs pas persisté dans cette direction, vous en êtes revenus à la réduction que vous pratiquiez dans les albums antérieurs.

Il y a toujours eu les deux: d'un côté cette réduction, et de l'autre cette trame dense. Même dans "Tago Mago" il y a des passages impénétrables parce que denses, même si c'est dans l'ensemble plus souple et meilleur. C'est clair, dans "Saw Delight", il y a pas mal de choses qui ne sont pas très bien réussies mais il y a quand même de bonnes choses. L'atmosphère entre les musiciens était tout simplement gâchée, l'esprit Can qui nous avait soudés n'existait plus. Et avec les nouveaux membres, on ne pouvait pas le faire ressusciter. C'est pourquoi ce disque est plus confus que d'autres albums. Ce qui a l'air trop dense sur "Saw Delight" était peut-être tout

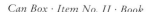

Es gab immer beides. Es gab immer diese Reduktion und dieses ganze undurchdringliche Gewebe auf der anderen Seite. Auch auf "Tago Mago" gibt es schon undurchdringliche Stellen, auch wenn es da noch viel geschmeidiger und besser ist. Es ist wohl klar, daß vieles auf "Saw Delight" nicht so gelungen ist. Einiges war trotzdem ziemlich schön. Es war einfach viel zwischen den Musikern zerredet worden. Dieses Bandengefühl, das Can früher zusammengehalten hat, war einfach nicht mehr da. Das war mit den neuen Mitgliedern gar nicht mehr machbar. Deshalb ist die Platte konfuser als andere Alben. Was auf "Saw Delight" undurchdringbar klingt, war teilweise einfach nur konfus. Man hat versucht, das zu retten, indem man endlos viele Playbacks draufspielte, um zu finden, was richtig ist, und das wurde dann alles durcheinandergemischt. Darüber hat sich Jaki mit Recht sehr aufgeregt. Und das war schon Ausdruck einer gewissen Verwirrung. Man wußte nicht mehr, wie man das zu der großen Klarheit von einst bringen sollte.

Aber ihr habt ja nach "Saw Delight" immerhin noch ein Album gemacht.

Wir haben eigentlich noch zwei gemacht, aber eins wird verschwiegen. Denn "Out Of Reach" war wirklich im Eimer. Das haben wir ja auch nicht wiederveröffentlicht. Der Höhepunkt

sound and sang completely differently than all of these seventies singers, who were constantly trying to make Art. Wouldn't it have made sense to look for a new singer again?

Yes, Johnny Lydon offered to sing with us. It wasn't that he wouldn't have fitted in with us, it was just that we hardly existed anymore.

But Can came back.

That's something else, and perhaps that will always keep going. We're still connected; each of us is the strongest musical influence that the others have ever had. That's something precious that you must not throw away. These people shouldn't disappear from my life. Michael and Jaki cooperate on almost all of my projects. And if there's an opportunity to do something together, such as "Rite Time", or "Last Night Sleep" for the Wim Wenders film, then we'll probably do it. But something surprising has to come out of it: no nostalgia and no revivals. "Rite Time" was too much of an attempt to get the old Can back together. "Last Night Sleep" was less so. It's possible to imagine quite new things coming into being. We don't have to make records or play concerts. After all, the "a" in the middle of Can stands for adventure.

 simplement confus. On a essayé de sauver le tout en intégrant beaucoup de playbacks pour trouver ce qui allait et puis on a tout mixé ensemble. Jaki avait raison de s'énerver contre çà, en fait c'était le signe d'une confusion certaine. On ne savait plus comment remettre un peu de clarté dans tout çà.

N'empêche qu'après "Saw Delight" vous avez fait encore un album .

En fait, on en a fait deux, mais il y en a un dont on ne parle pas. Parce que "Out Of Reach" était à côté de la plaque. On ne l'a d'ailleurs pas réédité. C'était le summum de la confusion, le titre était déjà prophétique, toute invention musicale était pour nous "out of reach".

Et après, il y a eu "Can".

Et c'était un album très correct.

À part ce faux-pas de "Can Can" d'Offenbach.

Mais je trouve çà rigolo. C'est un E.F.S.. C'est une blague. C'est quand même très groove. Offenbach aurait aimé, il avait le sens d'une certaine vulgarité. Peut-être que c'est un peu bête, bête dans le genre punk mais çà se défend. Je n'ai absolument pas honte de ce morceau.

À propos du punk : par le punk il y a

der Konfusion. Schon der Titel war prophetisch. Alle musikalischen Ideen blieben für uns out of reach.

Und dann kam "Can".

Und das war ja ein ganz anständiges Album.

Abgesehen von dem Jacques-Offenbach-Ausrutscher "Can Can".

Ach, das finde ich ganz lustig. Das ist auch ein E.F.S. Das ist ein Witz. Das groovet doch. Offenbach hätte das gemocht. Der hatte Sinn für sowas Vulgäres. Es ist vielleicht ein bißchen doof. Doof-Punkmäßig, aber vertretbar. Ich schäme mich des Stückes überhaupt nicht.

Apropos Punk. Durch den Punk gab es ja wieder eine ganze Generation neuer Sänger, die einen intuitiven Zugang zu ihrer Stimme hatten und ganz anders sangen als all diese 70er-Jahre-Sänger, die dauernd versuchten, Kunst zu machen. Hätte es da nicht Sinn gemacht, noch einmal nach einem Sänger zu suchen?

Ja, zumal sich Johnny Lydon mal angeboten hat. Es lag aber nicht daran, daß solche Sänger nicht zu uns gepaßt hätten, sondern daran, daß es uns schon fast nicht mehr gab. *Aber dann gab es ja doch noch einmal Can.*

Das ist was anderes, und das wird es vielleicht immer mal wieder geben. Wir sind immer noch miteinander verbunden und füreinander der stärkste musikalische Einfluß, den wir hatten. Das ist etwas Kostbares, das man nicht wegschmeißen darf. Deshalb sollen auch diese Menschen nicht aus meinem Leben verschwinden. Michael und Jaki spielen auf fast allen meinen Musiken mit. Und wenn sich eine Gelegenheit bietet, etwas zusammen zu machen, wie bei "Rite Time" oder "Last Night Sleep" für den Wim Wenders-Film, werden wir es wahrscheinlich auch wieder tun. Aber es sollte etwas wirklich Überraschendes draus werden. Bloß keine Nostalgien und Revivals.

"Rite Time" war noch viel zu sehr der Versuch, die alte Can noch mal erstehen zu lassen. "Last Night Sleep" schon ein bißchen weniger. Ganz neuartige Sachen sind denkbar, es müssen nicht einmal mehr unbedingt Platten oder Konzerte sein. Das A in der Mitte von Can steht vor allem für Abenteuer.

eu toute un nouvelle génération de nouveaux chanteurs qui avaient une relation intuitive à la voix, et qui chantaient de toute autre manière que ces chanteurs des années 70 qui essayaient toujours de faire de l'art. Vous n'auriez pas dû recommencer à chercher un chanteur?

Si, d'autant que Johnny Lydon s'était proposé, mais si ça n'a pas marché, ce n'est pas parce que ces chanteurs n'allaient pas avec nous, c'est plutôt parce qu'on commençait à ne plus exister! C'est autre chose. Can continuera probablement à toujours exister de loin en loin. On continue à être très liés et Can représente pour chacun de nous la plus grande influence musicale qu'il ait jamais eue. C'est une valeur à laquelle

on tient. Il n'est pas question que tous ces gens disparaissent de ma vie. Michael et Jaki jouent dans presque toutes les musiques que j'écris. Et quand on a l'occasion de refaire des choses ensemble comme avec "Rite Time" ou "Last Night Sleep" pour le film de Wim Wenders, on la saisit et on continuera. Mais on veut que ce soit des créations et pas des nostalgies ou des revivals. "Rite Time" sentait encore trop la tentative de faire revivre Can dans sa vieille forme. "Last Night Sleep" déjà moins. On est capables de faire des choses complètement nouvelles, ça ne doit pas même être des concerts ou des disques. Le A au milieu de Can veut surtout dire "Aventures".

Can Box · Item No. II · Book

HOLGER CZUKAY

Sänger aus dem Äther

Interview Holger Czukay

Wie stehst Du dazu, heute über Can, einen Abschnitt Deiner Laufbahn, der lange hinter Dir liegt, zu reden?

Mein Verhältnis zu Can hat sich inzwischen weitgehend entkrampft, woran unsere Managerin Hildegard Schmidt entscheidend mitgewirkt hat. Immerhin ist es der wichtigste Teil meiner künstlerischen Entwicklung, denn das war ja meine erste praktische und langjährige Erfahrung mit Musik überhaupt. Nachdem ich bis dahin vor Unsicherheit nicht wusste, ob ich musikalisch überhaupt einen Fuß auf die Erde bekommen würde, merkte ich plötzlich, was es bedeutet, mit Leuten in einem Team zusammenzusein. Da treten ganz andere Gesetzmässigkeiten auf, als wenn man auf sich allein gestellt ist.

Es geht Dir also nicht wie vielen anderen Leuten, die sagen, mit dem ganzen alten Scheiß will ich nichts

Interview Holger Czukay

Can belongs to a phase in your life which is long past. How does it feel to talk about it now?

My relationship to Can has relaxed with the passing of time, thanks decidedly to our manager, Hildegard Schmidt. Can is still the most important part of my artistic development, because it was really my first practical and enduring experience with music. After I'd spent a long time feeling unsure, wondering if I'd ever get my feet on solid musical ground, I suddenly realized what it meant to work together in a team with other people. Completely different rules apply than the ones that are in effect when you're working alone.

So you're not like other people who say: I'm finished with all of that old shit, I'd rather look forward to the future.

I do that anyway. I enjoy playing with

"At a time when 'Rock' meant the bloated egos of Mick Jagger or Jim Morrison, Can Gigs were the stuff of legend: spontaneous, evolutionary jams that could last seven or eight Hours, with 20 minute drum machine or radio solos and circus performers thrown in for good measure. They didn't 'release albums' so much as broadcast on vinyl from their studio: the tapes were contantly running, even when they thought they weren't (Holger Czukay saw to that)."

THE WIRE / April 1997
(by Rob Young)

Le chanteur venu de l'éther

Interview Holger Czukay

Qu'est-ce que ça te fait de parler maintenant de Can, qui représente un épisode de ta carrière qui est loin derrière toi?

Ma relation à Can est maintenant complètement détendue, ce qu'on doit en grande partie à notre manager Hildegard Schmidt. En fait, c'est la partie la plus importante du développement de ma vie artistique; ça a été ma première longue expérience pratique de la musique. Pendant longtemps, j'avais tellement manqué d'assurance que je ne savais pas si j'allais jamais pouvoir m'imposer un jour dans le monde musical et là j'ai alors compris ce que c'est que de travailler avec des gens, dans une équipe. Les choses prennent alors une toute autre dimension par rapport à ce que tu fais quand tu es seul.

Alors tu n'es pas comme tous ceux qui disen: "Je ne veux plus rien avoir à

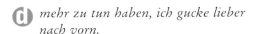

mehr zu tun haben, ich gucke lieber nach vorn.

Das tue ich ja sowieso. Ich spiele gern mit jüngeren Leuten zusammen. Zur Zeit arbeite ich mit einer jungen Sängerin, sie heisst U-She, mit der ich schon viele Stücke gemacht habe, und z.B. mit Dr. Walker von Air Liquide. Ich kann aber nicht umhin zuzugeben, daß alles, was ich gelernt habe, in den entscheidenden neun Jahren bei Can seinen Ursprung hatte.

Zumal man ja wohl auch guten Gewissens sagen kann, daß Can das wichtigste Stück Pop- oder Rock-Musik ist, das Deutschland je hervorgebracht hat.

Nun ja, das kann man so daher sagen. Wir gaben uns nie besonders deutsch, sondern haben uns stets am internationalen Musikgeschehen orientiert, ja, man kann schon sagen, in uns selbst absolut eigenständig verhalten. Dahinter stand eben auch die Idee, ein Kollektiv zu sein.

Am Anfang stand ja eine Platte, die gar nicht eure erste Platte war: "Delay".

Wir haben damals völlig ohne Mischpult aufgenommen. Da wir auch nur ganz wenige Mikrophone hatten, haben wir uns um sie herum postiert und unsere Lautstärken in Balance gebracht.

younger people. Right now I'm working with a young singer by the name of U-She, with whom I've already recorded several tracks; and with, for example, Dr. Walker from Air Liquide. However, I can't avoid admitting that everything that I've learned had its origins during the decisive nine years with Can.

One could assert that Can is the most important pop or rock music that's come out of Germany.

One could say that. Although we never came off as particularly German. We focused more on international music scenes. You could even say that we behaved autonomously. Behind all of that was the idea that we were a collective.

Your first record, "Delay", was not actually your first record.

We recorded that without a mixing board. Because we only had a few microphones, we all stood around the microphones and balanced our amplifiers. If anyone had moved, it would've destroyed the recording: there was no extra engineer. Apart from a couple of rolls of tape stolen from a radio station, we only had home-recording tapes dating from 1954. You have to imagine that. They were all taped together; I'd found them on a trash heap somewhere and had no scruples about using them because we needed something on which

faire avec tout ça" et qui préfèrent regarder devant eux.

Regarder devant moi, ça je le fais de toute façon. J'aime jouer avec les jeunes. En ce moment, je travaille entre autres avec une jeune chanteuse, U-She — j'ai déjà fait pas mal de morceaux avec elle, par exemple "Dr Walker" d'Air Liquide. Mais je dois reconnaître que tout ce que j'ai appris, ça a son origine dans les neuf années décisives que j'ai passées avec Can.

D'autant qu'on peut dire en toute conscience que Can est la musique pop et rock la plus importante que l'Allemagne ait jamais produite.

Oui, bon, c'est facile à dire. On n'a jamais souligné qu'on était allemands, on s'est toujours orientés vers la scène internationale, on peut même dire qu'on s'est orientés vers nous-mêmes de manière autonome. Et au fond, on avait seulement l'idée de former un collectif.

Au début il y avait un disque qui n'était en fait pas votre premier: "Delay".

Au début, on a enregistré sans table de mixage. On avait aussi très peu de micros, alors on s'était postés autour de ceux qu'on avait et on équilibrait ainsi le volume. Si l'un d'entre nous avait joué plus fort ou détruit l'équilibre, il aurait bousillé tout l'enregistrement. On n'avait

Jemand, der da herausgeprescht wäre, hätte die Aufnahme zerstört; es gab ja keinen extra Toningenieur. Als Band hatten wir natürlich außer ein paar geklauten Bandresten aus dem Rundfunk nur noch Heimtonbänder von 1954. Das muß man sich mal vorstellen. Die waren alle geklebt, wir hatten sie irgendwo auf dem Müllhaufen gefunden und hatten keine Skrupel, die einzusetzen, damit wir überhaupt etwas zum Aufnehmen hatten. Zum Beispiel ist "19th Century Man" auf einem solchen Band aufgenommen worden. Ich weiß, wie ich da später geschnitten habe, weil das an den Schnittstellen immer hüpfte und jaulte. Da mußte eben vieles entfernt werden, und Gott sei Dank spielten wir immer dann schlecht, wenn viele Schnittstellen den Kopf passierten. Gab es dann wieder eine längere ungeschnittene Bandstrecke, lief musikalisch wieder alles bestens. Das war schon eine tolle Zeit damals und mag hier als meine einzige Nostalgieanmerkung durchgehen. "Delay" gehört mit zu meinen Can-Favorites. Und „Little Star of Bethlehem" ist sicher eins der stärksten Stücke, die Can je gemacht hat.

Warum habt ihr das denn erst so viele Jahre später veröffentlicht?

Als wir das Anfang 1969 anboten, blitzten wir total ab. Und als ich die Platte Jahre später fertig vorbereitet hatte, sagte Conny Plank zu mir, wenn diese Platte

to record. For instance, "19th Century Man" was recorded on these tapes. I can identify where the tape is edited, because there's always a skip and a yowl at that spot. A lot had to be edited out, and thank God we played very badly whenever there were jumps on the tape. If there were longer stretches of uncut tape, then, musically speaking, everything went well. But that was a wonderful time. That might be allowed to be my single nostalgic comment. "Delay" belongs to my Can favourites. And "Little Star of Bethlehem" is certainly one of the strongest songs that Can's ever recorded.

Why did you then release it so much later?

At the beginning of 1969, when we were shopping it around, we got nothing but rejections. And when I'd later prepared the record for release, Conny Plank said to me, if this record is not an enormous success, then somebody's doing something wrong. He recognized Can's quality. Can was always showing its good qualities when the band was unable to deny its "soul character" no matter the way you understand that. And we never got so far over the top in our adventures to lose that.

Everyone says that you combined Stockhausen and rock. But what actually happened?

pas d'ingénieur du son non plus. Nos bandes étaient de vieilles bandes semi-professionnelles qui dataient de 1954, et sinon, on avait piqué quelques restes de bandes à la radio. Essaye d'imaginer! Elles étaient toutes collées, on les avait trouvées quelque part dans les ordures et on n'avait pas de scrupules à les utiliser parce qu'on voulait faire notre enregistrement. Par exemple "19th Century Man", on l'a enregistré sur une de ces bandes. Je me rappelle encore comment je les ai coupées parce qu'aux raccords ça sautait et miaulait. Il fallait enlever un grand morceau et Dieu merci, on jouait toujours mal quand les raccords passaient les têtes du magnéto. Et quand il y avait une grande partie de bande sans raccord, c'était musicale-ment parfait. C'était une super-époque et tant pis si je me laisse aller à ma seule remarque nostalgique. Delay fait partie de mes disques préférés de Can. Et "Little Star of Bethlehem" est certainement l'un des morceaux les plus forts que Can ait jamais faits.

Alors pourquoi l'avez-vous sorti presque dix ans plus tard?

Quand on a proposé ça en 1969, personne ne l'aimait. Et quand j'ai eu fini de préparer le disque plusieurs années plus tard, Conny Planck m'a dit: "Si ce disque n'est pas un succès monstre, ça veut dire que quelqu'un n'a pas fait son boulot." Il sentait bien ce qu'on valait

kein Riesenerfolg würde, dann mache irgendjemand etwas falsch. Er hatte ein gutes Gefühl dafür, was unsere eigentliche Qualität war. Can war immer dann gut, wenn die Band einen wie auch immer gearteten "Soul"-Charakter nicht verleugnen konnte. Und wir konnten gar nicht abgehoben genug sein, um den in seinen Grundzügen zu verlieren.

Jeder spricht davon, daß ihr Stockhausen und Rock zusammenbrachtet. Aber wie ist das denn nun wirklich passiert?

Wir haben nie Karlheinz Stockhausen mit Rock zusammengebracht. Wir haben erst mal alles vergessen, was wir bei ihm gelernt hatten, und die Dinge mal passieren lassen. Schon 1968 fing David Johnson an, in Paris ganze Straßenschlachten aufzunehmen und diese Aufnahmen in unseren ersten Live-Auftritt einzubeziehen. Zuvor waren wir noch nie live zusammengekommen, haben

damals im Schloß Nörvenich vor allen möglichen Galeristen und Künstlern einen Auftritt gehabt, der von der Ausführung her vielleicht kläglich war — wir waren eben noch meilenweit entfernt, eine vollwertige Gruppe zu sein —, aber wir haben von Anfang an alle möglichen Welten in die Musik mit einbezogen.

Auf dem Cover zur Platte taucht der Name David Johnson auf, der aber nicht in der Besetzung erwähnt ist.

David Johnson war einer der Assistenten von Karlheinz Stockhausen. Bei letzterem hatten Irmin und ich auch studiert, ich von 1963 bis 66. Und David war es auch, der uns ermöglichte, unsere erste Platte "Monster Movie" im elektronischen Studio zu mastern, was wegen unzureichender technischer Mittel in unserem Inner Space Studio nicht möglich war.

Ist Stockhausen jemals dahinter gekommen, daß ihr ihn beschissen habt?

We never combined Karlheinz Stockhausen with rock music. In the first place, we forgot everything that we learned with him and just let things happen. In 1968 David Johnson began to film street battles in Paris and integrated these films into our first live performance. Before that, we'd never performed live — although we'd performed for all kinds of gallery owners and artists in Schloss Nörvenich, those performances were probably wretched. We were miles away from being a worthwhile group. But from the beginning on, we incorporated all kinds of music from all over the world.

David Johnson's name appears on the cover of the record, but he's not mentioned in the lineup.

David Johnson was one of Karlheinz Stockhausen's assistants. Irmin and I studied with Stockhausen from 1963 to 1966. It was David who made it possible for us to master our first record "Monster Movie" in an electronic studio, something that was not possible in our Inner Space studio, due to technical limitations.

Did Stockhausen ever find out that you cheated him?

We didn't cheat him — why should we? The studio was and is part of the Westdeutscher Rundfunk (West German Ra-

vraiment. Can était toujours bien quand le groupe n'abandonnait pas complètement son caractère soul et on ne pouvait pas être assez dingues pour ne plus être soul.

Tout le monde dit que vous avez réussi à réunir Stockhausen et le rock. Mais comment ça s'est vraiment passé?

On n'a jamais réuni Karlheinz Stockhausen et le rock. On a d'abord oublié tout ce qu'on avait appris chez lui et on a laissé passer les choses. En 1968, David Johnson avait déjà enregistré des manifestations violentes dans les rues de Paris et il avait ajouté ces enregistre-ments à nos premiers concerts live. Avant, on n'avait encore jamais eu de concert public, et puis on est passés au château Nörvenich devant un parterre de galeristes et d'artistes; peut-être que le concert était médiocre, on était à cent lieues d'être un groupe de bon niveau, mais dès le début on a intégré plein de mondes différents à notre musique.

Sur la pochette du disque, il y a le nom de David Johnson mais on ne l'évoque plus parmi les musiciens.

David Johnson était l'un des assistants de Karlheinz Stockhausen. Irmin et moi, on avait fait nos études chez Stockhausen, moi entre 1963 et 1966. C'est grâce à David qu'on a pu faire notre premier disque Monster Movie en

Wir haben ihn nicht beschissen, wieso sollten wir. Das Studio für elektronische Musik war und ist eine Einrichtung des Westdeutschen Rundfunks, dessen Leiter damals Karlheinz Stockhausen war. Wir waren glücklich, daß wir dort die notwendigen Arbeiten an "Monster Movie" vornehmen konnten. Und ich war ganz besonders froh darüber, daß mir David damals geholfen hatte, mein erstes "Canaxis"-Stück "Boat Woman Song" in vier Stunden Arbeit zusammenzumontieren. Gut, davon war Stockhausen damals und wohl auch bis heute, dreissig Jahre danach, nicht unterrichtet. Geschadet hat es im nachhinein niemandem.

Was hat Stockhausen überhaupt dazu gesagt, daß seine Schüler solche Musik machten?

Kürzlich hat man ihm in der „Zeit" ein paar Stücke deutscher Pop/Rockmusik blindtestmässig vorgespielt, darunter war auch „Aumgn" von "Tago Mago". Wie ich es mir schon dachte, ist das nicht seine Schiene, aber ganz negativ hat er sich darüber auch nicht äussern wollen. Ich hörte ihn mal in einem holländischen oder englischen Radiointerview sagen, aus seinen Schülern wären keine Originale hervorgegangen; ich hingegen hätte erst gar nicht versucht, ihn zu kopieren, und das scheint er wohlwollend angemerkt zu haben. Überhaupt äusserte er sich schon während des Studiums seinen Unterrichtskollegen gegenüber, ich

dio), which was headed at the time by Karlheinz Stockhausen. We were glad to be able to do the necessary work on "Monster Movie" there. And I was especially glad that David spent four hours helping me to put together my first "Canaxis" track, "Boat Woman Song." Good at that time, and probably to this day, Stockhausen never learned of it. In hindsight, it didn't hurt anyone.

What did Stockhausen have to say about this music that his students were making?

Recently, someone from „Die Zeit" played a few German pop/rock songs for him, without telling him who the musicians were. "Aumgn" from "Tago Mago" was among them. Just as I had already thought, it was clear that he didn't go for it favouritewise but he was reluctant to say something negative about it. I heard him say once, in either a Dutch or English radio interview, that there were no real originals among his students. On the other hand, I would never have attempted to copy him, and he seemed to view that in a positive light. While I was a student, he told his fellow teachers that one day I would take a completely different path and leave the world of so-called contemporary music behind me. He then spontaneously invited me to dinner at his house, where I played for him "Persian Love" and "Hollywood Symphony" from "Mo-

studio électronique. Ce qu'on n'aurait pas pu faire dans notre Inner Space Studio, par manque de moyens techniques.

Est-ce que Stockhausen ne s'est jamais rendu compte que vous l'aviez dupé?

On ne l'a pas dupé, je ne vois pas pourquoi on l'aurait fait. Le studio de musique électronique était et reste un équipement de la station de radio Westdeutsche Rundfunk dont le directeur était à l'époque Stockhausen. On était heureux de pouvoir y travailler pour Monster Movie et j'ai été particulièrement content que David m'ait aidé à monter mon premier morceau "Canaxis", "Boat-Woman-Song" en quatre heures de travail. D'accord, Stockhausen ne le savait pas plus qu'aujourd'hui, trente ans plus tard, mais cela n'a nui à personne.

Et Stockhausen, qu'est-ce qu'il en a dit que ses élèves fassent cette sorte de musique?

Il n'y a pas longtemps, pour le journal Die Zeit, on lui a fait entendre des morceaux de musique rock et pop sans lui dire les titres, entre autres il y avait "Aumgn" de "Tago Mago". Comme je m'en doutais, ce n'est pas son truc, mais il n'a pas émis de jugement complètement négatif non plus. Je l'ai entendu dire dans une interview pour

würde eines Tages einen ganz anderen Weg einschlagen und die Welt der sogenannten zeitgenössischen Musik hinter mir lassen.

Dann hatte er mich mal ganz spontan zu sich nach Hause zum Abendessen eingeladen, und ich habe ihm "Persian Love" und "Hollywood Symphony" aus "Movies" vorgespielt. Er hörte bis zum Ende konzentriert zu — und konzentriert zuhören, das kann er! Nach dem, wie er es aufgenommen hatte, musste es ihm wohl zugesagt haben. Zum Abschied hat er mir alle seine Platten mitgegeben und auf jeder eine persönliche Widmung hinterlassen. Er hatte sich einfach sehr gefreut, von mir zu hören, wie wichtig sein Einfluss auf die heutige Musik als ganzes geworden ist und natürlich auch auf meine. Dafür kann ich ihm gar nicht genug dankbar sein.

Es fällt mir aber in diesem Zusammenhang auf, daß es für einen klassisch ausgebildeten Musiker nahezu unmöglich ist, den Sprung ins musikalische Jenseits zu schaffen, oder soll ich es Hyperraum nennen? Als Jenseits ist wohl die Domäne des Punk anzusehen, deren Genialität in ihrem dilettantischen Ursprung liegt. Um es auf einen biblischen Vergleich zu bringen: eher geht ein Kamel durchs Nadelöhr, als daß ein Wohlerzogener das Himmelreich des Mülls erlangt.

Was ist Schloß Nörvenich?

Bei mir gegenüber wohnte ein Kunstsammler. Das ist der Herr Vohwinkel. Ein ausgesprochener Gentleman. Der hatte ein Wasserschloß etwas westlich von Köln angemietet, und er ermöglichte uns, ein Jahr lang, ohne daß wir einen Pfennig an Miete zahlen mussten, dort ein Studio einzurichten. Das haben wir auch reichlich genutzt, bis wir da raus mußten. Später fand da der Hitler-Skalpellator Arno Breker seine künstlerische Heimstatt. Damals war das ein ganz offenes Anwesen, jetzt ist dort al-

vies". He listened concentratedly to the end — and he really knows how to concentratedly listen! Afterwards, how he received it, it must have said something to him. When we said goodbye, he gave me all of his records, each one with a personal inscription. He was simply very happy to hear from me how important his influence on contemporary music (as well as on my own, naturally) was. For that, I can never be grateful enough. But in this context, it occurs to me that it's almost impossible for a classically-trained musician to make the spring into the musical hereafter — or should I call it the musical hyperspace? The hereafter can be seen as the domain of punk, whose genius lies in its dilettantish origins. To bring in a little biblical comparison: a camel will pass through the eye of a needle before a well-educated musician can reach the kingdom of rubbish.

What is Schloss Nörvenich?

An art collector by the name of Mr. Vohwinkel lived across from me. A real gentleman. He'd rented a castle somewhat west of Cologne, and he allowed us, for an entire year, to have a studio there, without paying a penny in rent. We really used that opportunity, until we finally had to leave. Later, one of Hitler's sculptors, Arno Breker, found his artistic home there. At that time, it

une radio anglaise ou hollandaise  qu'aucun de ses élèves n'était vraiment devenu un original. Moi, par contre, je n'ai jamais cherché à le copier et il semble l'avoir reconnu. Déjà quand je faisais mes études, il disait à ses collègues que je me détournerais un jour de la musique contemporaine pour prendre mon propre chemin.

Un jour, il m'a invité très spontanément à dîner et je lui ai fait écouter "Persian Love" et "Hollywood Symphony" de Movies. Il a écouté, très concentré, jusqu'à la fin du morceau — Stockhausen sait se concentrer quand il écoute — et ça a dû lui plaire. En partant, il m'a donné tous ses disques en mettant une dédicace sur chacun. Ça lui avait tout simplement fait plaisir d'entendre combien son influence était grande sur la musique d'aujourd'hui en général et, bien sûr, sur la mienne en particulier. Je lui en serai toujours très reconnaissant. Dans ce contexte, je dois dire que c'est pratiquement impossible pour un musicien de formation classique de faire le pas dans l'au-delà musical. Ou est-ce que je dois appeler ça l'hyper-espace ? Par au-delà, j'entends le domaine de la punk qui tient son génie de son origine dilettante. Pour prendre une comparaison biblique: un chameau passera plutôt par le trou d'une aiguille qu'un jeune homme bien élevé n'entrera dans le royaume de l'ordure.

Qu'est-ce que le château Nörvenich?

les renoviert und zu einem Museum umgewandelt worden mit einem sehr liebenswürdigen Schlossherrn aus Indien, der da auch wohnt.

Laß uns zu "Monster Movie" kommen.

Das löste unseren zweiten LP-Anlauf aus, es nochmals mit neuen Stücken zu versuchen. Es gab ein paar Aufnahmen, die wir schon vorher gemacht hatten, wie „Father Cannot Yell", das unsere erste offizielle Schallplatten-Aufnahme überhaupt war. Ich glaube, den "Father" haben wir drei- oder viermal eingespielt und waren stolz darauf, daß wir das überhaupt geschafft hatten. Jedenfalls erging es mir so. Zum Beispiel, daß ich die sieben Minuten, die das Stück dauert, überhaupt Baß spielen konnte. Danach habe ich dreitausend Kreuze geschlagen, diese Hürde genommen zu haben. Auch dieses Album ist sehr unkonventionell aufgenommen worden. Ebenfalls nur fünf Mikrophone ohne „Mischpult". Gemischt wurde über die Vorverstärker unserer Abhörer.

Ich habe dieses Album getestet, indem ich es ganz vielen ganz jungen Leuten vorspielte, und alle dachten, es wäre eine ganz junge Band.

Das erlebte ich immer wieder. Schon Anfang der achtziger Jahre sagten mir in England viele Journalisten, diese Scheibe hätte von heute sein können,

was a very open place. Now it's been renovated and turned into a museum. The present owner, who also lives there, is a very nice gentleman from India.

Let's talk about "Monster Movie".

That was another attempt at an LP, this time with new songs. There were a couple of recordings that we'd already made, such as "Father Cannot Yell": that was our first official recording. I believe that we recorded "Father" three or four times and were proud that we'd managed it at all. At least that's the way I felt. For instance, I was glad that I managed to play bass for the seven minutes that the song lasted. Afterwards, I crossed myself three thousand times, I was so happy to have gotten over that hurdle. The record is also recorded quite unconventionally. Also only five microphones and no mixing board. We mixed using the preamps of our monitor system.

As a test, I played this record for a number of very young people, and every single one thought it was a very new band.

I experience that quite often. At the beginning of the eighties, many English journalists told me that this record could have been recorded today, and now I'm experiencing the same thing in America. At the moment, they're working on a Can tribute album in the U.S. I'm really wondering what it's going to sound like.

At the moment, more American musicians than German ones are referring to your influences.

In America at this time there's a great deal of interest in us. I visited Russia before I got to the States for the first time and in Russia, Can has incomparable status like in America.

En face de chez moi habite un collectionneur d'objets d'art. C'est Monsieur Vohwinkel, un vrai gentleman. Il avait loué un château entouré d'eau à l'ouest de Cologne et il nous a permis pendant un an d'installer un studio sans payer un sou de loyer. On en a bien profité jusqu'au moment où on a dû partir. À l'époque, c'était une propriété complètement ouverte, maintenant tout a été rénové, et le nouveau propriétaire, un indien, en a fait un musée et y expose des œuvres d'Arno Breker, un des sculpteurs préférés d'Hitler.

Venons-en à Monster Movie.

Ce qui a fait démarrer notre deuxième 33 tours, c'est qu'on voulait essayer de nouveaux morceaux. Il y avait déjà des enregistrements qu'on avait faits avant, comme "Father Cannot Yell", qui était notre premier enregistrement de disque officiel. Je crois qu'on a répété "Father" trois ou quatre fois et on était fiers d'avoir réussi. Moi en tous cas. Fier d'avoir pu jouer de la basse pendant les sept minutes que durait le morceau. Après, j'ai remercié le ciel d'avoir réussi ça. Cet album-là, on l'a enregistré sans tenir compte du tout des conventions, également avec cinq micros et sans table de mixage. On a mixé avec les préamplificateurs de nos baffles d'écoute. ·

J'ai testé cet album en le faisant

und jetzt erlebe ich dasselbe in Amerika. Im Moment wird an einem amerikanischen Can-Tribute-Album gearbeitet. Bin mal gespannt, wie das klingt.

Gerade amerikanische Musiker berufen sich ja viel öfter auf euch als deutsche Musiker.

In Amerika wird uns z.Zt. grosses Interesse entgegengebracht. Ich selbst war ja eher in Rußland als in den USA, und gerade auch dort hat Can einen unvergleichlichen Stellenwert.

Wart ihr euch denn damals der visionären Kraft dieses Albums bewußt?

Ich glaube, das waren wir. Nur nicht in kommerzieller Hinsicht. Die Musik hingegen wird uns den Rest unseres Lebens begleiten. Da bin ich ganz sicher, sozusagen als Teil unserer 'Altersversicherung'.

Wenn ich mir Bands wie Sonic Youth oder Stereolab anhöre, gibt es ja tausend Bezüge zu "Monster Movie".

Sonic Youth machten kürzlich auch einen Remix von "Spoon". Ich habe sie auch mal live im Fernsehen wahrgenommen. Ich dachte, die sind ja viel besser als wir. Die haben eine ganz fantastische End-strekke hingelegt, durchorganisiertes Chaos mit gebremstem Schaum, und ich habe kaum den Mund zugekriegt. Auch Public Image war so eine Band, die für englische Verhältnisse ähnlich wie Can aufnahmen.

Kein Wunder, denn ein Song wie

At that time, had you any idea of the visionary power of this record?

I think we did. Not only in commercial hindsight. The music will accompany us for the rest of our lives. I'm certain that it will be a part of our , so to say , "old age pension".

When I hear bands like Sonic Youth or Stereolab, I hear thousands of references to "Monster Movie".

Sonic Youth recently did a remix of "Spoon". I saw them live on television. I thought, they're much better than we were. They added a fantastic bit at the end, organized chaos and foaming at the mouth, and I could hardly keep my mouth closed. Public Image was also that kind of a band. By English standards, they recorded in a manner similar to that of Can's.

No wonder: a song like "Outside My Door" has a real punk energy.

We often had to play with our backs to the wall because nothing on stage functioned anymore. In conventional hindsight, any conventional third-class rock band could have done better than we did. It wasn't true that everything just flew out of us. We had to fight for it. When you're an experienced, capable musician, you deal with music differently than you do if you're just

écouter à plein de jeunes; tous pensaient que c'était un groupe récent.

Ça m'arrive tout le temps. Déjà au début des années 80 en Angleterre, beaucoup de journalistes m'ont dit que ça pourrait être un disque d'aujourd'hui et c'est la même chose maintenant aux États-Unis : en ce moment ils travaillent à un Can Tribute Album. J'ai hâte d'entendre ça.

C'est justement les musiciens américains qui se réclament de vous, plus que les allemands.

C'est vrai, en Amérique ils s'intéressent beaucoup à nous en ce moment. Moi, j'étais plutôt en Russie; et là aussi, Can jouit d'un prestige incroyable.

Est-ce qu'à l'époque vous aviez conscience du pouvoir visionnaire de cet album?

Je crois que oui, seulement pas dans le sens commercial. Par contre la musique va nous accompagner toute notre vie, j'en suis sûr, comme une sorte d'assurance-vie!

Quand j'écoute des groupes comme Sonic Youth ou Stereolab, il y a mille références à "Monster Movie".

Sonic Youth a fait récemment un remix de "Spoon". Je les ai vus aussi en live à

"Outside My Door" hat ja eine regelrecht punkige Energie.

Wir haben oft mit dem Rücken zur Wand spielen müssen, wenn mal wieder nichts auf der Bühne funktionierte. Jede drittklassige Rockband war uns in konventioneller Hinsicht haushoch überlegen. Es war nicht so, daß uns alles nur zugeflogen kam. Das wurde hart erkämpft. Wenn du ein richtig erfahrener Fähigmann bist, gehst du ganz anders mit der Musik um, als wenn du musikalisch nur so um dich schlägst, und wir haben zunächst letzteres getan.

Ihr wart spielerisch zurückhaltend, aber von der harmonischen Seite revolutionär.

In dieser Hinsicht waren wir völlig offen. Can hatte sich immer als ein elektrifiziertes Kammerorchester verstanden, denk' ich mal. Ein ziemlich lautes Kammerorchester noch dazu! Und wir wussten, polyphon miteinander umzugehen. Bei vier oder fünf Leuten hast du es zwangsläufig mit mehreren Stimmen zu tun, und die haben wir gewähren lassen und unsere Stücke nicht arrangiert wie Zirkus-Dompteure. Hinterher legten wir sicher ein bißchen Hand an, schon um dem Medium gerecht zu werden, das wir zu bedienen hatten.

Was "Monster Movie" von anderen Alben der damaligen Zeit unterschei-

flailing around musically, and we did the latter.

The playing was a little hesitant, but from a harmonic standpoint, revolutionary.

We were completely open in that aspect. Can always thought of itself as an electric chamber orchestra, I think. And a rather loud chamber orchestra at that! We were all very good with polyphony. With four or five people, you're forced to deal with more voices. We allowed ourselves that, and didn't arrange our songs like a circus ringmaster. Afterwards, we certainly laid hands on the songs in order to do justice to the medium that we had to serve.

The difference between "Monster Movie" and other albums of that time is that although you were excessive in terms of time, you were never exhibitionistic instrumentalists.

None of us was obsessed with soloing, going it alone. Jaki never wanted to play a solo, not even for money. And Michael was the same. As I said, we thought of ourselves as a chamber orchestra in which each one had his own voice. The guitarists who always have to show what they can do, don't do themselves any favour in the end, although, of course, there are exceptions.

la télévision. Je les croyais bien meilleurs que nous. Ils ont fait un final fantastique, un chaos organisé mais harmonieux; j'étais bouche bée. Public Image était aussi un groupe qui travaillait dans des conditions semblables à celles de Can.

Pas étonnant pour un groupe anglais puisqu'un titre comme "Outside My Door" a une énergie véritablement punk.

On a souvent dû jouer le dos au mur, quand rien ne fonctionnait sur la scène. N'importe quel groupe de rock de troisième catégorie nous était supérieur, du point de vue des conventions. Tout ne nous est pas tombé dessus par chance. On a du lutter dur. Quand tu es un spécialiste expérimenté tu t'y prends autrement avec la musique que si tu mènes une sorte de bataille musicale, comme nous on le faisait.

Au niveau du jeu, vous étiez plutôt réservés mais pour l'harmonie, vous étiez révolutionnaires.

On était complètement ouverts. Can se concevait en quelque sorte comme un orchestre de chambre électrifié, je pense. Un orchestre de chambre très bruyant! Et on savait être polyphones ensemble. Quand tu as quatre ou cinq personnes, tu as nécessairement plusieurs voix et on les a laissé faire, on n'a pas arrangé nos morceaux, comme des dompteurs

det, ist, daß ihr zwar zeitlich maßlos wart, aber nie instrumental exhibitionistisch.

Niemand war besessen von solistischen Alleingängen bei uns. Jaki wollte nie ein Solo spielen, noch nicht einmal für Geld. Und mit Michael war es das gleiche. Wie gesagt, wir verstanden uns als Kammerorchester, in dem jeder seine eigene Stimme hatte. Die Gitarristen, die immer zeigen müssen, was sie können, tun sich letzten Endes keinen Gefallen, obwohl es da auch wieder Ausnahmen gibt.

"Yoo Doo Right" ist aus einer zwölf-stündigen Improvisation heraus entstanden?

Das ist richtig. Wir haben zwölf Stunden rumgesessen und immer denselben Groove gespielt. Übrig blieben drei Fassungen, die dann in eine gültige Fassung umgeschnitten wurden. Das Ende war dann der Anfang einer neuen Version.

Okay. Zu "Soundtracks".

Das sollte eigentlich gar kein Album werden. Weil wir mit Schallplatten noch kein grosses Geld verdienen konnten, hatte uns Irmin glücklicherweise ein paar Filmmusiken einfahren können. Die waren zum Beispiel von der Produktion her viel aufwendiger als „Monster Movie". Auch wurde viel mehr geschnitten.

"Yoo Doo Right" was the product of a twelve-hour improvisation?

That's correct. We sat around for twelve hours and played the same groove. At the end, there were three takes available, out of which we then edited a final version. The end was actually the beginning of a new version.

Okay. "Soundtracks".

Actually, that should not have been an album. Since we couldn't make much money with records, Irmin was luckily able to get us involved with a couple of film projects. From a production aspect, they were much more complicated than "Monster Movie". There was a great deal more editing done. All in all, there were more songs — perhaps with the exception of "Mother Sky".

They were also recordings that took place under very different circumstances.

For example, we recorded "Soul Desert" as a completely normal album cut, and then sold or else delivered it as the title song for the film "Mädchen mit Gewalt" . I still remember how Irmin warned us to exercise caution so that the music wouldn't kill the film. "Kill it, kill it," I advised, and I was right. The music was the only thing that rescued the film. The director didn't like the track; he finally

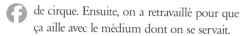

de cirque. Ensuite, on a retravaillé pour que ça aille avec le médium dont on se servait.

Ce qui distingue Monster Movie des autres albums de l'époque, c'est que vous avez été pour l'époque hors-normes mais jamais exhibitionnistes sur le plan instrumental.

Aucun de nous ne cherchait des grands effets de solo. Jaki ne voulait jamais jouer de solo, même pas pour de l'argent. Et avec Michael, c'était pareil. Comme je l'ai dit, on se concevait comme un orchestre de chambre où chacun avait sa voix. Les guitaristes qui doivent toujours montrer ce qu'ils savent faire ne se font pas toujours plaisir, bien qu'il y ait des exceptions.

"Yoo Doo Right" est né d'une improvisation qui a duré douze heures?

C'est vrai, on est restés douze heures assis à toujours jouer le même groove. On a retenu trois versions et on les a réduites à une. La fin était le début d'une nouvelle version.

Okay. Venons-en à "Soundtracks".

On ne voulait pas en faire un album. Comme on ne faisait pas beaucoup d'argent avec les disques, Irmin a pu nous procurer quelques commandes de musiques de films. La production, c'était beaucoup plus compliqué que par exemple Monster Movie. On a dû couper beaucoup plus. En fait les morceaux sont beaucoup plus des chansons — sauf peut-être "Mother Sky".

Ce sont certainement des enregistre-ments qui ont été faits dans des situations complètement différentes. Pour l'enregistrement de "Soul Desert",

Es sind im wesentlichen mehr Lieder —
bis vielleicht auf "Mother Sky".

Das waren doch auch sicher Aufnahmen, die in völlig unterschiedlichen Situationen entstanden sind.

"Soul Desert" zum Beispiel sind wir ganz normal als Schallplattenaufnahme angegangen und haben es als Titelstück für den Film „Mädchen mit Gewalt" abgegeben bzw. verkauft. Ich weiss noch, wie Irmin immer warnte, Vorsicht walten zu lassen, damit die Musik nicht den Film erschlägt. „Erschlag ihn, erschlag ihn," war mein Ratschlag, und richtig, die Musik war das einzige, was den Film überhaupt rettete. Der Regisseur hatte das Stück nicht gemocht; bis er mal kapiert hatte, was er bekam, gingen fast dreissig Jahre ins Land, vielleicht waren es auch sechsundzwanzig.
Es war zugleich auch das letzte Stück, das wir mit Malcolm Mooney aufnahmen, nachdem er psychisch krank geworden war. Man muß sagen, daß er damit auch eine seiner ergreifendsten Aufnahmen abgeliefert hatte. Von seiner Seite aus war das Stück unglaublich gut, ach, was heisst schon von seiner Seite, das Stück ist ein Hammer für meine Begriffe und ist ab sofort in den Czukay-Top-Ten zu finden, wobei ich es mit den Zahlen nie so genau nehme. Aber Malcolm mußte auch vierundzwanzig Stunden am Tag bewacht werden, ansonsten wäre er aus dem Fenster

understood what he'd gotten about thirty years later — perhaps twenty-six. At the same time, it was the last track that we recorded with Malcolm Mooney before he became mentally ill. I have to say that that was one one of his most gripping recordings. His part was unbelievably good; oh, what do I mean, his part — the song is terrific, in my opinion. It belongs to Czukay's Top Ten (though I'm not very exact with the numbers). But Malcolm had to be watched twenty-four hours a day, otherwise he would've thrown himself out of the window on the twelfth floor. We didn't want to risk that. So, very heavy-heartedly, we had to send him back to America. He probably couldn't handle hashish mixed with alcohol.

So "Soundtracks" marked the transition from the first to the second Can lineup.

Right. And with that, we come to "Tago Mago". I remember that we'd planned our first show in Munich without a singer, until I saw Damo on the street. He was strolling along, sun-worshipping, and I said to Jaki: "Look at that, he makes such weird movements, he's going to be our new singer. I'll ask him if he wants to appear with us tonight at the Blow Up." That was a large live discotheque in Franz-Josef Street. It could hold 1500 people. The Munich based audience fled from the show. At

par exemple, on a abordé les choses normalement et puis on l'a donné, enfin vendu, comme musique pour le film Mädchen mit Gewalt. Je me rappelle encore comme Irmin nous mettait en garde, disant qu'il fallait faire attention à ce que la musique n'étouffe pas le film. "Étouffe-le! Étouffe-le!": ça c'est le conseil que je donnais et c'était juste, car c'est la musique qui a sauvé le film. Le metteur en scène n'avait pas aimé la musique; et puis il a compris ce qu'on lui avait donné, mais ça a duré trente ans, ou peut-être vingt-six ans.

C'est le dernier morceau qu'on a enregistré avec Malcolm Mooney après sa maladie mentale. Et on peut dire que c'est l'un des enregistrements les plus émouvants qu'il ait donnés; pour sa part, ce morceau était incroyablement bon, mais pas seulement pour la sienne. Ce morceau est incroyablement bon, à mon avis. Et on peut le trouver tout de suite dans les "top 10 Czukay", enfin les chiffres, je ne peux pas les dire exactement. Mais il fallait surveiller Malcolm vingt-quatre heures sur vingt-quatre sinon il aurait sauté par la fenêtre du douzième étage, ce qu'on ne voulait pas risquer; c'est pourquoi le cœur gros, on l'a renvoyé en Amérique. Je crois qu'il ne supportait pas le haschich et l'alcool.

On peut donc dire que "Soundtracks" a constitué une transition avec la nouvelle composition du groupe?

 des zwölften Stockes gesprungen. Das wollten wir nicht riskieren. Also mußten wir ihn schweren Herzens wieder nach Amerika schicken. Wahrscheinlich vertrug er Haschisch mit Alkohol nicht.

Insofern markiert ja "Soundtracks" auch den Übergang von der ersten zur zweiten Can-Besetzung.

Richtig. Und damit kommen wir gleich zu „Tago Mago". Ich erinnere mich, daß wir in München unseren ersten Auftritt ganz ohne Sänger geplant hatten, bis ich Damo auf der Straße sonnenanbetend daherschreiten sah, und meinte zu Jaki: „Guck mal, der macht so komische Bewegungen, der wird bestimmt unser neuer Sänger. Ich frag ihn mal, ob der heute abend mit uns im Blow Up auftreten will." Das war damals eine große Live-Discothek in der Franz-Josef-Strasse. Fünfzehnhundert Leute passten da rein. Die Münchner sind bei diesem Auftritt

alle geflohen. Damo sang zunächst ganz friedlich, aber plötzlich ließ er eine Horde Samurais aus den Lautsprechern raus und schien allen Leuten den Kopf abschlagen zu wollen, also stürmten die Konzertbesucher zur Tür, es gab eine Schlägerei, und übrig blieben etwa dreissig Amerikaner, unter ihnen Abi Ofarim, unser damaliger Übergangs-Manager, und David Niven, der, später gefragt, nicht wusste, ob es sich dabei überhaupt um Musik gehandelt hatte. Es war angenehm toll, aber wohl ein Verlust für das Blow Up.

Inwiefern war es denn ein Unterschied, abstrakt Musik zu machen, wie für "Monster Movie", oder konkret als Dienstleistung zu einem Film?

Mit dem Herstellen von Filmmusiken hatten wir Glück. 1988/89 traf ich Ennio Morricone in Italien, und er erzählte genau das über die Herstellung von Film-

first, Damo sang quite peacefully, but suddenly he let a hoard of Samurais out of the loudspeakers and seemed to want to hit everyone's head off. So the entire audience stormed the doors and there was a fight. At the end there were about thirty Americans left, along with Abi Ofarim, who was our manager at the time, and David Niven, who, when later asked, had no idea if the whole thing had anything to do with music or not. It was really great, but a complete loss for the Blow Up.

How great was the difference between making abstract music, such as that for "Monster Movie", and delivering music specifically for a film soundtrack?

We had luck making film music. In 1988/ 89, I met Ennio Morricone in Italy, and he described making film music in a way that sounded very similar to what we'd experienced. He was a friend of Sergio Leone, who told him what the content of his coming film would be, and then asked him to start preparing musical sketches before the first frames were even shot. That is a big difference in comparison to common practice. We were lucky that Irmin understood something about film. He could describe the scenes very accurately, and then we began to play the scenes intuitively. That's much more imaginative than when you, the musician, sit in front of

C'est vrai. Et on en arrive à Tago Mago. Je me rappelle qu'on avait planifié notre concert à Munich sans chanteur jusqu'à ce qu'un jour, j'aperçoive Damo, en train d'adorer le soleil en marchant et j'ai dit à Jaki: "Regarde-le, il fait des mouvements bizarres, je suis sûr que ce sera notre prochain chanteur. Je vais lui demander s'il veut bien chanter pour nous ce soir au Blow up". À l'époque c'était une grande discothèque live dans la Franz-Joseph-Straße. Il y avait de la place pour 1500 personnes. Au concert, tous les Munichois ont quitté la salle. Damo a commencé à chanter très doucement et puis il a lancé une horde de samouraïs qui sont sortis des haut-parleurs comme s'ils voulaient décapiter tout le monde et tous les spectateurs se sont précipités vers les portes. Il y a eu une bagarre et à la fin il ne restait qu'une trentaine d'américains, Abi Ofarim qui était notre manager provisoire et David Niven, à qui on a demandé plus tard son avis sur cette musique, mais il était incapable d'affirmer qu'il s'agissait vraiment de musique. Ça a été un grand moment mais sans doute une perte pour le Blow up.

En quoi c'était différent de faire comme ça, abstraitement, de la musique comme pour Monster Movie ou de faire concrètement de la musique de films sur commande?

Avec les musiques de films, on a eu de la chance. En 1988 – 89 j'ai rencontré

(d) musik, ähnlich wie wir es erlebt hatten. Er war mit Sergio Leone befreundet. Dieser erzählte ihm, was sein kommender Film beinhalten würde und bat seinen Freund, im Voraus mit der Musikskizzierung anzufangen, bevor noch das erste Bild geschossen war. Das machte einen grossen Unterschied zur gängigen Praxis. Wir hatten das Glück, daß Irmin etwas von Film verstand und uns in unserem Studio die Szenen hautnah beschreiben konnte, und so fingen wir an, ganz intuitiv die Szenen zu erspielen. Das ist viel fantasievoller, als wenn du als Musik-Schreiber auf den Bildschirm guckst und schon den fertig geschnittenen Film vor dir hast. Das kann ziemlich uninspirierend sein.

Was bedeutet denn der Spruch auf dem Cover "Can Soundtracks is the second album of Can but not album number 2"?

Es war ein zwischengeschobenes Album. „Tago Mago" sollte das große zweite Album werden. Aber dieses Material wollten wir nicht einfach wegschmeißen. Wir haben an „Tago Mago" lange gearbeitet.

Ihr kündigt auch noch ein zweites Soundtrack-Album an, aber das ist doch nie erschienen.

Das ist eben nie erschienen. Die einschlägigen Titel erblickten in anderer Verpakkung das Licht der Welt.

(e) the screen and look at the already completed film. That can be pretty uninspiring.

What does the sentence on the cover mean? It reads "Can Soundtracks is the second album of Can but not album number 2."

The album was squeezed in. "Tago Mago" was meant to be the great second album. But we just didn't want to throw away the material we already had. We'd worked a long time on "Tago Mago".

You announced a second Soundtracks-album, but it never appeared.

Yes, it was never released. The relevant songs saw the light of day in another form.

Let's talk about "Tago Mago".

With "Tago Mago", the second round of progressive sampling production began. One of the main tracks, "Halleluwah", was created out of played rhythm loops. We recorded them, but in the end we only used parts of the rhythm and then, out of that, edited the entire track together. Michael Karoli maintains to this day that we made a mistake, that we should have used just one single rhythm part. I have another opinion, but you can see that, in a certain sense, we'd already begun developing sampling techniques before the hardware for it was actually invented. The first part of "Tago Mago" contains pieces that we recorded in the normal way. The second part could be regarded as the dark side of the moon, so to speak.

Ennio Morricone en Italie et ce qu'il disait de la musique de film ressemblait à ce que nous avions vécu. Il était ami avec Sergio Leone qui lui avait parlé de son prochain film et qui lui avait demandé de commencer avec un projet de musique avant même d'avoir fait une seule scène du film. Ça faisait une énorme différence par rapport à ce qui se faisait d'habitude. On a eu la chance qu'Irmin s'y connaisse en films. Dans notre studio, il nous racontait la scène comme si on y était et ainsi on commençait à mettre en musique la scène, tout à fait intuitivement. Ça inspire beaucoup plus l'imagination que si tu t'installes en tant que musicien devant un écran et que tu regardes le film tout fini, ce qui peut couper l'inspiration.

Que veut dire la phrase placée sur la couverture du disque: "Can Sound-tracks est le deuxième album de Can mais pas l'album numéro 2"?

C'est un album qu'on a mis entre deux. "Tago Mago" devait devenir le deuxième grand album, mais on ne voulait pas gâcher ce matériel. On a travaillé longtemps à "Tago Mago".

Et puis vous avez annoncé un deuxième album Soundtracks qui n'a jamais paru.

Ben oui, il n'a jamais paru. Les titres

Dann laß uns zu „Tago Mago" kommen.

Mit „Tago Mago" fing eigentlich die zweite Runde fortgeschrittener Sample-Produktion an. Eines der Hauptstücke, "Halleluwah", ist regelrecht aus Rhythmus-Samples entstanden. Die haben wir zwar eingespielt, aber letzten Endes haben wir nur noch Teile von Rhythmen montiert und daraus die ganze Gestalt des Stückes geschnitten. Michael Karoli sagt heute noch, wir hätten einen Fehler begangen und für das Stück nur eine einzige Rhythmus-Stelle verwenden sollen. Ich bin da zwar anderer Meinung, aber man merkt, daß wir bereits vor der ganzen Sampler-Entwicklung schon im Sinne einer noch zu erfindenden Hardware dachten.

Der erste Teil von „Tago Mago" besteht aus normal eingespielten Stücken. Der zweite Teil könnte quasi als die Rückseite des Mondes betrachtet werden. In den Umbaupausen, wenn es galt, eine neue Aufnahmesituation zu schaffen, langweilten sich die anderen und fingen an,

sich mit Musizieren die Zeit zu vertreiben. Das habe ich gern mitgeschnitten. Und diese Mitschnitte lieferten das Ausgangsmaterial zur Weiterbearbeitung der Seiten drei und vier. Später machten wir aus ähnlichen Situationen "Unlimited Edition" oder "Soup". Das waren Anfall-Produkte, die neben den regulär eingespielten Stücken eben anfielen.

Im Grunde besteht doch „Tago Mago" aus zwei relativ unabhängigen Platten, die zufällig in einem Cover gelandet sind.

Wenn Du es so sehen willst...

Ist das improvisatorische Moment im Lauf der Zeit stärker hervorgetreten?

Das improvisatorische Moment hat uns immer begleitet. Wobei ich sagen muß, daß das Verhältnis zwischen Improvisation und Produktion in den Anfangszeiten ausgeglichen war. Wir hatten ja keine Mehrspur-Maschine, sondern ein

When we had to pause to break down the equipment in order to create a new recording configuration, the others got bored and started whiling away the time by playing. I gladly recorded that. These tapes then served as the basic material for sides three and four. Later, "Unlimited Edition" and "Soup" were created under similar circumstances. They were products of accumulation, which accrued apart from the regularly recorded material.

Basically, „Tago Mago" consists of two relatively independent records that landed coincidentally in the same package.

If that's the way you see it...

Over the course of time, did the improvisational moment become more important?

The improvisational moment has always accompanied us. I have to say that, at the beginning, the relationship between improvisation and production was balanced. We didn't have a multi-track machine, just a simple tape recorder, and later, a very simple 8-channel mixer which was enough for Can's needs. Our technical advantage was that we understood how to edit. In the nineties, editing has become a real topic. For instance, cutting on scratch got right involved within the sequencing process.

les plus importants ont vu le jour dans un autre emballage...

Alors, parlons de Tago Mago.

Avec Tago Mago ça a été le début de la deuxième étape de la production, des samples plus évolués. L'un des morceaux, "Halleluwah" est complètement un produit de samples rythmiques. On les a joués, bien sûr, mais en fin de compte, on n'a fait que monter des parties de rythmes et c'est ainsi qu'on a monté toute l'ébauche du morceau. Michael Karoli dit encore aujourd'hui qu'on a fait une faute, qu'on aurait du utiliser seulement un seul morceau de rythme. Moi je pense autrement mais enfin, on voit en tout cas qu'on avait en tête le développement du sample comme une hardware qu'il fallait inventer. La première partie de Tago Mago est constituée de morceaux joués tout à fait traditionnellement. La deuxième partie pourrait être considérée comme l'autre face de la lune. Dans les pauses où on changeait la disposition du studio pour créer de nouvelles conditions d'enregistrement, les musiciens s'embêtaient et passaient le temps en jouant de la musique. J'ai enregistré ces productions spontanées et ce sont ces enregistrements qui ont constitué le matériel de base pour continuer les faces trois et quatre. Plus tard, c'est dans des situations analogues qu'on a fait "Unlimited Edition" ou "Soup". C'étaient des produits

(d) simples Tonbandgerät und später ein ganz einfaches 8-Kanal-Mischpult, das aber für die Belange von Can groß genug war. Unser technischer Vorteil bestand darin, daß wir uns aufs Schneiden verstanden. In den Neunzigern ist der Schnitt ja richtig zum Thema geworden, da z.B. das Cutten on scratch gleich in die Se-quenzerabläufe mit einbezogen wurde.

Ich habe den Eindruck, daß eure Musik mit Damo Suzuki wesentlich sphärischer geworden ist.

Damo war ein Melodiker. Er wollte eigentlich erfolgreiche Songs machen. Und dazu hatte er auch die Fähigkeit. Malcolm Mooney war eine Rhythmus-Maschine. Die Engländer hatten vielleicht ein paar Vorbehalte gegen ihn, Jaki hingegen sagte, es gäbe nur einen Sänger, der besser singe als er, und das sei James Brown. Wir hatten es begrüsst, daß er sich humorvoll in einer fliessenden rhythmischen Struktur bewegen konnte. Das reichte bereits aus. Der brauchte keine tollen Melodien, ähnlich wie bei Ludwig van.
Damo hingegen reagierte sensibel auf seine ganze musikalische Umgebung und hatte auch über weite Strecken leise Töne anzubieten.

Ich habe den Eindruck, daß „Tago Mago" wesentlich zeitangepaßter ist als "Monster Movie".

I have the impression that your music with Damo Suzuki became more celestial **(e)**

Damo was a melody person. He actually wanted to make successful songs. And he had the ability to do that. Malcolm Mooney was a rhythm machine. The English had a few reservations about him, but Jaki said that there's only one singer who could sing better than Malcolm, and that was James Brown. We liked it that he could move humorously through a flowing rhythmical structure. That was enough. He didn't need great melodies: similar to Ludwig van. In contrast, Damo reacted sensually to his entire musical surroundings - and he had by far a much lighter voice.

I have the impression that "Tago Mago" fits more comfortably into its era than does "Monster Movie".

If that were true, then "Tago Mago" would not have survived its era. Naturally, you learn with the passing of time. I don't know, however, if that could not be applied to the last few Can records. Also here, exceptions prove the rule.

I'm not insinuating that it wasn't a conscious process. But in opposition to the timelessness of "Monster Movie", "Tago Mago" was perhaps a typical record for the seventies .

qui étaient joués parallèlement aux morceaux qu'on jouait officiellement.

En fait, Tago Mago est constitué de deux disques relativement indépendants l'un de l'autre qui se sont retrouvés par hasard dans une pochette.

Si tu veux le voir comme ça...

Est-ce que l'aspect improvisation a pris plus d'importance avec le temps?

L'aspect improvisation a toujours été présent. Mais je dois dire que, dans les débuts, l'aspect improvisation et l'aspect production étaient assez équilibrés. On n'avait pas de machine à plusieurs pistes, on n'avait qu'un simple magnéto et plus tard on a eu une table de mixage à huit canaux et ça suffisait aux besoins de Can. Notre avantage, c'est qu'on s'y connaissait en montage. Dans les années 90, le montage est devenu vraiment important puisqu'on a intégré les "cut on scratch" dans les séquences elles-mêmes.

J'ai l'impression qu'avec Damo Suzuki, votre musique est devenue essentiellement plus sphérique.

Damo était un musicien de la mélodie. Il voulait faire des songs qui marchent et il avait le talent pour ça. Malcolm Mooney était une machine à rythmes.

"*The group was formed in the late '60s by Schmidt and Czukay, fellow students of Stockhausen at Darmstadt along with a flautist, David Johnson, who left before recordings began. Schmidt, who was more interested in American avant-gardists such as John Cage and LaMonte Young than in Stockhausen's rigid serialism, had become intrigued by the possibilities of the new rock as played by the Velvets and the Mothers, and he suggested forming a band operating somewhere between jazz, avant-garde and rock. Immediately interested, Czukay called up Karoli, whom he had taught a few years before in Zurich. 'Holger gave me some guitar lessons — I discovered that he was a great jazz guitarist!' explains Karoli. 'And all I've learnt about tape-cutting techniques, I learned looking over his shoulder.'* "

MOJO / April 1997
(by Andy Gill)

Wenn das so wäre, dann hätte wohl „Tago Mago" die Zeit und die darüber hinaus nicht überlebt. Man lernt natürlich mit der Zeit hinzu. Ich weiß aber nicht, ob das nicht eher auf die letzten Platten von Can zutrifft. Ausnahmen bestätigen aber auch hier die Regel.

Ich unterstelle nicht, daß das ein bewußter Prozeß war. Aber im Gegensatz zur Zeitlosigkeit von "Monster Movie" war „Tago Mago" vielleicht schon ein typisches Album der siebziger Jahre.

Wirklich? Vielleicht liegt das am Sänger. Wer weiß, wie „Tago Mago" ausgesehen hätte, wenn Malcolm Mooney dabei gewesen wäre.

„Ege Bamyasi"!

Damals bekamen wir unsere ersten Neumann-Kondensator-Mikrophone, und plötzlich hatte das Schlagzeug Transparenz und Raum. Insgesamt war diese Platte schon etwas klangkultivierter. Aber wir hatten noch Glück, denn wir besaßen immer noch keine Mehrspur-Maschine, sondern ein normales Stereo-Tonbandgerät. Wir waren also noch richtig auf Team-Arbeit angewiesen.
Eine weitere Wende wurde dann mit "Future Days" eingeleitet. Bei dieser Produktion beschwerten sich die anderen Kollegen, daß ich nicht mehr richtig Baß spielen würde, weil ich mit der Technik

Really? Maybe that had to do with the singer. Who knows what "Tago Mago" might have been like if Malcolm Mooney had been there.

"Ege Bamyasi"!

That was when we'd gotten our first Neumann condensor microphone. Suddenly, the drumkit had transparence and ambience. This record sounded altogether more cultivated. But we were also lucky because we still didn't have a multi-track machine yet, just two Revox tape recorders. We were still working together as a team. "Future Days" led to more changes. The others were upset with me during this production because they assumed I wasn't playing bass up to the top anymore, that I was paying too much attention to production techniques. They wanted our roadies to take over the production end. I defended myself, but lost, and went back to concentrating on bass. Therefore, on this album, I allowed more things to pass on my instrument than I normally would have. The disadvantage was that the recording was out of balance. We couldn't really fix it afterwards. The drumkit was just too loud for me. Later, I went back to the mixing board because the others agreed with me.

Let's stay with "Ege Bamyasi". I have the impression that the guitar sounds different on this album. It's funkier

Les anglais étaient un peu réservés a son égard mais Jaki disait qu'il n'y avait qu'un seul chanteur qui chantait mieux que lui, c'était James Brown. On était satisfaits qu'il sache se mouvoir avec humour dans une structure au rythme coulant, ça nous suffisait, il n'avait pas besoin de super-mélodies comme Ludwig van. Damo par contre était plus sensible à son environnement musical et il nous offrait de longs morceaux avec des sons très doux.

J'ai l'impression que "Tago Mago" est beaucoup plus de notre temps que "Monster Movie".

Si c'était vrai, "Tago Mago" aurait fait son temps seulement et n'aurait pas survécu. On apprend bien sûr avec le temps mais je ne sais pas si ce n'est pas plutôt le cas pour les derniers disques de Can. Enfin, les exceptions confirment la règle.

Je ne veux pas dire que c'était un processus conscient, mais contrairement au caractère intemporel de "Monster Movie", "Tago Mago" est peut-être déjà un album typique des années 70.

Vraiment? Peut-être que c'est à cause du chanteur. Qui sait ce que "Tago Mago" aurait donné si Malcolm Mooney avait été avec nous...

"Ege Bamyasi"!

C'est à l'époque qu'on a eu nos premiers micros à condensateur Neumann et tout d'un coup la batterie a gagné de la transparence et du volume. Dans l'ensemble, ce disque est déjà plus élaboré au niveau du son. Mais on était encore très heureux de ne toujours pas avoir de machine à plusieurs pistes, on avait un simple magnéto stéréo. On devait donc absolument encore travailler en team. Il y a eu un tournant avec

Can Box · Item No. II · Book

zu viel am Hut hätte; unsere Roadies sollten meinen Platz an der Technik einnehmen. Ich hatte mich dagegen sehr gewehrt, wurde aber abgelöst und füllte nun meinen Platz als Bassist voll aus. Deshalb habe ich auf diesem Album auch mehr loslassen können als sonst üblich. Das hatte jedoch den Nachteil, daß die Aufnahme-Balance gelitten hatte. Im Nachhinein konnten wir das ja nicht mehr groß ändern. Mir war einfach das ganze Schlagzeug zu laut. Später kehrte ich dann wieder ans Mischpult zurück, denn die anderen sahen das ähnlich so.

Laß uns bei „Ege Bamyasi" bleiben. Ich habe den Eindruck, daß auf diesem Album die Gitarre anders klingt. Sie hat viel mehr Funk im Gegensatz zu den etwas statischeren Linien zuvor.

Das mag stimmen; wir haben eben dazugelernt, auch Michael.

Auf der anderen Seite erscheint es mir, als wären die fernöstlichen Elemente stärker geworden.

Vielleicht lag das wieder an Damo oder auch an seinen Schlitzaugen. Aber es spielten ja noch ganz andere Dinge eine Rolle. Das Stück „Vitamin C" hat ja schon etwas Brecht-mässiges an sich, besonders durch Irmins Orgel. „Vitamin C" wurde auch die Titelmusik zu "Dead Pigeon" von Samuel Fuller .

than the somewhat more static guitar that was on the earlier records.
That might be true. We'd all learned something, including Michael.

On the other side, it appears to me as if the far Eastern elements became stronger.

Maybe that was again due to Damo, or his slanted eyes. But other things also played a role. The song "Vitamin C" was rather Brechtian, especially Irmin's organ-playing. "Vitamin C" was also the theme for "Dead Pigeon" by Samuel Fuller.

You had a real hit with "Spoon".

In Germany, yes. Because the number was played six times during Durbridge's "Das Messer" credits. We had a Top Ten hit. We had a completely new "riding" feeling, like getting new tyres on our cars. And then the television stations began calling us to ask if we could appear on "Disco 72" with Ilja Richter. That gave us a reason not to trust our new tyres that much, so we turned down the offer. Today, I would probably accept the offer and think...hmmm, think very maturely, there must be something that we can do. But those were other times, and these decisions are made differently when you've got four people to deal with. I think we did the right thing.

So we come to "Future Days".

"Future Days". Au cours de cette production, il y a d'autres collègues qui se sont plaints que je ne jouais pas bien de la basse parce que j'avais trop à faire avec la technique et que c'était aux roadies de prendre ma place à la technique. Je ne voulais absolument pas mais j'ai quand même été remplacé, et j'ai été bassiste à plein temps et c'est pourquoi dans cet album, je me suis laissé aller, ce que je ne pouvais pas faire les autres fois. Mais ça a eu l'inconvénient que l'enregistrement n'était pas équilibré au niveau du son. Après coup, on ne pouvait plus rien arranger; je trouvais la batterie trop forte. Après, je suis retourné à la table de mixage parce que les autres voyaient les choses comme moi.

Revenons à "Ege Bamyasi". J'ai l'impression que dans cet album, la guitare donne un autre son. Elle est beaucoup plus funk, contrairement aux lignes plus statiques d'avant.

C'est possible, on a tous appris quelque chose. Michael aussi.

D'un autre côté, il me semble que les influences d'Extrême-Orient sont devenues plus importantes.

Ça tient peut-être à Damo ou à ses yeux bridés. Mais il y a eu d'autres choses qui ont joué une rôle. Le morceau "Vitamin C" a déjà quelque chose de brechtien,

Mit "Spoon" habt ihr ja sogar einen richtigen Hit gelandet.

In Deutschland, ja. Weil die Nummer sechsmal im Vor- und Abspann von Durbridges „Das Messer" gelaufen war. Damit hatten wir es auch mal in die Top Ten gebracht. Das gab mit einem mal ein ganz neues Fahrgefühl, z.B. mit neuen Reifen am Auto. Und dann riefen uns die Fernseh-Anstalten an, ob wir nicht in DISCO 72 bei Ilja Richter auftreten könnten. So viel Vertrauen mochten wir nun auch nicht in unsere Reifen stecken und lehnten ab. Heute würde ich ein solches Angebot vielleicht eher annehmen und mir überlegen...hmm, sehr reiflich überlegen, ob sich da was machen liesse... aber damals waren das eben andere Zeiten, und mit vier Leuten fallen solche Überlegungen anders aus. Ich denke, wir hatten's richtig gemacht.

Kommen wir zu "Future Days".

Das ist schon ein sehr abgehobenes Scheibchen. Gleich für das erste Stück haben wir in einer gefüllten Badewanne ein paar Unterwasser-Aufnahmen gemacht. Sie ist wohl die symphonischste aller Can-Platten. Wie wir erfuhren, kam sie in Argentinien bald auf Platz eins. Warum bloss nicht in Feuerland? Sie hat jedenfalls viele neue Can-Fans auf Lebenszeit erschlossen.

Ich habe aber auch ein wenig den Eindruck, daß "Future Days" zu jenem Zeitpunkt die mit Abstand artifiziellste Platte war.

Das würde ich auch so sehen, aber nicht im negativen Sinn, obwohl wir ziemlich lange dran gefeilt hatten. Alles mußte samplemässig geschnitten, neu zusammengefügt und behandelt werden. Das kostete Zeit, und das hört man auch.

Es ist auch die erste Can-Platte, von der

That's a very ambitious piece of sounding plastic. For the first song we did a couple of takes underwater. It's probably the most a symphonic of all the Can records. We heard it got to number one in Argentina. Why not in Tierra del Fuego? At any rate, with that re-cord we gained a lot of new lifelong Can fans.

I have a slight impression that "Future Days" was, at that time, by far the most artificial Can album.

I would agree with that, but not in a ne-gative sense, although we'd worked on that record for a long time. All of the "samples" had to be cut, processed, and added. That took time, and you can hear it.

It's also the first Can record that seems to have overly long stretches.

Although the first side consists of relatively distinct songs. That might apply to "Bel Air", but it might not. If we'd been able to get the right balance at the time, I would've been at least a little happier. I'm sure the others have the same opinion. Nevertheless, this record set standards around the world, standards that still apply today and will in the future.

Why did Damo Suzuki leave after the album was recorded?

He met a girl from Altoetting who was

surtout grâce à l'orgue de Irmin. "Vit-amin C" est devenu le titre de "Dead Pigeon" de Samuel Fuller.

Avec "Spoon", vous avez fait un vrai tube.

En Allemagne, oui. Parce que le morceau est passé six fois au début et à la fin de Das Messer de Durbridge. C'est comme ça qu'on est arrivé au Top Ten. Ça vous donne tout à coup un nouveau sen-timent de conduite, comme de nouveaux pneus à la voiture. Alors les chaînes de télé nous ont téléphoné pour nous dem-ander si on ne voulait pas passer à "Dis-co 72" chez Ilja Richter. Mais à cette époque on n'était pas prêts à mettre tant de confiance dans nos pneus et on a refusé. Ce serait aujourd'hui j'accepterais peut-être, enfin je réfléchirais, je réfléchirais très sérieusement, pour savoir si on ne pourrait pas en faire quelque chose de valable... Mais c'était une autre époque et à quatre, on réfléchit autrement. Je crois qu'on a eu raison.

Venons-en à "Future Days".

Ça, c'est vraiment un disque délirant. Dès le premier morceau, on a fait des enregistrements sous l'eau dans une baignoire pleine. C'est le disque le plus symphonique de tous les disques Can. On a appris qu'en Argentine, c'était le numéro un. Pourquoi est-ce que ça n'a pas été le cas en Terre de Feu? En tout

ich das Gefühl habe, sie hat Längen.

Wobei die erste Seite ja noch aus relativ übersichtlichen Songs besteht. Auf "Bel Air" mag das bedingt zutreffen, man kann das auch anders empfinden. Hätte man seinerzeit die richtige Balance gefunden, wäre zumindest ich etwas glücklicher damit gewesen. Den anderen ergeht es da sicher ebenso. Trotzdem hat diese Scheibe weltweit Masstäbe gesetzt, bis heute und für die Zukunft.

Warum ist Damo Suzuki nach der Platte eigentlich weggegangen?

Der hatte aus Altötting eine Frau kennengelernt, die sich in den Kopf gesetzt hatte, den berühmtesten Sänger Deutschlands heiraten zu wollen. Das hat sie denn auch getan, und da sie eine Zeugin Jehovas war, mußte Damo allen weltlichen Genüssen, einschließlich dem Singen, entsagen. So hat er einen ganz normalen Beruf in einer ganz normalen japanischen Firma ergriffen. Als die Ehe dann ein paar Jahre später wieder vorbei war, versuchte er gesanglich wieder da anzuknüpfen, wo er bei Can aufgehört hatte, und das führte logischerweise zu ganz anderen Ergebnissen.

Kann man sagen, daß "Future Days" das Ende einer bestimmten Phase beschrieb und es danach anders weiter ging?

firmly bent on marrying the most famous singer in Germany. And she did it. And because she was a Jehovah's Witness, Damo had to give up all worldly pleasures, including singing. So he got a completely normal job in a completely normal Japanese company. When the marriage ended a couple of years later, he tried to take up again at the point where he'd left off with Can, and that led, logically, to completely different results.

Can it be said that "Future Days" describes the end of a particular phase; whereas afterwards, everything took a different direction?

To paraphrase W.C. Fields (whom I really admire): we never took a bath in the same water twice. Perhaps "Soon Over Babaluma" fits into this phase, but without a real singer, Can was another band, and Drum 'n' Bass lay far off in the future.

The singing on "Soon Over Babaluma" sounds much more like a function of the music than it ever did before.

I won't say that Michael had a bad voice, but perhaps a guitarist ought not to sing. Because we urgently needed a singer, he sang. We had to take the singers as they came, or leave it alone. Altogether, "Soon Over Babaluma" turned out to be a far more

cas, ça nous a ouvert un nouveau public de fans inconditionnels.

J'ai aussi l'impression que "Future Days". est à ce moment-là de loin le disque le plus artificiel.

Je vois les choses aussi comme ça mais pas dans un sens négatif, bien qu'on ait travaillé dessus assez longtemps. Tout devait être coupé comme des samples, puis monté et préparé. Ça prenait du temps, ça s'entend d'ailleurs.

C'est aussi le premier disque de Can dans lequel je pense qu'il y a des longueurs.

Pourtant la première face consiste en songs relativement reconnaissables. Pour "Bel Air", on peut dire que tu as en partie raison mais on peut le sentir

autrement. Si à l'époque on avait trouvé un meilleur équilibre, je pense que moi au moins, j'aurais été plus satisfait. Je crois que les autres pensent pareil. Mais malgré tout, pour le monde entier, ce disque a apporté de nouvelles valeurs, qui continuent à être valables et continueront encore à l'être.

Pourquoi est-ce que Damo Suzuki est parti après ce disque?

Il avait fait la connaissance à Altoetting d'une femme qui s'était mise en tête d'épouser le cha nteur le plus célèbre d'Allemagne. C'est ce qu'elle a fait mais, comme elle était témoin de Jehova, il a fallu que Damo renonce à tous les plaisirs du monde, donc aussi à la musique. C'est comme ça qu'il a fait un métier normal dans une entreprise japonaise normale. Quand son mariage

Um es mit dem von mir hochverehrten W.C. Fields zu sagen: Wir haben im selben Wasser nie zweimal gebadet. Vielleicht könnte man "Soon Over Babaluma" da noch mit hineinnehmen, aber ohne einen richtigen Sänger war Can doch eine andere Band, und Drum 'n' Bass lagen noch in weiter Ferne.

Der Gesang auf "Soon Over Babaluma" klingt vielmehr wie eine Funktion der Musik, als das zuvor der Fall war.

Ich will nicht sagen, daß Michael eine schlechte Stimme hatte, aber ein Gitarrist sollte vielleicht nicht unbedingt singen. Und da wir dringend einen Sänger brauchten, sind wir zunächst auf ihn gekommen. Wir mußten die Sänger so nehmen, wie sie kamen, oder wir liessen es dabei. Insgesamt ist "Soon Over Babaluma" eine über Strecken gelassenere Produktion als die vorhergehende geworden.

Geht mir genauso. Was mich auf "Future Days" zu stören anfängt, stört mich dann auf "Soon Over Babaluma" schon ganz massiv.

Du magst das so empfinden, ich habe aber gerade von amerikanischer Seite genau gegenteilige Meinungen dazu vernommen. Der große Einschnitt ereignete sich dann, als die Mehrspur-Maschine ankam. Das war während der Aufnahmen zu "Landed". Auf jeden gespielten

indistinct production than the others.

I agree. What began to bother me on "Future Days" really disturbed me when I listened to "Soon Over Babaluma".

That's perhaps your opinion, but I've heard the exact opposite opinion from the American side. The decisive point came with the arrival of the multi-track while we were recording "Landed". We could point out every single mistake, which lead to intense criticism. It meant that each person wanted to hear thus and such completely alone, which further led to a situation in which each person wanted to do their homework alone. So we started another learning process.

When listening to "Flow Motion", I have the impression that you had become much more comfortable with the multi-track process. This record has, on one side, a very agreeable easiness, and on the other side, an art-gallery feel.

When making "Flow Motion", we didn't have the multi-track at hand exclusively as a linear recording system. What was recorded on the two-inch couldn't be played back. To express it in contemporary terms: the multi-track became a database. And if someone from the record company had come by and said

a fait faillite, quelques années plus tard, il a essayé de rechanter là où il s'était arrêté quand il était encore chez Can et évidemment, ça a donné des résultats complètement différents.

Est-ce qu'on peut dire que "Future Days" marque la fin d'une période et que tout a été différent après?

Pour citer W.C. Fields que j'estime énormément, nous ne nous sommes jamais baignés deux fois dans la même eau. Peut-être qu'on pourrait ajouter "Soon Over Babaluma" encore dans cette mouvance mais sans véritable chanteur, Can était un autre groupe et drum'n'bass était encore loin.

Le chant dans "Soon Over Babaluma" semble beaucoup plus remplir une fonction musicale que cela n'avait été le cas avant.

Je ne veux pas dire que Michael ait une vilaine voix mais peut-être qu'un guitariste ne devrait pas chanter. Mais comme on avait besoin d'un chanteur de toute urgence, on l'a pris. On a du prendre les chanteurs comme ils étaient et ne rien changer. Dans l'ensemble, "Soon Over Babaluma" est une production beaucoup plus tranquille que les autres.

Je pense pareil. Ce qui commence à me gêner dans "Future Days" me

Fehler wurde jetzt mit dem Finger gezeigt, was zu einer regelrechten Kritiksucht führte. Dann hieß es, jetzt wollen wir mal den oder den ganz alleine hören, was wiederum zur Folge hatte, daß man seine Schulaufgaben lieber allein machen wollte. Ein Lernprozess war also mal wieder in Gang gekommen.

Bei "Flow Motion" habe ich den Eindruck, ihr kommt mit dem Mehrspur-Format bereits wesentlich besser klar. Diese Platte hat auf der einen Seite eine sehr angenehme Leichtigkeit, auf der anderen aber einen Galerie-Charakter.

Bei "Flow Motion" war es so, daß wir die Mehrspur-Maschine nicht ausschliesslich als lineares Aufnahmesystem benutzten. Das, was entlang dem Zwei-Zoll-Band aufgenommen wurde, konnte so gar nicht abgespielt werden.

Zeitgemäss ausgedrückt: die Mehrspur-Maschine wurde zur Datenbank. Und wenn jemand von der Schallplattenfirma gekommen wäre und gesagt hätte, spielt doch mal vor, wir wollen uns einen Eindruck verschaffen, wäre das völlig unmöglich gewesen. Man hatte also irgendwo, beispielsweise nach 15 Minuten und 24 Sekunden, ein Fenster, das sich für einen Mittelteil gut eignen würde. An einer anderen Stelle hatte man einen ausgearbeiteten Abschnitt, der einen guten Schluß abgeben würde. So gab es überall irgendwelche Teile, die verschiedenartig und getrennt verfügbar waren, z.T. sogar entkoppelt aus dem Gesamtzusammenhang. Insofern kann man schon sagen, daß wir gelernt hatten, mit dieser Technik wieder zukunftsweisender umzugehen, und ich glaube, daß es ein paar gute Stücke auf "Flow Motion" gibt. Aber eine Nummer wie "Un-

play that for us, we want to get an impression of what things sound like, it would have been completely impossible. Somewhere there was a window, for example, after 15 minutes and 24 seconds, that would be perfect for a middle part. At another place, we would have worked out something that would have made a good end. So there were little bits of different things all over the place that were available for use, even some things that were uncoupled from the entire structure. You could say that we'd learned how to deal with these techniques far ahead of their time, and I believe that there are a couple of good tracks on "Flow Motion". But a number like "Unfinished" didn't need to be recorded on a multitrack at all.

I'm of the impression that "Unifinished" is rather your credibility number. You're introducing your new songs, but with "Unfinished", you're saying we're still Can.

We'd still recorded things spontaneously. The various parts were then later mixed together on the multi-track to make a whole.

But then why didn't you return to your old methods of recording?

I myself later returned to old Can recording techniques. But we could

gêne carrément dans "Soon Over Babaluma"

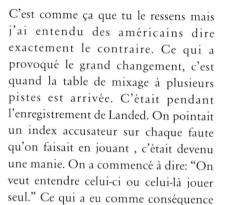

C'est comme ça que tu le ressens mais j'ai entendu des américains dire exactement le contraire. Ce qui a provoqué le grand changement, c'est quand la table de mixage à plusieurs pistes est arrivée. C'était pendant l'enregistrement de Landed. On pointait un index accusateur sur chaque faute qu'on faisait en jouant , c'était devenu une manie. On a commencé à dire: "On veut entendre celui-ci ou celui-là jouer seul." Ce qui a eu comme conséquence qu'on a commencé à préférer faire nos exercices tout seuls. Ça a déclenché un nouveau processus d'apprentisage.

J'ai l'impression qu'avec Flow Motion, vous maîtrisez mieux l'enregistrement à plusieurs pistes. D'un côté ce disque a une légèreté très agréable, mais, d'autre part, il a un caractère de galerie.

Avec Flow Motion, on n'a pas utilisé la machine à plusieurs pistes de façon exclusivement linéaire. Ce qu'on avait enregistré sur la bande à deux pouces ne pouvait pas être restitué tel quel. On dirait maintenant: "La machine à plusieurs pistes est devenue une réserve de données." Et si quelqu'un d'une maison de disques avait dit: "Jouez, je voudrais me faire une idée.", on n'aurait absolument pas pu. On a vait quelque

finished" ist eben erst gar nicht mit einer Mehrspur-Maschine aufgenommen worden.

Bei "Unfinished" habe ich ja ein biß-chen den Eindruck, das ist euer Credibility-Stück. Ihr stellt eure neu-en Songs vor, sagt jedoch mit diesem, ihr seid immer noch Can.

Wir hatten eben immer noch ganz spon-tan Aufnahmen abgeliefert. Später wur-den dann die verschiedenen Teile auf der Mehrspur-Maschine zu einem Ganzen zusammenmontiert und gemischt.

Aber warum seid ihr denn dann nicht zu eurer alten Aufnahmemethode zurückgekehrt?

Ich selbst bin später durchaus wieder zu der alten Aufnahmetechnik zurückge-kehrt, mit der wir mal bei Can angefan-gen hatten. Aber wir konnten gar nicht

zu der alten Methode zurückkehren, denn Can hatte sich verändert. Der Anspruch an die Musik hatte sich ver-ändert und machte plötzlich eine Mehr-spur-Maschine notwendig. Insofern war das nur ein logischer Schritt. Privat ge-sehen ist es für mich ein Leichtes zu behaupten, eine Mehrspur-Maschine hätte zu viel Gewicht und alle Entschei-dungen würden immer nach hinten ver-schoben. Daher kommt es dann zu die-sen Monster-Mischungen, bei denen man am Ende richtig Hand anlegen muß und die auch immer ziemlichen Streß mit sich bringen.

Bei mir gibt es heute gar keine Mischung mehr, sondern der Sound als solcher wird schon während der Aufnahme fest-gelegt, also der Effekte inklusive. Orga-nisatorisch fange ich immer mit dem Unwesentlichen an und füge so wichti-ge Dinge wie das Schlagzeug und den Gesang erst ganz am Ende hinzu. Bei

never go back to the old methods because Can had altered. Our musical expectations had changed, which made it necessary to use multi-track equipment. That was simply a logical step. From my private perspective it's easy for me to maintain that a multi-track had too much importance, that it delayed all of the decisions. Then you've got these monster mixing sessions that you've got to deal with, and that leads to a lot of stress. Today I don't mix anymore. Instead the sound as such is set during the recording — including effects. I start organising the insignificant things first and then add important things like drums and voice at the end. Using digital equipment you can mix everything as you like without a multi-track system. The big psychological advantage to this is that after every step you really have to ask yourself, do I need something more, or was that it? And if necessary, you carry on with the work. Nowadays I'm working with a minimal concept. That means minimizing the recordings. At the end of Can, that was no longer the case. Instead we asked ourselves how many tracks are left to fill? I don't think this is a particularly good idea, but it was useful as a learning phase.

I also like the reduced things better.

Yes, when once you've developed a sense for reduction, then you've got to stick

part, par exemple après 15 minutes 24 secondes, une fenêtre qui se prêtait à un morceau central à ajouter. À un autre endroit, on avait un morceau bien travaillé qui allait faire un excellent final. Donc, on avait partout des morceaux tous différents, dont on pouvait disposer séparément et qui étaient même coupés de l'ensemble. C'est dans cette mesure qu'on peut dire qu'on avait appris à se servir de cette technique d'une manière qui ouvrait des perspectives et je crois qu'il y a pas mal de bons morceaux dans "Flow Motion". Mais "Unfinished" par exemple n'a pas du tout été enregistré par la machine à plusieurs pistes.

Pour "Unfinished", j'ai l'impression que c'est un peu votre morceau de crédibilité. Vous présentez vos nouveaux songs mais en même temps, avec "Unfinished", vous montrez que vous êtes toujours Can.

On a toujours continué à donner des enregistrements spontanés et plus tard, on a mis toutes ces différentes parties dans la machine à plusieurs pistes et on a monté tout ça en un tout cohérent, et on a remixé.

Pourquoi n'êtes vous pas retournés à votre vieille méthode d'enregistrement?

Moi je suis revenu aux anciennes techniques d'enregistrement des débuts

(d) der digitalen Technik kann man ja ohne ein Mehrspur-System alles beliebig oft miteinander mischen. Das hat den großen psychologischen Vorteil, daß man sich nach jedem dieser Schritte wirklich fragen muss, brauchst du noch etwas oder war es das schon? Gegebenenfalls fährst du dann mit der Arbeit fort. Ich arbeite z.Zt. eben mit einem Minimalkonzept. Das bedeutet auch eine Minimierung der Aufnahmen. Bei Can war das am Ende nicht mehr so, sondern wir fragten uns, wie viele Spuren noch frei sind, die könnten ja noch gefüllt werden. Dieses Prinzip halte ich nicht für besonders gut, war aber wohl als Lernphase unumgänglich.

Ich finde die reduzierten Sachen auch besser.

Ja, aber wenn du diesen Sinn für Reduzierung erst einmal entwickelt hast, dann musst du auch diese Reduzierung vornehmen, das heisst, man muss auch opfern können. Zuweilen brauchst du auch jemanden, der mit Musik gar nichts zu tun hat. Die Regisseure mussten sich in Hollywood den Entscheidungen des Cutters unterwerfen und sie durften während der Montage nicht anwesend sein, weil sie viel zu sehr mit ihrem Herzen an jeder Szene des Films hingen. Das muß aber nicht immer gut für den Film selbst sein.

Alle Musiker von Can haben ja unheimlich an Erfahrung gewonnen

with it. That means you sometimes have to be able to sacrifice. Occasionally you need someone who doesn't have anything to do with music. Directors in Hollywood had to submit to the decisions of the editors: they're not allowed to be present during the montage because they've got too much emotion invested in every scene of the film. That's not always good for the film itself.

All of the Can musicians have gained an immense amount of experience and have honed their precision. Has that perhaps led to a point where each musician doesn't need the others as much as they did before? You yourself began to work on "Movies" at the time.

That started around the time of "Saw Delight". I had a lot of difficulties. I had to fight to see if the vision that I had of the magic characters of electronics and media would fit at all into the Can structure. There were obviously different opinions and I felt myself, after a while, to be a disturbance — the collective sound was gone.

"Saw Delight" is, for me, Can's low point. I think the magic of the sound was lost.

I have to disagree with you. "Saw Delight" still turned out to be a good record. Especially "Animal Waves", after I'd reworked it again for "Cannibalism

de Can. Mais nous on ne pouvait pas revenir aux anciennes méthodes, parce que Can avait changé. Ce qu'on demandait à la musique, ça avait également changé et la machine à plusieurs pistes était devenue une nécessité. C'était donc un pas tout à fait logique. En privé, c'est facile pour moi de dire que la machine à plusieurs pistes avait pris trop d'importance et que toutes les décisions devaient être remises à plus tard. C'est pour ça qu'on en arrive ensuite à ces mixages monstres que, à la fin, il faut encore beaucoup travailler et qui stressent beaucoup.

Aujourd'hui, avec moi, il n'y a plus de mixage. Le son final doit déjà être là à l'enregistrement, effets compris. Je procède d'une manière où je commence toujours avec les choses qui ne sont pas essentielles et c'est tout à la fin que j'ajoute les choses importantes comme la batterie ou le chant. Avec la technique digitale, on peut tout mixer et remixer autant qu'on veut, sans machine à plusieurs pistes. Ça a le grand avantage psychologique qu'après chaque étape tu peux te demander: "Il faut encore quelque chose ou bien est-ce assez comme ça?" Et le cas échéant, tu continues. Actuellement, je travaille avec un plan minimum, c'est-à-dire que je minimise les enregistrements. Avec Can au contraire, on se demandait combien on avait encore de pistes libres pour pouvoir les remplir. Je ne suis pas pour ce principe mais je crois qu'il fallait en passer par là.

Je préfère aussi les choses plus concises.

Canned Can

DEREK JEWELL

NO BAND in the world illustrates the inadequacies of today's musical terminology more than Can, an instrumental quartet from Germany who appeared in the crimson-gilt bowl of the Lyceum, Strand, last week during their current tour of Britain. They're called a rock band; they play guitars, drums and a medley of electronic keyboards: yet musically they're as far removed from the simplistic world of "Top of the Pops" or Slade as it's possible to be.

Can graphically illustrate the fascinating range of contemporary popular music, which in the last ten years has so markedly encompassed symphony, quasi-opera and the abstract sound sequences of groups like Pink Floyd. Their churning, repetitive rhythms and bass motifs are straight out of the Afro-American popular tradition; yet the fragmentary melodies and abstract tone patterns which they superimpose on this foundation come from far more esoteric musical worlds.

Their bassist, Holger Czukay, studied under Stockhausen and went through a period of rejecting Beethoven in favour of the Beatles' "I Am a Walrus." He's in his mid-30s, like two other members of the band, and between them they've built up experience of playing in solo classical piano recitals, dixieland and modern jazz bands, the Vienna Symphony Orchestra and simple pop groups. Their music reflects that catholic background.

It is certainly exciting and creative at times. But in their darker moods, Can tease simple melodic ideas to a nihilistic death. The insistent weight of their lower registers (thudding from Czukay's huge bass speakers as well as from the keyboards) deadens rather than stimulates the responses of the listener. The dense webs of sound are too seldom disturbed by the clean-struck notes of a lead guitar solo.

Their new album, "Future Days" (United Artists £2.25) shows them in more pleasurable light than did their concert. Bands like Can, depending so much on precision of effect, are better able to control and refine their work in the studio. The album group also contains a singer, necessary to "connect" with the audience, according to Can's PR handouts.

Perhaps that connection was the missing element at the Lyceum, where Can were received with a reverence bordering on somnolence. Hypnosis, indeed, may be part of their intention. But at this rate of ascent into the abstract stratosphere, will rock have severed its popular roots altogether by 1980?

Sunday Times, Febr. 1974

und ihre Fähigkeiten präzisiert. Hat das vielleicht dazu geführt, daß jeder Musiker für sich gar nicht mehr so sehr der drei anderen bedurfte wie vorher? Du selbst hast ja bereits zu dieser Zeit mit den Arbeiten an "Movies" begonnen.

Das fing etwa zu Zeiten von "Saw Delight" an. Ich hatte mit massiven Schwierigkeiten zu kämpfen, ob die Vision, die ich vom Zauber der Elektronik und der Medien hatte, überhaupt noch in das Can-Gefüge paßte. Da gab es offensichtlich unterschiedliche Meinungen, und ich empfand mich allmählich als störend, der gemeinsame Sound war dahin.

"Saw Delight" ist für mich der Tiefpunkt von Can, denn mir geht auf diesem Album die Klangmagie verloren.

Hier muss ich widersprechen. "Saw Delight" ist schon eine gute Platte geworden. Insbesondere "Animal Waves", nachdem ich es noch einmal für "Cannibalism 3" überarbeitet hatte. Das sagt übrigens auch Michael, der genau wußte, wo die Schwächen dieses Stückes lagen. Als er die spätere Fassung hörte, sagte er, jetzt ist das Stück endlich fertig. Das Prinzip dieses Stückes lag in einem zeitgemässen Konzept begründet, und entstanden ist diese Idee aus der Notwendigkeit, endlich einen richtigen Sänger zu finden. Also mussten wir ihn

3". By the way, Michael, who knew exactly what the weaknesses of this song were, says the same thing. When he heard the later version, he said, "At last! This song is finished". The principle behind this song was grounded in a contemporary concept. This idea was created out of the necessity to at last find a singer. We had to conjure one out of the ether. The only question was, how do you synchronise the whole thing? So I had the idea of using Morse key because it allowed me to turn my invented singer on and off. I could chop the voice up so that I could fit it into a new version. My IBM 212 dictaphone had something like an accelerator that allowed me to fit the pitch of the notes into what was happening, at least to a certain degree. Naturally I didn't have to use just short wave. Instead I could use all possible sources of sound. I could use ethnic influences, for example. The

only problem was the disagreement among ourselves. Rebop, who later had also joined the band, thought that this music would steal people's soul. That's a typical native idea, that someone can take your soul away by taking a photograph. Fine, you can have this idea, but you can't get out of the middle ages with it. I had, moreover, a vision of special media-referent music. It even came to fisticuffs with Reebop. I should say, he hit me and I defended myself. Ten minutes before the start of a concert in Berlin. Of course he was sorry, and I'm only mentioning it because it was a clear sign to me that it was time to go my own way.

Wasn't that a kind of implantation - expanding the band with half of Traffic?

Not really. It always depended on how Jaki played. He needed someone to play with. On one hand, he had very exact

Oui mais quand tu as acquis ce sens de la réduction, tu dois t'y tenir, c'est-à-dire que tu dois être capable de sacrifier des choses. Parfois il est bon que tu sois avec des gens qui ne travaillent pas dans la musique. À Hollywood, les metteurs en scène devaient se soumettre à la volonté des monteurs, ils ne devaient même pas être présents pendant le montage parce qu'ils auraient été là à défendre émotionnellement chaque scène, ce qui n'est pas toujours bon pour le film.

Tous les musiciens de Can ont acquis énormément d'expérience et ils ont développé des compétences plus pointues. Est-ce que ça a mené à ce que chaque musicien développe ses compétences personnelles et ait moins besoin de celles des autres ? Toi par exemple, c'est à cette époque que tu as commencé "Movies".

Ça a commencé à l'époque de "Saw Delight". Je me débattais avec l'énorme question de savoir si la vision que moi j'avais du miracle de l'électronique et des médias, si cette vision cadrait avec Can. Il y avait des opinions différentes sur le sujet et j'ai commencé à me voir peu à peu comme le gêneur, notre super-entente en pâtissait.

"Saw Delight" représente pour moi une sorte de point mort de Can, sur cet album je ne ressens plus la magie des sons.

uns aus dem Äther holen. Die Frage war nur, wie kriegt man ihn synchron.

Ich kam also auf die Idee mit der Morsetaste, die es mir erlaubte, meinen gefundenen Sänger aus dem Äther jeweils an- und abzuschalten. Ich konnte ihn so zerhacken, daß ich ihn rhythmisch in einen neuen Zusammenhang überführen konnte, und mein IBM 212 Diktaphon hatte so etwas wie einen Gashebel, mit dem sich die Tonhöhe an das laufende Geschehen in Grenzen anpassen ließ. Natürlich mußte man nicht nur auf Kurzwelle zurückgreifen, sondern konnte sich auf alle möglichen Klangquellen beziehen. Auch auf ethnische Einflüsse zum Beispiel. Problematisch waren nur die Unstimmigkeiten unter uns selbst. Reebop, der ja später auch zur Band gestoßen war, fand, daß ich diesen Musikern die Seele klauen würde. Das ist diese typische Einstellung von Ureinwohnern, daß man

jemandem die Seele wegnimmt, wenn man ihn fotografiert. Gut, diese Einstellung kann man ja haben, nur kommt man damit nicht übers Mittelalter hinaus. Ich aber hatte durchaus eine Vision von einer speziell medienbezogenen Musik. Ich habe mich mit Reebop deshalb sogar geschlagen. Besser gesagt, er hatte mich geschlagen und ich habe mich gewehrt. Und das zehn Minuten vor Konzertbeginn in Berlin. Es tat ihm natürlich augenblicklich leid, und ich sage das hier nur deswegen, weil das klare Anzeichen waren, baldmöglichst meinen eigenen Weg zu gehen.

War es nicht ohnehin eine Implantierung, die Band durch eine Hälfte von Traffic zu erweitern?

Nicht unbedingt. Das hing immer davon ab, wie Jaki spielte. Er brauchte je-

ideas of what he wanted to play, but on the other hand, he loved to be led along by a bassist, as long as he didn't feel disturbed by him. Jah Wobble, for example, who was someone he got along with very well, would put down a bass line and Jaki would know immediately what to do. So naturally, musicians like Rosko and Reebop were exactly right. Only I was wrong.

Everybody else in the group agrees that the magic disappeared with Rosko and Reebop. For instance, because Rosko insisted on being credited separately for his songs.

That was just a side effect. When they joined, we were immensely proud to be playing with musicians of their calibre. That was clear. But the new musicians brought their English perspectives on authorship into the group. Before, Can was the author regardless of who had done what, because each person had his own strengths which he brought to the band. Suddenly the equality was destroyed. Nevertheless, that was just the straw that broke the camel's back.

What bothers me about "Saw Delight" is that there's a big change in the rhythmic feeling: it has unmeasurable rhythmic density and impenetrability.

That's not really true and I can't under-

Là je ne suis pas d'accord. "Saw Delight" est un bon disque, surtout "Animal Waves" après que je l'ai retravaillé pour Cannibalism 3. C'est aussi l'avis de Michael qui savait exactement où étaient les faiblesses de ce morceau. Losqu'il a entendu la version finale, il a dit: "Ça y est, maintenant le morceau est vraiment terminé." Le principe de ce morceau était de nous situer dans notre époque et l'idée est liée à la nécessité de trouver le chanteur qu'il nous fallait. Il nous fallait le trouver dans l'atmosphère. La question était: "Comment le rendre synchrone avec nous?" J'ai eu l'idée de me servir de la touche "morse" qui me permettait d'allumer ou d'éteindre mon "chanteur de l'atmosphère". Je pouvais le hacher de telle sorte qu'il pouvait entrer dans un nouveau contexte rythmique. Mon dictaphone IBM 212 avait quelque chose qui ressemblait à une manette d'accélération avec laquelle je pouvais régler les volumes pour qu'ils s'adaptent à ce qui se passait.

Pour ce faire, il fallait non seulement recourir aux ondes courtes mais il fallait également se servir de toutes les sortes de sons possibles, les influences ethniques par exemple. Ce qui était problématique, c'était nos désaccords. Reebop, qui a rejoint le groupe plus tard, pensait que je volais l'âme des musiciens. Ça ressemble à cette idée des indigènes qui croient qu'on leur vole leur âme quand on les photographie. On peut très bien avoir cette idée mais alors, on ne

manden, an den er sich ranhängen konnte. Er hatte einerseits sehr genaue Vorstellungen von dem, was er spielte, liebte es aber, von einem Bassisten gezogen
zu werden, sofern er sich von ihm nicht
ohnehin nur gestört fühlt. Jah Wobble
zum Beispiel, mit dem er sich sehr gut
versteht, legt eine Basslinie vor und Jaki
kommt damit sofort klar. Und da waren natürlich Musiker wie Rosko und Reebop genau die richtigen. Nur ich war falsch.

*Alle anderen von Can sind sich ei-
gentlich einig, daß mit Rosko und
Reebop die Magie in der Gruppe endgültig dahin war. Zum Beispiel, weil
Rosko darauf bestand, seine Stücke
extra gekennzeichnet zu bekommen.*

Das war nur ein Nebeneffekt. Als die
beiden kamen, war man ausgesprochen

stolz, es mit Meistern ihres Fachs zu tun
zu haben. Das war ganz klar. Nur kamen dann mit den neuen Musikern auch
deren englisch geprägte Sichtweise hinsichtlich Urheberschaft in die Gruppe.
Vorher war Can der Autor, egal, wer
was wie gemacht hatte, denn jeder hat
seine starken Seiten, die er einbrach-
te. Und plötzlich war dieses Gleichgewicht gestört. Dennoch, als ganzes
gesehen war das nur noch der Punkt
auf dem i.

*Was mich an "Saw Delight" stört, ist
die große Veränderung des rhythmischen Gefühls, das auf eine maßlose
rhythmische Verdichtung und Undurchdringlichkeit hinausläuft.*

Das stimmt so nicht, und das kann ich
auch nicht nachvollziehen. Zwar hatte

Can Box · Item No. II · Book

stand that. Can did always have a noticeable rhythmic something about it; even in a song like "Pinch" Jaki had already begun to play very freely with the rhythm, like an experienced tennis player — in the sense of taking hits and returning them. We began to always expect more from the rhythm. So Rosko's and Reebop's influence on the group was absolutely successful because they were the perfect people to play in this style. I'm not such a great instrumentalist — it's easy for me to lose my place. As a bassist or guitarist I'd certainly fail any audition.

But you just confirmed that a strange rhythmical compression took place.

It did take place, but you shouldn't think that that was due to Reebop's and Rosko's presence alone. The forks in the road were already there. In this sense, I really have to say that both were a good addition to Can. By the way, I'm not a fundamentalist who'll say this or that shouldn't occur. That's the way it is, so that's it. Rosko is a fantastic bassist, everybody knows that, otherwise he wouldn't be playing four nights a week in a late night show. And Reebop was the son of an African chief, with a centuries-old drumming tradition behind him that he really knew how to use. He showed us all what it was all about, rhythmically speaking. He'd worked a lot with rhythmical hesitation

quitte pas le moyen-âge. Et moi, j'avais la vision d'une musique tout à fait liée aux médias. Je me suis même battu avec Reebop, ou plutôt il m'a attaqué et je me suis défendu. C'était dix minutes avant le concert, à Berlin. Sur le moment, il l'a regretté, enfin je vous dis ça parce que cela aussi était un signe pour que je commence à prendre mon propre chemin.

Ce n'était pas une sorte de greffe, d'agrandir le groupe en y ajoutant la moitié de Traffic?

Pas absolument, ça dépendait de la façon dont Jaki jouait. Il avait besoin de quelqu'un vers qui s'orienter. D'un côté il avait toujours une idée très précise de ce qu'il jouait, d'autre part, il aimait être entraîné par un bassiste dans la mesure où celui-ci ne l'entravait pas. Jah Wobble par exemple, avec lequel il s'entend très bien: il lui donne le ton avec sa basse et Jaki peut tout de suite le suivre. Dans ce sens, des musiciens comme Rosko ou Reebop étaient ceux qu'il lui fallait. Moi pas.

Tous les musiciens de Can sont d'accord pour dire que la magie du groupe s'en est définitivement allée avec Rosko et Reebop. Par exemple parce que Rosko tenait à ce que ses morceaux soient spécialement signalés comme étant de sa composition.

Ça c'était un effet secondaire. Quand

Can immer etwas rhythmisch sehr Markantes an sich, aber schon in einem Stück wie "Pinch" begann Jaki schon sehr frei, ja wie ein versierter Tennis-Spieler mit den Rhythmen umzugehen. Im Sinne von Schläge annehmen und weiterverteilen. Der rhythmische Aspekt wurde immer anspruchsvoller. Also war es durchaus folgerichtig, daß Rosko und Reebop der Gruppe ihre Prägung gaben, denn die konnten das perfekt bedienen. Ich bin nicht so ein großer Instrumentalist, verliere leicht mal den Faden und würde sowohl als Bassist als auch als Gitarrist bei jeder Talentprobe durchfallen.

Aber damit bestätigst d u ja doch, daß eine unheimlich rhythmische Verdichtung stattgefunden hat.

Die hat zwar stattgefunden, aber du mußt nicht denken, daß das aufgrund von Reebops und Roskos alleinigen Einwirkungen der Fall war. Die Weichen waren schon vorher gestellt. In diesem Sinn muß ich wirklich sagen, beide waren eine gute Ergänzung für Can. Ich bin im übrigen kein Fundamentalist, der sagt, so oder so dürfe das nicht sein. Es ergibt sich so, also ist es so. Rosko ist ein grossartiger Bassist, das wissen wir alle, sonst würde er heute nicht vier mal pro Woche in einer Late Night Show spielen.
Und Reebop war ein Sohn eines afrikanischen Häuptlings, der ein Jahrhunderte altes Trommlererbe angetreten hatte,

and thought very anti-mechanistically. The most amazing thing is that this anti-mechanistic aspect later turned up in the techno scene. There, rhythmic patterns were placed so close together that they interfered with each other. Reebop had always known how to do that.

The following album, "Out of Reach", was never re-released.

That's probably for the best. All of the disadvantages that you've spoken of came to fruition there. I was out, and the others could finally romp about to their heart's content. In my opinion, there was too much concentration on instrumental technique, the magic was gone. You always see that in musicians who become victims of their own skill. They don't love single notes anymore, the way it's necessary and proper to do;

they keep far distant from musical dilettantism. That's why punk spoke directly to my heart. Not because the music was so wonderful, but because there were dilettantes at work. At that time I visited Conny Plank every day in his studio. One day Devo, from the U.S.A., showed up, and we did a session together. I played the bass line from "Yoo Doo Right", without telling the others who or what it was. But as soon as someone lost the beat or simply somehow didn't sit right in the saddle, the rest just pulled him right back. I didn't have this experience again until I met Air Liquide, who invited me to an underground party here in Cologne. We played for three hours. It might not have been the most fabulous concert ever, but something happened there that I'd waited for for twenty years. I could do the craziest things, and everyone understood immediately what was going

ces deux musiciens sont arrivés, on était fiers d'avoir à faire à des vrais maîtres. C'est indéniable. Seulement ces deux musiciens ont apporté dans le groupe leur vision des choses à l'anglaise en ce qui concerne les droits d'auteur. Avant, c'était Can l'auteur et peu importait qui avait fait quoi parce que chacun apportait des compétences différentes et tout à coup cet équilibre a été rompu. Mais dans l'ensemble, ça a mis les points sur les "i".

Ce qui me gène dans Saw Delight, c'est le changement dans le sentiment du rythme, il aboutit à une densité de rythme presqu'intraversable.

C'est pas vrai, je ne le ressens pas du tout comme ça. D'accord, Can a toujours eu dans le rythme quelque chose de très marquant, mais déjà avec un morceau comme "Pinch", Jaki a commencé à jouer avec le rythme d'une manière très libre, à la manière d'un joueur de tennis expérimenté qui sait recevoir les balles et les renvoyer. L'aspect rythmique est devenu de plus en plus élaboré. Il est donc normal que Rosko et Reebop aient marqué le groupe, c'étaient vraiment des experts. Moi je ne suis pas formidable comme instrumentaliste, je perds facilement le fil et aussi bien comme bassiste que comme guitariste, j'échouerais à toute audition.

Tu confirmes alors qu'il y a bien eu

womit er auch umzugehen wusste. Er hat uns allen erst einmal gezeigt hat, was eine rhythmische Harke ist. Er hat viel mit Verzögerungen gearbeitet und eigentlich ganz antimaschinell gedacht. Das Erstaunliche ist, daß dieser antimaschinelle Aspekt später in der Techno-Szene wieder auftauchte. Da hatte man rhythmische Muster tempomässig gegeneinander verschoben, so daß es zu Interferenzen kam. Und dieses Element hatte Reebop schon immer zu bedienen gewusst.

Das folgende Album "Out Of Reach" ist ja nie wieder aufgelegt worden.

Das ist wohl auch gut so. Hier kommen alle Nachteile, die du eben angesprochen hast, zur Geltung. Ich stand jetzt ausserhalb, und die anderen konnten sich endlich nach Herzenslust austoben. Die Musik wurde mir zu spiellastig, der Zauber war weg. Man sieht das ja immer wieder bei Musikern, die zu Opfern ihres eigenen Könnens werden. Sie lieben dann den einzelnen Ton nicht mehr so, wie es notwendig und angemessen wäre, und vom kreativen Dilettantismus hat man sich weit entfernt. Deshalb sprach mir ja auch der Punk so aus dem Herzen. Nicht, weil mir die Musik so gut gefallen hätte, sondern da waren Dilettanten am Werk.

In dieser Zeit war ich jeden Tag bei Conny Planck in dessen Studio. Da schauten eines Tages Devo aus den USA

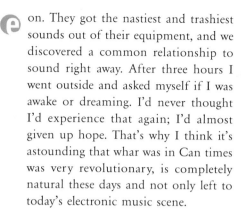

on. They got the nastiest and trashiest sounds out of their equipment, and we discovered a common relationship to sound right away. After three hours I went outside and asked myself if I was awake or dreaming. I'd never thought I'd experience that again; I'd almost given up hope. That's why I think it's astounding that whar was in Can times was very revolutionary, is completely natural these days and not only left to today's electronic music scene.

Why then, out of this unbelievable reservoir of new punk singers, did Can not find anyone who had the strength and originality that Malcolm had earlier?

We tried everything in our power to find someone. But we just didn't have much left. Can functioned like a soccer team. When it was good, then it was a good team that could get the ball, pass it, and eventually get the ball through the goal posts. Our later singers didn't know how to share this basic feeling with us. Maybe they believed they had to prove something, I don't know.

But just at that time in punk, there were a lot of singers who didn't view themselves as frontmen, but as part of a mob.

At that time no punk singer would have been really interested in Can. It went in a completely different direction. Every

une plus grande densité dans les rythmes.

D'accord mais tu ne dois pas penser que c'est seulement à cause de l'influence de Rosko et de Reebop. Tout était déjà en place avant. En ce sens je dois dire que ces deux musiciens ont été un bon complément pour Can. Et puis je ne suis pas un fondamentaliste qui dit que les choses doivent être comme ça et pas autrement. Ça se passe comme ça, donc c'est bien. Rosko est un super-bassiste, c'est bien connu, sinon il ne pourrait pas faire quatre fois par semaine un late night show. Et Reebop était le fils d'un chef africain qui avait repris l'héritage d'un siècle de percussions et il savait s'en servir. Il nous a remis à notre place en matière de rythme. Il a beaucoup joué sur les décalages, il ne pensait pas machine. Ce qui est étonnant, c'est que cet aspect anti-machine a été repris plus tard par la techno. On a opposé des motifs rythmiques à d'autres rythmes et on les a décalés ce qui a provoqué des interférences. Et c'est ce que Reebop a toujours su faire.

L'album suivant "Out Of Reach" n'a jamais été réédité.

Et c'est bien comme ça. Dans cet album, tous les inconvénients dont tu as parlé y apparaissaient. Moi j'étais à l'extérieur et tous les autres pouvaient enfin se défouler comme ils le voulaient. La

vorbei, und wir machten eine gemeinsame Session. Ich spielte den Bass von "Yoo Doo Right", ohne daß die anderen gewußt haben, wer oder was das war. Aber sowie jemand mal aus dem Takt kam oder sonst irgendwie nicht ganz stabil im Sattel saß, haben die anderen ihn einfach mitgezogen. Diese Urerfahrung habe ich dann erst wieder mit Air Liquide erlebt, als die mich im Oktober 1995 zu einer Underground Party hier in Köln einluden. Wir hatten drei Stunden lang miteinander gespielt. Es mag ja nicht gerade das genialste Konzert gewesen sein, aber da fand etwas statt, worauf ich seit zwanzig Jahren gewartet hatte. Ich konnte die ausgeflipptesten Sachen bringen, und die anderen verstanden sofort, was abging. Mit ihrem Equipment erzeugten sie die gemeinsten und trashigsten Sounds, und es ergab sich sofort eine gemeinsame sprachliche Beziehung, gerade was den Sound betraf. Nach den drei Stunden bin ich erst einmal nach draußen gegangen und fragte mich, ob ich wache oder träume. Ich hätte nie gedacht, daß mir das noch mal widerfahren würde, und hatte die Hoffnung schon fast aufgegeben. Umso erstaunlicher finde ich, mit welcher Leichtigkeit das, was bei Can mal revolutionär war, in der Elektronik-Szene wie selbstverständlich weiterbehandelt wird.

Warum hat denn Can aus diesem unglaublichen Reservoir an neuen Punk-Sängern niemanden gefunden,

person in the group has to have the feeling that they're playing with the best musicians in the world. This feeling gives you security, even if, in reality, you're playing in the worst band in the world. Before, we were all proud to be playing with the best musicians of the time. That was also a characteristic of the punk bands. Yet we came from a different corner and didn't have the smell of punk about us. For example, Jah Wobble told me about an incident in London, during the days when Public Image was at the top. He noticed that a hippie was running after a bus; a punk stood on the platform. He stuck out his foot and tripped the hippie, crying: "Not you, you hippie!" We came out of the hippie days. The younger people wanted to find their own language, I think.

You've said that you were proud to be a member of Can. Were you unahappy when you left the band, or was there more of a liberated feeling?

Naturally I felt a mixture of both. It was simply time to say goodbye: it was clear to me that it was unavoidably at an end. I didn't know at the moment what I was going to do, and for two years I didn't really speak to anyone. That led to really intense communication with plants. They understood me better than my fellow human beings. At night I went out in all kinds of weather and perceived the wonders that opened themselves up

musique est devenue trop ludique, la magie avait disparu. C'est quelque chose qu'on constate souvent, que les musiciens deviennent victimes de leur propre compétence. Ils ne s'attachent plus à chaque son, comme ce serait nécessaire de le faire; et puis on est loin du dilettantisme créatif. C'est pourquoi j'ai eu un tel faible pour le punk, pas parce que la musique me plaisait énormément mais parce qu'on avait affaire à des dilettantes. A ce moment-là j'étais tous les jours chez Conny Planck, dans son studio. Un jour Devo est passé alors qu'ils arrivaient des États-Unis. On a fait une jam ensemble. J'ai joué la basse de "Yoo Doo Right" sans que les autres sachent qui c'était ni ce que c'était. Et s'il y en avait un qui perdait un peu le rythme ou qui se faisait désarçonner, les autres l'ont tout simplement réintégré dans le jeu. Cette expérience fond-amentale, je l'ai retrouvée avec Air Liquide lorsqu'ils m'ont invité à une party

underground en octobre 1995 à Cologne. Peut-être que ça n'a pas été le concert le plus génial mais en tous cas il s'est passé une chose que j'attendais depuis vingt ans: Je pouvais jouer les choses les plus dingues, les autres comprenaient tout de suite ce qui se passait. Et avec leur équipement ils produisaient les sounds les plus durs et les plus fous et il s'en est suivi une relation avec un langage commun, justement en ce qui concerne le sound. Après les trois heures de concert, je suis sorti et je me suis demandé si je n'avais pas rêvé. Je n'aurais jamais pensé que ça puisse m'arriver encore, j'en avais presque perdu l'espoir. C'était d'autant plus étonnant de constater avec quelle facilité ce qui avait été révolutionnaire chez Can se poursuivait avec une parfaite évidence dans la musique électronique.

Pourquoi est-ce que, dans cet incroyable réservoir de jeunes

der die Kraft und Ursprünglichkeit hatte, die früher Malcolm zu eigen war?

Versucht hatten wir alles, was in unseren Kräften stand. Aber mehr war einfach nicht drin. Can funktionierte wie eine Fußballmannschaft. Wenn sie gut waren, waren sie ein gutes Team, das den Ball aufzufangen und abzugeben wußte und ihn noch am Ende ins Tor beförderte. Dieses Grundgefühl wußten unsere späteren Sänger nicht mit uns zu teilen. Vielleicht glaubten sie, etwas Besonderes vorweisen zu müssen, ich weiss es nicht.

Aber gerade im Punk gab es ja viele Sänger, die sich eben nicht als Frontmann, sondern als Teil einer Meute verstanden.

Zu dem Zeitpunkt konnte kein Punk-Sänger an Can wirklich interessiert gewesen sein. Das ging doch in eine völlig andere Richtung. Jeder in einer solchen

Gruppe muß das Gefühl haben, er spielt mit den besten Musikern der Welt zusammen. Dieses Gefühl gibt Sicherheit, auch wenn du in Wirklichkeit in der schlechtesten Band der Welt spielst. Früher waren wir alle stolz darauf, mit den jeweils besten Musikern zusammenzuspielen. Und das war auch die Qualität der Punk-Bands. Und trotzdem kamen wir aus einer ganz anderen Ecke und hatten nicht den original Stallgeruch der Punks an uns.

Jah Wobble erzählte mir zum Beispiel, wie er in den Zeiten, in denen Public Image ganz oben waren, in London mitbekam, als ein Hippie einem Bus hinterher rannte. Auf der Plattform stand ein Punk, der den langhaarigen Aufsteiger mit dem Fuß wegstieß und schrie: "Not you, you Hippie". Und wir entstammten doch letzten Endes der Hippie-Zeit. Die Jüngeren wollen einfach ihre eigene Sprache finden, denk' ich mal.

Du hast von dem Stolz gesprochen, Mitglied von Can zu sein. Warst Du

to me. I'd stand in front of a tree and although it would be completely still, it would rustle its branches. The same thing happened with my house plants - without a breeze. In these moments, I became a plant myself. At some point though I said to them that I now had to get back into contact with my world. After all, I had two legs that wanted to run around and not be stuck in the earth. That was when I found my way back into the human world. Outfitted with the gift that I'd received during the quiet time with the plants, I returned to this world as a completely new person. That was an exciting time. For example, I had a television, and noticed that I particularly liked old black-&-white films. I had my microphone, a cassette recorder, and my bass; and I still played with the film scene. Very intuitive. Very surprising music scenes arose from these „TV sessions." I developed a feeling for the way music could become filmic. When I was in America in 1997 with Doc Walker, we used dialogue from films as a "replacement singer," instead of having a singer on stage. Suddenly the film took over the function that film music usually has for the film.

Did the others try to keep you in the band?

Why should they? My time with Can at that time was at an end. But Can would not have been Can if they'd simply let

chanteurs punk, Can n'a pu trouver personne qui ait la force et la profondeur qui avaient caractérisé Malcolm?

On a essayé tout ce qui était en notre pouvoir, mais c'était tout simplement impossible. Can fonctionnait comme une équipe de foot: quand ils étaient bons, ils étaient une bonne équipe qui savait attraper la balle et la lancer et finalement marquer un but. Les chanteurs qui sont arrivés après n'ont pas pu partager ce sentiment de base. Peut-être qu'ils croyaient devoir prouver quelque chose, je ne sais pas.

Mais justement dans le punk, il y avait beaucoup de chanteurs qui se voyaient non pas comme des meneurs mais plutôt comme faisant partie de la meute.

À cette époque-là, il n'y avait aucun chanteur punk qui pouvait être sérieusement intéressé par Can. C'était deux directions tout à fait différentes. Dans un tel groupe, chacun doit avoir le sentiment de jouer avec les meilleurs musiciens du monde, ce sentiment te rassure, même si tu joues dans le pire groupe du monde. Nous à l'époque, on était fiers de jouer avec les meilleurs musiciens, et c'était aussi la qualité des groupes punk et pourtant on venait d'horizons différents et on n'avait pas l'odeur de l'écurie originale, punk. Jah

traurig, die Band zu verlassen, oder hast Du Dich eher befreit gefühlt?

Es war natürlich eine Mischung aus beidem. Es war eben die Zeit des Abschieds gekommen, und mir war klar, daß etwas unwiederbringlich zu Ende gegangen war. Ich wusste in dem Augenblick gar nicht, was ich mit mir anfangen sollte und habe auch zwei Jahre lang mit keinem mehr richtig sprechen wollen. Deshalb kam es ja zu einer ausgesprochen intensiven Kommunikation mit Pflanzen. Die verstanden mich viel besser, als meine menschliche Umgebung das tat. Nachts ging ich raus bei Wind und Wetter und nahm das Wunder wahr, das sich mir aufgetan hatte. Ich stand da vor einem Baum, und der wedelte bei völliger Windstille mit den Ästen, ebenso geschah das auch mit meinen Zimmerpflanzen, ohne daß es Durchzug gab. Ich wurde in dem Moment einfach selbst zu einer Pflanze.

Irgendwann sagte ich ihnen aber, daß ich jetzt wieder Kontakt mit m e i n e r Welt aufnehmen müsse. Schließlich hätte ich zwei Beine, die auch rumlaufen wollten und nicht in der Erde steckten. Das war dann der Punkt, an dem ich wieder in die Menschenwelt zurückfand. Mit den Morgengaben ausgestattet, die ich durch mein Stillstehen von den Pflanzen empfangen hatte, war ich als ganz neuer Mensch ins Diesseits zurückgekehrt. Das war schon eine aufregende Zeit. Ich hatte zum Beispiel einen Fern-

me go out into the streets. Hildegard, who was actually the mother of the group, paid me — with the agreement of the rest of the band — the same amount of money that the others received for months, for years even, so that I could carry out my intentions. After my last concert in Geneva, she borrowed money from her mother so that I could go on vacation and get away from it all. Nobody in the group would've simply let me fall, even though the entire affair was very painful. That was simply Can's way. It's really astounding, the way that Hildegard's unshakeable faith in us helped the group to rise out of the ashes like the phoenix. First she founded the label Spoon Records and with that, managed to get Can out of its

dependence on the record industry. She knows a great deal, but above all she knows how to make effectual contracts, and that can only be for our good in the end. We all have to thank her initiative and unstoppable ability to apply pressure in the right places, so that the "Sacrilege" plans also became reality. Her good relations with Daniel Miller of Mute Records also helped. His deep belief helped to organise the project and finally pulled out all the stops. Suddenly Can, in a new package, was once again on everybody's lips. Something like that doesn't happen very often in our business. She ought to have earned a Rolls Royce without a motor for all of her efforts. Wouldn't it be fantastic, to drive up to a record company in such a

Wobble m'a raconté qu'un jour, à l'époque où Public Image était à son zénith, il a vu un hippy courir derrière un bus à Londres. Il y avait un punk sur la plateforme et il a chassé le nouvel arrivé par un coup de pied, en lui criant: "Not you, you hippy!" Et pourtant, en fin de compte, on est tous issus du mouvement hippy. Les jeunes veulent seulement trouver leur propre langage, je crois.

Tu as parlé de ta fierté d'être un membre de Can. Est-ce que tu as été triste de quitter le groupe ou est-ce que tu t'es senti libéré?

C'était bien sûr un mélange des deux. Le temps de l'adieu était venu et pour moi c'était clair, quelque chose prenait fin et ne reviendrait jamais. Sur le moment, je ne savais pas ce que je ferais et pendant deux ans, je n'ai pratiquement parlé à personne. C'est pourquoi j'ai développé une communication intensive avec les plantes: elles me comprenaient mieux que mon environnement humain ne le faisait. La nuit, je sortais par tous les temps et je contemplais le miracle qui se produisait: je me tenais devant un arbre qui bougeait ses branches alors qu'il n'y avait pas de vent, la même chose est arrivée à mes plantes dans la maison: elles bougeaient alors qu'il n'y avait pas de courant d'air. Je suis devenu moi-même une plante et pourtant je leur ai dit que je devais

seher und merkte, daß mir alte Schwarz-Weiß-Filme besonders gut gefielen. Ich hatte also mein Mikrophon, einen Cassettenrekorder und meinen Kontrabaß und spielte immer mit den Filmszenen mit. Ganz intuitiv. Aus diesen „Fernsehsessions" entstanden z. T. überraschende Musikszenen. Und ich entwikkelte ein Gefühl dafür, wie eine Musik filmisch werden konnte. Als ich 1997 mit Doc Walker in Amerika war, stellten wir anstelle eines Sängers Dialoge aus Filmen als „Ersatzsänger" auf die Bühne. Plötzlich nahm in unserer Musik der Film die Funktion ein, die sonst im Film der Filmmusik zukommt.

Haben die anderen versucht, Dich zu halten?

Warum sollten sie? Meine Zeit mit Can war zu diesem Zeitpunkt zu Ende. Aber Can wäre nicht Can, wenn sie mich einfach auf die Strasse entlassen hätten. Hildegard, die eigentliche Mutter der Gruppe, hat in Übereinstimmung mit allen Mitgliedern mir monate-, sogar jahrelang dasselbe Geld gezahlt wie jedem anderen auch, damit ich mein Vorhaben auch zu Ende führen konnte. Unmittelbar nach meinem letzten Konzert in Genf lieh sie von ihrer Mutter Geld, damit ich erst mal in Urlaub fahren konnte und Abstand von allem bekam. Niemand aus der Gruppe hätte mich einfach so fallen lassen, so schmerzlich die ganze Angelegenheit auch war. Auch

car, pulled by two old nags, and a company lackey deferentially opens the door with the words...they fail me - ok, never mind. Naturally Hildegard would have to wear a big hat. Hmm, that could go into my not-yet-filmed film scene, which can be found in the Internet under the address www.czukay.de/writing system.

Did you actually take any notice of the two records that came afterwards?

Oh, yes, because I always went to Inner Space Studio. I was practically the nightwatchman there. When the others were finished with their work and had gone home, I came in and worked on my things. Once Irmin said to me that I wanted to put too many things into one track. You could make five songs with the material. That's when I realized that I was completely somewhere else. He could have been right. You could make five songs out of "Persian Love" But then it wouldn't have been what it is.

On "Can", you're again credited as editor.

Well, I'd figured it out again and could edit the material. That wasn't the case on "Out Of Reach".

This album has a certain clarity.

The band had made it through the vale

reprendre contact avec mon monde, car
au fond j'avais deux jambes qui ne
demandaient qu'à marcher, elles
n'étaient pas enfoncées dans la terre.
C'est le moment où je suis retourné vers
le monde humain. Enrichi des dons que
j'avais reçus des plantes en restant avec
elles, j'étais revenu dans ce monde en
tant qu'homme tout à fait différent.
C'était une période incroyable. J'avais par
exemple une télé et je me suis aperçu
que les films en noir et blanc
m'intéressaient particulièrement. J'avais
mon micro, un magnéto à cassettes et
ma contrebasse et je jouais pour
accompagner le film. Intuitivement. Il y
a eu des morceaux de musique étonnants
qui sont sortis de ces séances, et j'ai
développé un sens de ce qu'une musique
en images pouvait être. En 1997, lorsque
j'étais avec Doc Walter aux États-Unis,
on a remplacé le chanteur par des
dialogues de films. Et c'est alors que dans
notre musique, le film a pris la fonction
que normalement la musique joue dans
un film.

*Est-ce que les autres ont essayé de te
retenir?*

Pourquoi l'auraient-ils fait ? Mon temps
avec Can était alors terminé. Mais Can
ne serait pas Can s'ils m'avaient tout
simplement jeté à la rue. Hildegard, en
quelque sorte la mère du groupe, m'a
donné, avec l'accord des autres membres,
autant d'argent qu'aux autres, et ça

das gehört zum Selbstverständnis von Can. Es ist schon erstaunlich, wie Hildegards unumstösslicher Glaube an uns die Gruppe wie einen Phönix aus der Asche wieder auferstehen liess.

Zunächst gründete sie das Plattenlabel Spoon Records und hievte damit Can weitgehend aus der Abhängigkeit der Plattenindustrie. Wenn sie was versteht, dann ist es, Verträge durchzusetzen, und das konnte am Ende nur zu unseren Gunsten ausfallen. Ihrer Initiative und ihrem unaufhörlichen Druckmachen haben es alle zu verdanken, daß das "Sacrilege"-Vorhaben auch wirklich angegangen und durchgezogen wurde. Dabei kam ihr der gute Draht zu Daniel Miller von Mute Records zugute, der ebenfalls mit seinem seligen Gottvertrauen schlussendlich das Projekt durchorganisiert und anschliessend auch alle Promotionregister gezogen hatte.

Plötzlich war Can in neuer Verpackung wieder in aller Munde. So etwas kommt ganz ganz selten vor in unserem Business. Dafür hätte sie eigentlich einen Rolls Royce ohne Motor verdient, ja, ist es denn nicht toll, in so einem Gefährt, gezogen von zwei Ackergäulen, vor einer Plattenfirma vorgefahren zu kommen, und ein Plattenlakai öffnet ehrerbietig die Wagentür mit den Worten...ach, lassen wir das. Natürlich darf der grosse Hut nicht fehlen. Hmm, kön-nte in meine noch nicht gedrehten Filmszenen passen, die im Internet unter www.czukay.de/writing system zu finden sind.

Hast Du die beiden Platten, die danach kamen, eigentlich noch wahrgenommen?

Oh doch, denn ich ging ja immer noch ins Inner Space Studio und war dort praktisch der Nachtwächter. Wenn die

of shadows. I was even jealous of "All Gates Open", and that's always a good sign. There are certainly a couple of things that I would've done differently but, as we like to say in German, with full trousers it makes good stinking — let's let it rest there. There were also a couple of leftovers from the "Out Of Reach" days.

After a long break you all reunited to make "Rite Time". How did that come about? Was there a regeneration of the old chemistry?

Malcolm started it all by writing to Hildegard. He just wanted to sing again. I thought that there might be a good surprise. At first it seemed as if recording something would be difficult. It took a long time before we were all in the swing again. Not least because I still felt myself to be a disturbing factor, and not everything went well together. Malcolm was all right. He brought a fresh wind into the situation. But it still took a great deal of effort to get "Rite Time" to what it became. I know people who say that it's one of the best Can albums. It has a couple of fantastic songs: for instance, "In the Distance Lies the Future", which wasn't available on the LP, just on the CD. There was a lot of fuss about this song because nobody wanted it. Only Michael and I believed in it; I thought it was one of our strongest tracks ever. That shows how strong the differences

pendant des mois et même des années pour que je puisse mener mon projet à bien. Juste après mon dernier concert à Genève, elle a emprunté de l'argent à sa mère pour que je puisse partir en vacances et prendre de la distance. Dans le groupe, personne ne m'aurait laissé tomber, même si tout ça était pénible. Ça faisait partie de l'éthique de Can. C'est assez incroyable comme la foi inébranlable de Hildegard pour notre groupe l'a justement fait à chaque fois renaître de ses cendres. D'abord elle a fondé la firme de disques Spoon Records et a ainsi sauvé Can de la dépendance de l'industrie du disque. S'il y a une chose qu'elle sait faire, c'est de négocier des contrats! Et ça nous a bien profité. C'est à ses initiatives et à son opiniâtreté qu'on doit l'album Sacrilege. Ses bonnes relations avec Daniel Miller de Mute Records ont beaucoup aidé. Il avait une telle confiance en ce projet qu'il a tout organisé et puis orchestré la promotion. Et tout à coup on reparlait partout de Can, Can rhabillé de neuf. C'est pas quelque chose qui arrive souvent dans notre métier. Au fond, elle aurait mérité une Rolls Royce sans moteur, oui. Est-ce que ce ne serait pas bien d'arriver devant une maison de disques dans cet engin, tiré par deux chevaux de labour, un laquais t'ouvre la portière avec respect et tu dis... "Non, laissons cela." Sans oublier le grand chapeau. Hum... Ça irait bien dans la prochaine scène du film que je n'ai pas encore tourné

anderen mit ihrer Arbeit fertig und nach Hause gegangen waren, kam ich und machte an meinen Sachen weiter. Irmin sagte mir dann mal, daß ich viel zu viele Ideen in einem Stück unterbringen würde. Daraus könnte man doch fünf Stücke machen. Da merkte ich, daß ich schon ganz woanders war. Das mag ja sogar stimmen. Man hätte aus "Persian Love" sicher fünf Stücke machen können. Aber dann wäre es nicht mehr das gewesen, was es ist.

Auf "Can" stehst Du ja wieder als Editor drauf.

Da hatte ich wieder den Zugang gefunden und konnte die Sachen schneiden. Bei "Out Of Reach" war das noch nicht so.

Dieses Album hat ja auch wieder eine gewisse Klarheit.

Da hatte die Band das Tal der Finsternis durchschritten. Auf "All Gates Open" war ich sogar richtig neidisch, und so etwas ist immer ein gutes Zeichen. Es gibt sicher ein paar Sachen, die ich anders gemacht hätte, nun ja, mit vollen Hosen ist eben gut stinken. Es gab ja auch noch ein paar Überbleibsel aus der Zeit von "Out Of Reach".

Nach einer langen Pause habt ihr euch ja dann wieder zu "Rite Time" getroffen. Wie kam es denn dazu? Und gab es eine Art Regenerierung der alten Chemie?

were between us, and how strong they still still are. Jaki and I had a confrontation because there were a couple of small timing mistakes in the drum part, actually just bagatelles related to the medium. I said, "Jaki, don't worry about it, I'll take care of it." However, I didn't edit the tape, instead I just waited until it was time to mix. But Jaki didn't want to accept that at all. He wanted to hold back the song. "But all of my efforts were in vain, Jaki. We all listen to the song five times a day — you're the only one who's upset — satisfied?" "Rite Time" was recorded with a great deal of humor, at least that's the way I experienced it. There are a few tapes from that period that would be worth listening to.

Could you imagine all of you going into the studio again and making another album?

Difficult. I wouldn't be in favour of making another record right away. I missed performing live; my first thoughts were of performing again, instead of making a new media product. I thought in that way we might be able to find a path back to each other. The problem is that you can't force the good old times to return simply because you feel nostalgic. We had to distance ourselves from that in the end. But Michael and I had wanted more than anything to perform live again. I could only imagine Can playing together again

et qu'on peut trouver sur Internet (www.czukay.de/writing system).

Est-ce que tu as suivi le travail sur les deux albums suivants?

Oh oui... J'allais encore au Inner Space Studio, j'étais en quelque sorte le gardien de nuit. Quand les autres avaient fini leur travail et rentraient chez eux, moi j'arrivais et me mettais à mon boulot. Irmin m'a dit une fois que je voulais toujours mettre beaucoup trop d'idées dans un morceau et que ces idées auraient suffi pour cinq morceaux. J'ai remarqué alors que j'étais vraiment ailleurs. C'est possible. De "Persian Love" on aurait pu faire cinq morceaux. Mais ça aurait été autre chose.

Sur Can, tu apparais à nouveau comme éditeur.

À ce moment-là j'avais retrouvé le lien, je pouvais à nouveau couper et monter. Pour "Out Of Reach", je n'en étais pas encore là.

Dans cet album, on remarque à nouveau une certaine clarté.

Le groupe avait dépassé la vallée des ténèbres. Face à "All Gates Open", j'étais vraiment jaloux, et ça c'est toujours un bon signe. Il y a bien sûr des choses que j'aurais fait autrement mais c'est facile de dire ça. Il y a sûrement des choses qui restent du temps de "Out Of Reach".

Malcolm hat das durch einen Brief an Hildegard in Gang gesetzt. Der wollte einfach wieder singen. Ich dachte mir, er könnte für eine Überraschung gut sein. Die Aufnahmen gestalteten sich am Anfang äußerst schwierig. Es dauerte ganz schön lange, bis wir wieder so einigermaßen ins Laufen kamen. Das lag nicht zuletzt daran, daß ich mich immer noch als Störenfried empfand und alles nicht so richtig zusammenpassen wollte. Malcolm war schon o.k. Der brachte für uns alle wieder frischen Wind ins Spiel. Es bedurfte aber im ganzen noch sehr viel Zuwendung, "Rite Time" zu dem werden zu lassen, was es dann geworden ist. Ich kenne Leute, die sagen, sie gehöre zu den besten Can-Platten. Es gibt wirklich ein paar tolle Stücke darauf. Zum Beispiel "In The Distance Lies The Future", das gar nicht auf der LP, sondern nur auf der CD zu hören ist.

Um dieses Stück gab es einen Riesenkrach, denn niemand wollte es. Nur Michael und ich glaubten wirklich daran, und ich meinte, es sei eine unserer stärksten Nummern überhaupt. Daran sieht man, daß es starke Unterschiede hinsichtlich der Bewertung gab und auch noch gibt. Jaki und ich gerieten frontal aneinander, weil es ein paar kleine Fehler im Schlagzeug-Timing gegeben hatte, eigentlich Bagatellen auf das Medium hin bezogen. Ich sagte: "Jaki, das macht nichts, ich kümmere mich schon darum." Ich habe aber nicht die Zwei-Zoll-Bänder geschnitten, sondern bis zur fertigen Mischung damit gewartet. Jaki wollte das partout nicht hinnnehmen, er wollte das Stück verhindern. „Doch all Deine Mühe war umsonst, Jaki. Wir alle hören das Stück jetzt fünfmal am Tag, nur damit Du Dich ärgerst — zufrieden?"

"Rite Time" ist mit viel Sinn für Hu-

under certain circumstances: there would have to be a completely different technical challenge for the band, so that each individual wouldn't be able to fall back on the old instruments. Can would have to transform itself into a kind of virtual band, and that leads us to the Internet, with its special possibilities for feedback.

Après une longue pause, vous vous êtes à nouveau retrouvés pour "Rite Time". Comment c'est arrivé? Est-ce que vous avez régénéré la vieille chimie?

C'est Malcolm qui a mis ça en marche avec une lettre qu'il a envoyée à Hildegard. Il voulait tout simplement recommencer à chanter. Je me disais qu'il était toujours bon pour une surprise. Les enregistrements au début ont été très difficiles, la mise en route a duré très longtemps. Une des raisons était que je me sentais toujours comme le gêneur et que les choses ne marchaient pas comme il faut. Malcolm était OK, il nous amenait un vent nouveau. Mais il a fallu encore se donner beaucoup de mal pour que "Rite Time" devienne ce que c'est devenu. Je connais des gens qui disent que c'est un des meilleurs disques de Can. C'est vrai qu'il y a des morceaux formidables, par exemple "In The Distance Lies The Future" qu'il n'y avait pas sur le 33 tours mais seulement sur le CD. Il y a eu beaucoup de bruit autour de ce morceau parce qu'au début, personne n'en voulait, il n'y avait que Michael et moi qui y avons cru et je crois que c'est un de nos titres les plus forts. C'est là qu'on remarque qu'on voyait les choses différemment et qu'on les voit encore différemment. Jaki et moi, on s'est volé dans les plumes parce qu'il y avait quelques défauts dans le timing de la batterie, au fond c'était des détails sans

mor ausgestattet worden, jedenfalls nach meinem Empfinden. Und da gibt es noch einiges an Bändern aus der Zeit, die sich lohnen würden, mal wieder von uns angehört zu werden.

Könntest Du Dir vorstellen, daß ihr noch einmal gemeinsam ins Studio geht und ein Album macht?

Schwierig. Ich war eigentlich nicht dafür, gleich eine neue Schallplatte anzugehen. Was mir fehlte, war live aufzutreten. Also dachte ich in erster Linie daran, daß Can kein neues Medienprodukt aufnehmen, sondern wieder auf die Bühne gehen sollte. So, meinte ich, könnte man erneut den Zugang zueinander fin-

den. Dagegen steht, daß man mit Nostalgiegefühlen allein die alten Zeiten nicht herbeizwingen kann. Deshalb haben wir letzten Endes Abstand davon genommen. Aber Michael und ich wollten vor allem wieder live auftreten. Ich könnte mir nur unter einer Bedingung vorstellen, daß Can wieder zusammenkäme: es müsste eine total neue technische Herausforderung an die Gruppe geben, bei deren Lösung jeder einzelne nicht mehr auf die alten Instrumente zurückgreifen könnte. Can müsste sich quasi in eine virtuelle Band verwandeln und da wären wir auch schon beim Internet mit seinen besonderen Feedbackmöglichkeiten.

importance par rapport à ce médium. Je disais à Jaki: "Ça fait rien, je m'en occupe." Je n'ai pas coupé les bandes de deux pouces, j'ai attendu jusqu'à la fin du mixage. Jaki ne voulait absolument pas l'accepter, il voulait empêcher de faire le morceau. "Mais tu n'as pas réussi, Jaki, on écoute tous ce morceau cinq fois par jour, je te dis ça seulement pour t'embêter, tu es content?" Rite Time est plein d'humour, du moins je le sens comme ça. Et on a encore des bandes de cette époque qui vaudraient la peine qu'on les réécoute.

Est-ce que tu peux vous imaginer retourner au studio tous ensemble et faire un nouvel album?

Dur... Je n'étais pas pour qu'on fasse un nouvel album. Ce qui me manquait, c'était de faire du live. J'ai d'abord pensé que Can devait remonter sur scène, mais pas qu'il produise de nouveaux produits médiatiques. Je me disais que c'est comme ça qu'on pourrait se retrouver. Mais ce n'est pas avec des sentiments nostalgiques que l'on peut faire renaître le bon vieux temps. C'est pourquoi on a laissé tomber. Mais Michael et moi, on voulait rejouer sur scène. Je ne peux m'imaginer que Can retravaille ensemble qu'à une condition, c'est qu'il y ait un défi technique complètement nouveau

qu'on ne puisse pas relever en reprenant nos vieux instruments. Can devrait se transformer en groupe virtuel et là, on est déjà dans Internet avec ses possibilités de feedback particulières.

MICHAEL KAROLI

Der Kick aus der Kälte

A Kick out of the Cold

Interview Michael Karoli

*Wie bist du denn mit diesen drei we-
sentlich älteren Musikern zusammengekommen? Hast du dich mit ihnen
wohlgefühlt, oder gab es da zunächst
eine gewisse Befangenheit?*

Nein, gar keine Befangenheit. Das war
sehr aufregend. Es war die aufregendste
Zeit meines Lebens. Holger war Musik-
Lehrer gewesen an der Schule, in der ich
war, und ich konnte feststellen, daß er
nicht nur meine Augen für das Machen
von Musik öffnete, sondern darüber hinaus ein hervorragender Jazz-Gitarrist war.
Er hatte auch einen sehr ähnlichen Geschmack wie ich. Holger hat mir für sehr
viele Dinge in der Musik die Augen ge-
öffnet. Irmin war mir persönlich sehr
sympathisch. Jaki war mir unheimlich.
Ich hielt ihn für einen Mörder oder zumindest für einen zum Mord Fähigen.

Interview Michael Karoli

*How did you get together with these
three much older musicians? Did you
get along well with them, or was there
a certain uneasiness at first?*

No, no uneasiness at all. It was very exciting. It was one of the most exciting
periods of my life. Holger had been a
music teacher at my last school, and he
not only opened up my eyes to the
techniques of making music, but I could
also see that he was a splendid jazz
guitarist. We had very similar tastes.
Holger opened my eyes to a lot of things
about music. I liked Irmin immediately.
Jaki was eerie, he gave me the creeps. I
thought he was a murderer, or was at least
capable of committing a murder.
When we were recording "Halleluwah",
Jaki impressed me very much. It
became clear to me that he had God-

___ **Un petit coup dans le froid**

Interview Michael Karoli

Comment en es-tu venu à travailler avec trois musiciens beaucoup plus âgés que toi? Est-ce que tu t'es senti à l'aise ou y a-t-il eu au début de la gêne?

Non, aucune! Au contraire, c'était très excitant, je peux même dire que c'était l'époque la plus intéressante de ma vie. Holger avait été prof de musique à l'école où j'étudiais. Il m'avait ouvert les yeux sur les techniques de création de la musique. De plus, c'était un excellent guitariste de jazz. Nous avions en plus les mêmes goûts en matière musicale. Irmin m'était personnellement très sympathique. Jaki me faisait froid dans le dos. Je le voyais comme un assassin ou comme un type capable de tuer. Il m'a impressionné quand on a fait "Halleluwah". J'ai compris alors que c'était un

> *"De 1967 à 1979 Can a incarné une musique riche, aventureuse, avant-gardiste, complexe et inventive, s'inscrivant dans la mouvance de groupes tels Soft Machine, King Crimson ou encore Van Der Graaf Generator. Mais, à la différence de ces progressistes anglais, les Allemands de Can ont exercé et exercent toujours une influence considérable sur les groupes indus, post-grunge, thrash, jungle ou encore trip-hop."*

GUITARE & CLAVIERS June / 1997
(by Frédéric Lecomte)

Jaki beeindruckte mich dann plötzlich irrsinnig, als wir "Halleluwah" machten. Da wurde mir klar, daß er ein gottbegnadeter Musiker ist. Schlagzeuger kann man gar nicht sagen. Schwingungserzeuger.

Aber das war ja erst viel später.

Vorher hatte ich ihn nicht verstanden. Bei den Aufnahmen zu "Halleluwah" erkannte ich auf einen Schlag Jakis Größe. Diesen direkten Effekt, den er auf die assoziativen Zentren im Gehirn hat. Da hörte man nur pure Trommeln, und trotzdem öffneten sich Himmelschöre. Das war während der Schnittarbeiten zu den Grundbändern des Stückes.

Die anderen Can-Mitglieder hatten ja in dieser frühen Phase ganz andere musikalische Erfahrungen als du. Jaki kam vom Free Jazz, und die beiden anderen kamen von Stockhausen. Malcolm schleppte den ganzen Sack der amerikanischen Tradition mit sich. Hattest du das Gefühl, etwas dagegen setzen zu müssen?

Ich hatte nie das Gefühl, daß die anderen besser waren als ich oder mehr wußten. Ich hatte ein großes Selbstbewußtsein, was meine Verwurzelung in der Beat-Musik, wie wir das damals nannten, betraf. Das war ein ständiger Kampf, und ich fühlte zu keinem Zeitpunkt, daß die anderen großartiger gewesen wären als

given talent. More than a drummer: vibe generator.

But that was much later.

Before, I hadn't really understood him. During the recording of "Halleluwah", I suddenly understood Jaki's greatness, the direct effect that he has on the associative centers in the brain. All you hear is a drumkit. But celestial choirs open up behind it. That happened to me during the editing work on the rhythm tapes.

The other Can members had completely different musical backgrounds. Jaki had played free jazz, the other two had studied with Stockhausen. Malcolm had a whole sackful of American tradition. Did you have the feeling that you had something to offer?

I never had the feeling that the others were better than I was or that they knew more than I did. I had a great deal of self-confidence, concerning my "roots" in beat music — that was what we called it at that time. There was a standing battle; never at any time did I feel that the others were greater than I was. I was deeply satisfied that they were so good. I saw that as a blessing. These people really left their marks on me! Holger was a total maniac with an absolute sense of reality. Irmin was also very grounded in reality, in another way. And Jaki had absolutely no sense of reality, which is also something special.

musicien touché par la grâce, non pas un batteur mais un générateur de vibrations.

Mais ça, c'était beaucoup plus tard.

Avant, je ne comprenais pas Jaki totalement. Pendant l'enregistrement de "Halleluwah", j'ai tout à coup compris sa dimension. Cet effet direct qu'il sait avoir sur les centres associatifs du cerveau. On entend une batterie et en même temps, des chœurs célestes s'ouvrent. C'était pendant les travaux de montage de la rythmique du morceau.

Les autres membres de Can avaient, dans cette phase initiale, de toutes autres expériences que toi. Jaki venait du Free Jazz et les deux autres de Stockhausen. Malcolm arrivait avec son grand sac plein de traditions américaines. Est-ce que tu avais le sentiment d'apporter aussi quelque chose?

Je n'ai jamais eu le sentiment que les autres étaient meilleurs que moi ou en savaient plus. J'étais très sûr de moi en ce qui concerne mes racines dans la beat music, comme on l'appelait alors. Il y avait une lutte continuelle. A aucun moment je ne me suis senti inférieur aux autres. J'etais seulement profondément heureux qu'ils soient tous si bons musiciens. C'était pour moi une bénédiction. Ils m'ont fortement

ich. Ich war einfach nur zutiefst zufrieden damit, daß die so gut waren. Ich empfand das als Segen. Was haben mich diese Leute geprägt! Holger war ein total Wahnsinniger mit einem kompletten Realitätssinn. Irmin war auf eine andere Art mit einem totalen Realitätssinn ausgestattet. Und Jaki hatte überhaupt keinen Realitätssinn, was ja auch was besonderes ist.

Warst du dir eigentlich schon zu jener frühen Zeit bewußt, welche visionäre Kraft in Can steckte?

Ich war mir der Besonderheit nicht unbedingt bewußt. Was Besonderes war natürlich, daß wir immer nur spontan die Musik machten, das war mir schon klar. Ich war sehr stolz, daß es eine Musik war, die losging wie eine riesige Maschine. Du schaltest sie an, und das Publikum wird zu Marionetten, die durch den Motor zum Leben erweckt werden. Holger sagte immer, wir arbeiten hier für unsere Altersversorgung. Ich fand, daß wir dafür bei weitem nicht kommerziell genug waren. Das ist ja eine doppelgesichtige Sache. Auf der einen Seite hat man eine Vision, auf der anderen Seite will man aber vorgegebenen Kriterien genügen. Und zu diesen vorgegebenen Kriterien gehört eben, daß man viele Groupies und viel Geld hat. Zur Vision gehört hingegen das Studieren und die nächtelange Zweisamkeit mit dem Instrument. Bei mir waren das damals das Tam-

Was there a time when you knew that *Can had a hidden visionary strength?*

I was not totally aware of the real specialness. I knew we were about the only band in the world, though, that did only instant composition. I was very proud that we made music that sounded like an enormous machine. You turned it on, and the public became marionettes brought to life by the motor. Holger always said we're working for our pensions here. In that sense, I thought that we weren't commercial enough. It's a two-sided story. On one hand, there's a vision; on the other, you want to satisfy certain criteria. To the latter belong things like having a lot of groupies and money. Things like studying and practicing all night with your instrument belong to the vision. At that time, my instruments of study were the tambourine and the cello. During the early Can phase, my "teacher" was Michael von Biel. You can portray an entire universe on one single instrument. Von Biel's cello playing had everything: woodwinds, brass, strings. It had everything, although by "normal" standards he couldn't play the cello correctly at all. To me, the visionary part of music meant diving into the microcosmos of sound. Later, I called that microphonic music. By that, I rather meant microscopic music. The microphone is placed very close to the source of sound, and the instrument

marqué! Holger était un fou avec un sens aigu de la réalité. Irmin avait aussi les pieds sur terre, d'une autre manière. Jaki n'avait aucun sens de la réalité, ce qui est aussi quelque chose de spécial.

Est-ce qu'à cette époque tu avais conscience de la force visionnaire qui était contenue dans Can?

Je n'avais pas vraiment pleine conscience de cette dimension spéciale. J'étais conscient du fait qu'on était peut-être la seule formation qui ne pratiquait que de la composition spontanée. J'étais fier qu'il y ait une musique qui démarre comme une machine. Tu allumes et le public devient une marionnette dès que le moteur se met en marche. Holger disait toujours qu'on travaillait afin de pourvoir a nos vieux jours. Moi je trouvais que nous n'étions pas assez commerciaux. C'était à double tranchant: d'un côté la vision, de l'autre les critères formels: il fallait avoir beaucoup de groupies et beaucoup d'argent. La vision

par contre représente des nuits de travail, seul avec l'instrument. Pour moi, à l'époque, c'était le tambourin et le violoncelle. Dans les débuts de Can, mon "maître" était Michael von Biel, compositeur de musique contemporaine qui jouait aussi du violoncelle. C'est comme évoquer tout un univers avec un seul instrument. Dans le violoncelle de von Biel, il y avait tout: les instruments à vent, à percussion, à corde. Il y avait tout et au fond, il ne savait même pas jouer selon les normes. Pour moi, la partie visionnaire de la musique, c'était toujours de s'immerger dans le microcosme du son. Plus tard, j'ai appelé ça "musique microphonique" ce qui veut plutôt dire "musique microscopique". On entend le spectre total de l'instrument justement parce que le micro se trouve tout proche de lui et que l'instrument est joué a très bas volume. Ainsi on reçoit chaque son comme un univers à lui seul. C'était ma vision musicale à l'époque: même pour le rock'n'roll, c'était nouveau qu'on puisse am plifier autant les sons

Can Bo

burin und das Cello. Mein „Lehrer" war in der frühen Phase von Can Michael von Biel, der Cello spielte. Es ist ja wie ein Universum, daß man ein ganzes Orchester auf einem einzigen Instrument darstellen kann. In von Biels Cello war  alles drin, die Bläser, die Pauken, die Streicher. Da war alles drin, obwohl er genaugenommen gar nicht richtig Cello spielen konnte. Der visionäre Teil der Musik bedeutete für mich aber immer, in den Mikrokosmos des Klanges hineinzugehen. Später nannte ich das mikrophonische Musik, meinte damit aber mikroskopische Musik. Dadurch, daß das Mikrophon sehr dicht an der Klangquelle steht und das Instrument sehr leise betätigt wird, ist sein volles Spektrum zu hören. Der einzelne Ton wird als Universum erlebbar. Das war die musikalische Vision, die ich damals hatte. Es war ja selbst für den Rock'n'Roll ziemlich neu, daß man leise Klänge so verstärken konnte, daß man das leiseste Strei-

chen einer Saite so laut kriegen konnte wie einen Bombeneinschlag. Das hat mich extrem fasziniert. Ich habe nächtelang im Bett gesessen und irrsinnig leise Tamburin gespielt, immer auf verschiedene Stellen der Felge getippt. Damals hatte ich noch viel bessere Ohren als heute. Dann lieh mir Michael von Biel für ein halbes Jahr sein Cello, was für mich totale Ekstase bedeutete.

Ich saß im Lotos-Sitz im Bett und machte darauf rum. Ehrfurcht im engen Sinne hatte ich also vor keinem der anderen. Aber eine extreme Genugtuung darüber, was sie mir beibrachten.

Wenn du vom Instrument als Orchester sprichst, fasziniert es doch auf der anderen Seite, daß bei Can fünf Musiker wie ein Instrument funktioniert haben. Im Gegensatz zu Bands wie Cream gab es ja bei Can überhaupt keine solistischen Bestrebungen.

Can Box · Item No. II · Book

played very quietly, so that its full spectrum can be heard. A single note can be experienced as an entire universe. That was the musical vision I had at the time. That was something new for rock'n'roll itself: you could amplify very quiet sounds so that even the smallest sound from a string could sound as loud as the explosion of a bomb. It fascinated me. I sat up all night in bed playing tambourine as quietly as possible, tapping on different spots on the rim. I had better ears then than I have today. I listened to the sounds that came out from the inside. I borrowed von Biel's cello for a half-year: that was total ecstasy for me. I sat cross-legged in bed and made noises with the cello. I wasn't in awe of any of the others. But I was extremely satisfied with what I learned.

When you compare an instrument with an orchestra, I'm reminded of the fascinating fact that Can's five members functioned as a single instrument. In contrast to bands like Cream, there were absolutely no soloist ambitions in Can.

I never wanted to play a solo. "Mother Sky" was the only Can song in which I really played a solo, but that's what was wanted. Irmin had said: "play a real solo". Usually I avoid playing solos. I enjoyed playing with other people before Can started. Early on, I noticed that I didn't care much about what one person played,

très bas, qu'on puisse entendre un effleurement de corde comme une détonation de bombe. Ça m'a complètement fasciné. Je suis resté des nuits entières dans mon lit à taper extrêmement doucement sur le tambourin a différents endroits de la membrane. A l'époque j'entendais encore beaucoup mieux que maintenant. Après, von Biel m'a prêté son violoncelle pendant six mois, ce qui était pour moi l'extase. Assis en position du lotus, je m'exerçais au lit. Je ne ressentais pas de vénération pour les autres, mais j'étais comble de tout ce qu'ils m'apportaient.

Quand tu parles de l'instrument comme d'un orchestre, ce qui était fascinant au contraire, c'était que chez Can, les cinq musiciens fonctionnaient comme un seul instrument. Contrairement à d'autres groupes comme Cream, il n'y a jamais eu chez Can de velléité de jouer solo.

Je n'ai jamais voulu jouer solo. "Mother Sky" était le seul morceau de Can ou j'ai joué comme soliste: mais c'était un ordre... Irmin m'a dit: "Joue un vrai solo". Mais ailleurs, je n'ai jamais voulu le faire. Même avant Can, le concept du groupe m'intéressait d'avantage. J'ai remarqué très tôt que je n'accordais aucune importance au jeu d'un seul musicien mais davantage à ce que deux musiciens pourraient produire ensemble. Quand j'avais douze ans, j'ai joue du

Ich wollte auch nie je ein Solo spielen. Und "Mother Sky" war das einzige Can-Stück, in dem ich wirklich solistisch tätig war, aber das war funktionell und bestellt. Irmin hatte gesagt: Spiel mal ein richtiges Solo. Ansonsten habe ich mich immer vor Soli gedrückt. Das Spiel mit anderen Leuten ging hingegen schon lange vor Can los. Ich bemerkte ganz früh, daß es für mich nicht zählt, was der eine und der andere spielt, sondern was zwei zusammen spielen. Ich habe als Zwölfjähriger in der Schulband auf dem Banjo Dixiland gespielt. Da war ein Trompeter namens Frank Sonnenschein. Das war Liebe auf den ersten Ton. Der blies mir immer aus zwanzig Zentimetern voll ins Gesicht. Ich vermute, daß sich damals schon meine Hörschädigung vorbereitete. Und ich habe ihm auch mit der Banjo-Membran direkt ins Gesicht geblasen. Auch das Banjo ist sehr laut. Der Rest der Band hat uns einfach nur eingerahmt. Diese Zweierbeziehung in einer größeren Formation prägte mich

für meinen ganzen späteren Stil. Dieses mehrere Instrumente wie ein Instrument hören. Ich kann mir Musik gar nicht anders vorstellen. So wie die Saiten eines Instrumentes zusammenklingen, müssen die Musiker in einer Formation zusammenklingen.

A propos "Mother Sky". Machte es für dich und den Rest der Band einen Unterschied, diese erwähnten Auftragsarbeiten für die Soundtracks oder in völliger Freiheit die regulären Platten einzuspielen?

Für mich war es ein riesiger Unterschied. Es war genau umgekehrt: Filmmusiken wurden nicht nach musikalischen Kriterien beurteilt, sondern nur nach dramaturgischen. Also konnte man jeden Scheiß spielen und hatte ungeheure Freiheiten zu experimentieren. Entweder es haute hin oder nicht. Aber die musikalischen Ideen und Ansprüche der einzelnen wurden unwichtig. Das heißt, ich

but was interested in what several people played together. As a twelve-year-old, I played dixieland in the school band. We had a trumpeter by the name of Frank Sonnenschein. That was love at first note. He'd stand twenty centimeters away and blow straight into my face. That's probably when the ear damage first started. I played the banjo directly into his face as well. The banjo also is very loud. The rest of the band just gave us room. This relationship between two players inside a bigger formation helped to form my later style: hearing several instruments as one. I can't imagine music any other way. Musicians in a group should resonate together in the same way that strings on an instrument do.

About "Mother Sky": was there a difference for you and the rest of the band between the film scores you recorded and the normal records that you made without restraint?

There was an enormous difference for me. It was exactly the other way round: The film scores were not judged on musical criteria, but dramaturgical; so you could play any kind of shit and have lots of freedom to experiment. Either it worked, or it didn't. The individual musical ideas and aspirations were unimportant. That meant I could do things in film scores that Jaki would not have tolerated on a record. For instance, I can remember that Holger once told

dixieland au banjo dans l'orchestre d'école. Il y avait un trompettiste qui s'appelait Frank Sonnenschein, ça a été le coup de foudre dès la première note. Il jouait a vingt centimètres de mon oreille, je présume que c'est la où mes problèmes d'oreilles ont commencé. Par réaction, je lui ai joué mon banjo directement dans le visage. Le banjo aussi est un instrument très puissant. Le reste de l'orchestre nous servait simplement de cadre. L'expérience de cette relation de deux instruments appuyés au milieu d'une grande formation m'a aidé à développer mon style. Entendre plusieurs instruments qui n'en font qu'un, je ne peux pas m'imaginer la musique autrement. Les musiciens d'un groupe doivent sonner ensemble comme les différentes cordes d'un instrument.

A propos de "Mother Sky", est-ce que ça faisait une différence pour toi et le reste de l'orchestre de faire des productions à la commande pour les soundtracks ou de créer des disques en toute liberté?

Pour moi ça faisait une énorme différence. C'était exactement le contraire: Les musiques de film n'étaient pas faites en fonction de critères musicaux, mais dramaturgiques. On pouvait faire n'importe quoi et expérimenter comme on voulait. Ça marchait ou ça ne marchait pas. Les idées de chaque individu étaient sans

konnte mir Sachen leisten, von denen Jaki auf einer Platte gesagt hätte, laß den Scheiß. Ich kann mich zum Beispiel daran erinnern, daß Holger bei "Deadlock" irgendwann sagte, hör auf mit dem Blues-Gedudel, aber Irmin erwiderte, nein, für die Szene brauchen wir das. Die Filmmusik war sehr wichtig für Can, weil sie uns immer wieder geholfen hat, musikalische Tabus zu brechen.

Was mich an "Soundtracks" so beeindruckt, ist der Umstand, daß man so wundervoll den Wechsel von der ersten zur zweiten Besetzung wahrnimmt. Und das liegt nicht einmal nur am Gesang, sondern zum großen Teil an der Gitarre.

Das liegt mit Sicherheit auch an der Gitarre. Malcolm bildete eine Einheit mit dem Schlagzeug. Er war für Jaki zu dieser Zeit wahrscheinlich der wichtigste Angelpunkt in der Band. Ich habe in der ganzen Musik der Welt nie etwas gehört wie dieses Gespann. Wie die sich gegenseitig mit Sounds gefüttert haben! Ich hatte eine sehr starke persönliche, fast Liebesbeziehung zu Malcolm. Er hingegen hatte eine Liebesbeziehung zu meiner Schwester. Aber damit hatte ich ja nichts zu tun. Er war für mich jedenfalls etwas ganz Wunderbares, denn er hat diese Band, die ja schon ein Organismus war als er kam, zu einem erwachsenen Organismus gemacht. Er hat so eine Art Geschlechtsfähigkeit in die Band ge-

me to stop noodling around with the blues when we were doing the soundtrack for "Deadlock", but Irmin said, no, for that scene we need that. Film music was very important for Can because it helped us to continue breaking musical taboos.

What impressed me about "Soundtracks" is that you really notice the change in the lineup. Not only because of the voice, but also largely due to the guitar.

That's certainly true. Malcolm formed a unit with the drummer. To Jaki, he was probably the most important point of reference in the band. I've never heard anything like that elsewhere. How those two fed each other with sounds! I had a strong personal, almost a love relationship with Malcolm. He, on the

other hand, was in love with my sister. But that's got nothing to do with anything. He was something completely wonderful to me, because he forced this band — which was already an organism — to become an adult organism. He brought a sort of sexual maturity into the band. When he left,in my eyes the band concept fell apart. I thought that the band was finished. Abi Ofarim thought the same thing. Then we experimented with a great singer by the name of Lee Gates, whom Jaki really liked. He was a trained singer, also Afro-American. Jaki wanted him to stay, but the rest of us found him too harmless. Malcolm had given us the feeling that the singer had to be an almost inhuman genius. Malcolm couldn't sing, but he had enormous rhythmic strength. We had to drop Lee, which is something that

importance. Je pouvais me permettre des choses dont Jaki aurait dit si ça avait été un disque: "Arrête tes conneries". Je me rappelle que Holger a dit à un moment pendant le travail sur "Deadlock": "Arrête ton blues mielleux" mais Irmin lui a dit "Mais non, on a besoin de ça pour cette scène". La musique de film a toujours été importante pour Can parce qu'elle nous encourageait à briser des tabous.

Ce qui m'a le plus impressionné avec "Soundtracks", c'est qu'on entend très bien le changement intervenu dans la composition du groupe, et ce n'est pas seulement le fait du chant mais aussi de la guitare.

Certainement aussi la guitare. Malcolm était à l'unisson avec la batterie. Pour Jaki, à ce moment-là, il a sans doute représenté le pilier le plus important du groupe. Dans tout le monde je n'ai jamais rien entendu comme ces deux-là. Qu'est-ce qu'ils se sont nourri mutuellement de sons! J'avais personnellement une relation très forte à Malcolm, presque amoureuse. Lui par contre, il avait une relation amoureuse avec ma sœur. Mais cela ne me concernait pas, bien sûr. Il représentait quelque chose de merveilleux: en entrant dans le groupe il a trouvé un organisme, et l'a transformé en organisme adulte. Une sorte de maturité sexuelle. Quand il est parti, je croyais que le groupe allait couler. Je pensais que c'était fini. Abi Ofarim

bracht. Als er ging, brach für meine Begriffe die ganze Band zusammen. Ich dachte, die Band ist finished. Abi Ofarim sagte übrigens dasselbe. Dann haben wir mit einem großartigen Sänger namens Lee Gates experimentiert, von dem Jaki sehr angetan war. Das war ein richtig ausgebildeter Sänger, auch ein schwarzer Amerikaner. Jaki wollte ihn gern behalten, aber für den Rest von uns war er viel zu harmlos. Malcolm hatte uns das Gefühl gegeben, der Sänger müsse ein fast unmenschliches Genie sein. Malcolm konnte nicht singen, aber er hatte eine ungeheure rhythmische Kraft. Lee mußten wir verstoßen, was ich in gewisser Weise noch heute bereue, aber immerhin haben wir dadurch Damo gefunden. Und mit Damo ging eine ganz andere Sache los, denn was Malcolm mit dem Schlagzeug gebildet hatte, bildete Damo mit der Gitarre. Für mich bekam die Band vom ersten Tag mit Damo an einen richtigen neuen Sound. "Don't

"Turn The Light On, Leave Me Alone" war das erste Stück, das wir mit Damo aufnahmen, und das war eine Offenbarung für mich. Ich kann das nur mit Billie Holiday vergleichen. So eine merkwürdige modale Art, raffinierte Harmonien zu singen, mit kleinen Dissonanzen. Dasselbe passierte zwischen Damo und mir, wie vorher zwischen Mal und Jaki. Ich war gefesselt, als ich merkte, daß er ein lauter Flüsterer war. Damo hat nur sehr gelegentlich geschrien und meistens einfach nur laut geflüstert. Das war für mich ideal. Beispiel "Mushroom". So eine Raffinesse in der Harmoniebeziehung zwischen Gitarre und Stimme habe ich eigentlich nirgendwo anders gehört. Der Sound der Band änderte sich natürlich von dem einer Gruppe mit schreiendem Sänger zu dem einer Gruppe mit flüsterndem Sänger.

Für mich ist der Wechsel von "Monster Movie" zu „Tago Mago" auch der

I regret in a certain way to this day, but after all, that way we found Damo. An entirely different thing started with Damo, because he formed with the guitar the same kind of unit that Malcolm had formed with the drums. In my opinion, the band had the right sound from the first day on with Damo. "Don't Turn The Light On, Leave Me Alone" was the first track that we recorded with Damo, and it was a revelation for me. I can only compare that with Billie Holliday: this strange, modal way of singing a very refined harmony, with some slight dissonances. The same thing happened between Damo and me, that had happened between Mal and Jaki. I was captured when I realized that he was a loud whisperer. He yelled only occasionally; usually he simply whispered loudly. I thought that was ideal. For example: "Mushroom". Such finesse in the harmonic relationship between guitar and voice I've hardly ever heard. Naturally, the sound of the band altered, from a group that had a screaming singer to one that had a whispering singer.

For me the difference between "Monster Movie" and "Tago Mago" is that one has a very urban sound, and the other, a sound that is much closer to nature.

That would have also probably happened with Malcolm. It was the spirit of the times. But we would not have had the

pensait la même chose d'ailleurs. Puis on a essayé un très bon chanteur qui s'appelait Lee Gates, qui plaisait beaucoup à Jaki, avec une solide formation classique, un noir américain. Jaki voulait le garder mais le reste du groupe le trouvait trop inoffensif. Malcolm nous avait mis dans la tête qu'un chanteur pour nous devait être une sorte de génie surnaturel. Malcolm ne savait pas réellement chanter mais il possédait une incroyable force rythmique. On a du répudier Lee, ce que je regrette encore aujourd'hui, mais enfin, ça nous a permis de trouver Damo. Avec Damo une étape totalement nouvelle a démarré. Ce que Malcolm avait formé avec la batterie, Damo le faisait avec la guitare. Pour moi, dès le début avec Damo, un son parfait était trouvé. Le premier morceau qu'on a enregistré avec Damo a été "Don't Turn The Light On, Leave Me Alone" et ça a été une révélation pour moi. Je ne peux comparer cela qu'avec Billie Holiday.

Damo avait une façon modale curieuse de chanter sur des harmonies raffinées avec des petites dissonances. La même chose s'est passé entre Damo et moi qu'entre Mal et Jaki avant: Ça m'a renversé quand j'ai remarqué que c'était en fait quelqu'un qui chuchotait fort. Damo a en fait peu crié, il chuchotait fort. Pour moi, c'était l'idéal. Le meilleur exemple étant "Mushroom": je n'ai jamais entendu ailleurs une telle finesse harmonique entre la guitare et la voix.

eines ganz urbanen Sounds zu einem viel naturnäheren.

Das wäre wahrscheinlich mit Malcolm auch passiert. Es entsprach einfach dem Geist der Zeit. Was mit Malcolm aber nicht gekommen wäre, war die Farbenvielfalt der Musik. Malcolm hat eine Stimme, die einfach immer gleich klingt, egal ob er schreit oder schön singt. Es ist einfach eine wunderschöne Negerstimme. Er konnte auch Oberton-Gesänge; zum Beispiel in "Thief" oder "Soul Desert" hat er Obertongesänge gemacht, die vollkommen unerhört waren für diese Zeit. Davon, daß sowas möglich war, hatte außer in der Mongolei damals überhaupt niemand eine Ahnung. Er kommunizierte stets mit dem Schlagzeug, und die anderen machten Sachen dazu. Damo hingegen kommunizierte mit allen und vor allem mit der Gitarre. Er konnte mit einem geflüsterten Wort das Klangspektrum der ganzen Gruppe umfassen. Für mich war die Zeit mit Damo einfach die großartigste, die Can hatte.

Malcolm sagte zu mir, er verließ die Gruppe, weil es immer eine Kluft gab zwischen den vier weißen Europäern mit einer gemeinsamen Erfahrung und ihm als Schwarzen.

Genau das ist das Problem. Malcolm ist einer der intelligentesten Menschen, die ich in meinem ganzen Leben getroffen

variety of colour in the music with Malcolm. Malcolm had a voice that always sounded the same, whether he was screaming or singing beautifully. It's simply the beautiful voice of a black man. He could also sing overtones. For instance, on "Thief", or "Soul Desert", he sang some overtones that were completely unknown at the time. Nobody outside of Mongolia could have imagined that something like that was possible. But he communicated unceasingly with the drums, and the rest of us wove in and out. In contrast, Damo communicated with everyone, specially with the guitar. He could capture the entire sound spectrum of the band in one whispered word. For me, Can had its greatest time with Damo.

Malcolm told me that he left the group because there was always a gap between the four white Europeans, with their common backgrounds, and himself, a black man.

That's exactly the problem. Malcolm is one of the most intelligent people I've ever met in my life. But he seems obsessed with race. I've always been very open with him. I was very happy about the relationship between him and my sister. The best musicians that I've known have all been black. The fact that a black musician loved my sister was wonderful. He, on the other hand, projected that I had something against it. That was ab-

Le son du groupe a naturellement changé quand un chanteur qui hurlait a été remplacé par un chanteur qui chuchotait.

Pour moi, la transition entre "Monster Movie" et "Tago Mago" est le passage des sons très urbains à des sons beaucoup plus proches de la nature.

Ça se serait aussi sans doute passé avec Malcolm. Ça correspondait à l'esprit du temps. Par contre, avec Malcolm on n'aurait pas eu la palette des couleurs de la musique. Malcolm avait une voix qui restait toujours la même, qu'il crie ou chante joliment. C'était une merveilleuse voix de chanteur noir, il savait aussi chanter des overtones comme dans "Thief" ou "Soul Desert", ce qui était inouï à l'époque. Je crois qu'à part en Mongolie et au Tibet, personne ne pensait que ce soit même possible. Mais il communiquait toujours avec la batterie et les autres jouaient autour. Damo par contre était en communication avec tous les musiciens et pouvait, avec un mot chuchoté, embrasser tout le spectre sonore du groupe. Pour moi, l'époque Damo était la plus extraordinaire de Can.

Malcolm a dit qu'il avait quitté le groupe parce qu'il sentait un fosse entre les quatre musiciens européens qui partageaient des expériences communes et lui, le noir.

C'est vraiment ça le problème. Malcolm

habe. Aber er ist wie besessen von diesen Rassenproblemen. Ich bin ihm gegenüber immer sehr offen gewesen. Ich war beglückt über das Liebesverhältnis zwischen ihm und meiner Schwester. Die größten Musiker, die ich kannte, waren schwarz. Die Tatsache, daß ein schwarzer Musiker meine Schwester liebte, war für mich wunderbar. Er projizierte da hinein, daß ich etwas dagegen hätte. Das war absoluter Käse und nur sein Problem. Und worüber er da redet ist auch nur sein Problem. Was hätten Jaki als Jazzer und ich als Soul-Fan denn sagen sollen? Eins kann man mir sicher nicht vorwerfen, nämlich, daß ich irgendwelche Rassenvorurteile hätte. Die Reinerhaltung der Rasse war nie meine Sache, auch musikalisch nicht. Dieses Problem hatte er in seinem Kopf gebildet, weil er einfach auf die falschen Leute gehört hatte. Ich war sehr unglücklich, als Malcolm ging, bin aber der Meinung, daß der Höhepunkt mit Damo kam.

Holger sagt, daß mit „Tago Mago" die Sample-Produktion begann.

Begann die mit „Tago Mago"? Ich hätte gedacht, die fing früher an. Selbst auf "Monster Movie" sind Samples. Zum Beispiel den Klang bei, "Father cannot yell", der die beiden Hauptteile miteinander verbindet, haben Holger und David Johnson am Band hergestellt und dann reingespielt. Der Aufbau des Stükkes war in gewisser Weise meine Idee, was

solute nonsense: it was simply his own problem. And it's also his own problem when he talks about it like that. What could Jaki, the jazz player, and I, the soul fan, have had to say against it? One thing he certainly can't accuse me of is having racial prejudices. The purity of the races was never my thing, musically speaking, too. He built this problem up in his mind because he simply listened to the wrong people. I was very unhappy when Malcolm left. But it's my opinion that things began to peak when Damo arrived.

Holger said that the work with samples began with "Tago Mago".

Did that start with "Tago Mago"? I would've thought it began earlier. There are samples on "Monster Movie". For example, the sound on "Father Cannot Yell", which connects the two main parts: Holger and David Johnson created that and then edited it in. The structure of the track was, in a certain way, my idea, which doesn't mean anything. I only told Holger that I'd like to have a questioning part, and then a big noise, something completely unexpected, and then the ecstasy would break loose. This sound really surprised me, because it came from nowhere. That was the first sample that I can remember. The band started playing around with tapes on "Tago Mago". That was wonderful fun, and remains my passion to this day. I did also enjoy the

est un des types les plus intelligents que j'ai jamais rencontrés mais il semblait tourmenté par des histoires de racisme. Moi, j'ai toujours été très ouvert avec lui. Sa relation amoureuse avec ma sœur me faisait plaisir. Les plus grands musiciens que je connaissais étaient noirs. Le fait qu'un musicien noir soit amoureux de ma sœur était pour moi gratifiant. Il s'était imaginé que ça me gênait, ce qui était absolument fou, c'était son problème. Qu'est-ce qu'on aurait pu dire, Jaki qui venait du jazz et moi fan de soul! Il y a une chose qu'on ne peut pas me reprocher, c'est d'avoir des préjuges de race. La pureté de la race, ça n'a jamais été mon truc, en musique non plus. Il s'est mis ce problème dans la tête parce qu'il s'est fait influencer par des gens. J'ai été très triste quand il est parti mais je trouve quand même que la période d'or du groupe a été avec Damo.

Holger a dit que la production de samples avait commencé avec "Tago Mago".

Commencé avec "Tago Mago"? J'aurais dit que ça avait commencé avant! Même sur "Monster Movie" il y a des samples. Par exemple le son dans "Father Cannot Yell", qui relie les deux morceaux principaux, c'est Holger et David Johnson qui l'ont fait sur bande et qui l'ont inséré ensuite. La construction du morceau, c'était en quelque sorte mon idée mais ce débat sur l'initiative de l'idée n'a pas d'intérêt. J'ai dit à Holger que j'aimerais une première partie qui questionne et qui soit suivie par un bruitage. Quelque chose d'imprévu arrive et puis c'est l'extase. Ce son m'a étonné parce qu'en moins de deux il était là. C'est en fait la première action de samples dont je me rappelle. Avec "Tago Mago",

David Johnson

nichts zu sagen hat. Ich sagte Holger nur, daß ich gern einen fragenden ersten Teil hätte und dann einen Rumms, bei dem etwas ganz Unerwartetes passiert, und dann bricht die Extase los. Und dieser Sound überraschte mich, denn in null komma nichts war er da. Das war eigentlich die erste Sample-Tat, an die ich mich  erinnern kann. Bei "Tago Mago" ging dann in der Tat die Rumspielerei mit Bändern los, die unheimlichen Spaß macht und bis heute meine Leidenschaft geblieben ist. Ich hielt zu dieser Zeit auch große Stücke auf das erste Album von Kraftwerk, die da auf ähnliche Weise mit Bändern spielten. Ich hatte mich auch mal einen Abend mit Ralf Hütter unterhalten. Ich fand, daß wir ähnliche Sachen mochten. Ich kannte ihn nicht besonders gut, bewunderte aber seine präzise Kürze. Das war ein echter Minimalist. Seelenvoll allerdings, wenn man so sagen kann. Jaki war auch ein Minimal-

ist, aber immer von großer kosmischer Kälte. Das erwies sich im Lauf der Zeit als ganz großartig, aber damals hat mich an Jaki die Kälte gestört. Bis ich bei „Tago Mago" plötzlich diesen Kick aus der Kälte kriegte, weil ich plötzlich merkte, daß man sie mit seiner persönlichen Wärme füllen kann. Jaki gibt eine Kälte ab, die nichts vorgibt, so daß jeder seine Wärme da reinlegen kann.

Das Irre an „Tago Mago" ist ja, daß es eigentlich aus zwei völlig unterschiedlichen Platten besteht.

Nicht völlig unterschiedlich. Obwohl ich es schon so gesehen habe, daß Platte 1 Arbeit war und Platte 2 Kreativität. Wobei ich Irmin bei „Aumgn" hätte umbringen können. Das war so eine schwierige Situation. Alle außer Irmin waren da, und Damo und ich hatten einen superleisen, mikroskopischen Sound ge-

first Kraftwerk-album, as they played with tapes in a similar way. I had also spent an evening talking with Ralf Hütter. I thought that we were related, in a way. I didn't know him particularly well, but I admired him for his precision and succinctness. He was a minimalist, full of soul, though, if one can say so. Jaki was always a minimalist, but of great cosmic coldness. Over time, that proved to be absolutely great, but in those days this coldness put me off. During the making of "Tago Mago", however, I suddenly got a great kick out of this coldness, because I noticed that you can fill it with your own personal warmth. Jaki gives off a coldness that is totally open so that you can put your own personal warmth into it.

The crazy thing about "Tago Mago" is that it consists of two completely different records.

Not completely different. I admit I used to divide the record into two: record one was work, and record two, creativity. I could have killed Irmin during "Aumgn". It was incredibly complicated. Everyone except Irmin was there, and Damo and I had discovered a supersoft, microscopic sound. We played "pling, pling, pling", very softly. Jaki played very softly. Holger recorded; every now and then he made a sound. We had already been in the studio for two hours and had recorded everything, when Irmin

ce qui a commencé, c'est ce jeu sauvage de bandes qui me ravit et qui est ma passion encore aujourd'hui. A cette époque j'aimais aussi le premier album de Kraftwerk, ils jouaient comme nous avec des bandes, je crois. Un soir, je me suis entretenu avec Ralph Hutter, je trouvais qu'on avait des idées en commun. Je ne le connaissais pas très bien mais je l'admirais pour sa capacité à être concis. C'était un minimaliste mais avec beaucoup d'âme. Jaki l'était aussi mais d'une froideur cosmique. Ça s'est avéré être une grande qualité mais à cette époque, Jaki me faisait frissonner. Jusqu'à "Tago Mago" où j'ai compris et ressenti que ce grand froid pouvait être rempli de la chaleur personnelle de chacun. Jaki irradiait ce froid qui ne joue pas à autre chose, permettant en fait à tout le monde d'y mettre sa propre chaleur.

Ce qui est dingue dans "Tago Mago", c'est qu'au fond, il consiste en deux disques distincts.

Pas tellement. Pourtant, j'ai senti que le disque 1 était du travail et le disque 2, c'était la créativité. Et je dois dire que dans "Aumgn" j'aurais pu trucider Irmin. Tout le monde était là sauf Irmin et c'était très spécial. Damo et moi avions trouvé un son super léger et microscopique. On jouait très doucement "pling pling pling", Jaki aussi. Holger enregistrait et faisait un son de temps en temps. On était déjà dans le studio depuis deux

funden. Wir spielten ganz leise pling pling pling. Auch Jaki war ganz leise. Holger nahm auf und machte hier und da einen Sound. Wir waren schon zwei Stunden im Studio und hatten aufgenommen, als Irmin plötzlich reinkam. Und da passierte was, das ich nicht für möglich gehalten hätte, nämlich daß bei einem so sanften Menschen wie Irmin die ganze Sache zu einer Gewaltorgie ausarten würde. Irmin hat fast das Studio zerschlagen. Er praktizierte musikalischen Vandalismus, und ich war sauer. Jaki war nicht sauer, er machte einfach mit. Aber ich war gerade auf dem Trip, daß man mit Musik alles ausdrücken kann, indem man tief in die Klänge einsteigt. Und da kommt Irmin rein und fängt an, Stühle zu zertrümmern. Er hat sowas in sich. Schon bei dem "Prehistoric Future"-Happening hatte er ein Klavier regelrecht hingerichtet. Gewalt gegen Sachen, könnte man sagen. Es war eine Katharsis. Es wurde ein sehr gutes Stück daraus. Ich beschäftigte mich auch intensiv mit magischen Formeln zu der Zeit, und Irmin hatte die Formel "Aumgn" eigentlich durch mich. Aber ich hatte eine ganz andere Vorstellung davon, als daß man sie so pietätlos in ein Musikstück verwandeln sollte. Ich selbst hätte mich damals mit meinen 21 nicht getraut, dieses Wort so furchtlos auf eine Platte zu tun. Es war für mich wirklich schwarze Magie. Das war Aleister Crowley und alles mögliche und machte mir Angst. Ich sagte zu Irmin, hör auf,

suddenly appeared. Then something happened that I never would have thought possible, especially with such a gentle person as Irmin: the whole thing degenerated into a violent orgy. Irmin practically destroyed the studio. He practiced musical vandalism, and I was angry. Jaki wasn't, he just went along. But my trip was that you can express everything with music when you plunge deep into the sounds. And then Irmin came in and started breaking chairs. I knew he had that streak. He had already executed an innocent piano during the "Prehistoric Future"-happening. Gewalt against objects, you could call it. I mean, that was a catharsis. It became a very good track. At the time, I was very interested in magic spells, and Irmin knew of the spell "Aumgn" through me. But I had a completely different concept of what one could do with it, than to irreverently quote it in a piece of music. At the age of 21, I wouldn't have dared to put this word so recklessly on an album. For me it was black magic. It was Aleister Crowley and all of that, and it gave me the creeps. I told Irmin to stop pronouncing magic spells in the room, but Irmin naturally overrode that with his arrogant grin. Certainly with a great deal of humor, which was something that we all shared. Each band member had an unbelievable sense of humor. Jaki has humor, Holger has humor, although Holger sometimes thinks he's funny when he is not. Nevertheless, he has great

heures quand Irmin a fait irruption. Et là s'est créé un évènement et une ambiance que je n'aurais jamais cru possible: Irmin a tout transformé en une orgie de violence, il a presque tout cassé dans le studio. Je savais qu'il avait cette pulsion en lui, parce que au happening de "Prehistoric Future" il avait déjà pratiquement exécuté un piano innocent. La violence contre les objets, on pourrait dire. Il faisait du vandalisme musical. J'étais en colère, Jaki ne l'était pas, il suivait. Revendiquant le fait que l'on peut tout exprimer avec la musique quand on pénétrait profon-dément dans les sons, Irmin arrive et commence a casser les chaises. Surprenant!...

C'était une sorte de catharsis. Ça a donné un très bon morceau, après tout. A l'époque, je m'intéressais aux formules magiques et la formule "Aumgn", il l'avait de moi. Mais au fond de moi, j'en avais une toute autre idée que de la voir être ainsi traitée. J'avais 21 ans et à ce moment-là je ne me serais jamais permis d'utiliser irrespectueusement cette formule pour la mettre dans un disque.

Pour moi c'était vraiment de la magie noire, c'était Aleister Crowley et tout ça me faisait peur. J'ai dit à Irmin "Arrête d'utiliser des formules magiques" mais Irmin n'a rien voulu écouter, avec son sourire arrogant. Le tout bien sûr avec beaucoup d'humour que nous partagions tous. Chacun de nous avait un humour incroyable. Jaki a de l'humour, Holger a de l'humour, même si parfois il se trouve drôle alors qu'il ne l'est pas. Quand même, il a beaucoup d'humour. Irmin a un humour merveilleux. Damo a incroyablement beaucoup d'humour, ce qui est assez difficile pour moi de comprendre, parce que étant Japonais il serait supposé ne pas en avoir du tout. L'humour de Jaki est presque assassin. C'est le grand destructeur. Shiva. Détruire pour construire.

"Ege Bamyasi" marque une phase où vous avez fait votre premier hit, mais aussi où vous avez eu des problèmes avec Abi Ofarim.

Tout ça nous a glissé dessus. Les

hier Zaubersprüche zu machen, aber Irmin überging das natürlich mit seinem arroganten Grinsen. Das ganze natürlich mit großem Humor, den wir uns alle teilten. Jedes einzelne Mitglied hat unglaublich viel Humor. Jaki hat Humor, Holger hat Humor, obwohl Holger manchmal meint, komisch zu sein, wo er gar nicht komisch ist. Trotzdem hat er viel Humor. Irmin hat einen goldenen Humor, und Damo hat unglaublich viel Humor, der für mich sehr schwer zu begreifen ist, weil er als Japaner eigentlich überhaupt keinen Humor haben dürfte. Jaki hat einen fast mörderischen Humor. Er ist der große Zerstörer. Shiva. Zerstören, um neues zu schaffen.

"Ege Bamyasi" markiert ja eine Phase, in der Ihr den ersten großen Hit hattet und auf der anderen Seite sehr viel Ärger mit Abi Ofarim.

Das haben wir eigentlich kaum mitgekriegt. Dieser Ärger mit Abi Ofarim war rein finanzieller Natur und hatte mit der Platte nichts zu tun. Der hatte nur mit "Spoon" etwas zu tun. Abi hatte sich gesagt, ich warte mal ab, die haben mich draufgesetzt. Wobei wir ihn völlig zu recht draufgesetzt hatten. Er hatte absolut nichts für uns getan und war ein völlig nutzloser Manager. Ich will ihm gar keinen bösen Willen unterstellen. Aber er war für uns ein reiner Blutsauger, der allerdings an uns glaubte und uns sehr ermutigte. Und er wußte jeden

sense of humor. Irmin has a wonderful sense of humor, Damo too — although hard for me to grasp, because actually, being Japanese, he should have a really different sense of humor. Jaki has an almost killing sense of humor. He is the great destroyer. Shiva. Destroy to create.

"Ege Bamyasi" marks a phase in which you had your first big hit; but on the other hand, there was a great deal of trouble with Abi Ofarim.

All of that simply flew right over our heads. These problems with Abi were of a purely financial nature. They had nothing to do with the record, rather with "Spoon". Abi had deciced to bide his time, when he realized we had had enough. And we were fed up, and with good reason. He hadn't done a thing for us; he was a completely useless manager, although he believed in and encouraged us. And he knew how to keep anyone busy who was too curious. When, for example, he'd say, "I want to talk to Schmidt alone", suddenly one of Abi's starlets would be sitting on my lap, distracting me so shamelessly that I lost any interest in the conversation. Somehow we would find ourselves behind the sofa, and as soon as Abi would say "O.K., then everything's set", she'd be up and out. He really orchestrated that well. So, at first, he seemed fairly nice. He knew how to work his charm, although I'd already thought

problèmes qu'on a eu avec lui étaient seulement de nature financière et n'ont eu aucune répercussion sur le disque. Il avait eu quelque chose à voir avec "Spoon". Il s'était dit: "Voyons s'ils m'ont vraiment quitté." On l'avait quitté, et avec de bonnes raisons. C'était un manager complètement inutile. Assez sympathique et gentil au début il s'est révélé très vite comme un homme extrêmement manipulateur. Il savait aussi détourner l'attention de tous ceux qui devenaient trop curieux. Par exemple, s'il se disait "Maintenant je veux parler seul avec Schmidt", je me retrouvais tout à coup avec une de ses starlettes sur les genoux, qui me distrayait totalement. On était derrière le sofa, et à l'instant même où il disait "OK; ça y est" elle était déjà partie. Tout semblait lui sourire, mais un type qui roule en Rolls et joue le Pancho Villa, avec chemise à fleurs et cartouches à la taille, j'avais des doutes sur son sérieux de manager! Mais quand on a fait "Ege Bamyasi", ça faisait déjà un an qu'on n'avait plus entendu parler de lui. Il pensait qu'après le départ de Malcolm, notre groupe s'arrêterait et il avait été extrêmement étonné lorsqu'en présentant "Tago Mago" un homme d'une bonne soixantaine — un critique de musique, allemand, s'est mis à flipper complètement. Il répétait le mot "élémentaire" et il était complètement séduit. Trop de problèmes se posaient avec Abi. Nous avions radicalement

1972

ruhigzustellen, den er sich gerade fernhalten wollte. Wenn er sich zum Beispiel sagte, ich will jetzt nur mit dem Schmidt reden, dann saß plötzlich eins von Abis Starlets auf meinem Schoß und lenkte mich so schamlos ab, daß ich nichts mehr mitkriegte. Irgendwie kriegte ich die dann hinters Sofa, und kaum sagte Abi „okay, dann haben wir alles geregelt", war sie von mir runter und draußen. Das hatte er sehr gut organisiert. Abi schien zu Anfang fast ein sympathischer Typ zu sein. Er wickelte alle ein, obwohl ich schon gedacht und auch gesagt hatte, daß von einem, der Rolls-Royce fuhr und gleichzeitig auf Pancho Villa machte, mit Blumenhemden und Patronengürtel, als Manager keine Seriosität zu erwarten war. Bei "Ege Bamyasi" hatten wir schon seit einem Jahr nichts mehr von ihm gehört. Er war schließlich der Meinung, daß wir nach Malcolms Weggang nichts mehr zu-

standebringen würden und war dann extrem überrascht gewesen, als beim Vorspielen von "Tago Mago" ein Mann von Mitte Sechzig — ein deutscher Musikkritiker — total ausflippte.

Der benutzte immer wieder das Wort „elementar" und war völlig hingerissen. Wir hatten Abi endgültig gekündigt, nachdem wir bei einem von ihm besorgten Konzert in der Berliner Waldbühne (dem letzten überhaupt, glaube ich) bei seiner Firma in München anriefen und fragten, welches unser Hotel sei, und die Antwort bekamen, wir sollten gefälligst nach Köln zurückfahren, wo wir gerade am Nachmittag hergekommen waren. Das hieß, nochmal 700 km, u.a. durch die DDR und so.

Ohnehin hätten wir ohne das Zutun von Hildegard, Irmins Frau, die noch heute unsere Managerin ist, die Zeit unter Abi finanziell nie überlebt.Die Verträge mit

— and said — that someone who drives a Rolls Royce and looks like Pancho Villa, with flowered shirts and ammunition belts, can't be expected to be taken seriously as a manager. While we were recording "Ege Bamyasi", we hadn't heard from him for a year. He was of the opinion that we wouldn't accomplish anything after Malcolm's departure and had been utterly surprised when a German music critic in his middle sixties flipped out while listening to "Tago Mago". The critic kept using the word "elementary", and was absolutely smitten. We finally fired Abi after we'd played a concert "arranged by himself" in Berlin. We called his company in Munich, to find out where our hotel was, and received the reply that we should simply drive back to Cologne, from where we had come in the afternoon. That meant 700 kilometers, through East Germany, and so on. Without the additional bookings by Hildegard, Irmin's wife — who is still our manager today, we would never have financially survived the time with Abi. The contracts with him were such, that we hardly earned anything, even when he managed to find us work. But because he didn't lift a finger, almost all of our bookings came through Hildegard. "Ege Bamyasi" had been a horrorible experience for me personally. The worst time I ever had with Can. It was because we had a chess board in the studio. Irmin is a passionate chess player. He and Damo sat there playing chess un-

décidé de le virer après un concert à la 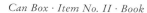 Waldbühne de Berlin. Il avait organisé un concert et de grosses lacunes ressortaient. On lui avait téléphoné à sa maison de disque PROM de Munich pour lui demander où était notre hôtel et là, on nous a répondu qu'on devait rentrer à Cologne, dont on était venu l'après-midi, la nuit-même. Il voulait qu'on fasse 700 km, compris à travers l'ancienne RDA!... Mais de toutes façons, sans Hildegard, la femme d'Irmin qui est encore aujourd'hui notre manager, on ne s'en serait jamais sortis financièrement. Abi faisait des contrats tels qu'on ne gagnait jamais d'argent, même s'il nous décrochait des jobs. Et comme il ne faisait presque rien, on peut dire que tous nos jobs, on les a eus avec Hildegard.

"Ege Bamyasi" pour moi personnellement ça a été l'horreur. La pire époque de Can. Ça vient du fait qu'on avait un jeu d'échecs dans le studio. Irmin est un joueur passionné d'échecs, il jouait des heures avec Damo tandis que Holger et moi, on essayait de faire le disque. On avait un délai impératif à respecter. On a fait "Soup" en temps réel, en dix minutes. Il nous manquait dix minutes, alors on a fait "Soup", mais à peine avait-on enregistré le morceau que Damo et Irmin se remettaient à jouer aux échecs. J'ai été malade, c'était peut-être psychosomatique. Juste avant, on était tous allés manger une glace et Holger, Irmin et moi avions admis qu'il y avait

(d) ihm waren so, daß wir sowieso kaum was verdient hätten, selbst wenn er Jobs für uns rangeholt hätte. Da er aber überhaupt nichts tat, kamen fast alle unsere Jobs schon zu der Zeit nur durch Hildegard rein.

"Ege Bamyasi" war für mich persönlich ein Horror gewesen. Die schlimmste Zeit, die ich bei Can hatte. Das lag daran, daß wir im Studio ein Schachspiel hatten. Irmin ist ein leidenschaftlicher Schachspieler. Er saß ununterbrochen mit Damo da und spielte Schach, während Holger und ich versuchten, die Platte zu machen. Wir hatten absolute Deadlines. "Soup" haben wir in "Echtzeit", d.h. in 10 Minuten gemacht. Uns fehlten immer noch zehn Minuten, und da machten wir "Soup". Das war wie ein Hilfeschrei, und kaum hatten wir eine Aufnahme fertig, saßen Irmin und Damo wieder an ihrem Schachspiel. Ich wurde dann sehr krank. Vielleicht war das psychosomatisch. Bevor ich krank wurde, hatten Holger, Irmin und ich zusammen ein Eis gegessen und uns dabei alle drei geeinigt, daß wir ein Problem hätten. Das war eigentlich ein ganz großer Moment; meine Bauchschmerzen waren plötzlich weg. Leider widerfuhren mir dann drei Tage später trotzdem furchtbare Sachen. Auf uns lastete bei "Ege Bamyasi" ein furchtbarer Zeitdruck. Andererseits machten wir einen Sprung nach vorn in unserem Can-Sein. Ich zum Beispiel entwickelte mehr und mehr die Endlos-Rückkopplungen, die Irmin sehr gut

interruptedly, while Holger and I tried to record the album. We had deadlines. We recorded "Soup" in "realtime", i.e. in 10 minutes. There were still ten minutes missing, so we recorded "Soup". That was like a cry for help, and as soon (e) as we were finished with the recording, Irmin and Damo sat down again to play chess. I became very ill. It was probably psychosomatic. Before I became ill, Holger, Irmin, and I had eaten some ice cream, and we all agreed that we had a problem. That was actually a big moment. My stomach ache suddenly went away. Unfortunately, three days later, terrible things happened to me. We were burdened with a terrible pressure to deliver "Ege Bamyasi" on time. On the other hand, we made great progress in being Can; for instance, I further developed my endless feedback technique, which Irmin really liked. What happened on this record was very important. For "Sing Swan Song", I sat with my guitar in the garden, because I couldn't play acoustic guitar in the studio with the drums. An enormous centipede crawled out of my collar. Those things bite, but I was spared. "One More Night" is an absolutely super track. On "I'm So Green", the voice and guitar harmonize in a way that's probably unique in pop music. And "Spoon" was actually there just to fill a hole. We only added the track to the record because otherwise it wouldn't have been long enough. The first concert of our tour was

un problème et le fait d'en parler m'a apaisé. Depuis ce grand moment, mes maux de ventre avaient disparu. Pourtant, trois jours plus tard, j'ai eu des problèmes énormes. On devait impérativement finir "Ege Bamyasi" et le temps pressait. Quelle galère!...

Mais d'un autre côté, on a fait un énorme pas en avant dans l'évolution artistique de Can. Par exemple j'ai continué à développer ma technique de Larsens infinis qui plaisait beaucoup à Irmin. Des choses importantes se sont produites sur ce disque. Un jour, je jouais de la guitare acoustique dans le jardin parce que je ne pouvais pas le faire dans le studio, à cause de la batterie, et là, un énorme scolopendre me sort du col. Ça mord, ces bestioles, mais j'ai été épargné. Un moment bizarre.

"One More Night" est un morceau absolument super. Dans "I'm So Green" il y a une harmonie entre la voix et la guitare, c'est unique. "Spoon" était un bouche-trou, on l'a seulement mis sur le disque parce que sinon, on n'aurait pas pu finir. Le soir où on mettait la dernière main à "Ege Bamyasi", on avait le premier concert de notre tournée et c'est là que je suis tombé malade et que la tournée a du être annulée.

Bien que tu racontes tous ces problèmes internes au groupe, le journal de Hambourg, Le Abendblatt a dit que vous étiez allés jouer votre musique d'un pied plus léger.

Le pied, oui! C'est sûr et particulièrement

Heißer Rock in heiligen Hallen
Die Gruppe „Can" vital und effektvoll in der Kölner Oper

Von unserem Redakteur
Jürgen Schmitz-Peuck

In jenen heiligen Hallen, in denen sonst die heiligen Hallen Mozarts besungen werden, erklangen höchst ungewöhnliche Töne: Die Rockgruppe Can hatte ihre gewaltigen Verstärker- und Lautsprecherbatterien auf der Bühne der Kölner Oper aufgebaut und spielte, unbeeindruckt von der bürgerlich-festlichen Aura des bis auf den letzten Platz besetzten Houses, munter drauf los.

Die vier Kölner Musiker nutzten die Chance, unter einmalig günstigen akustischen Bedingungen zu demonstrieren, was sie von den meisten anderen deutschen Gruppen so angenehm unterscheidet. Sie können nämlich nicht nur gute Studioaufnahmen produzieren, sondern spielen ihre kompliziert und kunstvoll aufgebaute Musik auch live genauso überzeugend. Dies ist einer der Gründe dafür, daß Can heute zu den führenden kontinentaleuropäischen Bands gezählt wird.

Ein weiterer Grund ist in der soliden musikalischen Schulung des Organisten Irmin Schmidt und des Bassisten Holger Czukay zu sehen. Beide Schüler von Karl Heinz Stockhausen und erfahren im Komponieren wie im Interpretieren, haben sie es nicht nötig, auf vorgeformte Klischees zurückzugreifen. Schlagzeuger Jaki Liebezeit, der vom

Modern Jazz kommt, und Gitarrist Michael Karoli, der vom Rock der späten über Jahre geprägt ist, sorgen für die rechte Mischung von Vitalität und gezieltem Einsatz stilistischer Effekte.

Der Ausstieg des japanischen Sängers Damo Suzuki hat der Gruppe nicht geschadet, im Gegenteil. Die betont kollektive Spielweise ohne echte Solopartien wirkt nun noch überzeugender. In dieser rein instrumentalen Quartettbesetzung erschien Can stärker als je zuvor. Der Erfolg auf der in wenigen Tagen beginnenden dritten Englandtournee dürfte kaum ausbleiben. Der Abend in der Kölner Oper jedenfalls war ein großer Erfolg.

Kölner Stadtanzeiger, 1974

gefielen. Es war schon sehr wichtig, was auf der Platte passierte. Bei "Sing Swan Song" saß ich mit der akustischen Gitarre im Garten, weil ich im Studio zum Schlagzeug nicht akustische Gitarre spielen konnte. Da kroch mir ein riesiger Hundertfüßler aus dem Kragen. Eigentlich beißen die, aber er tat mir nichts. "One More Night" ist ein absolutes Superstück. In "I'm so green" haben die Stimme und Gitarre harmoniert wie selten in der Pop-Geschichte. "Spoon" war eigentlich ein Lückenfüller. Wir haben das Stück nur auf die Platte gebracht, weil wir sie sonst nicht fertig gekriegt hätten. Am selben Abend, an dem wir den letzten Schnitt für "Ege Bamyasi" machten, sollte auch das erste Konzert unserer Tournee stattfinden. Da brach ich dann zusammen, so daß die ganze Tournee abgesagt werden mußte.

Obgleich du von diesen ganzen bandinternen Schwierigkeiten erzählst, schrieb das Hamburger Abendblatt damals, daß ihr musikalisch wesentlich leichtfüßiger geworden wärt.

Ja, aber wirklich leicht*füßiger*. Das ist auf Jaki und Holger bezogen. Ich hatte mich als Gitarrist den Rückkopplungen hingegeben. Das hat abgesehen von den Pedalen gar nichts mit den Füßen zu tun. Jaki fing an, fluktuierende Rhythmen zu spielen, was er bis dahin gar nicht getan hatte. Wirklich leichtfüßig. Holger begann mit seinen wunderbaren Baß-Flageoletten. Eben auch ziemlich abgehoben. Das Wort leichtfüßig ist also in seiner ursprünglichen Bedeutung richtig. Die Füße wurden leichter. Und Damo ging in Richtung Rap. Vor allem in

supposed to take place on the same evening that we finished the last edit on "Ege Bamyasi". I fell apart, and the entire tour had to be cancelled.

Although you're describing all of these internal band problems, the Hamburger Abendblatt (Hamburg city newspaper) wrote that the band had become more light-footed.

Yes, but really light-footed. That refers to Jaki and Holger. As a guitarist, I had kept on developing my endless feedback technique. Apart from the pedals, that has nothing to do with feet. Jaki had begun to play fluctuating rhythms, something that he hadn't done before. Very light-footed. Holger had begun playing his wonderful bass harmonics. Very elevated. To say that we were light-footed would be basically correct. The feet became lighter. Damo went in the direction of rap, above all in "Pinch" and "One More Night". It's beyond doubt that Damo became more professional the longer we worked with him. When he left us after "Future Days", he was just at the point where he could have become an amazing, fantastic singer.

After "Ege Bamyasi" came "Future Days", which was an album that Holger described as the first ambient album.

You could see it that way. That was the album on which I clearly had the most

exact pour Jaki et Holger. Moi, je me consacrais à mon effet de Larsen et, à part les pédales, ça n'a rien à voir avec les pieds! Jaki s'est mis tout à coup à jouer des rythmes fluctuants comme jamais il ne l'avait fait auparavant. Vraiment d'un pied léger. Holger a commencé à jouer ses merveilleux harmoniques de basse. L'expression "d'un pied léger" est bien adaptée au sens original, les pieds devenaient plus légers. Damo s'engageait dans la direction du rap, surtout dans "Pinch" et "One More Night". C'est un fait que Damo est devenu plus professionnel au fur et à mesure que nous jouions ensemble. Lorsqu'il nous a quittés, après "Future Days", il était arrivé au point où il allait devenir un chanteur absolument exceptionnel.

Après "Ege Bamyasi", il y a eu "Future Days" dont Holger dit que ça a été le premier album d'ambiance.

Si on veut! Pour moi c'est le disque où j'exerce la plus grande influence, où je maîtrisais et contrôlais chaque morceau. C'était pour moi la réalisation d'un rêve. Le morceau "Future Days" représentait pour moi le point culminant de mon potentiel de création. Tout est arrivé comme je me l'étais exactement imaginé. Aussi "Moonshake". Pour "Bel Air", c'est moins le cas, même si beaucoup de gens le trouvent très bien. C'était fou! A ce moment, je m'étais même imaginé une vidéo, bien que ce support n'existait pas

"Pinch" und "One More Night". Es ist einfach Tatsache, daß Damo um so professioneller wurde, je länger wir mit ihm arbeiteten. Als er uns nach "Future Days" verließ, war er eigentlich an dem Punkt, an dem er ein wahnsinnig toller Sänger hätte werden können.

Nach "Ege Bamyasi" kam "Future Days", ein Album, von dem Holger sagt, es wäre das erste Ambient-Album gewesen.

Das kann man so sehen. Für mich war es das Album, auf das ich ganz klar den stärksten Einfluß ausübte. Jedes Stück hatte ich irgendwie unter Kontrolle. "Future Days" war für mich die Verwirklichung eines Traumes. Das Stück "Future Days" war damals für mich der absolute Höhepunkt meines Schaffens. Da passierte alles, was ich mir immer vorgestellt hatte. Auch "Moonshake". "Bel Air" befriedigte mich etwas weniger, auch wenn viele Außenstehende das Stück sehr lieben. Es ist ganz verrückt. Ich hatte mir damals ein Video vorgestellt, obwohl es das Medium gar nicht gab. Etwa wie Jules Verne im Weltraum. Man kann daran wirklich sehen, daß fast alles, was man sich so vorstellen kann, früher oder später Wirklichkeit wird.

Auch ich finde, es ist die bis dahin am leichtesten visuell assoziierbare Platte.

Für mich war es damals unser Höhe-

influence. Somehow I had each track under control. "Future Days" was the realization of a dream for me. The track "Future Days" I thought to be the absolute peak of my creative powers. Everything that I had always imagined occurred. Also "Moonshake". "Bel Air" I was not so satisfied with, even though many people outside of the band love it. It's completely crazy: At the time, I'd even imagined a video for "Future Days", although the medium didn't exist. Jules Verne in space. It seems that anything you can imagine will become reality sooner or later.

But I also feel that it's the most visual of all your records.

For me it was the peak. Today I think "Tago Mago" is our best record. But at the time, "Future Days" was my music.

But I also think that "Future Days" is the last album that flows from beginning to end.

We knew exactly what we wanted, and that was the point. I still remember how we listened to the basic tracks for "Future Days", and Jaki said that it was the weakest track on the album. It is actually shit he said. I said then I thought it was the best track on the album. I never thought that the others were more competent than I, just because they were older, to come back to your first question.

encore. Cette vidéo, c'était Jules Verne dans l'espace!...
Il semble que tout ce qu'on imagine deviendra réel un jour.

Moi aussi je trouve que c'est le disque le plus facile a associer avec le visuel.

Oui! C'était le summum. Aujourd'hui, je ne le pense plus. Je trouve que "Tago Mago" est notre meilleur disque. Mais "Future Days" était à l'époque ma musique.

Je trouve que "Future Days" est le dernier disque où il y a un courant qui demeure du premier au dernier son.

On savait exactement ce qu'on voulait, c'est ça le point important. Je me rappelle qu'on avait fait la bande pour le morceau "Future Days" et Jaki avait dit "c'est le morceau le plus mauvais du disque", alors que j'étais persuadé que c'était le meilleur. Pour revenir à ta question, je n'ai jamais considéré les autres comme plus compétents que moi au nom de leur plus grande expérience. Tout le monde donnait son avis, chacun avait le droit de dire ce qu'il pensait. Can était un rêve d'humanité qui se concrétisait. Quatre personnes se sont unies, disputées a mort ... pour créer quelque chose. Je n'ai jamais plus vécu ça. Beaucoup de musiciens avec lesquels j'ai travaillé après ne comprennent pas que seul la musique compte, et non le Musicien. C'est la

punkt. Aus heutiger Sicht halte ich "Tago Mago" für unsere beste Platte. Aber "Future Days" war damals meine Musik.

Ich finde aber auch, daß "Future Days" die letzte Platte ist, in der ein Fluß vom ersten bis zum letzten Ton besteht.

Wir wußten genau, was wir wollten, und das war der Punkt. Ich erinnere mich noch, wie wir das Grundband zu dem Stück "Future Days" hörten und Jaki sagte, das ist das schwächste Stück der Platte. Es ist eigentlich Scheiße. Und ich sagte dann, das ist das beste Stück der Platte. Ich hielt die anderen nicht für kompetenter als mich, nur weil sie älter waren, um auf deine Anfangsfrage zurückzukommen. Jeder sagte stets voll seine Meinung. Jeder konnte sagen, was er wollte. Can war wirklich ein fleischgewordener Menschheitstraum. Vier Menschen haben sich auf Biegen und Brechen gestritten und etwas zusammen gemacht. Et-

was Derartiges habe ich nie wieder erlebt. Viele Musiker mit denen ich später arbeitete haben nie begriffen, daß es in der Musik gar nicht auf den Musiker ankommt. Die Musik ist ein eigenständiges Ding und der Musiker nur ein ausführendes Organ. Gute Musik macht sich selbst. Ich bin stolz auf Can: Ich bin stolz, weil ich es der Musik zusammen mit den anderen ermöglicht habe, zu entstehen. Das ich mich nicht der Musik in den Weg gestellt habe.

Ich denke trotzdem, daß diese Musik unbedingt von der Kombination dieser vier Menschen abhängig war und anderenfalls nie passiert wäre.

Das ist ganz klar. Aber Can war ein lebendes Wesen. Ein Organismus wie ein Ameisenhaufen. Die Seele des Ganzen waren nicht unsere vier oder fünf Seelen, sondern ein Wesen namens Can. Das ist ganz wichtig. Und dieses Wesen Can hat die Musik gemacht. Wenn meine Stun-

Each person always had his opinion. Any of us could say whatever he wanted to. Can was really a dream of humanity made flesh. Four people fought tooth and nail and created something together. I've never experienced anything like it since. Many musicians with whom I've worked since never seem to grasp that it's all about the music, not the musician. Music is a thing in its own right, and the musicians' funtion is only executive. Good Music creates itself. I'm proud of Can. I'm proud because the others and I made it possible for the music to make itself. I didn't put myself in the way of the music.

Nevertheless, I think that the music was dependent upon this combination of you four people, and would not have happened under other circumstances.

That's a matter of course. But Can was a living being: An organism, like an ant hill. The soul of the entire thing was not composed of our four or five souls, but was a creature named Can. That is very important. And this creature, Can, made the music. When my hour comes, I'll know that, apart from my children, I've helped create another living being.

Why did you take over the role of singer after Damo's departure?

Somebody had to do it. Irmin also sang. That was simply the way it was. I'd sung

musique qui est autonome et les musiciens ne font qu'exécuter. La bonne musique se crée elle-même. Je suis fier de Can, je suis fier d'avoir permis, avec les autres, que la musique s'exprime, je suis fier de ne pas l'avoir entravée.

Je suis tout de même convaincu que la musique a été dépendante de la combinaison de vous quatre et que sinon, rien ne se serait passé.

C'est clair. Mais Can était un être vivant. Un organisme, comme une fourmilière. L'âme du groupe n'était pas celle de nous quatre, elle était celle d'un être surnaturel nommé Can, c'est important. Et c'est cet être qui a fait la musique. Quand je mourrai, je me dirai, qu'à part mes enfants, j'ai aidé à créer un autre être vivant.

Pourquoi as-tu repris la partie chant, après le départ de Damo?

Il fallait que quelqu'un le fasse. Irmin aussi a chanté. C'était comme ça. Et puis j'avais déjà chanté. Mais il me plaisait d'avantage de communiquer avec une autre personne, tel un chanteur. L'idée de jouer de la guitare et de chanter en même temps ne me plaisait pas. La guitare doit encadrer le chanteur. Un chanteur qui chante et gratte en même temps, ce n'est pas mon idéal...

A quoi ça a tenu que vous n'ayez pas trouvé de chanteur?

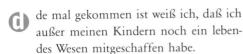

de mal gekommen ist weiß ich, daß ich außer meinen Kindern noch ein lebendes Wesen mitgeschaffen habe.

Warum hast du denn nach Damos Weggang den Gesangspart übernommen?

Einer mußte es ja tun. Irmin hat auch gesungen. Es ging einfach so. Ich hatte auch schon vorher gesungen. Es machte mir aber stets mehr Spaß, mit dem Sänger zu kommunizieren. Als zwei Personen. Die Idee, gleichzeitig Gitarre zu spielen und zu singen, ist mir bis heute nicht angenehm. Die Gitarre soll den Sänger umspielen. Ein Sänger, der da rumschrubbt und gleichzeitig singt, entspricht nicht meinem Bild.

Woran lag es denn, daß ihr keinen neuen Sänger gefunden habt?

Es war keiner da, der sich eignete. Wir haben jede Menge ausprobiert. Niemand hat das Richtige gemacht. Die beiden anderen waren, jeder auf seine Art, total freakig. Die ganze Musik der Platten hatte sich völlig an die beiden Sänger angepaßt. Gerade ich selbst habe auf den Platten mit Malcolm ganz anders gespielt als auf denen mit Damo, weil die Stimme ganz anders war. Es ging ja alles direkt durch die Ohren rein und durch die Hände wieder raus. Und mit sich selbst kann man nicht gut kommunizieren. Man kann nicht auf sich selbst reagieren. Damo hingegen konnte singen,

before. But I actually find it more fun communicating with the singer, as two people. I don't like the idea of singing and playing guitar at the same time. The guitar should play around the singer. A singer who is there strumming and simultaneously sings is not my idea of a singer.

Why weren't you able to find another singer?

There was nobody there who really fitted. We tried quite a few. None of them did the right things. The two others had been very freaky, each in their own way. The music on the albums adjusted itself to each singer. I played differently on the albums with Malcolm than I did on the albums with Damo, simply because the voices were different. After all the music goes in through the ears and comes out again through the hands. Plus, you can't communicate well with yourself, you can't react to yourself. Damo, in contrast, could sing, and I could play the guitar. And then somehow you built each other up.

How did you fit into your new role as singer?

Looking at it from today's perspective, not very successfully. The guitar and the violin didn't suffer from it, though. And on the track that Irmin sang, "Com Sta, La Luna", I started blooming a bit. I don't know why I sang. Maybe because I

🅕 Il n'y en avait pas un qui convienne vraiment. On en a essayé plusieurs. Personne ne faisait ce qu'il fallait. Les deux autres, chacun à leur manière étaient de vrais freaks. La musique de nos disques s'était adaptée aux chanteurs. Moi justement, j'ai joué tout à fait différemment avec Malcolm et avec Damo parce que la voix était autre. Ça rentrait directement par l'oreille et ça sortait par les mains. Et on ne peut pas communiquer avec soi-même, on ne réagit pas à soi-même. Par contre Damo pouvait chanter, et je jouais de la guitare et en même temps on se construisait musicalement.

Et comment t'es-tu senti dans ton nouveau rôle de chanteur?

Quand j'y pense maintenant, ce n'était pas un grand succès. Mais la guitare et le violon n'en ont pas souffert. Dans le morceau qu'a chanté Irmin, "Come Sta, La Luna", j'ai commencé a m'épanouir un peu. Je ne sais pas pourquoi j'ai chanté, peut-être parce que j'étais le plus jeune. Ou parce que je croyais être le plus capable de chanter en anglais. J'aime bien chanter en background mais je ne suis pas un chanteur solo. Il y a une petite partie de "Cascade Waltz" où je me sens assez à l'aise. On a essayé pas mal de chanteurs, et parmi eux il y en avait de très bons. Mais comme Can était quelque chose de spécial, cela exigeait aussi du chanteur qu'il soit spécial. On a eu par

(d) und ich konnte gleichzeitig Gitarre spielen. Und dann hat man sich aneinander irgendwie hochgerankt.

Und wie hast du dich auf deine neue Rolle als Sänger eingestellt?

Wenn ich das heute betrachte, nicht sehr erfolgreich. Die Gitarre und die Geige haben aber nicht darunter gelitten. Und in dem Stück, das Irmin gesungen hat, "Come Sta, La Luna" blühte ich dann schon ein wenig auf. Ich weiß auch nicht, warum ich gesungen habe. Vielleicht, weil ich der Jüngste war oder weil ich der Meinung war, am besten englisch zu singen. Ich singe an sich ganz gern im Background, aber ich bin nicht zum Solo-Sänger gemacht. In einem kleinen Teil des "Cascade Waltz" bin ich wirklich mal mit meinem Gesang recht zufrieden. Aber wir haben wirklich viele Sänger ausprobiert, darunter auch sehr gute. Da Can jedoch eine so spezielle Band war, hat sie auch etwas ganz Spezielles von ihrem Sänger verlangt. Wir hatten zum Beispiel einen Engländer, der sich Magic Michael nannte, mit dem wir eigentlich die Platte "Flow Motion" machen wollten. Aber der war eben zu englisch. Und dann hatten wir einen Typen namens Clifford Mataya, der hinterher mit Killing Joke gearbeitet hat. Das war ein ganz großartiger Sänger aus Simbabwe. Aber auch das haute nicht hin. Wir hatten ja sogar mal den großen Tim Hardin, zwei Konzerte lang. Du konn-

(e) was the youngest, or I thought I could sing in English better than the others. I enjoy singing backup, but I'm not meant to be a lead singer. In a small part of "Cascade Waltz", I'm rather happy with my singing, for once. But we tried out a great many singers, among them several very good ones. Because Can was such a special band, we demanded very special things of our singers. For example, we had an Englishman who called himself Magic Michael. We wanted to record "Flow Motion" with him, but he was simply too English. And then we had a guy named Clifford Mataya, who afterwards worked with Killing Joke. He was a great singer, from Zimbabwe. But that didn't work, either. We even had the great Tim Hardin for a couple of concerts. You can't simply replace real originals like Malcolm or Damo with someone who can only sing, no matter how good. We would have had to have someone like Captain Beefheart.

Did you ever consider finding another guitarist, so that you could take over the role of singer?

Are you joking? I don't have the voice to be a singer. I can't really scream, and a singer has to be able to do that. I can yell quite loudly when I'm angry, but it's difficult to hit the notes then. A singer can't start playing guitar either just because he can play a couple of notes. I just wanted to play guitar. That was the

exemple un Anglais qui se faisait appeler Magic Michael et avec qui on voulait faire le disque "Flow Motion". Justement, il était trop anglais. Et après, on a eu un type qui s'appelait Clifford Mataya, qui après nous a travaillé avec Killing Joke. C'était un chanteur formidable du Zimbabwe. Mais avec lui non plus, ça n'a pas marché. On a même eu le grand chanteur Tim Hardin, il a fait deux concerts avec nous. En fait, il était impossible de remplacer deux chanteurs aussi originaux que Malcolm et Damo, de les remplacer par un chanteur qui chante seulement bien, même très bien. Il nous aurait fallu au moins quelqu'un comme Captain Beefheart.

Est-ce que vous avez pensé à prendre un autre guitariste pour que tu fasses seulement le chant?

Tu rigoles! Je n'ai pas la voix qu'il faut pour travailler comme chanteur. Je ne sais pas chanter très fort, ce qu'un chanteur doit pouvoir faire. Je peux crier quand je suis en colère, mais je n'arriverais pas à mettre les tonalités qu'il faut en même temps. C'est le problème, un chanteur ne peut pas non plus s'improviser guitariste, seulement parce qu'il sait tirer quelques sons de la guitare. En fait, je ne voulais que jouer la guitare et j'ai chanté parce que nous avons cru que c'était nécessaire. Et parfois, on a tous chanté, comme dans "I Want More". En outre, à quatre, nous avons toujours

test Leute, die so originell wie Malcolm oder Damo waren, nicht einfach durch jemanden ersetzen, der nur singen kann, egal wie gut. Da hätte schon jemand wie Captain Beefheart kommen müssen.

Habt Ihr irgendwann mal daran gedacht, einen anderen Gitarristen zu holen und dich voll als Sänger einsteigen zu lassen?

Machst du Witze? Ich habe überhaupt keine Stimme, um voll als Sänger zu arbeiten. Ich kann ja gar nicht richtig brüllen, und ein richtiger Sänger sollte das können. Ich kann zwar laut schreien, wenn ich wütend bin, aber es fiele mir schwer, dabei Töne zu treffen. Ein Sänger kann ja auch nicht anfangen, Gitarre zu spielen, nur weil er mal ein paar Töne gezupft hat. Ich wollte einfach nur Gitarre spielen. Das war die Grundlage. Und der Gesang wurde nur deshalb ein-

gesetzt, weil wir das für nötig hielten. Manchmal haben wir auch alle zusammen gesungen, wie bei "I Want More". Wir haben außerdem zu viert immer noch ganz interessante Instrumental-Sachen gemacht. Ich persönlich bin mit den Vocal-Sachen am Ende nicht mehr so zufrieden gewesen.

Der Gesang ist ja zu diesem Zeitpunkt auch viel mehr zur Funktion der Musik geworden.

Zwangsläufig, wenn einer plötzlich zwei wichtige Instrumente spielt. Einerseits sein Hauptinstrument spielt und andererseits noch singt. Dann wird da natürlich eine Form gegeben, die stärker ist, als wenn sich vorher fünf verschiedene Formen vermischten. Als Malcolm ging, war ich sehr traurig, und als Damo ging, war ich außerordentlich traurig. Zu diesem Zeitpunkt hatte sich ja unsere Mu-

basic fact. We only put the vocals in because we thought it was necessary. Sometimes we all sang together: for instance, on "I Want More". Aside from that, we played some very interesting four-person instrumentals. At the end, I wasn't that satisfied with the voice thing personally.

At that point the voice seemed to have become more a function of the music.

That's inevitable when one person is suddenly playing two important instruments: on one hand, his main instrument, and on the other hand, singing. A form naturally results that is stronger than when five different forms are mixed together. When Malcolm left, I was very sad, and when Damo left, I was extremely sad. After all, our music had established itself at that point. The spirit and the form were there. And then he suddenly left. Damo had really done something magnificent on "Future Days". The band's sound had adjusted to Damo's very sweet voice. The records with Damo sound much more civilized because Damo's voice was simply very gentle, if he didn't happen to be screaming.

But "Soon Over Babaluma" sounds even more civilized.

Because it became suddenly clear: I'm playing guitar here, and singing there.

fait des choses intéressantes. A la fin, les parties vocales ne me satisfaisaient plus.

Le chant est devenu à ce moment-là plutôt une fonction de la musique.

C'est inévitable quand tu en as un qui tout à coup joue deux instruments importants dont un instrument principal, plus le chant. Naturellement, ça fait naître une forme musicale plus forte comme si tu avais cinq formes qui se mélangent. Lorsque Malcolm est parti, j'étais très triste, et quand Damo est parti, extrêmement triste. A ce moment, notre musique était déjà établie dans son esprit et dans sa forme. Et puis tout a coup, il s'en va. Damo s'était surpassé dans "Future Days". Et tout le son du groupe s'était adapté, à la voix langoureuse de Damo. Les disques qu'on a faits avec Damo donnent une impression plus civilisée, ça vient du fait qu'il avait une voix très douce, sauf quand il hurlait.

Mais "Soon Over Babaluma" semble encore plus civilisé.

Parce que c'était clair: je joue de la guitare à tel endroit et je chante à tel autre. Tout devenait plus conventionnel.

Mais aussi en ce qui concerne le rythme, j'ai l'impression que les éléments Amérique latine sont plus marquants et changent l'ensemble de la dynamique.

sik etabliert. Der Geist und die Form der Musik waren da. Und dann ging der plötzlich weg. Damo hat auf "Future Days" wirklich großartiges geleistet. Und die ganze Band hatte sich auch im Sound an Damos sehr süßliche Stimme angeglichen. Daß die Platten mit Damo viel zivilisierter klingen, liegt einfach nur daran, daß er eine viel zartere Stimme hatte, wenn er nicht gerade voll gebrüllt hat.

Aber "Soon Over Babaluma" klingt ja nun noch zivilisierter.

Weil plötzlich ganz klar war, hier spiele ich Gitarre, und da singe ich. Die ganze Sache wurde formal konventioneller.

Aber auch in rhythmischer Hinsicht habe ich den Eindruck, daß die Latin-Elemente stärker werden und sich die ganze Dynamik verändert.

Das mit den Latin-Elementen glaube ich nicht. Das waren einfach augenblickliche Einflüsse. Was mich betrifft, kann ich bestenfalls sagen, daß ich ein bißchen mehr afrikanische Musik gehört habe als vorher. Aber das würde ich nicht darauf zurückführen, daß kein Sänger mehr da war. In seinem Leben geht man durch verschiedene Stationen, und so entwickelt man sich auch als Band weiter.

Wie ist denn ein Stück wie "Quantum Physics" entstanden?

The whole thing became much more formal and conventional.

But from a rhythmic perspective, I have the impression that the Latin elements became stronger, which in turn changed the entire dynamic.

I don't believe that bit about the Latin elements. Those were momentary influences. As far as I'm concerned, I can say that I listened a little more to African music than I did before. But that wasn't because there was no longer a singer. You go through various stations in life, and that's the way a band develops.

How was a track like "Quantum Physics" created?

There was a text Duncan Fallowell had written for "Quantum Physics". I sang that. Occasionally it is audible as a whisper. But those were "prefabricated" lyrics which we put on top of a piece that had been shaped by the music, in order to have vocals on it. Maybe the others won't agree with me here, but that's the way I see it. I specially like about "Quantum Physics", that it is primarily an instrumental track. All tracks were created in the same way. The groove was the thing in Can that was really important. Even if it didn't always rock, but just hissed and flowed: a rhythmic coherence always determined the music. It's very nice, the way "Quantum Physics" becomes more

Ce que tu dis des éléments latins, je ne le crois pas. C'étaient des influences passagères. En ce qui me concerne, je peux dire qu'à cette époque, j'avais peut-être écouté un peu plus de musique africaine qu'avant. Mais je ne dirais pas que ça vient du fait qu'on n'avait plus de chanteur. Dans sa vie, on traverse des phases et on évolue par étapes.

Comment est né un morceau comme "Quantum Physics"?

Pour "Quantum Physics" on avait un texte que nous avait écrit Duncan Fallowell. C'est moi qui le chante, on m'entend murmurer quelquefois dans le fond. Mais c'était un texte donné à l'avance, et pour avoir un morceau chante, on l'a

plaqué sur un morceau dont la forme était déjà marquée par la musique. Peut-être que les autres ne sont pas de mon avis, mais moi j'ai eu cette impression. Dans "Quantum Physics" je trouve bien que ce soit presque instrumental. Tous les morceaux sont nés de la même façon, le groove était là: ce qui était très important chez Can. Et même si ça n'était pas tout le temps du rock, si parfois ça chuchotait ou si ça coulait tranquillement, la musique était toujours portée par un rythme. Dans "Quantum Physics", c'est très beau de voir comme ça devient de plus en plus abstrait. "Chain Reaction" est aussi un très beau morceau, mais j'aurais aimé un autre chanteur pour ça. Même encore à l'époque de "Soon Over Babaluma" on a essayé des chanteurs.

Für "Quantum Physics" gab es einen Text, den Duncan Fallowell geschrieben hat. Den sang ich. Man hört ihn manchmal als Geflüster durch. Das war aber ein vorgegebener Text, den man versucht hat auf ein Stück, dessen Form von der Musik bestimmt wurde, raufzusetzen, um einen Gesang zu haben. Kann sein, daß die anderen da anderer Meinung sind, aber mir kommt das so vor. An "Quantum Physics" finde ich gerade gut, daß es weitgehend instrumental ist. Entstanden sind alle Stücke auf dieselbe Weise. Der Groove war das, was bei Can wirklich wichtig war. Auch wenn es nicht immer rockte, sondern manchmal nur zischte und floß, aber die Musik wurde immer von einem rhythmischen Zusammenhang bestimmt. Und bei "Quantum Physics" ist es ja sehr schön, wie das immer abstrakter wird. "Chain Reaction" ist auch ein sehr schönes Stück, aber ich hätte gern einen anderen Sänger dafür gehabt. Auch zu Zeiten von "Soon Over Babaluma" probierten wir noch verschiedene Sänger aus.

"Landed" ist ja dann ein ganz starker Einschnitt für Can.

Da nahmen wir schon 16-spurig auf. Dadurch konnte man nachträglich an Sachen arbeiten, was vorher nicht möglich gewesen wäre. Vorher hat die Balance beim Spielen die Musik bestimmt. Ich habe mich bei Can immer nur als Schaltzentrale begriffen. Durch die Ohren

and more abstract. "Chain Reaction" is also a very nice track, but I would have liked another singer for it. Even during "Soon Over Babaluma", we were still trying out different singers.

"Landed" is a very decisive turning point for Can.

We recorded that on sixteen tracks. That way we could work on details later, which was something that wasn't possible before. Before, the balance while playing determined the music. I've always seen myself as merely a sort of switchboard in Can. Something comes in through the ears, is processed somehow, and flows back out rather automatically through the hands into the instrument. It's a kind of feedback, because it flows out back to the others as well, and something similar happens with them. As I said, it was the

"Can's formidable reputation is based on a stunning series of early albums made with American vocalist Malcolm Mooney ("Monster Movie" 1968) and Japanese singer Damo Suzuki ("Tago Mago" 1971, "Ege Bamyasi" 1972, "Future Days" 1973). The band dissolved in the late '70s after recording more than a dozen albums and releasing several compilations

music that determined what each person would do at any moment.

But wasn't a certain original quality lost through the multitrack technique?

Certainly. That happens every time you lose a limitation. As long as you can get by with little, then you get by with little. But as soon as you can afford to work with more, you use it. That way, during the mixing process, many of the magic moments that occurred while we were playing lost the sound they'd had originally.

Holger Czukay said that the multitrack techniques forced the recording process to become more like homework, because all of you had to prepare your instrumental parts more intensively than before.

but re-grouped briefly with Mooney in 1989 for the reunion album "Rite Time"."
"Can's fusion of classical rigor and rock experimentalism influenced such diverse latter-day artists as Public Image Ltd., Talking Heads, Einstürzende Neubauten, Pete Shelley, Brian Eno, and Sonic Youth."
BILLBOARD / 25.1.97
(by Chris Morris)

"Landed" représente pour Can une nouvelle étape.

Là, on enregistrait déjà sur 16 pistes. On pouvait ainsi travailler après coup sur les choses qu'on avait faites, ce qui n'aurait pas été possible avant. Auparavant, la balance faisait la musique. Dans le groupe, je me suis toujours un peu senti comme un standard d'informations. Ça rentre par les oreilles, quelque chose est transformée et ça sort automatiquement par les mains, vers l'instrument. Et ça marche par feed-back parce que les autres le ressentent et il se passe la même chose chez eux. C'était la musique qui décidait de ce qui se passait à tout moment.

Mais est-ce que cette originalité n'a pas disparu avec le système multipistes?

Sûrement. C'est toujours comme ça quand une limitation extérieure disparaît. Tant qu'on a peu de choses à disposition, on arrive avec peu de moyens. Mais si on peut se permettre plus, on utilise plus. C'est comme ça que la magie de nombreuses situations lors d'enregistrement a disparu dans le mixage.

Holger Czukay a dit qu'avec ce système, votre travail est devenu un travail d'écolier parce que vous avez dû préparer beaucoup plus intensivement votre partie instrumentale.

geht's rein, da wird irgendwas umgesetzt, und ziemlich automatisch geht es durch die Hände wieder raus ins Instrument. Das ist eine Art Feedback, denn es kommt ja dann wieder bei den anderen an, bei denen dann wieder dasselbe passiert. Es war wie gesagt die Musik, die bestimmte, was jeder im jeweiligen Moment machte.

Aber ging durch das Mehrspursystem nicht eine gewisse Ursprünglichkeit verloren?

Mit Sicherheit. Das ist ja mit allen Beschränkungen so. Solange man mit wenig auskommt, kommt man mit wenig aus. Aber sowie man sich leisten kann, mit mehr zu arbeiten, nutzt man das auch. Dadurch waren hinterher im Mix viele der magischen Situationen nicht mehr so, wie sie beim Spielen geklungen hatten.

Holger Czukay sagte, daß durch die Mehrspurtechnik das ganze wie eine Schülerarbeit wurde, denn ihr mußtet euch viel intensiver auf eure instrumentalen Parts vorbereiten.

Wir mußten nicht unbedingt mehr lernen, aber wir hatten jederzeit Gelegenheit zu sagen, ich erkenne, was ich dort auf der Gitarre gewollt habe. Das kann ich noch besser. Man versuchte das dann zu perfektionieren, während das vorher unmöglich war. Wenn vorher das Gesamtergebnis zufriedenstellend war, hät-

We didn't necessarily have to study more, but it was possible to say at any time, "I know what I wanted to do with the guitar there, I can do that better." One would try to make that detail perfect, which would have been impossible before. Before, if the overall result was satisfactory, no matter how bad the guitar sounded, I would never even have thought of saying: "lets play it all again; I've got a new idea for the guitar". That certainly must have affected the music in the end, but not the procedure of making music. We continued to work in the same way. The differences were technical. For instance, when we did overdubs before, in our two-track period, we knew that we could copy the tapes only a few times. That means, when we'd recorded the drum and rhythm tracks and then wanted to play over that, we knew we could do exactly one overdub. A second would cause the sound of the ground tape, which would then have been copied two times, to suffer. The original tape was forcibly copied along each time, of course. That way we were also often forced to do the overdubs together. One person rarely overdubbed alone: it was usually the entire group. The 16-track equipment made it possible for each one of us to work alone for an entire day on his own takes. Plus, I could never have played guitar and sung at the same time. It's something else, when you're playing songs that are already written. Then you can learn to coordinate vocals and guitar.

On ne devait pas absolument travailler plus mais on avait à tout moment la possibilité d'entendre ce qu'on avait fait et de le comparer avec ce qu'on avait voulu faire. On se disait: "Je peux mieux faire" et on essayait de perfectionner, ce qui n'était pas possible avant. Avant, si on était content du résultat final, même si la guitare n'était pas terrible, personne n'aurait eu l'idée de dire: "on recommence" simplement parce que j'aurais eu une nouvelle idée pour la guitare. Cette nouvelle exigence a eu des effets sur la musique inévitablement, pas sur l'esprit musical mais sur l'approche technique. Si par exemple on faisait des overdubs avant, on ne pouvait pas copier indéfiniment les enregistrements. Si on avait déjà enregistré la batterie et tout le rythme, et qu'il s'agissait maintenant de jouer dessus, on savait qu'on pouvait exactement faire un seul overdub. Si on recommence le processus une deuxième fois, la bande originale en serait à sa troisième copie et sa qualité en souffrirait. Parce qu'on était obligé de toujours copier la bande originale, nous étions contraints à faire les overdubs tous ensemble. Rarement une personne seule faisait un dub, c'était habituellement collectif. Avec 16 pistes, on a pu plus tard travailler sa partie tout seul à son

 te die Gitarre noch so schlecht sein kön-
nen, ich wäre garnicht auf die Idee ge-
kommen zu sagen: wir müssen jetzt alles noch einmal einspielen, weil mir noch
etwas Neues für die Gitarre eingefallen
ist. Das hat sich sicher auf die Musik im
Endeffekt ausgewirkt, aber nicht auf den
Vorgang des Musikmachens. Wir arbeiteten auf dieselbe Weise weiter. Die Unterschiede waren technischer Art. Wenn
wir zum Beispiel vorher Overdubs machten, konnten wir die Aufnahmen nicht
beliebig oft kopieren. Das heißt, wenn
wir das Schlagzeug und den ganzen
Rhythmus aufgenommen hatten und es
ans Drüberspielen ging, wußten wir: wir
können genau einen Overdub machen.
Beim zweiten schon wird das Grundband, das ja dann schon in die dritte
Generation geht, leiden. Das Grundband
wurde ja zwangsläufig immer mitko-
piert. Wir waren also immer gezwungen,

auch die Overdubs gemeinsam zu machen. Es hat selten nur ein einzelner
gedubbt, sondern oft die ganze Gruppe.
Die 16spur-Technik erlaubte dann später, daß auch einer allein einen ganzen
Tag an seinem Take arbeiten konnte. Und
ich hätte eben nicht gleichzeitig die Gi-
tarren und den Gesang machen können.
Es ist etwas Anderes, wenn man Stücke
spielt. Dann kann man lernen, den Gesang und die Gitarre zu koordinieren.
Aber wenn man vollkommen improvisiert, dann ist das nicht möglich.

*Wenn ich "Landed" als ganzes Album
höre, habe ich den Eindruck, es ist
abgesehen von "Unfinished" wesentlich stärker songorientiert.*

Du bist nicht der Einzige, der das sagt.
Nur stimmt die Formulierung song-
orientiert nicht. Die Songs sind einfach

But when you're improvising totally, it's not possible, at least not for me.

When I listen to "Landed", I have the impression that, apart from "Unfinished", the album is more song-oriented.

You're not the only one who says that. It's just that the phrase "song-oriented" isn't right. The songs are more obvious because the mixing process emphasized them. I don't believe we thought more about songs while we were playing. But, strangely enough, the sampling, which we had been doing from the beginning, suddenly focused much more on individual elements from tapes already in existence. Before, we had usually sampled complete passages. To this day, I'm still not clear about that change in procedure. It wasn't as if we suddenly wanted to write songs. It's just that songs resulted from the new recording technique. For example, if you listen to "Halleluwah", it's just as song/form-oriented as "Landed". But because we no longer dealt with the songs in a linear way, but rather in intersecting layers, it came about like that. Then we'd say: "O.K., after sixteen bars we'll have more vocals. The singer, no matter who he was, suddenly had to think a lot more about when he was going to sing. Before, we'd had a singer who either sang the entire time, or was quiet in places. But the dramaturgy of the songs came out of

instrument une journée entière. Et de toute façon je n'aurais pas pu chanter et jouer de la guitare en même temps. C'est différent, quand on joue des morceaux précis. On peut alors apprendre à coordonner la guitare et le chant. Mais quand on improvise seulement, ce n'est pas possible.

Quand j'écoute tout l'album de "Landed", j'ai l'impression que, à part "Unfinished", c'est beaucoup plus orienté vers le song.

Tu n'es pas le seul à le dire. Sauf, que l'expression "orienté vers le song" n'est pas correcte.
C'est vrai dans la mesure où le mix favorise cette forme. Je ne crois pas qu'en jouant nous avons pensé d'avantage à la forme song. Curieusement, l'élément sample avec lequel on avait travaillé depuis le début, se concentrait tout à coup sur des choses précises déjà enregistrées, alors qu'au début, il s'agissait de samples de passages entiers. Ce n'est pas qu'on ait voulu tout d'un coup faire des songs; c'est notre changement de méthode de travail qui en a fait surgir des songs. Si par exemple tu entends "Halleluwah", ça se concentre autant sur le song et la forme que "Landed". Par le fait que les morceaux n'étaient plus traités dans leur continuité, mais en "strates", on s'est dit: "d'accord, après 16 mesures, on place le chant. Il était nécessaire pour le chanteur de

stärker in den Vordergrund getreten, weil sie beim Mischen stärker herausgeholt wurden. Ich glaube nicht, daß wir beim Spielen stärker an Songs gedacht haben. Aber komischerweise konzentrierte sich das Sample-Element, mit dem wir von Anfang an gearbeitet hatten, plötzlich wesentlich mehr auf Einzeldinge auf einem schon bestehenden Band. Im Gegensatz dazu ging es vorher meist um das Samplen von Gesamtergebnissen. Das war ein Vorgang, über den ich mir bis heute nicht ganz im Klaren bin. Es war nicht so, daß wir plötzlich Songs machen wollten. Nur durch die andere Arbeitsweise wurden plötzlich Songs daraus. Wenn du zum Beispiel "Halleluwah" hörst, ist das genauso song- und formorientiert wie "Landed". Aber dadurch, daß die Songs nicht mehr in ihrer Abfolge behandelt wurden, sondern mehr in übereinandergelegten Schichten, ergab sich das so. Dann sagte man sich, okay, nach 16 Takten machen wir wieder Gesang. Der jeweilige Sänger, egal, wer es war, mußte sich plötzlich viel mehr überlegen, wann er singt. Vorher hatten wir einen Sänger, der einfach die ganze Zeit gesungen hat oder mal ruhig war. Aber die Dramaturgie der Stücke kam vorher aus der Improvisation und dem spontanen Komponieren und wurde dann hinterher durch Schneiden in der Form bestätigt. Es war nicht so, daß man vor einem Stück saß, in dem es Lücken gab, in denen dann etwas gemacht werden musste. Zum Beispiel hörte die Gitarre

improvisation and our "Instant Composition", and was then confirmed in its form in the editing. It wasn't that you were working on a track that had gaps in it, where you had to fill something in, as it was later with multitrack. For instance, the guitar would stop, and the vocals would begin. Damo would have simply screamed into the guitar part and I'd have stopped playing. Or he'd sing along, and I'd react to him with my playing.

Have you ever asked yourself while singing, "how would Damo or Malcolm do that"?

No, because I had a completely different voice. And as I said, I wasn't the only one who sang. Irmin sang, we all sang. I think the things on which we all sang were often the strongest.

The title "Landed" awakens certain associations, as if you'd all landed on the ground. Did you want the title to have that meaning?

No, the album before was called "Soon Over Babaluma", and now we wanted to land. There was no programmatic meaning. It was always difficult to think up a title for a record. The titles were always invented at the last minute. The cover had to be made before the album was finished, and something had to be printed on the cover.

réfléchir sur les zones vocales alors qu'auparavant un chanteur chantait tout le temps, ou se taisait pendant quelques moments. Mais auparavant la dramaturgie du morceau naissait de l'improvisation et de la composition spontanée et était confirmée dans sa forme au montage. On ne se trouvait pas devant un morceau avec des blancs qu'il fallait remplir. Par exemple: la guitare s'arrête et le chant commence. Damo, lui chantait quand il voulait, il poussait son chant dans le jeu de la guitare et alors j'arrêtais de jouer. Ou alors il aurait intégré son chant dans le jeu de la guitare et j'aurais réagi, etc. ...

Est-ce que, quand tu chantais, tu t'es parfois demande comment Malcolm ou Damo auraient fait?

Non, parce que j'avais une tout autre voix qu'eux. Et, comme je l'ai dit, je n'etais pas le seul a chanter. Irmin chantait et on chantait tous. Je pense que les morceaux ou on chante tous font le meilleur effet.

Avec le titre "Landed", on pourrait associer l'idée que vous avez atterri quelque part . C'est ça que vous avez voulu dire?

Non, le disque précédant s'appelait "Soon Over Babaluma" et maintenant nous voulions atterrir. Le mot n'était pas le programme. Ce titre pour ce disque

auf, und der Gesang begann. Damo hingegen hätte einfach an irgendeiner Stelle in die Gitarre hineingeschrien, und ich hätte dann aufgehört zu spielen. Oder er hätte hineingesungen und ich hätte darauf mit meinem Spiel reagiert.

Hast du dir beim Singen manchmal die Frage gestellt, wie hätte das Damo oder Malcolm jetzt gemacht?

Nein, denn ich hatte ja eine ganz andere Stimme. Und ich war ja wie gesagt auch nicht der Einzige, der sang. Irmin sang, und wir alle sangen. Und ich finde, die Sachen, bei denen wir alle sangen, waren immer noch am wirkungsvollsten.

Der Titel "Landed" weckt ja irgendwie die Assoziation, als wäret ihr jetzt auf dem Boden angekommen. War das so gemeint?

Nein, das Album davor hieß "Soon Over Babaluma", und jetzt wollten wir landen, Das hatte überhaupt keine programmatische Bedeutung. Einen Titel für eine Platte zu finden, war immer sehr schwer. Die Titel wurden immer im letzten Moment unter Zeitdruck gefunden. Bevor eine Platte fertig war, mußte schon das Cover gemacht werden, und da mußte wiederum was draufstehen.

Gab es Titel, mit denen du so richtig unzufrieden warst?

Was there a title that you were really dissatisfied with?

I'd have to think about that, now. Let's say that "Can Can" was not to my taste. It really also depends on the moment. For example, I couldn't listen to "Ege Bamyasi" for years, because of the self-doubt that I've mentioned — which some of us had, most of all myself. Today, I think the record is great. It just often depends on the distance that you have to something you've done. Personally, I only think about the titles that I'm especially satisfied with.

And those are?

I think the best Can-piece is "Mushroom". On "Landed", "Half `ast One` " is qu`te good` Also "Hunters and Collectors". But it was only in hindsight that I began to think that this track is

> **"Can albums were magical events, inseparable from the specific conditions under which they were made. Brian Eno acknowledges as much in a letter of apology to the band that forms part of the CD's liner notes: 'In your recordings, more than most other people', you captured the spirit of a time and place and a certain type of**

good. It's often the case with me, that while we are recording something, I'm going through great internal battles. The band has always had big battles, which is something that's good in itself. But each member also had his own internal battles, I think. At least, that applies to me."Full Moon On The Highway" was an attempt to put a live piece we had played with Damo in many concerts, on record much later.

Irmin said that many people saw that track as a fake, and he himself thinks that it's the worst song in the history of Can.

He may well see it that way. I certainly concede him the right to this opinion. However, I remember that Conny Planck thought the piece was unbelievably good. He visited us in the studio, listened to the record in its half-finished stage, and was excited. We also did a very strange

musical community, an attitude to playing, a philosophy. That's what we all liked about you: it wasn't just music. I kept thinking that whatever one does to those recordings now (in my mind, anyway) threatens that and turns it into something that is 'just more music'."

THE BOSTON PHOENIX / 1.8.97
(by Damon Krukowski)

comme les autres d'ailleurs ont été décidés ou trouves toujours au dernier moment. Avant que le disque soit fini, il fallait que la couverture soit imprimée et il fallait bien mettre quelque chose dessus... alors!....

Y a-t-il eu des titres qui ne t'ont absolument pas plu?

Il faudrait que je réfléchisse. Par exemple "Cancan", ce n'était pas vraiment de mon goût. En fait ça dépend beaucoup du moment ou j'entends les choses. Un autre cas aussi très révélateur, c'est par exemple "Ege Bamyasi" que je n'ai pas pu écouter pendant longtemps a cause du doute dont j'ai parle, qui frappait les musiciens, moi en premier. Et aujourd'hui, je trouve ce disque génial. Ça dépend donc aussi du recul qu'on a par rapport aux choses. Moi par exemple, je pense plutôt aux titres dont je suis satisfait.

Lesquels?

Pour moi, le plus réussi, c'est "Mushroom". Sur "Landed", je trouve "Half Past One" assez bon, ainsi que "Hunters And Collectors". Mais pour ce morceau aussi je n'ai remarque que plus tard que c'était très bon. Souvent, en faisant les morceaux, j'avais des conflits intérieurs très forts. Tout le groupe traversait toujours des conflits, ce qui, en soi, est une bonne chose. Mais en plus chacun avait ses propres conflits. En tous

Da müßte ich jetzt überlegen. Sagen wir zum Beispiel mal, "Can Can" war nicht mein Geschmack. Es kommt auch sehr auf den Moment an, in dem ich Sachen höre. Ein typischer Fall ist zum Beispiel, daß ich mir jahrelang die Platte "Ege Bamyasi" überhaupt nicht anhören konnte, wegen der erwähnten Selbstzweifel, die unter einigen Mitgliedern, vor allem bei mir selbst, bestanden. Und heute empfinde ich diese Platte als genial. Es kommt auch oft auf den Abstand an, den man zu etwas hat. Ich persönlich denke immer nur an die Titel, mit denen ich besonders zufrieden bin.

Und das sind welche?

Das gelungenste Can-Stück finde ich "Mushroom". Auf "Landed" finde ich "Half Past One" ziemlich gut, und ich glaube "Hunters And Collectors". Aber auch bei diesem Stück habe ich erst im Nachhinein gemerkt, daß es sehr gut ist. Mir ging es oft so, daß ich während des Machens von Sachen durch große innere Kämpfe ging. Die ganze Band ist ohnehin immer durch große Kämpfe gegangen, was ja an sich eine gute Sache ist. Aber jeder hatte eben auch noch seine innersten Kämpfe. Auf mich zumindest trifft das jedenfalls zu. "Full Moon On The Highway" war der Versuch, ein Stück, das wir mit Damo in vielen Konzerten gespielt hatten, um warm zu werden, nachträglich auf Platte zu kriegen. *Irmin erzählte, daß viele Leute das*

thing there with transpositions, as we worked on the background vocals. If you close your eyes, it sounds as if aliens or gnomes are singing.

When listening to "Unfinished", I get the feeling I'm hearing a completely different album.

"Unfinished" consisted entirely of atmosphere. We recorded the sounds of the studio and then later even hardly edited them at all. We let ourselves drift in the sounds that came in. You can hear, for instance, with the guitar strings acting as an antenna, several radio stations coming in simultaneously, and the jingle from one of them chiming in. The way I see it, a change occurred from a total dependency of the whole music from outside influences to a situation where suddenly not all of the music was entirely depending on these influences anymore. When, for example, on earlier records, the telephone would ring, as it did in "One More Night", it was simply part of the piece. We would never have thought of re-recording the track because of the telephone. I can remember a very funny incident. We were listening to that track weeks after we'd recorded it. Suddenly Irmin sprang up from behind the mixing board, like a madman, because he was waiting for a telephone call; he rushed to the telephone that was at the other end of the studio. He didn't realize that, every time he had listened

cas, moi. "Full Moon On The Highway" représente une tentative de rassembler sur un disque ce qu'on avait joué dans des concerts avec Damo.

Irmin a dit que beaucoup de gens trouvaient que ce morceau était une copie et lui-même trouve que c'est le song le plus mauvais de l'histoire de Can.

Pourquoi pas? Je lui laisse son opinion. Pourtant je me rappelle que Conny Plank trouvait le morceau super. Un jour il est venu nous rendre visite au studio, il a entendu tout le disque pas encore termine et il était enthousiasmé. On avait aussi fait un truc assez spécial avec les transpositions, quand on avait travaille avec le chant en background. Si on ferme les yeux, ça ressemble au chant d'extraterrestres ou de gnomes.

Avec "Unfinished", on a l'impression d'être tout a coup sur un tout autre disque.

"Unfinished", c'est le produit de l'ambiance. On a enregistre les sons du studio, et après, on n'a presque rien coupé. On s'est laisse dériver sur les sons qui venaient. C'est de cette façon que l'on entend par exemple, avec une action d'antenne par les cordes de la guitare, différentes chaînes de radio en même temps, et l'indicatif d'une d'entre elles qui fait bimbim. Il s'est produit une transformation de la dépendance totale de la musique des influences extérieures vers une certaine indépendance. Si par exemple, dans des morceaux des disques précédents, le téléphone se mettait a sonner, comme dans "One More Night", ça faisait partie de la musique. On

Stück als Fake angesehen haben, und er selbst hält es für den schlechtesten Song der Can-Geschichte.

Das kann er ruhig so sehen. Ich will ihm diese Meinung durchaus zugestehen. Wobei ich mich erinnern kann, daß Conny Plank das Stück unheimlich gut fand. Er war zu Besuch bei uns in Weilerswist, hörte die ganze Platte im halbfertigen Zustand und war begeistert. Wir hatten da auch eine ganz merkwürdige Sache mit Transpositionen gemacht, als wir an den Background-Gesängen arbeiten. Wenn man die Augen schließt klingt das wie der Gesang von Außerirdischen oder Gnomen.

Bei "Unfinished" hat man plötzlIch den Eindruck, auf einer ganz anderen Platte zu sein.

"Unfinished" bestand völlig aus Stimmung. Da haben wir die Klänge des Studios aufgenommen und nachher sogar kaum geschnitten. Wir ließen uns driften in Klängen, die reinkamen. Da hört man beispielsweise durch Antennenwirkung der Gitarrensaiten verschiedene Radiostationen gleichzeitig und ein Signet von irgendeinem Sender, das da reinbimmelt. Die Umstellung, wie ich sie sehe, vollzog sich von der totalen Abhängigkeit der Musik von äußeren Einflüssen dahin, daß plötzlich nicht mehr die ganze Musik von äußeren Einflüssen abhängig war. Wenn bei Stücken der

to the track before, he'd already heard this ringing in exactly the same place. But because he was waiting for a call, he raced off. Holger is right when he says that additional tools don't always improve the working conditions. And if our music lives from the shortcomings of the equipment, and then these shortcomings disappear, then we're left with a vacuum, which we have to get used to. Today, we can deal with that. That means, when I'm working now with a multitrack, I work with the same sponteneity with which I'd formerly had when working with only one track. But you first have to transfer it all to this multitrack level.

You seemed to have gotten much more comfortable with it on "Flow Motion".

For instance. Of course, naturally, the question is again, if everyone else thinks that "Flow Motion" is a better record than "Landed". I don't know that. As far as I can remember, we had much more clearly defined lyrics on "Flow Motion".

I have the impression that you were more comfortable with the song format.

Personally, I've never enjoyed writing lyrics and was always happy when someone else delivered some. In contrast,

n'aurait jamais eu l'idée de dire "on recommence a cause du téléphone". Je me rappelle une situation amusante. Quand on a écouté ce morceau des semaines après l'avoir enregistré, Irmin avait soudain quitté la table de mixage, comme un fou, parce qu'il attendait un appel et il s'est rué sur le téléphone qui était à l'autre bout du studio. A ce moment-là, il n'a pas réalisé qu'il avait déjà entendu cette sonnerie à chaque fois qu'il avait entendu le morceau. Mais comme il attendait un appel, cette fois-ci il a filé comme une flèche. Holger a raison de dire que ça n'apporte pas obligatoirement une amélioration, quand on dispose de plus de moyens techniques. Si notre musique se nourrissait du manque de moyens techniques, et si cette richesse supplémentaire que nous apportait le hasard n'existait plus, alors nous nous retrouverions tout à coup devant un grand vide auquel nous aurions du mal à nous habituer. Aujourd'hui, nous savons gérer tout cela. Lorsque je travaille en multipiste, j'ai la même spontanéité que jadis en deux pistes. Mais il fallait d'abord arriver à transposer tout sur ce niveau multipiste!...

Dans "Flow Motion", j'ai l'impression que vous maîtrisez beaucoup mieux tout ça.

C'est vrai. pourtant on peut se demander si tout le monde serait d'accord pour dire

(d) vorherigen Platten das Telefon klingelte, wie zum Beispiel in "One More Night", dann war das einfach ein tolles Ereignis, und automatisch Teil des Stükkes. Da wäre man gar nicht auf die Idee gekommen, darüber zu reden, wir machen dieses Stück jetzt wegen des Telefons nochmal. Ich kann mich da an eine sehr lustige Situation erinnern. Als wir das Stück Wochen, nachdem wir es aufgenommen hatten, abhörten, sprang Irmin plötzlich wie ein Besessener hinter dem Mischpult auf, weil er einen Anruf erwartete, und stürzte auf das Telefon zu, das am anderen Ende des Studios stand. Ihm war in diesem Moment gar nicht klar, daß er dieses Klingeln bei jedem Hören des Stückes an derselben Stelle schon gehört hatte. Aber weil er einen Anruf erwartete, raste er eben los. Holger hat schon recht, wenn er sagt, daß zusätzliche Mittel nicht immer eine Verbesserung der Bedingungen mit sich bringen. Und wenn unsere Musik von der Unzulänglichkeit der Mittel lebt, dann steht man mit dem Wegfallen dieser Unzulänglichkeit plötzlich vor einem Vakuum, an das man sich erst einmal gewöhnen muß. Heute können wir damit umgehen. Das heißt, heute arbeite ich, wenn ich mehrspurig arbeite, mit der selben Spontaneität, mit der ich vorher einspurig gearbeitet habe. Aber man mußte das eben erst einmal auf das mehrspurige Level übertragen.

Auf "Flow Motion" scheint ihr damit

(e) Damo and Malcolm almost never sang lyrics by other people. They only sang what they had written themselves or what came to their heads at the moment. The exception is "Thief", with words by Mal's friend Zim. In "Yoo Doo Right", for instance, Malcolm simply read aloud a letter he had received that morning from his girlfriend in America. She had written it all to him, "man you gotta move on" and all that. This side of our spontenaeity was reduced with the addition of the new possibilities, naturally. But it became clear to me after a while that, when you work the way we do, you can't simply give yourself a preconception and then try to play up to it. That was why it wasn't possible to put on record "Full Moon On The Highway", which was essentially a live song, especially without its original singer. It was simply created as a live song. Probably, its origin was a long trip on the

highway by the light of the full moon. Damo never drove. He probably sat in the back of the car and wrote everything down.

 *"Flow Motion" lives due to its unusual number of varied rhythms. From today's viewpoint, it seems to be Can's world beat album. It couldn't have been planned that way.*

Actually, we never planned anything, except for "Full Moon On The Highway", "Can Can", and "Silent Night". Those were planned. Irmin mentioned one of those tracks, and I mentioned the other, as things with which we're not very satisfied. Can music was sample music. We played, we listened to what we'd played, and then proceeded from there. The basic idea for "Moonshake" e.g. was a conversation about the motors of very small tow boats. One-cylinder motors that plug along very slowly.

que "Flow Motion" est un meilleur disque que "Landed". Ça, je ne sais pas. Autant que je me souvienne, nous avions des textes beaucoup mieux définis pour "Flow Motion".

J'ai l'impression que le format song vous convient mieux.

Moi personnellement, je n'ai jamais aimé écrire des textes, et j'étais bien content quand d'autres m'en donnaient. Damo et Malcolm par contre n'ont pratiquement chanté que des textes écrits par eux-mêmes. Ils n'ont interprété que ce que nous avions produit ensemble ou ce qui leur passait par la tête. Exception faite pour "Thief" qui avait été écrit par Zim, l'ami de Mal. Pour "Yoo Doo Right", Malcolm venait de recevoir une lettre de sa petite amie, des Etats-Unis, et il l'a tout simplement lue. C'est elle qui a tout écrit, "You Gotta Move One" etc. Ce côté "spontanéité" a bien sûr diminué avec les nouvelles possibilités qui se sont offertes à nous. Mais avec le temps, notre méthodologie demandait en fait paradoxalement une absence de méthodologie. Il n'était pas possible, dans notre musique, d'avoir un projet préparé, et de s'y tenir: comme mettre sur un disque "Full Moon On The Highway" qui était un morceau live, surtout que le chanteur n'était plus là. Son origine peut venir d'un long voyage en voiture sur l'autoroute, par une nuit de pleine lune, où Damo, qui était assis

aber schon wesentlich besser klarge-
kommen zu sein.

Zum Beispiel. Wobei natürlich auch wieder die Frage ist, ob alle Leute der Meinung wären, daß "Flow Motion" eine
bessere Platte ist als "Landed". Das weiß
ich nicht. Soweit ich mich erinnern kann,
hatten wir bei "Flow Motion" klarer de-
finierte Texte.

Ich habe den Eindruck, dass ihr mit
dem Songformat wesentlich besser
umgeht.

Ich persönlich habe nie gern Texte geschrieben und war glücklich, wenn mir
andere Leute welche geliefert haben.
Damo und Malcolm hingegen haben
praktisch nie anderer Leute Texte gesungen. Die sangen ausschließlich das, was
sie sich selbst zusammengeschrieben hatten oder was ihnen gerade einfiel. Aus-

nahme ist "Thief" mit einem Text von

Mal's Freund Zim. Bei "Yoo Doo Right"
hatte Malcolm einen Brief von seiner
Freundin aus Amerika bekommen und
las den einfach vor. Das hatte sie ihm
alles geschrieben. "You gotta move on"
und so weiter. Diese Seite der Spontaneität ist natürlich durch die zusätzli-
chen Möglichkeiten weniger geworden.
Aber mir wurde im Lauf der Zeit klar,
daß man sich, wenn man arbeitet wie
wir, nicht einfach eine Vorlage geben und
dann versuchen kann, danach zu spielen. Insofern war es unmöglich, "Full
Moon On The Highway", also ein Live-
Stück, bei dem auch noch der Sänger
fehlte, auf eine Platte zu tun. Das Stück
war einfach als Live-Stück entstanden.
Sein Ursprung lag wahrscheinlich in einer langen Fahrt bei Vollmond auf der
Autobahn. Damo, der keinen Führer-
schein besaß, hat wohl hinten im Auto
gesessen und sich das alles aufgeschrie-
ben, könnte ich mir vorstellen.

"Flow Motion" lebt ja von einer un-

That's how the rhythm came about. The idea was, let's play a one-cylinder motor. That was the only thing that was planned.

At the time of "Flow Motion", there were already a couple of bands who were really successful in singing in German. Why did you never sing in German?

That depends on who's doing it. I don't think that you can sing German lyrics to our rhythms. Otherwise we might have done it. The other thing is that we never wanted to express anything verbally. At least I didn't. If I want to express something verbally, I write a book. I myself am not at all a poet. I only think about how words sound, and I believe that the others think the same way. We never thought about singing in German. When I hear German rappers today, I often find it works. Die Fantastischen Vier, for instance, really know how to sing in German. But we never thought of doing anything like that. We concentrated only on the music. That's why we always wanted a singer to take care of the words. We didn't want to become a pure instrumental orchestra either; that's why we continued singing even without a singer.

The song "Flow Motion" almost reminds me of early Can songs, that sound like skeletons of songs, without any redundance.

derrière, a écrit ses impressions.

"Flow Motion" se nourrit d'une variété incroyable de rythmes. Aujourd'hui on pourrait le nommer le disque World Beat de Can. Ce n'est certainement pas comme ça que vous l'aviez conçu?

A dire vrai, on n'a jamais rien conçu d'avance. Sauf "Full Moon On The Highway", "Cancan" et "Silent Night" qui étaient planifiés. Irmin parle d'un morceau qui ne lui plaisait pas, moi d'un autre. La musique de Can est de la musique sample. On a joué, on a écouté ce qu'on avait joué et on a continué sur la base de ce qu'on avait entendu. L'idée de base du morceau "Moonshake" concernait une discussion sur les moteurs des tout petits remorqueurs. Des moteurs à un cylindre, capables de pousser des péniches énormes. C'est comme ça qu'on a fait le rythme, on s'est dit: "essayons de jouer un moteur à un cylindre". C'est la seule chose qu'on ait planifiée...

A l'époque de "Flow Motion", il y avait déjà quelques groupes qui avaient du succès en chantant en allemand. Pourquoi est-ce que vous n'avez jamais chanté en allemand?

Tout dépend de qui le fait. Je ne crois pas qu'on aurait pu chanter en allemand sur nos rythmes. Sinon, on l'aurait peut-être fait. La deuxième chose, c'est qu'on

d *gewöhnlichen Vielfalt von Rhythmen. Es klingt aus heutiger Sicht wie die World-Beat-Platte von Can. Das war doch sicher nicht so geplant.*

Wir haben eigentlich nie etwas geplant. Bis auf "Full Moon On The Highway", "Can Can" und "Silent Night". Die waren geplant. Und Irmin erwähnt eben das eine Stück und ich das andere, mit dem ich auch nicht so zufrieden bin. Can-Musik war Sample-Musik. Wir haben gespielt, hörten uns an, was wir gespielt hatten und gingen auf Grundlage dessen, was wir hörten, weiter. Die Grundidee des Stückes "Moonshake" etwa war ein Gespräch über die Motoren von ganz kleinen Schleppkähnen. Ein-Zylinder-Motoren, die so gemächlich vor sich hintuckern. So kam der Rhythmus zustande. Die Idee war, laß uns einen Ein-Zylinder-Motor spielen. Das war das Einzige, was geplant war.

Zur Zeit von "Flow Motion" gab es ja auch schon ein paar Bands, die recht erfolgreich mit der deutschen Sprache umgingen. Warum habt Ihr eigentlich nie deutsch gesungen?

Das hängt ja davon ab, wer es tut. Ich glaube nicht, daß man die Rhythmen, die wir spielten, mit deutschen Texten singen kann. Sonst hätten wir es vielleicht getan. Die andere Sache ist, daß wir nie etwas Verbales ausdrücken wollten. Zumindest trifft das auf mich zu.

There was no text on that one either. There are no drop ins in that song, from beginning to end; everything was played in one go. The most important **e** difference is that at some point your sixteen or however many tracks are full, and then you have to mix it all down. In order to get it to sound really good, you go somewhere and spend a lot of money for the mixdown. And after that is where the real work should start. Later, for instance, on "Rite Time", we really reworked the mixes, as if we'd only had a two-track recording. I had done that on "Deluge" already, too. To process the finished product, to alter it once more, distort it, send it through an echo machine and reedit it, is the thing to do. To continue working as we had been doing. The first big change in our music was when we lost our singer. The second came through the new equipment which was actually just an interim phase. Today

"Impossible de faire plus déjanté que Can. Les sceptiques, pour s'en convaincre, pourront acquérir Monster Movie et écouter en boucle You Doo Right, les deux oreilles collées aux enceintes. Car ce titre c'est d'emblée, là, dans la pièce, toute la punkitude des Clash, Ramones et autres Sex Pistols avec (mais oui!) un zeste de langueur céleste et océane

you can do a lot of mixing, duplicate without loss... Today there's an entirely new situation, in which you can combine everything. Before, you couldn't do much at all, and in the seventies, there was this interim phase, in which really bombastic rock'n'roll came into being. Suddenly, you could paste a lot of things on top of each other. The effect became unbelievably important. But that wasn't really our idea of music.

And "Saw Delight" was another big change, at least in the sense of the lineup and its abilities.

Something very interesting happened with "Saw Delight": Holger started to sample live onto the music. He practically became the singer. He gave up playing bass and became the singer.

But didn't the fact that you were a

chère à ces trip-hoppers d'avant l'heure qu'étaient Tangerine et Van Der Graaf. Can, il faut le dire, inventait le punk avec quelque neuf ans d'avance, tout en dessinant avec une égale ferveur avant-gardiste les grandes lignes de ce qu'on appellerait par la suite ambient."

ROCK & FOLK / June 97
(by Alain Orlandini)

préférait le non verbal. Du moins moi. Si je veux m'exprimer verbalement, j'écris un livre. Je ne suis pas un poète et pour moi comme tout dépend du son des paroles je croyais que les autres raisonnaient comme moi. On n'a jamais eu l'idée de chanter en allemand. Quand j'entends aujourd'hui le rap allemand, je trouve ça réussi. Pour notre part, nous nous concentrions sur la musique et nous désirions avoir un chanteur pour les paroles. Nous ne voulions pas non plus être un groupe purement instrumental. C'est pourquoi on a continué à chanter même sans chanteur.

Le song "Flow Motion" me rappelle presque les premiers songs de Can, qui sont comme un squelette, sans aucune redondance.

Là, il n'y avait pas de texte. Du début à la fin, il n'y a aucune correction. Tout a été joué d'une traite. La seule vraie différence, c'est que à un moment donné tu as tes 16 pistes qui sont pleines et il faut que tu mixes tout ça. Alors pour obtenir le meilleur son, on va dans un grand studio où on dépense beaucoup d'argent pour le mixage. Plus tard, avec "Rite Time" par exemple, on a beaucoup retravaillé les mixes, pour faire comme si on avait enregistré sur un deux-pistes. Je faisais ça beaucoup aussi, sur "Deluge". Travailler sur ce qui est fini (au lieu d'empiler partie sur partie, ce qui est la vraie technique du multipiste), altérer le

Wenn ich etwas Verbales ausdrücken will, schreibe ich ein Buch. Ich selbst bin überhaupt kein Poet. Es kommt mir nur auf den Klang der Worte an, und ich glaube, den anderen geht es genauso. Wir sind nie auf die Idee gekommen, deutsch zu singen. Wenn ich heute Leute höre, die deutsch rappen, finde ich es oft gelungen. Die Fantastischen Vier zum Beispiel kommen gut mit der deutschen Sprache klar. Aber sowas wie Udo Lindenberg hatten wir nie im Sinn. Wir hatten uns ja nur auf die Musik konzentriert. Darum wollten wir auch immer einen Sänger haben, der sich um die Wortgeschichten kümmert. Wir wollten aber auch kein reines Instrumental-Orchester werden. Deshalb haben wir auch ohne Sänger weiter gesungen.

Der Song "Flow Motion" erinnert mich fast an frühere Can-Songs, die nur wie ein Skelett klingen und jeglicher Redundanz beraubt sind.

Da gab es ja auch keinen Text. Da ist von vorn bis hinten nichts eingedroppt, sondern alles in einem Zug durchgespielt worden. Der wichtige Unterschied besteht darin, daß du irgendwann deine 16 Spuren oder wieviel auch immer voll hast, und dann mußt du das Ganze mischen. Um die richtig gut klingen zu lassen, gehst du irgendwohin und gibst viel Geld aus, um sie mischen zu lassen. Und an diesem Punkt sollte dann die richtige Arbeit einsetzen. Später, zum Beispiel

sextet suddenly create a new group identity?

Of course. Those were all attempts to continue developing. Everything goes through its own development. First the plant is green, then come the buds, then come the blossoms, and at some point, rosehips. It has to continue.

But this formulation sounds to me as if you'd lost spontenaeity again. As if you just wanted to try to do something else, simply for the sake of doing something else.

I wouldn't say that. We didn't decide to allow new people to join. Rosko had a family in the area, and he often dropped by the studio. He sat in with us more and more often, and Holger then got more and more into his dictaphone-sampling. He started what all Rave-D.J.s do nowadays. Rosko of course played a very grooving bass. Then he showed up with Reebop; they'd played together in Traffic. But none of that was planned. They simply joined in. In Can, we very rarely made decisions about doing this or that. Suddenly, there was a 16-track, and then we started using it. And suddenly, Rosko was there, just as before Damo had suddenly left. Afterwards, on the last album "Can", we had the old lineup again.

But on that record, Holger is only

mix fini, le distordre ou l'envoyer par un appareil à écho, c'est ça la bonne voie à prendre. Il aurait fallu continuer à travailler comme on l'avait fait avant. Notre musique a connu un premier choc quand on a perdu notre chanteur mais le deuxième, c'est l'arrivée de la nouvelle technique multipiste qui, de toutes façons n'était qu'une étape intermédiaire. Aujourd'hui, on peut mixer, démixer, et copier sans qu'on perde en qualité. Aujourd'hui, on a une situation telle qu'on peut tout combiner. Avant, on ne pouvait presque rien faire et dans les années 70, il y a eu cette période inter-médiaire où le rock'n'Roll plein d'em-phase vivait son heure de gloire. Tout d'un coup, il était possible de mettre tout ce qu'on voulait. L'effet produit a été très important, mais ça ne correspondait plus à notre conception.

Et "Saw Delight" a représenté une nouvelle étape du moins dans la com-position du groupe, au niveau technique.

Pour "Saw Delight" il s'est passé quelque chose de très intéressant, par le fait que Holger s'est libéré et qu'il a pu sampler live sur un produit fini. Il est devenu pratiquement le chanteur et a décidé d'abandonner la basse pour devenir "chanteur".

Mais ce sextet n'a pas conduit tout d'un coup à une nouvelle identité du groupe?

bei "Rite Time", haben wir diese fertigen Mixe wieder ganz schwer bearbeitet und so getan, als hätten wir es nur mit einer Zweispur-Aufnahme zu tun. Dasselbe hatte ich auch schon bei "Deluge" gemacht. Das Fertige zu behandeln, es noch einmal zu verfremden, zu verzerren oder durch ein Echo-Gerät zu schikken, ist dann wieder der richtige Weg gewesen. Weiter so arbeiten, wie wir das vorher getan haben. Die Musik hat ganz eindeutig den ersten Bruch dadurch erfahren, daß kein Sänger mehr da war, und der zweite kam durch die neue Technik, die ohnehin nur ein Zwischenstadium war. Heute kann man beliebig mischen, entmischen, ohne Verluste kopieren... Heute besteht eine ganz neue Situation, in der man alles kombinieren kann. Vorher konnte man fast gar nichts machen, und in den Siebzigern gab es eben diese Zwischenzeit, in der dieser richtig bombastische Rock'n'Roll seinen Urstand feierte. Man konnte auf einmal beliebig viel aufeinanderpappen. Der Effekt wurde unheimlich wichtig. Das war aber gar nicht in unserem Sinne.

Und "Saw Delight" war ja dann zumindest besetzungstechnisch nochmal ein ganz großer Einschnitt.

Bei "Saw Delight" ist etwas ganz Interessantes passiert. Dadurch, daß Holger freigeworden ist, wirklich auf eine fertige Sache live draufzusamplen. Da wurde Holger praktisch der Sänger. Er hat den

credited as editor, not as a musician.

But that is a very musical function. Everyone was a musician. Sometimes the credits say that I'm playing guitar, even though it might have been Holger. Sometimes I played bass, too, since the early days. We just played. Often, who played what instrument was pure coincidence. There are tracks on "Tago Mago" where Jaki plays double bass or piano. On "Moonshake", he played Stylophone. I played percussion on "Red Hot Indians". We never stuck with our roles on every track.

I think that Reebop radically changes the entire sound and dynamic.

That was a great experience for me. I'd been in Africa in the meantime and had realized that there were things in the African rhythmique that were absolutely new to me. I wanted to learn about these things. Reebop tried to explain them to me. He brought an element into the music that exists only in Africa. An element that is not metrical, just rhythmic. The individual beats don't occur regularly; but slightly displaced. The division into quarter-, eighths, sixteenths, and thirty-second notes doesn't apply anymore. Instead they happen just a tiny bit ahead or behind the metric beat. It's almost impossible to notate these original African rhythms using our system of notation. Reebop

Bien sûr, tout ça c'était des tentatives pour continuer à se développer. Tout doit évoluer, la plante est d'abord verte, elle fait des bourgeons, puis elle fleurit et en dernier des fruits. Il faut que ça continue...

Quand tu dis ça, ça me dit que vous l'avez ressenti comme une nouvelle perte de spontanéité. Comme si vous aviez essayé comme des fous de faire du nouveau à tout prix.

Je ne dirais pas ça, ce sont des étapes, de nouvelles situations. Nous n'avons jamais décidé qu'il y aurait des nouveaux dans le groupe, cela c'est fait naturellement. Rosko avait une femme et un enfant dans la région et il est venu de plus en plus souvent au studio. Il a joué de plus en plus avec nous. Puis Holger a commencé son histoire avec les dictaphones. Il a commencé ce qu'aujourd'hui tous les D.J. font dans les raves. Rosko jouait aussi une basse très groovante. Un jour il est arrivé avec Reebop avec qui il avait joué auparavant chez Traffic. Mais ça non plus, on ne l'a pas décidé, c'est venu comme ça, c'est tout. Avec Can, c'est arrivé rarement qu'on décide d'un nouveau tournant. La machine à 16 pistes, un beau jour elle était là, alors on a travaillé avec. Tout à coup, Rosko était là, aussi subitement que Damo nous avait quittés. Après, sur le dernier disque, nous nous retrouvions à nouveau dans l'ancienne com-position.

Baß abgegeben und wurde zum Sänger.

Aber hat das Sextett für euch nicht plötzlich eine völlig neue Gruppenidentität mit sich gebracht?

Na klar. Das waren alles Versuche, uns weiterzuentwickeln. Alles geht seine Entwicklung durch. Erst ist die Pflanze nur grün, dann kommen Knospen, dann kommen Blüten, und irgendwann kommen Hagebutten. Es muß ja weitergehen.

Diese Formulierung hört sich aber für mich wie ein nochmaliger Verlust von Spontaneität an. Als hättet ihr auf Teufel komm raus versucht, etwas anderes zu machen.

Das würde ich nicht sagen. Wir haben ja nicht entschieden, jetzt kommen neue Leute dazu. Rosco hatte einfach Frau und Kind in der Nähe und kam immer öfter ins Studio. Es ergab sich, daß er immer öfter mitspielte, und Holger dadurch begann, auf diese Diktaphon-Geschichten überzugehen. Holger fing damals mit dem an, was heute jeder Rave-D.J. tut. Und Rosco spielte auch einen sehr groovenden Baß. Irgendwann kam er dann mit Reebop an, mit dem er vorher bei Traffic gearbeitet hatte. Auch das war aber nicht geplant. Die sind einfach dazugekommen. Bei Can wurde sehr selten entschieden, ab jetzt machen wir so oder so weiter. Plötzlich war eine 16-Spur-Maschine da, und deshalb haben wir so aufgenommen. Und plötzlich war Rosco da, genauso, wie vorher plötzlich Damo weg gewesen war. Und hinterher, auf der letzten Platte, "Can", waren wir wieder die alte Besetzung.

The Can in London
Die fünf Kölner begeisterten englische Fans

Deutsche Pop-Musik kann sich schon lange mit internationalen Gruppen messen. Daß sie sogar pop-verwöhnte Fans in England aus ihrer Langeweile zu reißen vermag, hat die Kölner Gruppe „The Can" bewiesen. Die fünf Band-Mitglieder können stolz auf den Erfolg sein, den sie jüngst bei ihrer 10-Konzerte-Tournee hatten. Die Turnhalle in der Londoner Universität war ihre erste Station. Sie war bis aufs den allerletzten Stehplatz gefüllt.

den frühen Morgen dauerte hier das Konzert.

Can ist eine Gruppe für Kenner. Sie spielen nicht für den Geschmack von Fritzchen Jedermann. Späte Rundfunkhörer kennen die Gruppe gut. Mindestens ist auf vielen Sendern Can-Musik zu hören. So wird es am 1. Juni im WDR eine einstündige Sondersendung geben.

Die fünf Musiker arbeiten seit einigen Jahren zusammen, ihr Domizil ist ein altes schloßartiges Gebäude bei Köln. Für sie ist es elektronischer Experimentierraum, Unterkunft, Refugium, Werkstatt, Gesprächszentrum und noch vieles mehr. Ihre Musik will Can nicht näher definieren. Sie ist das Resultat der Auffassungen von fünf Individuen, zumeist eine Komposition auf Tonband — Noten werden später fixiert. The Can hat nun eine erfolgreiche Episode hinter sich. In England wurden sie zum festen Begriff.

Konzerte wie dieses werden von einem Publikum besucht, das keinen Wert auf weiche Orchester-Sessel legt. Man kommt, um zu hören — nicht um zu sitzen.

Baßgitarrist Holger Szukay erzählt begeistert: „Also, aufgeregt waren wir schon, aber nach dem ersten Ton hat sich das gelegt!" Sie sind auch gar nicht zögernd eingestiegen, haben keine „Begrüßung" gespielt, und sie sind mit ihrem Repertoire auch keinen Kompromiß eingegangen. The Can spielte The Can original.

Eine Stunde lang haben sie erstmal ununterbrochen durchgemacht und — das überwältigte Londoner Publikum hatte was Neues: „Tribal Beat" nannte es einer der Londoner Jungen spontan. In Leicester war die Universitäts-Aula der Austragungsort. Hier gab es zwei englische Bands im Vorprogramm, als „Top Of The Bill" kam „The Can, Germany" – also die Nummer 1 im Programm. Immer mehr wollten die Zuhörer von ihnen haben, bis in

didn't play the rhythms that you hear today everywhere and call African rhythms. He really brought in the beat of his ancestors.

But the music gains a thickness that is very atypical for Can, and which I sometimes feel tends towards extravagence.

You could see it like that. But that's also a part of our development. It wasn't planned. We didn't say, O.K., now we're going to play thicker. Playing with Reebop was simply fun. Being ten years younger than the others, it was especially fascinating for me to learn and under-stand. I wanted to grasp what was going on in this African music. I've always been captivated by the direct, uncontrollable effect of music on the body. I first really learned about dancing when I was in Africa. I had danced a lot before, but there I learned that music can rule the body in such a way that when the music says "go left", you can really only go left. You can't go to the right. I was in Zaire, in Franco's nightclub, and observed how the people don't jump around like crazy, dislocating their joints; instead they hardly move at all, producing a kind of grind. But the way everyone moved together, as if they'd rehearsed it, these fifty couples moving in unison on the dance floor — that was a wild experience for me, and completely unexpected. Everything that happens in western

Mais sur cet album, Holger n'est plus mentionné comme musicien mais comme éditeur.

Mais c'était une fonction très musicale. On était tous des musiciens. Parfois il est aussi écrit que je joue de la guitare alors que c'est Holger qui a joué. Parfois j'ai joué de la basse, même au début. On jouait simplement. Souvent c'était purement accidentel qui jouait de quel instrument. Sur "Tago Mago", il y a des morceaux où Jaki joue de la contrebasse ou du piano. Sur "Moonshake", il joue du Stylophone. Et sur "Landed", j'étais à la percussion pour "Red Hot Indians". Nous n'avons jamais fixé les rôles une fois pour toutes pour chaque morceau.

Je trouve que Reebop change considérablement tout votre paysage sonore et aussi la dynamique de Can.

Ça a été pour moi aussi une grande expérience. J'avais été en Afrique entre temps, et j'avais découvert des choses dans la rythmique africaine, Reebop a essayé de me l'expliquer. Reebop a apporté un nouvel élément dans la musique, quelque chose qui n'existe qu'en Afrique, qui n'est pas métrique mais purement rythmique. Les impulsions ne sont pas données régulièrement, elles sont un peu décalées, de sorte que ça ne correspond pas exactement avec les quarts, huitièmes, seizièmes ou trente-deuxièmes. Les

Aber Holger wird auf diesem Album gar nicht als Musiker, sondern nur als Editor erwähnt.

Aber das ist doch eine sehr musikalische Funktion. Das sind alles Musiker. Manchmal steht da auch, daß ich Gitarre spiele, obwohl es Holger war. Und manchmal spielte ich auch den Baß, auch schon in der Frühzeit. Wir spielten einfach nur. Oft war es der pure Zufall, wer gerade welches Instrument spielte. Auf "Tago Mago" gibt es Stücke, in denen Jaki Kontrabaß oder Klavier spielt. Auf "Moonshake" spielt er Stylophon. Und auf "Landed" habe ich in "Red Hot Indians" Percussions gespielt. Wir haben nie die Rollen in jedem einzelnen Stück festgelegt.

Ich finde, Reebop verändert das ganze Klangbild und die Dynamik von Can schon erheblich.

Das war auch für mich ein ganz großes Erlebnis. Ich war zwischendurch in Afrika gewesen und hatte etwas festgestellt an der afrikanischen Rhythmik, das für mich absolut neu war. Ich habe von Reebop erfahren wollen, was das war. Er hat auch versucht, mir das zu erklären. Reebop hat ein Element in die Musik gebracht, das es nur in Afrika gibt. Ein Element, das nicht metrisch ist, sondern nur rhythmisch. Die Einzelanschläge kommen nicht regelmäßig, sondern verschoben, wo die Aufteilung von Viertel, Achtel, Sechzehntel und Zweiund-

music by harmonic differentiation, may be effected in African music by a single drummer who places his beats a tiny bit irregularly. Later in France I worked with a great African drummer and dancer, Seni Camara. Sometimes I didn't trust my ears. He put me behind a drum because one of the drummers wasn't there, and said, don't do it that way, just place that beat a little further off, until I finally had the movement. And when he started thrashing about in there like a madman, it was like an action film. Dams bursting, trees growing, and he did all that by banging wildly on a single drum. But he created figures that we see with our inner eye when listening to a highly complex kind of music. He didn't even have two drums. You couldn't stay aloof. You don't make music by following a

> "A 50 ans bien tassés de moyenne d'âge, le second groupe allemand le plus influent des seventies — après la Bande à Baader — peut en effet contempler à l'oeil nu les points d'impact de ses déflagrations. De Brian Eno à Tortoise, de l'historien du krautrock Julian Cope à Moonshake — qui doit son nom à l'un des titres de l'album Future Days — , de Public Image aux Happy Mondays — dont le Hallellujah

plan: you have to dare to experiment. It was an experiment to play with Rosko and Reebop, even if the experiment wasn't as satisfying for listeners who'd loved Can in its old form. But I wouldn't have missed that experience for anything: it was extremely important for me. I was very sad when Reebop died in 1983. Not only because I loved him as a person, but because suddenly someone who'd shown me so much and still had so much to show me, was gone. This kind of music involves research.

Isn't it true that "Saw Delight" is the first and only Can LP that can be called background music?

I think that everyone in the band was making music for different reasons.

fait à l'évidence écho au Halle-luhwah de Tago mago — jusqu'à Aphex Twin, Sonic Youth, The Fall ou The Orb, Can est à peu près partout lorsque le rock s'automutile, fait imploser sa mythologie, ses coutumes poussiéreuses, pour reconstruire sur du neuf. Can a donc inventé le post-rock alors que le rock en était encore à s'inventer lui-même."

LES INROCKUPTIBLES / 4.6.97
(by Christophe Conte)

impulsions arrivent avec un tout petit temps d'avance ou de retard. Il est très difficile, presque impossible de noter les rythmes africains avec notre système de notation. Reebop ne jouait pas ce rythme qu'on appelle maintenant partout africain. Il jouait vraiment le beat de ses ancêtres.

Mais la musique acquiert une densité qui n'est pas typique de Can, et parfois je trouve que ça penche vers la démesure.

On peut le concevoir comme ça si on veut. Mais ceci fait partie de notre développement. Une fois de plus, ce n'était pas planifié, on n'a pas décidé un jour de jouer plus dense. Ça nous a fait plaisir de jouer avec Reebop c'est tout. Pour moi qui avais dix ans de moins que les autres c'était fascinant d'apprendre et de comprendre. Je voulais saisir l'essence de la musique africaine. Ce qui m'intéressait, c'est cet effet direct et incontrôlé que cette musique produit sur le corps. C'est seulement quand je suis allé en Afrique que j'ai vraiment appris à danser. J'avais beaucoup dansé avant mais c'est là-bas que j'ai appris comment le corps est mené par la musique, et que si la musique dit "va à gauche", tu ne peux en effet qu'aller à gauche!... J'étais au Zaïre, dans le night club de Franco et là j'ai vu que les gens ne se déhanchent pas en dansant, au contraire ils ne bougent presque pas, ils se balancent

dreißigstel nicht mehr zutrifft, sondern die Anschläge einfach eine Winzigkeit früher oder später kommen. Die afrikanische Rhythmik ist nicht oder nur unter großen Schwierigkeiten in unserer Notenschrift notierbar. Reebop hatte nicht diesen Rhythmus, den man heute überall hört und afrikanisch nennt. Der hat wirklich den Beat seiner Väter da reingebracht.

Aber dadurch erreicht die Musik auch eine Dichte, die sehr untypisch für Can ist und von der ich manchmal das Empfinden habe, sie neigt leicht zur Maßlosigkeit.

Das kann man so sehen. Aber auch das ist als Teil einer Entwicklung passiert. Es war nicht geplant. Wir haben nicht gesagt, jetzt spielen wir dichter, sondern das Spielen mit Reebop machte einfach großen Spaß. Für mich persönlich, der ich zehn Jahre früher dran war als der Rest, war es faszinierend zu lernen und zu begreifen. Ich wollte erfassen, was an dieser afrikanischen Musik dran ist. Mich selbst hat immer die direkte, unkontrol-

lierbare Wirkung der Musik auf den Körper interessiert. Und als ich in Afrika war, habe ich erst eigentlich tanzen gelernt. Ich habe auch vorher schon viel getanzt, aber dort habe ich gelernt, wie die Musik den Körper so regieren kann, daß du, wenn die Musik sagt, geh nach links, wirklich nur nach links gehen kannst. Dann kannst du nicht nach rechts. Ich war in Zaire, in Franco's Nachtclub, und beobachtete, daß die Leute sich beim Tanzen nicht verrenken, sondern sich kaum bewegen und eher im Stehen zu kopulieren versuchen. Aber wie sich alle im Gleichtakt bewegten, als ob das einstudiert wäre, diese fünfzig Paare, die auf der Tanzfläche rummachten, das war für mich ein ganz wahnsinniges Erlebnis, mit dem ich beim besten Willen nicht gerechnet hatte. All das, was in unserer westlichen Musik durch harmonische Differenzierung passiert, kann in der afrikanischen Musik durch einen einzigen Trommler bewirkt werden, der seine Schläge nur ein bißchen anders setzt. Ich hatte später auch in Frankreich mit einem großen afrika-

That's also very important. Of course I can only guess the others' motives. What fascinated me, and still fascinates me about music is how it affects listeners against their will. I wanted to work on that. It would be interesting for me to make music as a cure for diarrhea: music as medicine. Hence also my fascination for Reebop's music. That's medicine music. "Saw Delight" is a hybrid. You say you can listen to it while doing something else. That's due to the fact that there are long passages of pure rhythm. When you're listening to rhythm, you can do something else in the meantime. If we'd gone further in this direction, it would probably have become a kind of real dance music. You can do everything to dance music, not just dance. It's a kind of music that not so much tells a story, but has an effect; for instance, it makes you want to vomit, blow your nose, or it makes your hair stand on end.

Why didn't you pursue this direction?

Because it wasn't meant to be. It was very close to the end of our development. "Flow Motion" marked a point where each Can member began to know almost exactly what he wanted personally. Naturally there was a parting of the ways. You can't keep going forever. It's like a couple of young lovers discovering sex: there's a certain development. For a number of years they continue to make new discoveries, it becomes more intense

d'avant en arrière. Mais ils étaient tous synchronisés dans le rythme, les cinquante couples sur la piste, c'était magique. Des personnes qui sans se connaître participaient inconsciemment à une chorégraphie spontanée. C'était une découverte que je n'aurais pas cru possible. Tout ce qui, dans notre musique occidentale, se passe au niveau des différenciations dans l'harmonie, tu l'obtiens dans la musique africaine avec un seul tambour, qui tape un tout petit peu autrement. En France, j'ai souvent été avec un très grand batteur et danseur africain, Seni Camara, et souvent je ne pouvais en croire mes oreilles. Un jour, il m'a installé à la batterie parce qu'il y en avait un qui manquait, il m'a dit de ne pas faire comme j'avais appris mais de décaler légèrement mes coups, et un peu plus tard j'ai compris. Et quand lui a commencé, alors c'était comme dans un film d'action. Des digues s'effondraient, des arbres poussaient, et tout ça il le créait avec un tambour sur lequel il tapait comme un sourd. Mais ça fait naître des images devant l'œil spirituel, comme on en voit en écoutant des musiques extrêmement complexes. Il n'avait même pas deux tambours. Et on ne pouvait pas résister. On ne suit pas un programme, on évolue en osant des expériences. Faire des expériences, ça veut dire aussi faire ce qu'on faisait avec Rosko et Reebop. Même si le résultat est déroutant pour les gens qui aiment Can sous une autre forme. Mais pour moi,

nischen Trommler und Tänzer, Seni Camara, zu tun und traute oftmals meinen Ohren nicht. Der setzte mich einfach hin, weil einer der Trommler nicht da war, und sagte mir, ich solle das nicht so machen, sondern den Schlag einfach etwas weiter setzen, bis ich das irgendwann drinhatte. Und als er dann anfing, darin wild rumzuballern, war das wie ein Action-Film. Da brachen Staudämme, da wuchsen Bäume, und das machte er alles mit einer Trommel, auf der er wild rumhaute. Aber er schaffte Figuren, die wir vor unserem geistigen Auge beim Hören irgendwelcher höchst komplexer Musik sehen. Er hatte noch nicht einmal zwei Trommeln. Und man kann sich ja nicht verschließen. Man macht ja nicht programmatisch nur eine Art von Musik, sondern wagt auch Experimente. Und Experimente zu machen, heißt eben auch, daß man Sachen macht wie mit Rosco und Reebop. Auch wenn das Ergebnis für Leute, die Can in ihrer anderen Form lieben gelernt hatten, unbefriedigend sein konnte. Aber für mich war

die Erfahrung so wichtig, daß ich sie unter keinen Umständen missen möchte. Ich war sehr sehr traurig, als Reebop 1982 starb. Nicht nur, weil ich ihn als Menschen sehr liebte, sondern weil plötzlich jemand weg war, der mir so viel gezeigt und noch so viel zu zeigen hatte. Diese Musik ist immer auch ein Forschen.

Ist es nicht so, daß "Saw Delight" die erste und einzige Platte von Can ist, die man auch nebenbei hören kann?

Ich glaube, jeder in der Band hat aus anderen Gründen Musik gemacht. Das ist auch sehr wichtig. Wobei ich gar nicht definieren kann, aus welchen Gründen jeder einzelne Musik gemacht hat. Mich persönlich hat an Musik immer fasziniert und tut es auch immer noch, was gegen den Willen des Zuhörers beim Hören der Musik bewirkt wird. Und daran wollte ich arbeiten. Für mich wäre es durchaus interessant, eine Musik gegen Durchfall zu machen. Musik als Medizin. Daher auch meine Faszinati-

and passionate. But at some point these people won't discover so much more new in each other. The relationship starts materializing, children are born, and then they start discovering things through the children. That's metaphorically speaking. You can't always expect four people who are exploring themselves and each other, to continue to make new discoveries into eternity. Can couldn't have gone on like that eternally.

After "Saw Delight" came "Out Of Reach", the album that nobody today knows or wants to listen to.

That was just a bad album. The first track is quite good, and there are a couple of other good spots. But the Can-idea was in its last throes. Can was already dying then.

Nevertheless, I have the impression that you were all later somewhat more economic with your means on "Can".

That was due to the fact, among others, that we had decided to return to the Can-roots. It was a look back in time to the old Can sound. But we also knew it would be the last Can album. At least I remember seeing it like that.

Holger was no longer involved?

Historically speaking he'd already left. I

cette expérience a été si marquante que je regretterais si je ne l'avais pas faite. J'ai été très triste quand Reebop est mort en 1983. Je ne regrettais pas seulement l'homme pour lequel j'avais eu beaucoup d'affection, mais aussi le musicien qui m'avait tant appris et qui aurait pu encore m'apprendre beaucoup.
Cette musique est toujours une exploration.

Est-ce que tu ne trouves pas que "Saw Delight" est le seul disque qu'on puisse entendre en faisant autre chose?

Je crois que, dans le groupe, chacun faisait de la musique pour des raisons différentes. Moi personnellement, ce qui m'a toujours fasciné dans la musique, et encore maintenant, c'est ce que la musique produit comme effet sur l'auditeur, à son corps défendant. J'aurais aimé travailler ce sujet. J'aurais trouvé intéressant de faire par exemple une musique contre la colique. La musique comme médicament. C'est pourquoi d'ailleurs j'ai tant été fasciné par la musique de Reebop. C'était une musique médicamente. "Saw Delight" est une œuvre bâtarde. Tu dis qu'on peut l'écouter en faisant autre chose, mais c'est parce qu'il y a de longs passages qui ne sont que du rythme. Et s'il n'y a que du rythme, c'est vrai qu'on peut faire quelque chose d'autre en même temps. Si on avait continué dans cette voie, il en serait peut-être sorti une sorte de

on für die Musik von Reebop. Das ist ja Medizin-Musik. "Saw Delight" ist ein Zwitter. Du sagst, man kann es auch hören, während man etwas Anderes macht. Das liegt daran, daß weite Strekken nur Rhythmus sind. Und wenn man nur Rhythmus hört, kann man was Anderes machen. Wäre dieser Weg konsequent weiter beschritten worden, wäre wahrscheinlich eine Art richtiger Tanzmusik daraus geworden. Zu Tanzmusik kann man ja alles machen, nicht nur tanzen. Eine Musik, die nicht so sehr erzählt, sondern etwas bewirkt: daß du kotzen mußt, die Nase frei wird oder die Haare zu Berge stehen.

Und warum habt ihr diesen Weg nicht weiter beschritten?

Weil es nicht das war, was passieren konnte. Das war ja schon gegen Schluß unserer Entwicklung. Ab "Flow Motion" fing jeder Can-Musiker an, ziemlich genau zu wissen, was er persönlich wollte. Dadurch gingen die Wege natürlich auseinander. Man kann so etwas nicht ewig machen. Das ist wie bei einem jungen Liebespaar, das den Sex entdeckt. Da gibt es eine gewisse Entwicklung. Eine Anzahl von Jahren entdeckt man ständig etwas Neues, es wird immer intensiver und leidenschaftlicher. Irgendwann entdecken diese beiden Leute nicht mehr so viel neues aneinander. Die Beziehung beginnt sich zu materialisieren, Kinder kommen, und dann kann man an den Kindern wieder

don't think he was still a band member at the time. During "Landed", Holger had already begun to work on "Movies". Quite hesitantly. His "Oh Lord Give Us More Money", was based on a tape that we had made during "Landed". So we're all on that track. For instance, you can hear one of my guitar solos way off in the background. We hadn't used the tape for "Landed", so Holger used it to get started with his own thing.

Was there a reason why Holger left?

I think he was fed up. Whatever personal reasons there might have been are not important. He had other things in mind. For instance, he imagined a different treatment of the vocals. He took up singing. Holger broke out musically. Plus, he wanted to get away from group thinking. You should ask him about it, though. At that time, we

all thought it was time to do something else.

What does "edited by Holger Czu-kay" mean?

We took up sampling the finished product again. As Holger was the most virtuoso of tape editors among us, and my absolute teacher in this aspect — everything I know about it, I learned looking over his shoulder —, we gave Holger the final tapes to edit. It was like in the "Tago Mago" days. We'd always edited together. When "Tago Mago" was being edited, at least Irmin and I were always there. Jaki wasn't there as often, because it didn't interest him so much. So we returned to a work process that had always been essential for the early records: Holger did the editing. Like in the old days, we would say: "let's put it together like this and see what happens". Like you

musique de danse et avec une musique de danse, on peut tout faire, pas seulement danser. Une musique qui ne raconte rien mais qui agit, qui fait par exemple que tu dois vomir, ou que ton nez se dégage, ou que tes cheveux se dressent sur ta tête.

Et pourquoi n'avez-vous pas continué dans cette voie?

Parce que ça ne devait pas se faire. On était proche de la fin de notre développement. A partir de "Flow Motion", chacun des musiciens a commencé à savoir exactement ce qu'il voulait pour lui-même. Ça a impliqué que nos chemins ont divergé. On ne peut pas faire ça éternellement. C'est comme dans un couple qui découvre le sexe. Il y a nécessairement un développement, on découvre toujours quelque chose de nouveau, ça devient de plus en plus intense et passionné. Et un beau jour ils remarquent qu'ils ne découvrent plus rien chez l'autre, la relation commence à devenir matérielle, les enfants arrivent et à travers eux tu vois à nouveau que tu peux découvrir des choses nouvelles. Voilà pour la comparaison. Tu ne peux pas attendre que quatre personnes qui découvrent des choses dans leur propre intérieur et dans celui des autres, continuent à trouver des choses nouvelles jusqu'à la fin du temps. Je crois que Can ne pouvait durer indéfiniment.

etwas entdecken. Das als Gleichnis. Du kannst nicht erwarten, daß vier Leute, die in ihrem Inneren und im Inneren des anderen etwas entdecken, bis ans Ende der Zeiten ständig neues finden werden. Can konnte nicht ewig so weitermachen.

Nach "Saw Delight" kam das Album, das heute keiner mehr kennt und niemand mehr hören will. "Out Of Reach".

Das war einfach ein schlechtes Album. Das erste Stück ist ganz gut, und es gibt ein paar andere gute Stellen darin. Aber da war der Can-Gedanke in den letzten Zuckungen. Can lag da bereits im Sterben.

Trotzdem habe ich den Eindruck, daß ihr danach auf "Can" mit dem Einsatz eurer Mittel wieder etwas sparsamer seid.

Das hatte unter anderem auch den Grund, daß wir gesagt haben, wir gehen wieder zurück. Es war in gewisser Weise eine Rückbesinnung auf den alten Can-

Sound. Aber es war auch von vornherein geplant, daß es die letzte Platte sein würde. Zumindest erinnere ich mich, daß ich das so gesehen habe.

Und Holger gehörte nicht mehr dazu?

Historisch gesehen ist er damals schon ausgestiegen. Ich glaube nicht, daß er damals noch Band-Mitglied war. Holger hatte schon während "Landed" angefangen, regelrecht an "Movies" zu arbeiten. Recht zögerlich anfangs. "Oh Lord Give Us More Money"", auf "Movies", basierte auf einem Grundband, das wir zur Zeit von "Landed" gemacht haben. Deshalb sind wir da auch alle drauf. Ganz im Hintergrund hört man beispielsweise ein Gitarrensolo von mir. Das war ein Band, das wir für die Platte nicht verwendet hatten, und Holger benutzte es, um mit seinen eigenen Sachen anzufangen.

Gab es einen Grund für Holger auszusteigen?

do when you edit tapes. That's a real musical activity, a purely musical procedure.

So was "Aspectacle" planned for "Aspekte"(German television program)?

Yes,it was made on request. We had recorded "Aspectacle" for "Aspekte", much earlier. When we put it together for the album, it had already been the "Aspekte" title music for over a year.

Punk had already broken out by the time you made "Can". Did it lead you to re-evaluate your own work?

No, because punk was something completely different. They played real rock'n'roll. In that sense, we've never made rock'n'roll. We used rock'n'roll elements, but our music was as close to classical contemporary music as to rock'n'roll, and that doesn't apply to punk.

But when I listen to "Monster Movie" I have the impression that there is a similar attitude.

Not in the attitude, although I'm not really very familiar with the attitude of the punks. I would say, rather, that the similarity was in the sound. Despite our dilettantism in the beginning, the members of Can were always extreme perfectionists. All of us. We worked very

Après "Saw Delight", il y a eu un album que plus personne ne connaît ni ne veut connaître: "Out Of Reach".

C'était tout simplement un mauvais album. Le premier morceau est bon et il y a d'autres bonnes choses aussi, mais on en était au dernier soupir de Can. Can se mourait.

Pourtant, j'ai l'impression qu'après, lorsque vous avez fait l'album "Can", vous êtes redevenus économes de moyens.

La raison était en partie que nous voulions revenir en arrière. C'était en quelque sorte un retour vers le passé du son Can. Mais c'était clair également que ce serait notre dernier disque. Du moins je me rappelle avoir vu les choses comme ça.

Holger ne faisait plus partie du groupe?

Historiquement, il avait déjà quitté le groupe. Je ne crois pas qu'il ait été encore membre du groupe. Pendant "Landed", Holger avait déjà commencé à travailler à "Movies". Doucement. "Oh Lord Give Us More Money" il l'a construit sur une bande que nous avions enregistrée ensemble du temps de "Landed". C'est pourquoi on est tous dessus. En arrière-plan, on m'entend en solo. C'était une bande qu'on n'avait pas utilisée pour le disque et Holger l'a prise pour faire ses premier pas.

Ich nehme an, er hatte es satt. Was es für persönliche Gründe gegeben haben mag, ist in so einem Fall nicht wichtig. Er hatte anderes im Sinn. Zum Beispiel schwebte ihm eine andere Behandlung des Gesanges vor. Er fing damals an zu singen. Holger brach musikalisch aus. Und er wollte zunächst einmal von dem Gruppengedanken weg. Das müßtest Du aber ihn fragen. Wir waren zum damaligen Zeitpunkt alle der Meinung, daß es mal an der Zeit wäre, etwas Anderes zu machen.

Und was ist unter "Edited by Holger Cukay" zu verstehen?

Damals fingen wir wieder an, am fertigen Produkt zu samplen. Holger, der von uns der virtuoseste Bandschneider war, für mich in dieser Hinsicht auch der absolute Lehrer — alles, was ich auf diesem Gebiet kann, habe ich von Holger abgeguckt — wurde von uns an die fertigen Bänder zum Schneiden herangelassen. Es war so wie zu „Tago Mago"-Zeiten. Wir hatten immer zu mehreren geschnitten. Als „Tago Mago" geschnitten wurde, waren zumindest immer Irmin und ich dabei. Jaki nicht so oft, weil ihn das nicht so sehr interessierte. Wir kehrten also zu einem Arbeitsvorgang zurück, der für die frühen Platten immer wesentlich gewesen war, nämlich, daß Holger geschnitten hat. Wir haben wieder gesagt, hängen wir das mal so zusammen und gucken. Wie man eben Bänder editiert. Das ist eine absolut musikalische Tä-

hard and intensively on details. Also, punk had something political about it. People tried to demonstrate that you need only to bang away and something would come out of it.

Though that was only pretense in some bands.

Because just banging away is also boring. I don't want to run down punk. It's very possible that Can influenced punk. And there were certainly parallels to the punk movement. But when you say that "Father Cannot Yell" has a similar attitude as the Sex Pistols, I can't share your opinion. We were always after the ultimate groove. We wanted our music to groove, and I don't think one can say the music of the first punk generation "grooved". Maybe a matter of definition. I still remember listening to the rhythm tracks for "Father Cannot Yell", and Jaki happily saying how tight and precise it was. He was pleased because there was such swing to it. Holger and Jaki worked very hard together to set the swing energy free. When the motor was on and purring, it was unstoppable. There were concerts where the hall's manager had to come and get us to stop, but it wasn't possible. He'd pull out the plug, but we still went on, because we didn't want to stop. Good, OK, you can probably see some parallels to punk in that...

Above all, the punk attitude...

Est-ce que Holger avait des raisons pour quitter le groupe?

Je crois qu'il en avait marre. Ses raisons personnelles ne sont pas importantes dans cette affaire. Il avait d'autres projets, par exemple il avait des idées sur le traitement du chant. Il a commencé à chanter. Musicalement, il s'est libéré, et il voulait aussi s'échapper de l'idée du groupe. Mais il faudrait que tu lui demandes. En tous cas, à ce moment-là on était tous d'accord pour penser que le temps était venu de faire autre chose.

Et que faut-il comprendre par "Edited By Holger Czukay"?

A cette époque, on a recommencé à sampler sur des produits déjà finis. Holger qui était le virtuose de la coupe, pour moi le maître absolu — tout ce que je sais dans ce domaine, je le dois à Hol-

ger- nous l'avons chargé de couper les bandes finies. On a toujours coupé les bandes ensemble, pour "Tago Mago" il y avait toujours au moins Irmin et moi avec Holger. Jaki était moins souvent là parce que ça ne l'intéressait pas. On est revenus à une méthode de travail qui avait été essentielle pour nos disques antérieurs, c'est à dire que Holger éditait. On s'est dit, comme dans les vieux temps: "collons-ça ensemble, regardons ce que ça donne". Comme on édite des bandes, quoi. C'est absolument une activité musicale. C'est purement musical.

Est-ce que "Aspectacle" a été prévu dès le début pour "Aspekte" (émission culturelle sur la chaîne 2 allemande)?

Oui, c'était une commande. Je crois me rappeler qu'on a enregistré "Aspectacle" directement pour "Aspekte". Mais déjà assez tôt, même avant l'arrivée de Rosko,

tigkeit. Ein rein musikalischer Vorgang.

War denn "Aspectacle" von vornherein für „Aspekte" (ZDF) geplant?

Ja, das war eine Auftragsarbeit. Ich erinnere mich, daß wir "Aspectacle" extra für Aspekte aufgenommen hatten. Und zwar schon viel früher. Als wir das Stück auf die Platte nahmen, lief es schon seit mindestens einem Jahr als Aspekte-Signet.

Als "Can" gemacht wurde, gab es ja schon den Punk. Führte das zu einer Neubewertung eurer eigenen Musik?

Nein, denn der Punk war etwas ganz Anderes. Die haben richtigen Rock 'n'Roll gemacht. Wir haben in diesem Sinne niemals Rock'n'Roll gemacht. Wir haben zwar Rock'n'Roll-Elemente verwendet, aber unsere Musik war der neuen Musik genauso nahe wie dem Rock 'n'Roll, und das trifft auf den Punk nicht zu.

Aber wenn ich "MonsterMovie" höre, habe ich schon den Eindruck, daß da eine gewisse Ähnlichkeit in der Attitüde vorhanden ist.

Nicht in der Attitüde. Wobei ich die Attitüde der Punk-Leute nicht wirklich kenne. Ich würde eher sagen, die Ähnlichkeit bestand im Klang. Wir Can-Leute waren trotz unseres anfänglichen Dilettantismus immer ausgesprochene Perfek-

But the difference is that it had to really groove. And also our concept from the beginning on was the sparse sound. What you didn't play, the notes you left out that are nevertheless there, we talked about that a lot. That was important to us. I don't believe that the punkers worried about that.

But at least the punks had a completely new generation of singers who worked intuitively. Why didn't you try something with one of them?

We kept trying to find a new singer, but none of that was right for us. These punk rockers, as good as they might have been, didn't have that meditative side to them and that was so important for Can. Can created music out of the subconscious; that was totally untouched by the egos. There was no place for personal aspirations in Can. Nobody wanted to stick out. Can just meant it had to rock, and the divine spark had to hit. Everyone knew that, but it wasn't often a conscious thing. It was also never talked about. This supreme factor was there. Punk didn't have that. Can was a spiritual experience during action, something that occurs in Indian music, in Gamelan, Japanese Noh theater, in Romanian music, and in a lot of African music. Something that is typical for "spiritual" music of many cultures. Sometimes I feel as if there's something of Romanian music in me and Jaki. Something from the East. Strange limping rhythms.

je crois. Quand le morceau est sorti sur le disque, il était déjà l'indicatif de l'émission depuis plus d'un an.

Quand vous avez fait "Can", le punk existait déjà. Est-ce que ça a jeté une lumière nouvelle sur votre musique?

Non, parce que le punk était très différent. Ils ont fait du vrai Rock'n'Roll. Nous, on n'a jamais fait de rock dans ce sens. On a certes utilisé des éléments du rock mais notre musique était aussi proche de la musique contemporaine que du rock et on ne peut pas dire ça du punk.

Pourtant, quand j'entends "Monster Movie" j'ai l'impression qu'il y a une sorte de similitude dans l'attitude.

Pas dans l'attitude... quoique je ne connaisse pas bien l'attitude des punk. Je dirais plutôt que les ressemblances se rapportent à la qualité sonore. Nous, musiciens de Can, malgré notre dilettantisme du début, on était des perfectionnistes. Tous. On s'est vraiment donné beaucoup de mal et on a travaillé sur les détails. Et en plus, le punk est une affaire où la politique joue un rôle, ils voulaient montrer qu'il suffit de taper un coup fort et il en sort quand même quelque chose.

Mais chez la plupart, la politique sert plutôt de prétexte.

tionisten. Und zwar alle von uns. Wir haben uns sehr wohl große Mühe gegeben und intensiv am Detail gearbeitet. Der Punk war ja wohl außerdem eine politische Angelegenheit, bei der man versuchte zu demonstrieren, wir brauchen einfach nur draufzuhauen, und es kommt trotzdem was raus.

Wobei das natürlich von vielen Bands nur vorgeschoben war.

Weil einfach nur draufhauen ja auch langweilig ist. Ich will den Punk gar nicht runtermachen. Es ist auch gut möglich, daß Can den Punk beeinflußt hat. Und sicher gibt es auch Parallelen zur Punk-Bewegung. Aber wenn du sagst, "Father Cannot Yell" hat eine ähnliche Attitüde

wie die Sex Pistols, dann kann ich das nicht teilen. Wir waren immer auf den ultimativen Groove aus. Wir wollten, daß unsere Musik groovt, und ich finde nicht, daß die Musik der ersten Punk-Generation gegroovt hat. Ich erinnere mich noch daran, wie wir die Rhythmusstelle von "Father Cannot Yell" hörten und Jaki so ganz fröhlich sagte, das steht ja wirklich wie eine Eins. Es gefiel ihm einfach, daß es so swingte. Holger und Jaki haben sehr eng zusammen daran gearbeitet, Schwingungsenergie freizusetzen. Wenn der Motor angeworfen war und gut lief, war er unaufhaltbar. Es hat ja auch Konzerte gegeben, bei denen der Saalbesitzer auf die Bühne kam und versuchte, uns zu stoppen, aber es war nicht möglich. Er hat den Stecker rausgezogen,

How did the recording of "Rite Time" occur, ten years after Can split up?

Why not? Suddenly there was money there. Also, we'd heard from Malcolm in America, and he wanted to come over and do something. Hildegard had co-founded a production company in Switzerland. A Swiss man by the name of George Reinhard, whose demise we all regret, played an important role in that. There was money for a record, so we made a record.

But that's a reason that doesn't seem to have much to do with the original intentions of Can.

Money is important. If you don't have any money, you can't do anything. We are not the young pioneers anymore. Each of us has his life to live, and if someone says, here's some money, make a record, then we make a record. Money brings music, music brings money. If somebody pays for music, then I'll play. I think it's more difficult to play gratis on command. Free concerts are something else. If you ask me to play something for you, I won't know what to play. But if you tell me, here's a thousand marks, play something for me, then I'll play something for you. It's a question of inspiration.

Was there something of the spiritual quality of the earlier records on "Rite Time"?

Parce que taper seulement devient vite ennuyeux. C'est bien possible que Can ait influencé le punk. Il existe certainement des parallèles avec le mouvement punk et l'évolution de Can. Mais si tu dis que "Father Cannot Yell" a une attitude semblable aux Sex Pistols, alors je ne te suis plus. Nous, on voulait le groove ultime. On voulait le groove dans notre musique et je ne crois pas que la musique de la première génération punk était basée sur ce thème. Je me rappelle encore quand on a écouté les passages rythmiques de "Father Cannot Yell", Jaki a dit tout heureux: "Ça y est, ça bouge comme il faut" ça lui plaisait que ça swingue. Holger et Jaki ont beaucoup travaillé à envoyer des énergies par vibrations. Quand le moteur marchait et ronronnait, alors rien ne l'arrêtait. Il y a eu aussi des concerts où le gérant est venu sur scène pour essayer de nous arrêter, mais ce n'était pas possible. Il a enlevé la prise mais on a encore continué parce qu'on ne voulait pas s'arrêter. C'est vrai qu'à ce niveau, l'on peut faire un parallèle avec les punks.

Et surtout avec leur attitude.

Avec la différence qu'on donnait la priorité au groove. Même notre économie de moyens faisait partie de notre programme. Ce qu'on ne joue pas, les notes qui ne sont pas jouées mais qui sont là tout de même. On a parlé des heures de tout ça. Je ne crois pas que les

aber wir hörten einfach nicht auf, weil wir nicht wollten. Gut, man kann daraus Parallelen zum Punk ziehen...

Und vor allem auch zur Attitüde des Punk...

Bis eben auf den Unterschied, daß es wirklich grooven mußte. Auch unsere Sparsamkeit war von Anfang an Programm. Das, was man nicht spielt. Die Noten, die man wegläßt und die trotzdem da sind. Darüber haben wir viel geredet. Das war uns wichtig. Und ich glaube nicht, daß die Punk-Leute anfangs solche Überlegungen angestellt haben.

Zumindest aber brachte der Punk eine ganz neue Generation intuitiv arbeitender Sänger. Warum habt ihr es nicht mit einem von denen versucht?

Wir haben es laufend mit neuen Sängern versucht, aber das war alles nichts für uns. Diese Punk-Leute, so gut sie gewesen sein mögen, hatten nicht dieses Meditative, das für Can so wichtig war.

Can hat aus dem Unbewußten eine Musik entstehen lassen, die von den Egos vollkommen unberührt war. Bei Can gab es keine persönlichen Wünsche. Da wollte sich niemand profilieren. Can hieß nur, es muß rocken, und der göttliche Funke muß einströmen. Das haben alle zwar gewußt, aber selten war sich jemand dessen bewußt. Es wurde auch nie gesagt. Diese vollkommen übergeordnete Größe war einfach da. Die hatte der Punk aber nicht. Can war ein spirituelles Erlebnis während des Machens, wie man es sonst in der indischen Musik, im Gamelan, im japanischen No-Theater, in der rumänischen Musik und in vielen afrikanischen Musiken findet. Wie es die "spirituellen" Musiken vieler Kulturen auszeichnet. Teilweise ahnt man es sogar in der afrikanischen Pop-Musik. Manchmal denke ich, daß etwas von der rumä-

Unfortunately, "Rite Time" was made at a time when a personal crisis, which pops up from time to time, was waiting to be solved, but was still absolutely not resolved. This personal crisis, unfortunately, ate up a great deal of creative energy, because it preoccupied us all, although it affected only two of us directly. Also, Malcolm came with residual mistrust to the four of us to Europe, unfounded as it had always been. "Rite Time" minus the personal problems that we had, would certainly have become a fantastic album.

vrais punks aient eu de telles réflexions.

En tous cas, le punk a amené toute une génération de chanteurs qui chantaient intuitivement. Pourquoi n'avoir pas essayé avec l'un d'eux?

Nous avons fait cette démarche mais ce n'était pas pour nous. Ces punks étaient très bien mais il leur manquait ce côté méditatif qui était si important pour notre groupe. Can a crée une musique qui remontait de l'inconscient et qui n'était pas touchée par les egos. Chez Can, il n'existe pas d'aspirations personnelles. Personne ne recherche sa propre gloire. Personne ne fait le beau. Can, c'était simplement: ça doit vibrer et l'étincelle divine doit intervenir. On le savait tous quelque part, mais on n'en était pas conscients. On n'en a pas parlé. Ce facteur suprême était toujours là, tout simplement. Mais pas chez les punks, je crois. Can est une expérience spirituelle, une démarche initiatique qui nous mène on ne sait où mais dont la portée mystique ou spirituelle se retrouve dans la musique indienne, au Gamelan, dans le théâtre No japonais, dans la musique roumaine et dans beaucoup de musiques africaines. Parfois je remarque qu'il y a en Jaki et moi quelque chose de cette musique roumaine. Quelque chose venu de l'est. Ces rythmes non symétriques...

Comment se fait-il que vous ayez encore

nischen Musik in mir und Jaki steckt. Etwas aus dem Osten. Die seltsamen Humpelrhythmen.

Wie kam es denn, daß ihr zehn Jahre nach dem Split von Can noch "Rite Time" eingespielt habt?

Warum denn nicht? Schließlich war plötzlich Geld dafür da. Außerdem hatte sich Malcolm wieder aus Amerika gemeldet und wollte kommen und was machen. Hildegard hatte in der Schweiz eine Produktionsfirma mitbegründet. Ein Schweizer namens George Reinhard, dessen Verlust wir zu betrauern haben, spielte dabei auch eine wichtige Rolle. Es war Geld für eine Platte da, und so haben wir eine Platte gemacht.

Das ist doch aber ein Beweggrund, der ziemlich wenig mit den ursprünglichen Intentionen von Can zu tun hat.

Geld ist wichtig. Wenn du kein Geld hast, kannst du nichts machen. Wir sind ja nicht mehr die jungen Pioniere. Jeder von uns lebt sein Leben, und wenn uns da jemand sagt, hier habt ihr die nötigen Mittel, macht eine Platte, dann machen wir eine Platte. Geld bringt Musik, und Musik bringt Geld. Wenn jemand für Musik zahlen will, spiele ich. Ich finde es eher schwierig, gratis so auf Kommando zu spielen. Free-Konzerte natürlich schon, das ist etwas Anderes. Wenn Du mir sagst, spiel mir was vor, weiß ich

nicht, was ich spielen soll. Wenn Du mir aber sagst, hier sind tausend Mark, spiel mir was vor, dann spiele ich Dir was vor. Das ist eine Frage der Inspiration.

Hat sich denn von der spirituellen Dichte der früheren Platten wieder etwas auf "Rite Time" eingestellt?

"Rite Time" war zeitlich leider an einem Punkt, an dem eine persönliche Krise, die es ja immer mal gibt, ihrer Lösung harrte, aber immer noch absolut ungelöst war. Diese persönliche Krise hat leider sehr viel von unserer schöpferischen Energie aufgefressen, weil wir alle damit beschäftigt waren, obwohl sie nur zwei von uns anging. Außerdem war Malcolm immer noch mit einem ziemlichen Restmißtrauen uns anderen gegenüber nach Europa gekommen, so unbegründet es auch von Anfang an gewesen war. "Rite Time" minus die persönlichen Probleme, die wir hatten, wäre sicher ein fantastisches Album geworden.

fait "Rite Time" dix ans après votre séparation?

Pourquoi pas? Enfin l'argent était là, en plus Malcolm s'était à nouveau manifesté des Etats-Unis, il voulait venir faire quelque chose avec nous. Hildegard avait participé à la fondation d'une entreprise de production. Il y avait aussi un Suisse, George Reinhard, dont nous déplorons la disparition et qui a joué aussi un grand rôle. Il y avait de l'argent pour faire un disque, alors on l'a fait.

C'est une motivation assez éloigné des idéaux de Can.

Faux!; l'argent, c'est important. Si tu n'en as pas, tu ne peux rien faire. Nous ne sommes plus les jeunes pionniers d'Antan. Chacun d'entre nous vit sa vie et si quelqu'un dit: "voici l'argent néces-saire pour faire un disque": on le fait! L'argent apporte de la musique et la musique de l'argent. Si quelqu'un me paie pour jouer, je joue. Je trouve plus difficile de jouer gratuitement à la commande. Des concerts free, ça oui, c'est autre chose. Mais si tu me demandes de créer quelque chose, je ne sais pas ce que je pourrais jouer. Mais si tu dis: "Voilà mille Marks, crée-moi quelque chose, alors là je le peux. C'est une question d'inspiration...

Est-ce qu'on retrouve la densité spiri-tuelle de vos débuts dans "Rite Time"?

"Rite Time" a été fait à un moment de crise personnelle où la solution se faisait attendre. Cette crise a consommé beaucoup de nos énergies, car elle nous a beaucoup préoccupés, même si deux d'entre nous seulement étaient concernés. Puis de la part de Malcolm, il y avait encore cette vieille méfiance pour nous tous, toujours aussi peu fondée. "Rite Time" sans les problèmes personnels, serait devenu un album fantastique.

JAKI LIEBEZEIT

Der Geist aus der Dose

The Ghost in the Can

Interview Jaki Liebezeit

Wann immer ich mich mit einem anderen der Can-Musiker über Struktur und Aufbau der Stücke unterhielt, wurde mir erzählt, daß alles über den Groove lief und damit über Dich.

Der Groove bzw. der Rhythmus war immer die Grundlage der Musik. Das ist heute noch immer und vielleicht erst recht so. Zuerst liegt der Musik eine Form zugrunde, und erst dann kommt in die Form Farbe. Ich glaube, das ist ganz natürlich.

Die Magie der ersten Can-Platten geht ja von der rhythmischen Einheit aus, die Du mit Malcolm Mooney bildest. Ging auch für Dich persönlich von dieser Einheit ein gewisser Druck aus?

Druck in dem Sinne nicht. Aber Malcolm hat einfach einen unheimlich

Interview Jaki Liebezeit

Whenever I talk to other Can members about the construction of the songs, I'm told that everything depended on the groove — and therefore on you.

The basis of music was always the groove, the rhythm. That's true today, perhaps really true for the first time. First the form gives the music a foundation, and then the color can be added. I think that's completely natural.

The magic of the first Can album comes from the rhythmic unit that you build with Malcolm Mooney. Did you also personally feel a certain pressure from this unit?

Pressure, no. But Malcolm had an unbelievably strong sense of rhythm which was expressed through his voice.

"Une partie fort substantielle des articles ou essais traitant de Can commence ainsi: 'Peu de groupes ont eu une influence aussi grande que ...'
Cette affirmation, devenue aujourd'hui lieu commun, n'a cependant jamais semblé aussi pertinente."

MAGIC! May-June / 97
(by Joseph Ghosn)

Le fantôme de la boîte

Interview Jaki Liebezeit

À chaque fois que je me suis entretenu avec un musicien de Can sur la structure et la composition des morceaux, on m'a toujours dit que tout passait par le groove et donc par toi.

Le groove, le rythme, ont toujours constitué la base de la musique. C'est encore valable aujourd'hui ou peut-être même justement aujourd'hui. Dans la musique, il y a d'abord la forme et seulement ensuite, il y a la couleur. Ça me semble tout naturel.

La magie des premiers disques de Can tient à l'unité rythmique que tu constitues avec Malcolm Mooney. Est-ce que pour toi cette unité a représenté une certaine contrainte?

Une contrainte, pas vraiment, mais Malcolm a vraiment apporté un rythme

starken Rhythmus rübergebracht. Durch die Stimme. Ich habe wenige Leute erlebt, die mit der Stimme einen solchen Rhythmus erzeugen konnten. Der Zusammenhalt von Stimme und Schlagzeug war einmalig. Etwas derartiges habe ich nie wieder erlebt.

Du bist ja vom Free Jazz gekommen. Insofern muß ja Can eine völlig neue Erfahrung für Dich gewesen sein.

Ich habe ja bewußt mit dem Free Jazz gebrochen. Zuerst hatte ich normalen Jazz gespielt, dann Free Jazz, und irgendwann war diese Entwicklung für mich zu Ende. Wo sollte es noch hingehen? Freier als frei ging ja nicht. Ich hatte keine Lust mehr auf diese Musik und wollte wieder Rhythmus spielen. Ich hörte radikal auf mit Jazz und spielte ihn nie wieder.

Aber konntest Du die Erfahrungen, die Du mit dem Free Jazz gesammelt hast, in Can einbringen, oder war das für Dich ein völlig neuer Anfang?

Nein, denn mit Rhythmen habe ich mich schon beschäftigt, bevor ich mit dem Free Jazz anfing. Schon Anfang der Sechziger hörte ich indische und arabische Musik. Ich war immer offen für die Musik, die sonst noch auf der Welt passiert. Ein paar Jahre wohnte ich in Spanien. Vom Flamenco habe ich in Bezug auf den Rhythmus viel gelernt.

I've rarely met someone whose voice was capable of creating such rhythms. The combination of voice and drums was unique. I've never experienced anything else like it.

Your background was in free jazz. Can must have been a completely different experience for you.

I purposely broke away from free jazz. First I'd played regular jazz, then free jazz, and then at some point this development came to an end. Where should it go? There's nothing freer than free. I didn't want to play this music anymore and wanted to play rhythm again. I broke away radically from jazz and have never played it since then.

But could you use the experience that you'd gathered in free jazz in Can, or was it a completely new beginning?

No, I was already interested in rhythm before I started playing free jazz. At the beginning of the sixties I listened to Indian and Arabian music. I was always open to music that was happening around the world. I lived for a couple of years in Spain. I learned a lot about rhythm from flamenco. But then I came to Germany and met my friends, who were all playing free jazz. They said: you and your old-fashioned rhythm; it doesn't exist anymore, repetition and all that doesn't fly anymore today. I

incroyable. Par sa voix. J'ai rarement rencontré des gens qui créaient un tel rythme rien qu'avec la voix. La cohérence entre la voix et la batterie étaient uniques, je n'ai jamais retrouvé ça nulle part après.

Tu viens du free jazz. En quoi est-ce que Can a représenté pour toi une expérience tout à fait nouvelle?

J'avais décidé de rompre avec le free jazz. J'ai d'abord commencé avec le jazz normal, puis j'ai continué avec le free jazz et à un moment, cette évolution s'est terminée. Ça ne menait pas plus loin, il n'y a pas plus libre que libre. Je n'ai plus

eu envie de jouer cette musique, j'ai eu besoin à nouveau de jouer du rythme. J'ai alors arrêté radicalement le jazz et jamais plus je n'en ai rejoué.

Mais toutes les expériences accumulées avec le free jazz, est-ce que tu as pu les intégrer dans Can ou est-ce que ça a été pour toi un départ tout à fait nouveau?

Non, parce que je m'étais déjà intéressé aux rythmes avant de commencer à jouer du free jazz. Au début des années 60, j'écoutais de la musique indienne et arabe. J'ai toujours été intéressé par les musiques du monde. J'ai habité quelques

Aber dann kam ich nach Deutschland und traf meine Freunde, die alle Free Jazz machten. Die sagten, Du mit deinem altmodischen Rhythmus. Sowas gibt es heute gar nicht mehr. Mit Wiederholungen und derartigen Dingen wird heute nicht mehr gespielt. Darauf konnte ich nichts erwidern. Jeder, der sich dagegen aussprach, konnte sich damals dusselig reden, ohne Gehör zu finden. Für ungefähr zwei Jahre wandte ich mich dem Free Jazz zu, aber dann verlor ich das Interesse daran, weil ich merkte, daß er gar nicht frei war. Es gab einfach zu viele Einschränkungen. Rhythmische Wiederholungen waren verboten. Das war abgeleitet von irgendeiner Schönberg-Hindemith-Theorie, daß alle Töne gleichberechtigt sind, was natürlich jede Menge Konsequenzen hat. Keine Vorrangstellung der Oktave, keinerlei harmonische Gesetze, und auch in rhythmischer Beziehung sind alle Töne gleichberechtigt. Es gibt keine Wiederholungen mehr. Die Wiederholung ist aber die Basis eines jeden Rhythmus. Wenn ich dauernd verändere, kriege ich anstatt eines Rhythmus ein Geräusch. Als ich dann mit Can begann, dachte ich, jetzt kann und muß ich wieder ganz primitiv von vorn anfangen. So einfach wie möglich. Das ist zwar nicht ganz gelungen, aber so langsam habe ich einen Weg zurückgefunden.

Wie hat sich die Band eigentlich zu-

couldn't argue. Anybody who said anything against it could talk until he turned blue and never find anyone who would pay attention. I played free jazz for about two years, but then lost interest in it because I noticed that it wasn't at all free. There were simply too many limitations. Rhythmic repetition was forbidden. That was accompanied by some kind of Schönberg-Hindemith theory which stated that all notes were equal. Of course that had a lot of consequences: no preeminence for octaves, no harmonic rules, all notes are equal with regard to rhythm. There was no more repetition. Repetition is the foundation of every rhythm. If I were to continually change, I'd get noise instead of rhythm. When I started with Can, I thought now I can and must start very primitively from the beginning again. As simple as possible. I didn't actually succeed with that, but at least I slowly found a way back.

How did the band actually work together in order to make music?

That was based on rhythm. We all had musical imaginations. I'd learned a great deal from free jazz about form and structure. There was no fast or slow, but thick and less thick. It's another way of thinking that was useful later for another kind of music. I didn't think anymore about fast or slow, just about thick and less thick.

années en Espagne et, par le flamenco, j'ai beaucoup appris au niveau du rythme. Et puis je suis arrivé en Allemagne et j'ai retrouvé mes amis qui faisaient tous du free jazz. Ils m'ont dit: "Toi et ton rythme démodé, tu fais des choses qui ne se font plus du tout aujourd'hui. Les répétitions et les choses de ce genre, on ne joue plus comme ça aujourd'hui..." Je n'avais rien à répondre. Tous ceux qui disaient quelque chose contre ça pouvaient parler longtemps, personne ne les écoutait. Pendant environ deux ans je me suis consacré au free jazz mais après, ça ne m'a plus intéressé parce que j'ai remarqué que le free jazz, justement, il n'était pas free, il y avait trop de limites posées. Les répétitions rythmiques étaient interdites, ils tiraient ça d'une des théories de Schönberg ou d'Hindemith, selon laquelle tous les sons ont la même valeur, ce qui a des tas de conséquences. Il n'y avait pas d'octaves prééminents, pas de principe d'harmonie et même dans les relations rythmiques, tous les sons avaient la même valeur. Il ne devait plus y avoir de répétition, et pourtant c'est ça qui est la base de tout rythme. Si je change sans arrêt, je n'ai plus un rythme, j'ai du bruit. Lorsque j'ai commencé avec Can, je me suis dit que je pouvais et devais recommencer du début, tout primitivement, le plus simplement que possible. Je n'y suis pas tout à fait parvenu mais je me suis lentement remis sur cette voie.

*sammengefügt, bevor ihr Musik ge-
macht habt, so daß ihr zu dem Punkt
kamt, Musik machen zu können.*

Das hat sich auf einer rhythmischen Basis abgespielt. Wir hatten ja alle eine musikalische Vorbildung. Vom Free Jazz hatte ich eine Menge über Gestaltung gelernt.
Da gab es ja kein schnell oder langsam,
sondern das hieß dann dicht und weniger
dicht. Das ist eine andere Denkart, die aber
auch für eine spätere Musik nützlich war.
Ich dachte einfach nicht mehr an schnell
oder langsam, sondern eben nur noch an
dicht und weniger dicht.

*Das ist ein interessanter Aspekt, denn
die Stücke von Can unterscheiden sich
ja gerade durch ihren Dichtegehalt.
Zum Beispiel war "Saw Delight" vielleicht die dichteste Platte, aber die weniger dichten, die reduzierteren, auch
die interessanteren.*

Das stimmt wahrscheinlich. Mit Space
kann ich ja nur arbeiten, wenn ich etwas
freilasse. Wenn ich hingegen alles zuschüt-
te, ist kein Raum mehr in der Musik. Mein
Bestreben ging immer dahin, spacig zu
spielen. Das hieß, immer etwas auszulas-
sen, Pausen bewußt zu setzen und mit dem
Nichtspielen von Tönen zu spielen. Das
ist genauso wichtig wie das Spielen von
Tönen. Das schafft Fantasie, und das habe
ich immer angestrebt.

Der Unterschied von Can zu ande-

That's an interesting aspect, because Can's songs are differentiated by their density. For instance, Saw Delight was perhaps the thickest record; but the less dense records, the more reduced records, were the most interesting.

That's probably true. I can only work with space when I let go of something. Contrastingly, if I play a lot of fills, there's no more space in the music. I've always aimed to play space. That means always leaving something out: pause on purpose and play by not playing the notes. That's just as important as playing the notes. That creates room for the imagination, something I've always strived to do.

The difference between Can and other groups is that you dealt with rhythm as if it were melody.

There's a wise old saying: rhythm and melody are always connected to each other. If you free a melody from its rhythm you can't understand it anymore as a melody. On the other hand, a rhythm always suggests a melody. You hear a rhythm and then promptly imagine a melody. Every rhythm is a little melody model.

In "Yoo Doo Right", there's a spot in which Holger plays the rhythm with the bass, and you play a melody on the drums.

Comment est-ce que le groupe s'est constitué avant de commencer à jouer, pour que vous vous soyez dit, à un moment, que c'était le moment de jouer ensemble?

Ça s'est fait sur la base du rythme. On avait chacun notre propre formation musicale. Moi, par le free jazz, j'avais appris beaucoup sur la structure, et là il n'y a pas de rapide ou de lent, il y a une densité plus ou moins grande. C'est une autre façon de penser les choses qui a ensuite été utile pour notre musique. Je n'ai plus pensé rapide ou lent, j'ai pensé en termes de densité.

C'est un aspect intéressant parce que les morceaux de Can se distinguent justement par leur densité. Par exemple Saw Delight a peut-être été le disque le plus dense mais ceux qui sont moins denses, ceux qui sont réduits, ce sont aussi les plus intéressants.

C'est probablement vrai. Je ne peux travailler avec l'espace que quand j'en laisse. Par contre, quand je dois en mettre le plus possible, il n'y a plus d'espace dans la musique. J'ai toujours voulu jouer avec l'espace, c'est-à-dire que j'ai enlevé des parties, j'ai ajouté des pauses, j'ai joué à ne pas jouer des sons. C'est aussi important que de jouer les sons, ça met de l'imagination et c'est ce que j'ai toujours voulu.

(d) *ren Gruppen bestand ja gerade darin, daß Du den Rhythmus wie eine Melodie behandelt hast.*

Das ist ja eine alte Weisheit. Rhythmus und Melodie sind untrennbar miteinander verbunden. Wenn du eine Melodie vom Rhythmus befreist, kannst du sie nicht mehr als Melodie erfassen. Andererseits schlägt der Rhythmus immer eine Melodie vor. Du hörst einen Rhythmus, und prompt fällt dir eine Melodie ein. Jeder Rhythmus ist ein kleines Melodiemodell.

In "Yoo Doo Right" gibt es so eine Stelle, in der Holger mit dem Baß den Rhythmus hält und Du obendrauf eine Melodie trommelst.

Das Schlagzeug spielt ja die ganze Zeit die Gesangsmelodie mit. Es sind rhythmisch gesehen dieselben Töne. Für mich ist das Schlagzeug eigentlich ein Melodieinstrument. Ich kann nicht den Rhythmus allein stehenlassen, denn man würde ihn nicht als Rhythmus empfinden.

Trotz Deines unglaublichen rhythmischen Variantenreichtums hast Du ja nie ein Solo gespielt.

Das habe ich nie gewollt. Und auch nicht gebraucht. Ich meine, ich spiele ja die ganze Zeit solo. Ich habe mich nie als Begleitung für eine Stimme gefühlt, sondern stets als gleichberechtigtes Ele-

The drums play the vocal melody the whole time. Rhythmically seen, the notes are the same. In my opinion, the drums are actually a melody instrument. I can't (e) let a rhythm stand alone because you wouldn't perceive it as a rhythm.

Despite your unbelievably rich rhythmic variations, you've never played a drum solo.

I never wanted to. And never needed to. I mean, the whole time I'm playing solo. I've never thought of myself as accompaniment for a voice. Instead, I'm always an equal element among four other instruments. It was an important element, that carried a lot of weight, that had a very particular responsibility to the music. If the others had suddenly stopped, I would've carried on playing. I've always played only particular rhythms, never a rock or jazz rhythm. I still don't know even today how to play them. Instead, I've always played in cycles: a particular rhythm that I kept up to the end, using small variations and interruptions. I discovered a different rhythm for each Can song. But I stuck to it from beginning to end, just like the harmony parts. That's probably the biggest difference between me and the other drummers of that time. People think they have to constantly change their rhythm. I introduced a rhythm and then stuck to it.

🅕 *La différence entre Can et les autres groupes, c'est que tu as traité le rythme comme une mélodie.*

Oui, c'est une sagesse ancienne. On ne peut pas séparer le rythme et la mélodie. Si tu enlèves le rythme à une mélodie, tu ne peux plus reconnaître ta mélodie. Mais d'autre part, le rythme impose un peu une mélodie: tu entends un rythme et tu as la mélodie qui s'impose à toi. Tout rythme est en quelque sorte un modèle de mélodie.

Dans "Yoo Doo Right", il y a un passage où Holger tient le rythme avec la basse et toi tu donnes la mélodie avec le tambour.

Oui, la batterie accompagne tout le temps la mélodie chantée. Au niveau du rythme, ce sont les mêmes sons. Pour moi, la batterie est un instrument de mélodie. Je ne peux pas laisser le rythme seul, on ne le reconnaîtrait pas comme rythme si on le laissait seul.

Malgré les incroyables variantes rythmiques dont tu disposes, tu n'as jamais joué un seul solo.

Je n'ai jamais voulu. Et je n'ai jamais eu besoin de ça. Enfin, je joue tout le temps en solo, je ne me suis jamais considéré comme l'accompagnement d'une voix mais toujours comme un élément à part entière à côté de quatre autres

ment neben vier anderen Instrumenten. Es war ein tragendes Element, das eine ganz bestimmte Verantwortung in der Musik hatte. Hätten die anderen plötzlich aufgehört, hätte ich ganz genauso weiter gespielt. Ich habe auch nur bestimmte Rhythmen gespielt und nie einen Rock- oder Jazz-Rhythmus. Ich weiß bis heute nicht, wie das geht. Stattdessen habe ich immer in Zyklen gespielt. Einen bestimmten Rhythmus, den ich bis zum Ende mit leichten Variationen und Unterbrechungen durchhalte. Für jedes Can-Stück habe ich einen anderen Rhythmus gefunden. Aber der wird von vorn bis hinten beibehalten, wie auch das Harmoniegefüge. Das ist wohl der wesentliche Unterschied zu allen anderen Trommlern der damaligen Zeit. Die Leute meinen meist, sie müßten ihren Rhythmus ständig variieren. Ich habe

mir einmal einen Rhythmus vorgegeben  und dann beibehalten.

Passierte das auf improvisatorischer Grundlage?

Was heißt improvisatorisch? Klar lasse ich mir irgendeinen Rhythmus einfallen, aber dann muß ich auch wissen, wie der Rhythmus geht, damit ich ihn wiederholen kann. Und eventuell variieren. Aber in ganz engen Grenzen. Das heißt, die Struktur eines Rhythmus wird beibehalten, wie auch eine Tonart beibehalten wird.

War es manchmal nicht schwierig, in diesen weiten Zyklen zu spielen, ohne abgelenkt zu werden?

Ich lasse mich einfach nicht ablenken. Es sei denn, es gibt eine größere Störung.

Does that work for improvisation?

What does improvisation mean? Of course I conjure some kind of rhythm, but then I have to understand it so that I can repeat it — and eventually vary it, although within very narrow limits. That means that I stay within the structure of the rhythm, exactly as you would stay within a key.

Wasn't it sometimes difficult to continue playing these cycles without getting distracted?

I don't let myself get distracted. There would have to be a big disturbance. But normally I can ignore disturbances. As a drummer you have to keep things calm anyway and let the others play. The drummer keeps the beat. That's probably similar to what a conductor does. He never forces his way into the foreground, and he makes sure that the music is good. In the last hundred years the drums have been terribly underestimated. They're finally starting to be emancipated. Unfortunately, there are hardly any drummers anymore. Machines are used for everything. In techno, the beat is introduced by a rhythm machine and then it drives some other synthesizers. If you look at it that way, it's the dawn of the golden age of the drums.

But that's exactly the principle by which Can worked. A rhythm is

instruments. C'était un élément porteur qui avait une responsabilité toute particulière dans la musique. Si les autres avaient cessé brutalement de jouer, j'aurais continué exactement pareil. D'ailleurs j'ai joué seulement certains rythmes particuliers, jamais un rythme de jazz ou de rock. Jusqu'à aujourd'hui, je ne sais pas comment ça marche. Au lieu de cela, j'ai toujours joué en cycles, un certain rythme que je maintiens jusqu'au bout avec de légères variations et des interruptions. Pour chaque morceau de Can, j'ai trouvé un autre rythme. Et il est gardé du début à la fin, de même que la structure harmonique. Et c'est ça qui représente la différence fondamentale avec tous les autres batteurs de l'époque. Les gens pensent en général qu'ils doivent varier leur rythme, moi je me donne un rythme et je le garde.

Ça se passe sur le mode de l'improvisation?

Comment ça, de l'improvisation ? Bien sûr, j'imagine un rythme mais après, je dois savoir comment va le rythme pour pouvoir le répéter et éventuellement varier, mais dans des limites très strictes; la structure du rythme est maintenue comme on joue dans une gamme.

Ça n'était pas trop difficile, parfois, de jouer ces longs cycles sans être distrait?

Aber normalerweise kann ich diese Störung abweisen. Als Schlagzeuger muß man sowieso die Ruhe bewahren und die anderen spielen lassen. Der Trommler hält den Rhythmus. Das ist vielleicht eine ähnliche Funktion wie die eines Dirigenten. Er drängt sich nie in den Vordergrund und sorgt dafür, daß die Musik gut wird. Das Schlagzeug ist ja in den letzten hundert Jahren sträflich unterschätzt worden. Jetzt endlich beginnt es sich zu emanzipieren. Das Schlimme ist nur, daß es kaum noch Schlagzeuger gibt. Man nimmt für alles Maschinen. Im Techno wird von der Rhythmusmaschine ein Beat vorgegeben, und der treibt dann noch verschiedene Synthesizer an. Wenn man es so betrachtet, ist eigentlich das goldene Zeitalter der Schlagzeuge angebrochen.

Aber das ist ja genau das Prinzip, nach dem auch schon Can gearbeitet hat. Ein Rhythmus ist vorgegeben, und darauf baut alles auf.

Wie gesagt, Rhythmus ist Melodie. Man hat ein melodisches Grundmotiv, auf dessen Basis es dann endlose Variationen geben kann.

Ich hatte auch immer das Gefühl, daß Du die Präzisionsmaschine von Can warst. Während die anderen in alle möglichen Bereiche entfleuchen konnten, hast Du stets eine unglaub-

introduced and then everything is built on top of that.

As I said, rhythm is melody. You can build endless variations on a basic melodic motif.

I've always had the feeling that you were Can's precision machine. While the others could buzz around experimenting in other areas, you brought an unbelievable precision to the group.

At that time I wasn't so precise, I believe. Since then I've learned a little more about precision. When Can started I wasn't as precise, as compared to today. Our ways of hearing music have changed, too, due to the computer and rhythm machines, and we really notice it right away when something isn't right. Listen to the old Beatles records. Ringo Starr would have been fired in a minute from any contemporary amateur band, because he just battered the drums. But nobody noticed it at the time.

What did Malcolm's departure mean for you?

I was pretty sad. I thought it was a shame. But then Damo Suzuki came along and he brought other qualities into the band. Malcolm was very American. That's why the first album was still fairly American. Later that

Je ne me laisse pas distraire, sauf bien sûr s'il y a un problème important. Mais normalement je sais prendre mes distances par rapport au problème. En tant que batteur, on doit de toute façon garder son calme et laisser les autres jouer. Le batteur donne le rythme, il a peut-être une fonction analogue au chef d'orchestre. Il ne se met jamais en avant mais veille à ce que la musique soit bonne. Ces cent dernières années, la batterie a été sous-estimée d'une manière coupable. Maintenant, elle commence à s'émanciper. Le problème, c'est qu'il y a de moins en moins de batteurs. On prend des machines pour tout. Dans la techno, la machine te donne un beat qui met encore en marche des synthétiseurs. Si on y regarde de plus près, on peut dire que l'âge d'or de la batterie commence maintenant.

Mais c'est exactement le principe selon lequel Can travaillait: on donne un rythme et tout va se construire dessus.

Comme je l'ai dit: le rythme, c'est aussi la mélodie. On a pour la mélodie un motif de base sur lequel il peut y avoir des variations à l'infini.

J'ai toujours eu l'impression que tu étais la machine à précision de Can. Les autres pouvaient s'éclater dans tous les domaines, toi tu as donné à la musique du groupe une incroyable précision.

À l'époque je n'étais pas encore aussi précis, je crois. Depuis, je pense que j'ai beaucoup appris en ce qui concerne la précision. Mais si l'on compare aux débuts de Can, je n'avais pas encore cette

liche Präzision in das Spiel der Gruppe gebracht.

Damals war ich noch nicht so präzise, glaube ich. Inzwischen habe ich doch ein bißchen mehr gelernt, was Präzision betrifft. Aber verglichen mit dem heutigen Stand war ich in den Anfangszeiten von Can noch ziemlich unpräzise. Durch Computer und Rhythmusmaschinen haben sich heute die Hörgewohnheiten geändert, und es fällt viel eher auf, wenn irgendwas nicht so richtig stimmt. Hör dir mal alte Beatles-Platten an. Ringo Starr wäre heute von jeder Amateur-Band längst gefeuert worden, weil der so zerbeult gespielt hat. Aber damals ist das niemandem aufgefallen.

Was hat es denn für Dich bedeutet, daß Malcolm ging?

Ich war damals ziemlich traurig. Ich fand es schade. Aber dann kam Damo Suzuki, und der brachte andere Qualitäten mit. Malcolm war sehr amerikanisch. Deshalb war auch das erste Album noch sehr amerikanisch. Das ging später verloren. "Tago Mago" ist schon null amerikanisch, denke ich. Sämtliche amerikanischen Einflüsse waren wie weggeweht.

Den Unterschied hört man ja wunderbar auf "Soundtracks". Mit Malcolms Stimme sind die Stücke noch viel rauher. Mit Damo wird zugleich auch die ganze Musik viel geschmeidiger.

disappeared. Tago Mago is not at all American, I think. All of the American influences were blown away.

You really hear the difference on Soundtracks. Malcolm's voice makes the songs sound much more raw. With Damo, the music became more refined.

The difference between the two was overwhelming. Malcolm came out of a gospel tradition. He still sings in a gospel choir. Every Sunday he goes to church and sings with his gospel group. In contrast, Damo was a street musician who just sang what he wanted to. He also didn't speak very good English. It was pretty unusual, what he did with language and lyrics.

Did you have to work out a new rhythm concept with Damo?

I carried on with the concept that I'd begun with. I'm still working with this concept. But at that time, I was at the beginning, making a lot of discoveries. Many things became clear to me during those years. For instance, I learned a great deal about the correct way to play rhythms.

But wasn't there a big difference? First you'd built a unit with a singer and suddenly you were the single rhythmic impulse.

précision. Aujourd'hui, avec les ordinateurs et les machines à rythmes, les habitudes des gens ont changé et on remarque dès que quelque chose ne colle pas tout à fait. Écoute les vieux disques des Beatles. Ringo Starr serait aujourd'hui renvoyé de n'importe quel groupe amateur parce qu'il joue d'une manière hachée... Mais à l'époque, personne n'a rien remarqué.

Qu'est-ce que ça t'a fait, quand Malcolm a quitté le groupe?

J'étais triste, je trouvais ça dommage. Mais alors Damo Suzuki est arrivé, il a apporté avec lui de nouvelles qualités. Malcolm était très américain, le premier album était très américain. Et ça s'est estompé avec le temps. Tago Mago n'est pas américain pour deux sous, je pense. Toutes les influences américaines avaient d'un coup totalement disparu.

C'est dans Soundtracks qu'on entend merveilleusement la différence. Avec la voix de Malcolm, les morceaux sont encore durs, anguleux; avec Damo toute la musique devient plus souple.

La différence entre les deux était tout simplement énorme. Malcolm venait de la tradition du gospel, aujourd'hui d'ailleurs il chante dans un chœur gospel. Il va à la messe tous les dimanches et chante dans sa paroisse. Damo par contre, c'était un musicien

Der Unterschied zwischen beiden war einfach gewaltig. Malcolm kam aus einer Gospel-Tradition. Er singt ja auch heute in einem Gospel-Chor. Jeden Sonntag geht er in die Kirche und singt mit seinem Gospelverein. Damo hingegen war ein Straßenmusiker, der einfach sang, was er wollte. Der sprach ja auch kein richtiges Englisch. Was der mit Sprache und Texten gemacht hat, war schon sehr eigenartig.

Mußtest Du Dir mit Damo ein neues Rhythmuskonzept überlegen?

Ich habe mit dem Konzept weitergemacht, mit dem ich angefangen hatte. Mit diesem Konzept mache ich immer noch weiter. Aber damals stand ich noch am Anfang und machte viele Entdeckungen. In jenen Jahren wurde ich mir vieler Dinge klar. Zum Beispiel lernte ich viel über die richtige Ausführung der Rhythmen.

Aber war es kein großer Unterschied, erst mit einem Sänger eine Einheit zu bilden und plötzlich der alleinige rhythmische Impuls zu sein?

Die anderen waren ja auch noch da. Irmin an den Keyboards und Holger am Baß haben ja auch viel Rhythmus gespielt. Und Damo hatte einfach ein anderes rhythmisches Feeling. Ich will nicht sagen, daß es schlechter war, aber es war eben anders.

The others were still there: Irmin on keyboards and Holger on bass. They both played a lot of rhythm. And Damo simply had a different feel for rhythm. I won't say that it was worse, it was just different.

I have the impression that there were also more elements on Tago Mago that today might be categorized as world music.

That was an important element from the beginning on. Everyone in the band had already heard ethnic music. Irmin was interested in everything Asian. We were constantly looking for things that were happening around the world, at a time when nobody else was interested. You only knew what was going on in England and America. The rest of the world was discovered in the eighties, and we'd discovered it twenty years before. Holger used original Vietnamese singing on his first record.

The difference between Tago Mago's two records is — from the perspective of the drummer — the openess of the second record and the closeness of the first.

The worst is: I don't listen to this stuff anymore. I don't even own any records. I gave them all away at some point. Holger can give you very precise information. But somehow I'm not

de rue qui chantait ce qu'il voulait. Il ne parlait même pas vraiment bien l'anglais. Ce qu'il faisait avec sa voix et avec le langage, c'était assez particulier!

Est-ce qu'il a fallu, avec Damo, que tu repenses ta conception du rythme?

J'ai continué avec cette conception comme j'avais commencé. Et je continue à faire pareil. Mais à l'époque j'en étais à mes débuts et je faisais plein de découvertes. Au cours de ces années,

beaucoup de choses sont devenues claires pour moi. Par exemple j'ai beaucoup appris sur la manière de réaliser les rythmes.

Mais est-ce que ça a fait une grande différence? D'abord tu as formé une unité avec un chanteur et puis tout d'un coup ça a été toi le seul à donner l'impulsion rythmique.

Mais les autres sont restés. Irmin au keyboard et Holger à la basse, ils ont

Show: Guerilla-Rock

ar. **München**
Underground ist für sie alter Käse. „Abgedroschene Floskel, das Wort", sagen sie. Die „Cans" machen etwas zumindest hier Neues: „Guerilla-Rock". Die Gruppe aus dem Kölner — eben doch — **Underground** machte auf der Leopoldstraße ein „Inwirement": Eine Lkw-Ladung voll Trommeln, dazu stöcke, und jeder durfte trommeln, wie die alten Leutchen auf dem Bild.

Daraus wurde dann erst die große Schau, die von den „KEKS'en" (Antikunst-Kodewort für Kunst, Erziehung, Kybernetik, Soziologie) mit ihrer schlaffen Menschenschlange nicht zuwege gebracht wurde.

TZ / München, 18.7.69

(d) *Ich habe den Eindruck, auf "Tago Mago" kamen auch immer mehr Einflüsse, die man heute vielleicht als Weltmusik bezeichnen würde.*

Das war von Anfang an ein wichtiges Element. Alle in der Band hatten ja damals schon Ethno-Songs gehört. Irmin interessierte sich für alles mögliche Asiatische. Als sich noch kein Mensch mit derartigem beschäftigte, waren wir schon ständig auf der Suche nach Sachen, die sonst noch auf der Welt los waren. Man kannte ja nur, was aus England und Amerika kam. Der Rest der Welt ist erst in den achtziger Jahren entdeckt worden. Und bei uns passierte das eben schon zwanzig Jahre vorher. Holger verwendete schon auf seiner ersten Platte vietnamesischen Originalgesang.

Der Unterschied der beiden Platten von "Tago Mago" besteht ja gerade aus der Sicht des Schlagzeugers in der Offenheit der zweiten und der Geschlossenheit der ersten Platte.

Das Schlimme ist: Ich höre mir diese Sachen überhaupt nicht mehr an. Ich habe auch gar keine eigenen Platten. Die habe ich irgendwann alle weggegeben. Holger kann über solche Dinge ganz präzise Auskunft geben. Aber mich interessiert die Vergangenheit irgendwie nicht mehr. All das waren Schritte in der Entwicklung, aber es geht immer weiter, und ich bin noch in der Entwick-

interested in the past anymore. There were steps in development, but everything moves on, and I'm still in development. It's all about discovering something new. Since then, I've built myself a new drumkit and I want to make other kinds of music: more with synthesizers and loops, so that I don't play the old drumkit anymore. My new kit contains only drums; it doesn't **(e)** have any pedals. There's no hi-hat or any of those things. I think that's better. If drumkits are to continue to exist, they won't exist in the way that they were built for jazz and rock. Music is definitely going in another direction. Unfortunately, even rhythm machines are just imitating the usual drumkit sounds. But new ideas about drums will be developed.

Apart from the instrumental responsibilities, how did the band function?

First, there was complete equality among the musicians. Among the instruments, including the voice. There was no lead guitar or a single composer. Everything happened collectively. The keyboard was responsible for sounds and rhythms, the guitar played chords, the bass added a certain foundation. Actually, everybody was responsible for rhythm. It wasn't just that the drums played the rhythm and the others played music. The voice never played a special role.

aussi joué du rythme. Et Damo avait un autre feeling rythmique. Je ne dis pas qu'il était mauvais mais il était vraiment autrement.

J'ai l'impression que dans Tago Mago, il y a des influences qu'on qualifierait aujourd'hui de "world music".

Dès le début; ça a été un élément important. Tous dans le groupe, on avait déjà écouté des songs ethno. Irmin s'intéressait à tout ce qui était asiatique. À une époque où personne ne s'intéressait à des choses comme ça, nous on était à la recherche de trucs qui se passaient dans le monde. On ne connaissait que ce qui se passait en Angleterre et en Amérique. Le reste du monde, on l'a découvert dans les années 80. Et chez nous, ça s'est passé vingt ans plus tôt. Pour son premier disque, Holger avait déjà utilisé des chants vietnamiens originaux.

La différence entre les deux disques de Tago Mago vient justement de la perspective du batteur dans le caractère plutôt ouvert du second disque par rapport à l'hermétisme du premier.

Il y a une chose grave: je n'écoute plus jamais ces morceaux! Je n'ai même plus les disques, je les ai tous donnés. Holger pourra te donner des renseignements très précis sur ces choses-là, mais moi, le

lung. Es geht immer wieder darum, neue Dinge herauszufinden. Inzwischen habe ich mir ein etwas anderes Schlagzeug gebaut und will auch eine andere Musik machen. Mehr mit Synthesizern und automatisch laufenden Spuren, so daß ich nicht mehr das alte Schlagzeug spiele. Mein neues Schlagzeug besteht nur noch aus Trommeln, hat aber keine Pedale mehr. Es gibt keinen Hi Hat oder solches Zeug. Das finde ich heute besser. Wenn es überhaupt noch Schlagzeug geben wird, dann wird es nicht mehr in der Weise existieren, wie es für Jazz und Rock erfunden wurde. Die Musik geht definitiv in andere Richtungen. Leider wird selbst mit Rhythmusmaschinen immer noch das herkömmliche Schlagzeug imitiert. Aber es werden neue Vorstellungen kommen, wie es mit dem Schlagzeug weitergeht.

Wie waren eigentlich die Funktionen innerhalb der Band unabhängig vom Instrument verteilt?

Erst einmal gab es völlige Gleichberechtigung unter den Musikern. Auch unter den Instrumenten einschließlich der Stimme. Es gab keine Leadgitarre oder einen einzelnen Komponisten. Alles passierte im Kollektiv. Das Keyboard war auch für Geräusche und Rhythmen zuständig, die Gitarre spielte Akkorde, der Baß eine bestimmte Grundierung. Eigentlich war jeder für den Rhythmus verantwortlich. Es war

Especially Damo's voice, which functioned like an instrument. The lyrics were not written apart from the music. Instead, the singer had to figure out how he fit in, just like every other instrumentalist.

I have the impression that Damo moved the music into a much lighter sphere.

Malcolm Mooney was a black American who'd had a fairly difficult past. Damo was simply a much lighter person. He ran away from his home in Japan when he was sixteen. He made his way to Moscow and then went on from there. In retrospect, Mooney was a similar case. He showed up because he wanted to get out of the army in America. He was with a friend, on his way to India. He wanted to meet some guru there, who, however, was in America at the time. On his way back, he came here and stayed to hang around in some art scene. Holger and I discovered Damo in Munich, where he was sitting on the street making music. We didn't have a singer at the time and asked him if he wanted to play with us. He appeared with us almost immediately on stage and everything clicked.

In opposition to most bands who divide their work into concerts and recordings, the band also made soundtracks. Did that make a difference to you?

passé ne m'intéresse plus. C'était des étapes de l'évolution, mais ça continue et je suis encore en pleine évolution, il s'agit encore et toujours de trouver de nouvelles choses. Entre-temps, je me suis construit une batterie assez différente et je veux aussi faire de la musique différente, plus avec des synthétiseurs et des bandes que je laisse marcher automatiquement, de sorte que je ne joue plus la batterie comme avant. Ma nouvelle batterie se réduit aux tambours, et il n'y a plus de pédale. Il n'y a plus de hi hat ou des choses comme ça et je trouve ça mieux. S'il continue à y avoir encore de la batterie, elle n'existera plus de la manière dont elle a été inventée pour le jazz ou le rock. La musique a pris définitivement d'autres directions. Malheureusement, on se sert toujours des machines à rythmes pour imiter les batteurs traditionnels. Mais on inventera de nouvelles manières de se servir de la batterie...

Comment étaient distribuées les fonctions à l'intérieur du groupe, indépendamment de l'instrument?

D'abord, il y avait une égalité absolue entre les musiciens. Aussi entre les instruments, voix incluse. Il n'y avait pas de "leadguitar" ni de compositeur. Tout se passait en collectif. Le keyboard s'occupait des bruits et du rythme, la guitare des harmonies et la basse fournissait un certain "apprêt". En fait,

> **"Près de 20 ans après la séparation du groupe en 1978, la musique de Can est plus que jamais actuelle. Toute une frange de compositeurs tant rock, world que techno considèrent le groupe allemand comme le père de leurs expérimentations musicales."**

VIBRATIONS May-June / 97
(by Michel Masserey)

nicht so, daß das Schlagzeug allein den Rhythmus macht und die anderen die Musik. Nicht einmal der Gesang spielte eine Sonderrolle. Vor allem bei Damo Suzuki funktionierte die Stimme wie ein Instrument. Die Texte entstanden nicht unabhängig von der Musik, sondern der Sänger mußte immer sehen, wie er da unterkam. Wie jeder andere Instrumentalist auch.

Ich habe den Eindruck, daß Damo die ganze Musik in eine wesentlich lichtere Sphäre zog.

Malcolm Mooney war ein schwarzer Amerikaner mit einer etwas schwereren Vergangenheit. Damo hingegen war ein viel leichterer Mensch. Er war als Japaner mit 16 von zuhause abgehau-

en. Er hatte sich auf den Weg nach Moskau gemacht und von dort aus weiter. Mooney war übrigens in dieser Hinsicht ein ähnlicher Fall. Der tauchte bei uns auf, weil er in Amerika der Armee entgehen wollte. Er war mit einem Freund auf dem Weg nach Indien. Dort wollte er irgendeinen Guru treffen, der sich aber zu diesem Zeitpunkt gerade in Amerika aufhielt. Auf dem Rückweg kam er dann hier vorbei und blieb in so einer Kunstszene hängen. Damo wurde von Holger und mir entdeckt, als er in München auf der Straße saß und Straßenmusik machte. Wir hatten damals keinen Sänger und fragten ihn, ob er nicht mit uns mitmachen will. Er ging dann auch sofort mit uns auf die Bühne, und alles lief prima.

It's basically the same thing, making a record or recording a soundtrack. Of course, we'd never seen the film before, but Irmin had. He'd tell us what it was about, and things just went on from there. We could simply put ourselves in the right mood. The rest was completely normal studio work.

But when you work on a film there are certain requirements, whereas you can get more abstract with a record.

We didn't bother with what went on in the film. We simply made the music and it always fit. Irmin structured it so that the timing was right. Naturally, we knew something about the atmosphere of the film and whether it was a lighter, or a more tension-filled story.

A certain change occurred around the time of Ege Bamyasi. Suddenly you were stars. Was that a change for the band?

Nothing that we didn't want. Of course, we didn't make music simply in order to become successful. We got a little attention with the Durbridge film. That meant that the concerts were a little more crowded. We never felt like stars.

So you didn't really live the rock and roll life...

We never felt like a rock band. Just the

chacun était responsable du rythme. Ce n'était pas comme ça: la batterie donne le rythme toute seule, et les autres la musique. Même le chant n'avait pas un rôle particulier. Et surtout avec Damo Suzuki, la voix fonctionnait comme un instrument. Les textes n'étaient pas créés indépendamment de la musique, et le chanteur devait se débrouiller spontanément. Comme les autres.

J'ai l'impression que Damo a élevé la musique dans une sphère beaucoup plus lumineuse.

Malcolm Mooney était un noir américain dont le passé était plutôt lourd alors que Damo était quelqu'un de beaucoup moins compliqué. C'était un japonais qui avait quitté la maison à seize ans, il s'était mis en route pour Moscou et puis il a continué. D'ailleurs Mooney était aussi un cas analogue, il est arrivé chez nous parce qu'il avait fui l'armée en Amérique et il était avec un copain en route vers l'Inde. Il voulait y rencontrer un gourou quelconque, mais celui-ci se trouvait justement en Amérique à ce même moment. Sur le chemin du retour, il est passé par chez nous et il est resté dans ce milieu artistique. Damo, c'est Holger et moi qui l'avons découvert, il était assis dans les rues de Munich et il chantait. À l'époque, on n'avait justement pas de chanteur, alors on lui a demandé s'il voulait chanter avec nous. Tout de suite, il est

Im Gegensatz zu den meisten Bands, deren Wirken sich in die Bereiche Konzerte und Platten trennte, kamen ja bei euch noch die Filmmusiken dazu. Machte das für Dich einen Unterschied?

Es ist ja im Grunde genommen dasselbe, eine Schallplatte aufzunehmen oder eine Filmmusik. Wir haben zwar die Filme nie vorher gesehen, aber Irmin hat sich die Filme angesehen und uns erzählt, was da so ungefähr losging. Wir konnten uns also in eine solche Atmosphäre versetzen. Der Rest war ganz normale Studioarbeit.

Aber wenn man für einen Film arbeitet, hält man sich doch an gewisse Vorgaben, während man sich an eine Platte ganz abstrakt annähern kann.

Wir haben uns ja nie darum gekümmert, was in einem Film passiert. Wir haben einfach Musik gemacht, und das hat immer gepaßt. Irmin hat das dann zeitmäßig entsprechend angelegt. Natürlich wußten wir über die ungefähren Atmosphären bescheid. Also ob es sich um eine leichtere oder spannendere Geschichte handelte.

Zu Zeiten von "Ege Bamyasi" ist ja ein gewisser Wandel erfolgt. Plötzlich wart ihr Stars. War das eine Veränderung für die Band?

opposite, we tried to stay out of the rock business and find our own direction: something that was not so strongly tied to English and American music. At that time, it was always called Can, the pop band. It was actually more pop than rock.

The later records were much more pop-oriented: for instance, you brought disco elements into your music. Was that a conscious process?

That was actually not a conscious process. I can remember a disco song with the title "I Want More". That was actually not a glorious chapter for us. Disco was really at a high point then and we couldn't free ourselves from its influences. We also had fun with it. But it was not our intention to jump on the disco train.

On the other hand, a continual refinement of the instrumental handling is discernible. Did this help or hinder the band?

Personal ambitions were always developing. But they were immediately discouraged by the others. We were always a collective and made sure that nobody turned into the bandleader or the head of the group. The highest title we awarded was speaker of the group. That was usually Irmin, because at that time he was the best talker. I believe that

monté sur scène avec nous et ça a très bien marché.

Contrairement à la plupart des groupes qui séparent leurs domaines d'action en concerts ou en disques, vous, vous avez même ajouté les musiques de films. Ça faisait une grande différence pour toi?

Au fond ça se ressemble d'enregistrer un disque ou de faire de la musique de film. On n'a jamais vu les films avant, mais Irmin les avait vus et il nous a à peu près raconté ce qu'il y avait dedans. On pouvait se mettre dans l'atmosphère du film et pour le reste, c'était à peu près comme tout travail en studio.

Mais quand on travaille pour un film, on a des directives précises alors que pour un disque, on peut avoir une approche plus abstraite.

On ne s'est jamais beaucoup préoccupés de ce qui se passait avec un film, on a tout simplement fait de la musique et ça a toujours collé. Irmin a fait l'arrangement pour que ça marche aussi avec les longueurs. Bien sûr, on savait quelle atmosphère il y avait à peu près, si c'était une histoire légère ou pleine de suspense.

Avec Ege Bamyasi, il y a eu un certain tournant. Vous êtes devenus tout à coup des stars. Ça a changé quelque chose pour le groupe?

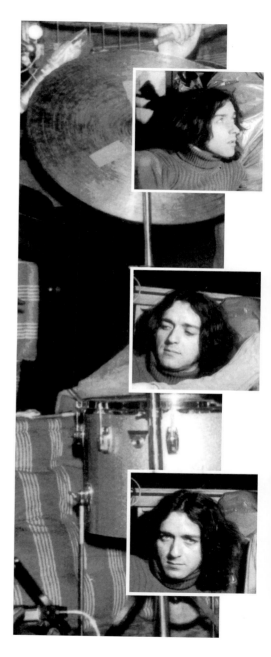

Nicht, daß wir das nicht wollten. Wir haben ja nicht zuletzt Musik gemacht, um Erfolg zu haben. Mit dem Durbridge-Film ist so ein bißchen Bekanntheit gekommen. Das heißt, die Konzerte waren etwas voller. Als Stars haben wir uns aber nie gefühlt.

Also ein Rock'n'Roll-Leben in dem Sinne habt ihr nie gelebt...

Wir haben uns ja nie als Rock-Band gefühlt. Im Gegenteil, wir haben versucht, uns aus dem Rock-Betrieb rauszuhalten und eine eigene Richtung zu finden, die sich nicht so stark an die englische und amerikanische Musik angelehnt hat. Es hieß damals immer Pop-Gruppe Can, und es war tatsächlich mehr Pop als Rock.

Die späteren Platten waren ja dann

wirklich immer stärker poporientiert. Zum Beispiel habt ihr Disco-Elemente in eure Musik einbezogen. War das ein bewußter Prozeß?

Das war eigentlich kein bewußter Prozeß. Ich kann mich an ein Disco-Stück mit dem Titel "I Want More" erinnern. Das war eigentlich kein Ruhmesblatt für uns. Damals lief gerade die große Disco-Welle, und auch wir konnten uns von den Einflüssen dessen, was gerade lief, nicht freimachen. Man hatte ja auch Spaß daran. Aber richtig Absicht war es nicht, auf den Disco-Dampfer zu springen.

Andererseits kann man eine immer weiter gehende instrumentale Verfeinerung feststellen. Hat das dem Zusammenhalt der Band genützt oder eher geschadet?

Holger's overtaken him since then. But without a doubt, there were individuals who strived to take over the band.

Holger had problems because on one hand, he played bass, and on the other hand, he worked on the production aspects. He said that at some point there was dissatisfaction in the band. How was that expressed?

Somehow Holger's bass-playing developed strangely. At the beginning he played bass guitar. Actually he couldn't play bass at all and had no exact ideas. So he played bass as if it were a guitar, using an arpeggio style. At first that was very good. He developed his very own individual style. But then his bass was stolen. He had a Fender Mustang. Then he bought a Fender Jazz bass. From then on his bass-playing went downhill. He was too ambitious and wanted to play like the great bass heros. And that was really bad for Holger. According to my taste, he played bass well at the beginning, but then later became an average bass player. That lead to difficulties for the group. Perhaps he was a little overburdened. He concentrated too much on his production skills, something which was — for him — much better.

At the time of Ege Bamyasi, Irmin gave an interview to Bravo, in which a second guitarist by the

Ce n'est pas qu'on n'en ait pas eu envie! Car enfin, on a quand même fait de la musique pour avoir du succès. Avec le film de Durbridge, on a acquis une certaine popularité. Les salles de concert ont été mieux remplies. Mais on ne s'est jamais pris pour des stars.

Donc vous n'avez jamais eu une "vie rock'n roll", si j'ose dire.

On ne s'est jamais senti comme un groupe rock. Au contraire on a cherché à se tenir à l'écart du monde du rock et à trouver notre propre direction, plus indépendante de la musique anglaise ou américaine. À l'époque on parlait du "groupe pop Can" et c'est vrai qu'on était plus pop que rock.

Les disques qui ont suivi ont été en effet de plus en plus orientés vers le pop. Par exemple vous avez intégré des éléments disco dans votre musique, vous en étiez conscients?

À dire vrai, ce n'était pas vraiment conscient. Je me rappelle un morceau disco qui s'intitulait "I Want More". Pour nous, ce n'est pas vraiment glorieux: à l'époque c'était la grande vague disco qui déferlait et on ne pouvait pas échapper aux influences de ce qui se passait autour de nous. Ça nous faisait aussi plaisir mais on ne peut pas dire qu'on ait pris consciemment le train du disco.

Irgendwann kam das immer mal auf, daß einer persönlichen Ehrgeiz entwikkelte. Das wurde aber sofort von den anderen niedergemacht. Wir waren immer ein Kollektiv und achteten darauf, daß sich keiner zum Bandleader oder zum Kopf der Gruppe machte. Das höchste Prädikat, das vergeben wurde, war Sprecher der Gruppe. Das war meist Irmin, denn der konnte damals am besten reden. Ich glaube, Holger hat ihn inzwischen übertroffen. Es gab aber ohne Zweifel Bestrebungen einzelner, die Führung der Band an sich zu reißen.

Holger hatte ja Probleme, weil er einerseits Bassist war und andererseits die Technik machte. Er sagte, irgendwann gab es Unzufriedenheiten in der Band. Wie kam das denn zum Ausdruck?

Irgendwie hat sich Holger baßmäßig komisch entwickelt, denke ich. Am Anfang hat er Baß-Gitarre gespielt. Er konnte eigentlich gar nicht Baß spielen und hatte gar keine genauen Vorstellungen. Deshalb spielte er den Baß wie eine Gitarre so im Arpeggio-Stil. Zunächst war das sehr gut. Er entwickelte einen ganz eigenen Stil. Doch dann wurde ihm sein Baß gestohlen. Er hatte so einen Fender Mustang. Daraufhin kaufte er sich einen Fender Jazz-Baß. Von da an ging es mit seinem Baß-Spiel bergab. Er wurde zu ambitioniert und wollte spielen wie die großen Baß-Helden. Und das war ganz schlecht für Holger. Nach meinem

name of Henner Heuer was mentioned. Do you know what that was all about?

I don't remember that. Funny. Maybe it had something to do with the Heuer guitar. That's a guitar brand. I believe, though, that it was either a joke or a mistake. Nobody by the name of Henner Heuer ever played with us. I can only dimly recall hearing the name in connection with us.

In comparison to your other albums, Future Days is almost an ambient record.

We always had problems with singers. First Mooney left. Then Damo was only there for a short while: two, perhaps three years. Then he got married and wanted to become a respectable person: not such a hippie. Since then he's gotten over it. But we didn't have a singer. Karoli tried a couple of times but was never really satisfied. So we concentrated more on instrumentals. We did a couple of live shows as an instrumental group without any vocals at all.

Did that make a difference to you personally?

Actually, no, because the vocals were never the most important part. The music as such didn't change.

D'autre part, sur le plan instrumental, on peut constater que vous alliez vers un certain raffinement. Ça a servi ou plutôt desservi le groupe?

Il arrivait toujours un moment où quelqu'un mettait en avant son ambition personnelle. Mais les autres membres du groupe le retenaient. On était un collectif et on veillait à ce que personne ne devienne le leader ou la tête du groupe. Le titre le plus important qu'on donnait était celui de porte-parole du groupe. La plupart du temps c'était Irmin car c'était lui qui parlait le mieux. Je crois que depuis, Holger le peut encore mieux. Mais bien sûr, il y a toujours eu des tentatives de l'un ou l'autre pour mener le groupe.

Holger avait des problèmes parce qu'il était bassiste et qu'il était aussi à la technique. Il a dit que ça avait causé des désaccords dans le groupe. Ça s'est manifesté comment?

Dans un sens, Holger a pris une curieuse orientation comme bassiste. Au début, il a joué de la basse mais il ne savait pas en jouer, il n'avait aucune notion. Il jouait de la basse comme on joue de la guitare, avec des arpèges. D'abord c'était bien, il développait son propre style. Et puis sa basse a été volée. Il avait une Fender Mustang et il s'est racheté une guitare basse de jazz Fender. À partir de là, ça a décliné, son jeu de basse: son

Geschmack hat er anfangs gut Baß gespielt und wurde später zu einem Normal-Bassisten. Das führte zu Schwierigkeiten in der Gruppe. Er war vielleicht auch ein bißchen überlastet und konzentrierte sich zu sehr auf seine technischen Fähigkeiten, was für ihn viel besser war.

Zu Zeiten von "Ege Bamyasi" hat Irmin mal für BRAVO ein Interview gegeben, in dem von einem zweiten Gitarristen namens Henner Heuer die Rede war. Weißt Du, was es damit auf sich hatte?

Ich kann mich nicht daran erinnern. Komisch. Vielleicht handelt es sich um eine Heuer-Gitarre. Das ist eine Gitarrenmarke. Ich glaube aber, das war entweder ein Witz oder ein Versehen. Es hat bei uns nie einen Henner Heuer gegeben. Ich kann mich nur ganz dunkel daran erinnern, daß der Name mal gefallen ist.

"Future Days" war ja verglichen mit euren anderen Alben fast eine Ambient Platte.

Wir hatten ja immer ein Problem mit den Sängern. Erst war der Mooney weg. Der Damo war auch nur ganz kurz da. Zwei, drei Jahre oder so. Dann hat er geheiratet und wollte ein anständiger Mensch werden. Nicht so ein Hippie. Inzwischen hat er sich wieder eingekriegt. Aber wir hatten keinen Sänger. Der Karoli hat ein paar Versuche unter-

Holger says that the band worked with samples long before sampling technique existed.

We worked as if we had a computer. Holger edited to death. He had an enormous amount of fun with that. Now that he has a computer, he doesn't do that any more. But in those days he cut tape like crazy. Rolls of tape lay in piles all over the place. Because at the beginning we didn't have a mixing board, he had to get the sounds by cutting. In the studio, the takes were often far too long. He had to cut out parts and exchange them. Even later when we had a mixer, Holger would make various mixes and then edit the different mixes together to create something new. With a computer, that's no problem. But at that time it was a different story. First, he had to mix in different ways, using various filters; or he made completely weird mixes, so that he could reconstruct the song later with new sounds.

Were you yourself interested in the mixing process?

Playing is still what interests me the most. Mixing — fine — never really interested me. Usually the songs were recorded in the studio and then weeks later they were mixed, so that you actually lost the relationship to the recording. I occupied myself very little

ambition est devenue démesurée Il voulait jouer comme les grands héros de la basse. Ça ne lui a pas réussi. À mon avis, au début c'était un bon joueur de basse et après, il est devenu moyen. Il était aussi peut-être un peu surmené et il s'est un peu trop concentré sur ses compétences techniques, ce qui au fond lui allait beaucoup mieux.

À l'époque de Ege Bamyasi, Irmin a donné une interview pour Bravo dans laquelle il parlait d'un deuxième guitariste qui s'appelait Henner Heuer. Ça te dit quelque chose?

Je ne me souviens pas, c'est curieux. Peut-être qu'il s'agissait d'une guitare Heuer, c'est une marque de guitare. Je crois que c'était soit une blague soit une erreur. On n'a jamais eu de Henner Heuer, j'ai seulement un vague souvenir que le nom a été prononcé.

Future Days, si l'on le compare à vos autres albums, c'était presqu'un disque "ambient".

On a toujours eu des problèmes avec nos chanteurs. D'abord, c'est Mooney qui est parti. Damo n'est pas resté longtemps non plus, deux ou trois ans, quelque chose comme ça. Il s'est marié et a voulu devenir quelqu'un de bien, en tous cas pas un hippy. Ça lui a passé maintenant. Mais on n'avait pas de chanteur. Karoli a fait quelques tentatives mais ce n'était

nommen, die aber nicht so richtig be-
friedigend waren. Deshalb haben wir uns
mehr auf unser instrumentales Spiel
konzentriert. Wir haben auch ein paar
Live-Konzerte gegeben, in denen wir
ganz ohne Gesang auskamen. Als Instru-
mental-Gruppe.

*Machte das für Dich einen Unter-
schied?*

Eigentlich nicht, weil ja auch vorher
der Gesang nicht der Mittelpunkt war.
Die Musik als solche hat sich ja nicht
verändert.

*Holger spricht ja davon, daß bei euch
im Sinne von Samplings gearbeitet
wurde, lange bevor es die Sample-
Technik gab.*

Es ist bei uns festplattenmäßig gearbeitet worden. Holger hat sich zu Tode geschnitten. Das hat ihm auch unheimlichen Spaß gemacht. Heute macht er das
nicht mehr, da hat er eine Festplatte.
Aber damals hat der rumgeschnippelt.
Da lagen die Bandröllchen stapelweise
rum. Da wir anfangs keine Mixvorgänge
hatten, mußte er den Sound irgendwie
durch Schneiden herstellen. Im Studio
wurden die Stücke oft viel zu lang aufgenommen. Es mußten also Teile rausgeschnitten und ausgetauscht werden.
Auch später, als wir die Mehrspurtechnik hatten, machte Holger verschiedene Mixe und stellte aus diesen ver-

with mixing. Holger had a lot of fun
with it.

*But Irmin and Michael were
involved in the process.*

As I said before, at the beginning we
didn't really do any mixing. That
started around the time of the fourth
or fifth record. With Landed, I believe.
That was the first time we really had
multitrack equipment. Before, we used
a two-track. There was no mixer. That's
why Can's early stuff is the best. That
definitely had something to do with
the production. We played everything
live, there were no overdubs, and few
possibilities to do an overdub onto the
master later. In the best case, we were
able to work with a four-track. With a
16-track, everything is a little bit
broken up, and each person works for
himself. One would send the others
home and say now I'm going to record
my track. We didn't work as a team
anymore, and with that, it was really
all over. In my opinion, the first
records are much better than the ones
that came later.

*There isn't anybody who wouldn't
agree with that.*

I believe that it had to do with the
system. Our system of making music
was destroyed by multitracking
techniques.

🅕 pas ça. C'est pour ça qu'on s'est davantage concentrés sur le côté instrumental. On a même donné quelques concerts live. Sans chanteur. Comme groupe instrumental.

Ça faisait une différence pour toi?

À vrai dire, non. Parce qu'avant, le chant n'était pas central. Ça n'a rien changé à la musique elle-même.

Holger a dit que vous aviez travaillé dans la direction des samplings, longtemps avant que la technique du sample existe.

On a travaillé ça au niveau du disque dur. Holger a coupé et assemblé comme un fou. Il s'est fait bien plaisir avec ça. Il ne fait plus ça aujourd'hui parce qu'il a un disque dur. Mais à l'époque il a coupé à mort, les rouleaux s'empilaient en masse. Comme au début on n'avait pas de machine à mixer, il devait produire le sound en coupant et mixant. En studio, on a enregistré les morceaux pendant des temps bien trop longs, il fallait ensuite couper des morceaux entiers et assembler d'une autre manière. Même plus tard, lorsqu'on a eu la technique à plusieurs bandes, Holger a fait des mixages qu'il a remixés et remontés pour en faire des choses nouvelles. Aujourd'hui avec le mixage par ordinateur, ce n'est plus un problème, mais ça n'existait pas à l'époque. Il devait

schiedenen Mixen durch Schnitt etwas Neues zusammen. Heute ist das mit dem Computermix kein Problem mehr. Aber damals ging das noch nicht. Da mußte er zunächst ganz verschiedene Mixe mit unterschiedlichen Filtereinstellungen machen oder ganz schräge Mixe, so daß er das Stück später mit klanglichen Veränderungen wieder herstellen konnte.

Hast Du Dich eigentlich für die Mix-Prozesse interessiert?

Das Spielen ist mir nach wie vor am wichtigsten. Das Mixen — gut — hat mich meistens nicht so recht interessiert. In der Regel wurden die Stücke im Studio aufgenommen und erst Wochen später gemischt, so daß man den Bezug dazu eigentlich verloren hatte. Ich selbst habe mich weniger damit beschäftigt. Der Holger hatte eine Menge Spaß daran.

Aber Irmin und Michael waren doch auch in diese Prozesse involviert.

Anfangs haben wir ja wie gesagt gar nicht so richtig gemixt. Das kam erst mit der vierten oder fünften Platte. Ich glaube ab "Landed". Erst da hatten wir eine Mehrspurmaschine. Vorher haben wir alles zweispurig aufgenommen. Es gab keinen Mischvorgang. Deshalb sind ja auch die frühen Sachen von Can die besten. Das hing unmittelbar mit dem Produktionsvorgang zusammen. Alles wurde live eingespielt, es gab keine Overdubs und ganz wenige Möglichkeiten, noch nachträglich bei der Masterkopie einen Overdub zu machen. Bestenfalls hatten wir eine Arbeit wie mit einem Vierspur-Gerät hingekriegt. Mit der 16-Spur-Maschine ist das dann alles so ein bißchen zerbröselt, und jeder hat nur noch für sich gearbeitet. Er schickte die

e *But then why did you stick with this technique instead of returning to the old methods?*

Somehow it was too late for that. You can't go back. We didn't know that then. At that time we thought it was an improvement — and from a technical standpoint, it was. It just wasn't artistic, from a production point of view. The group's spontenaeity suffered: it was replaced by individual work. There would only be one musician in the studio for days. Before, we were all together in the studio, we worked on the music together, developed ideas together.

But on the records it still read, "produced and written by Can", just like before.

The basic ideas were still group compositions. Basic band, we called it in those days. There was a little rhythm, bass, a couple of harmonic structures. But then they would be picked apart by an individual who took over control of the group, and then the songs usually became worse than they were at the beginning. Almost up until the end, the ideas were still coming from the band as a group. That was the basic principle of the band: that there was no band leader or vocal star heading the group. Everyone in the group had the same rights and his own special function. The harmony instruments were responsible for the harmony, the drums

d'abord faire différents mixages avec toutes sortes de filtres ou faire des mixages un peu bizarres qu'il devait rétablir en procédant à des changements au niveau du son.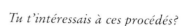

Tu t'intéressais à ces procédés?

Ce qui est pour moi le plus important, c'était et c'est encore de jouer. Les mixages, bon, en fait ça ne m'a pas vraiment intéressé; en général on enregistrait les morceaux en studio et ce n'est que des semaines plus tard que c'était mixé de sorte qu'on avait perdu la relation à l'original. Moi personnellement je ne me suis pas occupé de ça mais Holger, ça le branchait.

Mais Irmin et Michael, ils étaient engagés dans ce processus.

Au début, on n'a pas vraiment mixé, c'est arrivé seulement vers le quatrième ou le cinquième disque. Je crois que ça a commencé avec Landed. C'est à ce moment-là qu'on a eu la machine à plusieurs pistes. Avant, on enregistrait sur le deux-pistes et il n'y avait pas de mixage. C'est pour ça que les choses de nos débuts sont les meilleures. Tout dépend de la façon dont on produit. Tout était enregistré live, il n'y avait pas d'overdub et très peu de possibilités de faire un overdub pendant la fabrication de la matrice. Au mieux on arrivait à

anderen nach Hause und sagte, ich spiele jetzt mal meine Spur ein. Es wurde nicht mehr im Team gearbeitet, und damit war eigentlich alles gelaufen. Meiner Meinung nach sind die ersten Platten viel besser als die späteren.

Es gibt wohl niemanden, der dem nicht zustimmen würde.

Ich glaube, daß das einfach an dem System lag. Unser System, Musik zu machen, wurde durch die Vielspurtechnik zerstört.

Aber warum seid ihr denn dann bei dieser Arbeitsweise geblieben und nicht zu der ursprünglichen zurückgekehrt?

Irgendwie war es zu spät dafür. Man konnte es nicht mehr zurückdrehen. Das hatte man vorher auch nicht gewußt. Wir hatten das damals als Verbesserung empfunden, was es ja rein technisch auch war. Nur eben nicht künstlerisch, vom Herstellungsvorgang aus betrachtet. Die Gruppenspontaneität litt darunter und wurde durch Einzelarbeiten ersetzt. Es waren tagelang nur einzelne Musiker im Studio. Früher waren immer alle zusammen im Studio, wir haben uns gemeinsam mit Musik beschäftigt und Ideen entwickelt.

Auf den Platten steht aber noch nach wie vor Produced & Written by Can.

dealt with the rhythm, as did the bass. The functions were shared and grew. Later that got away from us, which lead to the end of the band. Due to the technical developments, there was suddenly no reason any more to continue as a group in the original sense.

You still made a great many albums despite all of that.

There were quite a few. But in my opinion they weren't necessary any more. The first five albums were enough. The band could've then broken up in peace.

From a rhythmical aspect, I think that Flow Motion is different from the other records. You've got a reggae song, a walz, a couple of tracks with a ritualistic feeling, and everything sounds very relaxed.

Naturally, in the middle of the seventies we were open to a lot of influences: for example, the disco wave. But all that didn't help the group. I still think the first records are the best.

Did the band know that these records weren't as good as the first?

Actually, we discovered that later. While making them...hard to say. You always need a little bit of distance in order to realize what was really going on. Today I can do that.

faire un travail comme si on avait eu un quatre-pistes. Mais avec la machine à seize pistes, tout est un peu éclaté, chacun s'est mis à travailler de son côté. On renvoyait les autres chez eux et on disait: "Maintenant je travaille l'enregistrement pour ma piste." On ne travaillait plus en équipe, tout était foutu. À mon avis, les disques du début sont bien meilleurs que ceux qu'on a fait plus tard.

Personne ne dira le contraire.

Je crois que c'est une conséquence de notre système. Notre système à nous de

jouer a été détruit par la technique à plusieurs bandes.

Mais alors, pourquoi avez-vous persisté dans cette méthode de travail, pourquoi n'être pas retourné à votre ancienne méthode?

Dans un sens c'était trop tard, on ne pouvait pas retourner en arrière. On ne le savait pas avant et on avait cru qu'on allait améliorer. Techniquement, c'était vrai, mais pas sur le plan artistique, pas en ce qui concerne la production. La spontanéité du groupe en a pâti et

Vu à Paris

Fantastique Can !

Pour leur quatrième venue à Paris, c'est dans une ambiance un peu particulière que s'est déroulé ce superbe concert qui ne dut qu'à la fatigue des musiciens et non du public de n'avoir duré que trois heures ! Trois heures de musique, trois heures et trois rappels, tel est le bilan du concert.
Un public particulièrement nombreux et de plus exigeant : on n'avait à la bouche que la nouvelle qui courait depuis le vendredi : « Si la salle et le public s'y prêtent, aurait dit Irmin Schmidt, nous jouerons jusqu'à 20 heures ». Cinq heures de Can, voilà ce que tout le monde avait

CAN in Paris

Die Grundideen waren schon noch Grupppenkompositionen. Grundband nannte man das damals. Da war ein bißchen Rhythmus drauf, Baß und ein paar harmonische Strukturen. Das wurde dann aber von den einzelnen zerpflückt, entglitt der Kontrolle der Gemeinschaft, und die Stücke wurden meist schlechter, als sie ursprünglich mal waren. Die Ideen kamen fast bis zum Ende der Band von uns zusammen. Es war ein Grundprinzip der Band, daß es keinen Bandleader gab oder keinen Gesangsstar, der vorn gestanden hätte. Jeder war in der Gruppe völlig gleichberechtigt und hatte seine spezielle Funktion. Die Harmonie-Instrumente waren für die Harmonien zuständig, das Schlagzeug hat sich um den Rhythmus gekümmert, der Baß ebenso. Die Funktionen waren verteilt

und haben sich ergänzt. Nachher entglitt das der Gemeinschaft, was zum Ende der Gruppe führte. Es lag mehr an der technischen Entwicklung, denn es gab plötzlich keine Notwendigkeit mehr, eine Gruppe im ursprünglichen Sinn zu betreiben.

Dafür habt ihr aber noch eine ganze Menge Alben gemacht.

Es sind noch etliche gelaufen. Aber meiner Meinung nach waren die nicht mehr nötig. Die ersten fünf Alben hätten eigentlich gereicht. Danach hätte man die Band getrost auflösen können.

In rhythmischer Hinsicht finde ich, daß sich "Flow Motion" von den vor-

Could it possibly have had anything to do with the fact that you no longer had a singer?

I don't really think so. The singers were integrated as musicians. Apart from Malcolm Mooney at the beginning, the singer was never in the foreground. The singer had no solo function.

But when Michael had to sing and play guitar...that was actually something different than if he'd only had to play guitar.

He did that out of necessity, while we thought somebody has to sing, which of course was a mistake. Today we know better. You don't need vocals. For a short while we played without a singer, and that worked. Actually for a rather long time. I can remember a concert we played in Berlin in the former Sport-palast. We didn't have a singer and that was perfectly fine. That was an enormous concert, with The Free. Or were they already called Bad Company? And The Flock. A concert with unbelievable police furor. One group, I think it was The Flock, didn't want to play; the public went crazy and suddenly a dreadful panic broke out. Hundreds of policemen in riot gear came and beat people with clubs. That was absolute horror. I ran off directly. That was the greatest horror show that I've ever experienced. Worst of all, they beat

chacun a travaillé pour soi. Pendant des jours, le studio était occupé par des musiciens qui enregistraient tout seuls. Alors qu'avant, on était tous dans le studio, on faisait de la musique ensemble et on avait des idées ensemble.

Sur les disques, vous avez continué à écrire "Produced & Written by Can".

Les idées de base étaient encore des compositions du groupe. On appelait ça "la bande de base" sur laquelle il y avait un peu de rythme, de la basse et quelques structures harmoniques. Et ensuite, chacun individuellement prenait un élément, tout ça échappait au contrôle de la communauté et à la fin, le morceau était souvent moins bon qu'au début. Jusqu'à la fin de notre existence comme groupe, les idées sont toujours venues de nous tous. C'était un principe fondamental de notre groupe qu'il ne devait pas y avoir de leader, pas de chanteur-star qui se serait mis en avant. Dans le groupe, tout le monde était égal à tout le monde et chacun avait sa fonction. Les instruments harmon-iques étaient compétents pour l'harmonie, la batterie pour le rythme, la basse aussi. Les fonctions étaient partagées et elles se complétaient. Mais après, tout ça a échappé à la communauté et c'est ça qui a provoqué à la mort du groupe. Et c'est plutôt le fait de notre développement technique, il n'y a plus

herigen Platten unterscheidet. Ihr habt ein Reggae-Stück darauf, einen Walzer, ein paar rituelle Stücke, und alles klingt sehr entspannt.

Natürlich waren wir in der Mitte der Siebziger Einflüssen ausgesetzt. Wie zum Beispiel der Disco-Welle. Aber all das hat der Gruppe nicht geholfen. Deswegen denke ich, die ersten Platten sind die besten gewesen.

Wart ihr euch denn bewußt, daß diese Platten nicht mehr so gut waren wie die ersten?

Eigentlich haben wir das erst hinterher rausgefunden. Beim Machen?... – schwer zu sagen. Man braucht immer ein bißchen Abstand, um zu merken, was wirklich los war. Heute kann ich das.

Hatte das vielleicht auch ein bißchen damit zu tun, daß ihr keinen Sänger mehr hattet?

Das glaube ich nicht so sehr. Die Sänger waren mehr als Musiker integriert. Abgesehen von Malcolm Mooney am Anfang stand der Sänger nie im Vordergrund. Der Sänger hatte keine Solofunktion.

Aber wenn Michael Gitarre spielen und singen mußte, war das natürlich etwas anderes, als hätte er nur Gitarre gespielt.

innocent people who had nothing to do with the whole turmoil. There was only a small group of people who broke some rows of chairs, tore up the area in front of the stage, and destroyed the lighting. That had less to do with us than with the other bands. We managed to get out fairly undamaged. The sound system was provided by the concert organizer – that was not good. That was just before the end of the Sportpalast. A couple of years later it was torn down.

A big break occurred when Reebop and Rosko Gee joined. The rhythmic concept changed colossally.

Reebop was one of the world champions on conga. An absolute Superman. I had a lot of fun playing with him. Rosko, whom we'd met in London, actually brought him along. He was the bass man. He had a girlfriend in Bonn, simply came to visit us, and from then on

played with us. Both of them had played with us. Both of them had played with Traffic. As long as the band still existed, this cooperation worked very well. Holger was able to concentrate more on tapes, radio samples, and other strange stuff.

But was that Can, or Can meets Traffic?

No, that didn't have anything to do with Traffic. That was still Can. We didn't change. They were integrated into the Can system.

But this system didn't really function any more.

They wanted to bring in their own compositions, but they didn't understand. They simply didn't get it, the ideology in the group. That the old style of songwriting didn't function. We were never in our lives songwriters, the way

eu aucune nécessité de fonc-tionner comme groupe comme avant.

Pourtant vous avez fait encore plein d'albums.

Oui, il y en a eu encore un bon nombre. Mais à mon avis, ils n'étaient plus nécessaires. On aurait dû s'arrêter après les cinq premiers. Et après, on aurait dû dissoudre le groupe tout simplement.

Sur le plan rythmique, je trouve que Flow Motion se distingue des disques précédents, il y a dedans un morceau de reggae, une valse et quelques morceaux rituels, tout ça donne une impression très paisible.

Naturellement, au milieu des années 70, on était soumis à certaines influences, par exemple la vague du disco. Mais tout ça n'a pas servi le groupe, c'est pourquoi je dis que les disques du début étaient les meilleurs.

Vous étiez conscients que ces disques étaient moins bons que ceux du début?

À dire vrai, on ne s'en est aperçu qu'après, à l'usage. Enfin c'est dur à dire. Il faut toujours avoir un certain recul pour remarquer les choses. En tout cas, maintenant, je peux le dire.

Est-ce que le fait que vous n'ayez plus de chanteur a eu une influence?

Der tat das notgedrungen, weil man meinte, da müßte auch Gesang sein, was natürlich ein Fehler war. Heute weiß man das besser. Man braucht keinen Gesang. Wir hatten kurz ohne Sänger gespielt, und das hatte auch gut geklappt. Eine ziemlich lange Zeit sogar. Ich kann mich an ein Konzert in Berlin im ehemaligen Sportpalast erinnern. Da hatten wir keinen Sänger, und das war in Ordnung. Das war ein Riesenkonzert mit The Free. Oder hießen die da schon Bad Company? Und The Flock. Ein Konzert mit unglaublichem Polizeiterror. Die eine Gruppe, ich glaube es war The Flock, wollte nicht spielen, das Publikum rastete aus, und plötzlich brach ein unheimlicher Terror aus. Da kamen dann Hundertschaften gepanzerter Polizisten, die mit Schlagstöcken auf die Leute einschlugen. Das war der absolute Horror. Ich bin direkt laufen gegangen. Das größte Horror-Konzert, das ich erlebt habe. Vor allem haben die auf Unschuldige eingeprügelt, die mit dem ganzen Terror überhaupt nichts zu tun hatten. Das war ja nur eine ganz kleine Gruppe, die da die Stuhlreihen umbrach, die Anlage von der Bühne riß und die Beleuchtung zertrümmerte. Das lag aber weniger an uns, als an den anderen Bands. Wir sind da ziemlich unbeschadet rausgekommen. Die Anlage wurde vom Veranstalter gestellt, war aber nicht gut. Das war kurz vor dem Ende des Sportpalastes. Ein paar Jahre später wurde er abgerissen.

Ein großer Einschnitt kam nochmal, als Reebop und Rosko Gee dazukamen. Damit veränderte sich ja das rhythmische Konzept noch einmal kolossal.

Reebop

it is in 99% of the bands. There's a completely different ideology behind that. There were no composers who wrote the music, no interpreters, no hierarchies in which the drummer is on the lowest level. I think it was a little disgusting, that a group always pretended to be a group. Usually, somebody writes the lyrics, and another, the music: like with Lennon/McCartney or Jagger/Richards. And the rest of the band is actually interchangeable: musicians who were occasionally thrown out. Nobody was replaceable in our band. We always made sure that nobody became the boss or Number One.

Were you able to manage that without difficulties?

We managed that without difficulties because nobody wanted someone else to become the boss, so that a sort of employee mentality would develop. Everyone was responsible for the whole, and that was important. Each of us was the boss, and each of us was equal. Naturally that came from the political ideas of 1968, when communal thinking sprang up. We were never a commune, never lived together, but in the studio everyone had equal rights and was equally responsible for the group.

For you, as a drummer, it must have been a radical change to suddenly find yourself playing with a percussionist.

Je ne crois pas vraiment. Les chanteurs étaient plutôt intégrés au groupe comme les musiciens. À part Malcolm Mooney au début, jamais le chanteur ne se mettait au premier plan. Il n'avait pas la fonction de chanter en solo.

Mais quand Michael a dû jouer de la guitare et chanter, ça a dû être tout à fait autrement que s'il avait seulement joué de la guitare.

Il l'a fait contraint et forcé, parce qu'on croyait qu'il fallait absolument qu'il y ait du chant, ce qui était une erreur. Aujourd'hui on le sait: le chant n'est pas nécessaire. On avait joué un court temps sans chanteur et ça avait très bien marché. C'était même pendant un bon bout de temps. Je me rappelle un concert à Berlin dans l'ancien Palais des Sports. On n'avait pas de chanteur et c'était parfait. C'était un très grand concert avec The Free. Ou est-ce qu'ils s'appelaient déjà Bad Company? Et aussi The Flock. C'était un concert avec une incroyable présence de la police. Et il y a eu un groupe, je crois que c'était The Flock, qui n'a plus voulu jouer. Le public s'est déchaîné, il a régné une vraie terreur. La police est intervenue, ils sont arrivés par centaines, casqués, ils ont matraqué les gens. C'était l'horreur. Je me suis échappé. C'était le concert le plus horrible que j'ai jamais vécu. Ils ont surtout tapé sur les innocents, qui n'avaient rien à voir avec les

Reebop war einer der Weltmeister auf der Conga. Ein absoluter Supermann. Es machte mir unheimlichen Spaß, mit ihm zu spielen. Er wurde eigentlich von Rosko, den wir in London kennengelernt hatten, mitgebracht. Der war der Baß-mann. Er hatte eine Freundin in Bonn, kam uns einfach mal besuchen und spielte von da an bei uns. Beide waren zuvor bei Traffic gewesen. Solange die Band noch existierte, funktionierte die-ses Zusammenspiel auch prima. Holger konzentrierte sich von da an mehr auf Tonbänder, Radioeinspielungen und solche Merkwürdigkeiten.

Aber war das noch Can, oder war das eher Can meets Traffic?

Nein, mit Traffic hatte das nichts zu tun. Das war schon noch Can. Wir haben uns nicht verändert, sondern die anderen wur-den nach dem Can-System integriert.

Aber so richtig hat dieses System ja nicht mehr funktioniert.

Es gab Bestrebungen, daß die ihre eige-nen Kompositionen unterbrachten, aber das lag einfach an deren Unverständnis. Die begriffen einfach nicht, wie die Ideo-logie in der Gruppe war. Daß das ein-fach nicht im alten Stil von Songwritern funktionierte. Wir waren nie im Leben Songwriter, wie das bei 99 % der ande-ren Bands der Fall ist. Dahinter verbirgt sich eine völlig andere Ideologie. Es gab

That was wonderful for me because he was simply a splendid percussionist. There is hardly anyone like Reebop. Unfortunately, he died at the beginning of the eighties. He was one of the greatest conga players who ever lived. You can hear him on the Rolling Stones' "Sympathy for the Devil".

When Reebop joined, the rhythmic structure changed. Saw Delight flows more, it's more danceable. You don't have to listen so intently.

But the album is one big catastrophe. None of us liked it. It was recorded on 24-track and mixed weeks later. The original idea had disappeared by the time it came to mixing. Five people just couldn't stand at the mixing board. Then there were only two, and the original ideas were lost. In my opinion, the record is not good at all. But that's normal. A group doesn't live that long. My theory is that a group lives about as long as a dog. After ten years at the most, it's over. Like in a marriage. At some time the excitement wanes. The members also developed in different directions. It was reasonable to break up the group instead of going on simply for the money. We said: we're quitting now. We knew that the creative process didn't work as well as it had in the beginning. It's over; everyone can do what they want to do now.

provocations. C'était un petit groupe qui s'était mis à casser les fauteuils, à arracher la sono et détruire les éclairages. C'était pas tant notre faute que celle des autres groupes. On s'en est bien tiré. La sono avait été installée par les organisateurs, elle n'était pas terrible. C'était peu avant la fin du Palais des Sports. Quelques années plus tard, il a été démoli.

Il y a encore eu une nouvelle étape lorsque Reebop et Rosko Gee se sont joints au groupe. Avec eux, la conception rythmique a encore changé radicalement.

Reebop était l'un des champions du monde du co nga. Le superman absolu. J'ai eu beaucoup de plaisir à jouer avec lui. En fait c'est Rosko, que nous avions connu à Londres, qui l'a amené. C'était lui, le bassiste. Il avait une copine à

Bonn, il est passé nous voir et à partir de ce moment-là, il est resté et a joué avec nous. Avant, tous deux avaient été musiciens pour Traffic. Tant que le groupe a existé, notre collaboration a merveilleusement fonctionné. Et Holger a commencé à se concentrer plus sur les bandes magnétiques, les enregistrements radio et autres curiosités.

Mais était-ce encore Can ou bien était-ce "Can meets Traffic?"

Ça n'avait rien à voir avec Traffic. C'était Can, on n'avait pas changé, ils ont simplement été intégrés au système Can.

Mais ce système n'a plus très bien fonctionné.

Ils ont essayé d'amener leurs propres compositions, ils n'ont pas vraiment compris notre système. Ils ne

keinen Komponisten, der die Musik schrieb, weder Ausführende noch eine Hierarchie, in der der Schlagzeuger die unterste Stufe ist. Bis dahin war das, glaube ich, wenig üblich, daß eine Gruppe immer als Gruppe auftrat. Meistens ist das ja so, daß einer den Text macht und einer die Musik, wie bei Lennon/McCartney oder Jagger/Richards, und der Rest der Kapelle ist eigentlich austauschbar. Musiker, die gelegentlich rausgeschmissen werden. Bei uns war niemand ersetzbar. Wir paßten immer auf, daß niemand zum Boß oder die Nummer 1 wurde.

War das ohne Schwierigkeiten durchzuhalten?

Das war ohne Schwierigkeiten durchzusetzen, denn niemand wollte ja, daß einer der anderen zum Boß wird und man eine Art Angestelltenverhältnis entwickelte. Jeder hatte Verantwortung für das Ganze, und das war wichtig. Jeder war der Boß, und jeder war gleichberechtigt. Das kam natürlich von den politischen Ideen von 1968, als der Kommunengedanke aufkam. Wir waren zwar nie eine Kommune, haben also nie als Wohngemeinschaft gelebt, aber im Studio waren alle gleichberechtigt und gleichermaßen verantwortlich für die Gemeinschaft.

Für Dich als Schlagzeuger war es ja von allen Instrumentalisten der größte Einschnitt, plötzlich noch einen Perkussionisten neben sich zu haben.

There must have been extreme tension between Holger and Reebop.

It wasn't that bad. I believe that Holger was also a tough case. Today it's a little easier to get along with him. Before, he was a little stubborn. Reebop didn't like that. Holger was a little authoritarian. He had occasionally tried to rule the whole roost. But the others successfully put a stop to that.

I think the album Can is very beautiful.

Do you mean Can Delay?

No, the album Can, from 1978.

Those must have been old recordings that they released somehow.

No, that was the album with "Can Can" and "Aspectable."

That was the absolute fall and decline of the group. I hardly know anything about that album.

Whereas I think that some of the old reductionist virtues are reflected on this album.

I'm not certain if this album doesn't consist of cut and pasted material. There are so many records with new versions of songs. I'm not sure if those recordings stem from the old days.

comprenaient pas l'idéologie du groupe, qu'on ne fonctionnait pas selon le vieux style des auteurs de songs. On n'avait jamais été des auteurs de songs, comme c'est le cas dans 99% des groupes. Tout ça reflète une toute autre idéologie. On n'avait pas de compositeur qui écrivait la musique, pas d'exécutants, pas de hiérarchie dans laquelle le batteur se retrouve au bas de l'échelle. Jusque là, je crois que c'était rare qu'un groupe se présente toujours comme groupe. La plupart du temps, il y en avait un qui faisait les textes, un autre qui faisait la musique, comme c'était le cas avec Lennon/McCartney ou Jagger/Richards, et le reste de l'orchestre est interchangeable. Avec des musiciens qu'éventuellement on met à la porte. Chez nous, personne n'était remplaçable, tout simplement, on veillait à ce qu'il n'y ait pas de numéro un, pas de boss.

Ça n'a pas été trop difficile de s'y tenir?

Ça n'était pas difficile parce que personne ne souhaitait qu'il y ait un patron et que les autres soient dans une relation d'employés. Chacun avait sa part de responsabilités pour le tout et c'était bien comme ça. Chacun était le boss, chacun avait les mêmes droits que tous. Ça venait des idées de 68, avec les idées des communautés. Nous n'avons jamais constitué une communauté, on n'a

Das war prima für mich, weil er einfach ein hervorragender Perkussionist war. Es gibt kaum Leute wie Reebop. Leider ist er Anfang der Achtziger gestorben. Er ist einer der größten Conga-Spieler, die es je gab. Man kann ihn auf "Sympathy For The Devil" von den Rolling Stones hören.

Mit Reebop hat sich ja die rhythmische Struktur verändert. "Saw Delight" ist fließender und tanzbarer, und man muß nicht mehr so richtig zuhören.

Das Album ist eine einzige Katastrophe. Es hat niemandem von uns mehr gefallen. Es wurde mit 24-Spur-System aufgenommen und erst Wochen später abgemischt. Die ursprüngliche Idee war dann beim Mischen nicht mehr vorhanden. Fünf Leute konnten einfach nicht am Mischpult stehen. Das machten dann zwei, und der ursprüngliche Gedanke ging verloren. Meiner Meinung nach ist die Platte überhaupt nicht mehr gut. Das ist aber auch ganz normal. Eine Gruppe lebt nicht so lange. Meine Theorie ist, daß eine Gruppe ungefähr so lange lebt wie ein Hund. Nach spätestens zehn Jahren ist sie fertig. Wie in einer Ehe. Da läßt ja auch irgendwann die Spannung nach. Außerdem haben sich die Leute auch in verschiedene Richtungen weiterentwickelt. Es war vernünftig, die Gruppe aufzulösen, anstatt sie aus Geldgründen irgendwie weiterzufahren. Wir haben ganz radikal gesagt, wir hö-

Well, here, it clearly states: recorded 1978.

I can hardly believe that; in 1978 the group was already at an end.

There's a spanner on the cover.

Ah, it's slowly starting to dawn on me. The record's been completely erased from my memory.

I still have to ask about one song. How did Jacques Offenbach's "Can Can" come about?

Oh, that was a compulsory exercise. First, because of the name of the track. And second, because Jacques Offenbach lived in Cologne. That was a compulsory exercise that wasn't really successful.

At one time I read an interview, in which one of you said that Can was like a tree whose branches could simply no longer grow. How were you then able to make Rite Time?

That was more of a vacation idea. Karoli had a house in the south of France, close to Nice, with a studio. We were all there, more or less on holiday, and started playing around in the studio. We didn't want to reunite the group. That was really a spontaneous idea, to try something in the studio.

jamais vécu ensemble en communauté mais, dans le studio, on avait tous les mêmes droits et les mêmes devoirs face au groupe.

Toi comme batteur, tu as sans doute été le plus concerné des instrumentistes quand tout à coup il y a eu un percussionniste à tes côtés.

Pour moi c'était génial, parce que ce percussionniste était excellent. Les gens comme Reebop sont rares. Malheureusement, il est mort au début des années 80. C'était un des plus grands joueurs de conga qu'il n'y ait jamais eu. On peut l'entendre dans "Sympathy For The Devil" des Rolling Stones.

Avec Reebop, la structure rythmique a changé. Saw Delight coule plutôt, on peut danser dessus, on a moins besoin d'écouter.

Cet album est une vraie catastrophe. Il n'a plu à personne de nous. Il a été enregistré sur un système à vingt-quatre pistes et mixé plusieurs semaines plus tard, et l'idée originale s'est perdue pendant le mixage. On ne peut pas avoir cinq personnes ensemble à la table de mixage, il n'y en avait plus que deux et c'est comme ça que l'idée de départ ne passe plus. À mon avis, le disque est mauvais. Et c'est normal, un groupe ne vit pas si longtemps. Ma théorie est qu'un groupe a à peu près la durée de vie d'un chien. Après dix ans environ, il est mort; c'est comme le mariage. Il y a une tension qui disparaît. Et puis les gens prennent des directions différentes. C'était raisonnable de dissoudre le groupe et non pas de le faire durer pour des raisons d'argent. On a dit carrément: «On arrête.» on avait constaté que le processus de créativité ne fonctionnait plus si bien qu'au début. Maintenant, chacun peut faire ce qu'il veut.

ren jetzt auf. Wir hatten erkannt, daß
der kreative Prozeß nicht mehr so gut
funktionierte wie am Anfang. Schluß,
jeder kann jetzt machen, was er will.

*Extreme Spannungen muß es ja zwi-
schen Holger und Reebop gegeben
haben.*

So schlimm war es nicht. Ich meine, der
Holger ist ja auch ein schwieriger Fall
gewesen. Heute ist er etwas umgängli-
cher. Früher war er ein wenig stur. Und
Reebop hat sich sowas nicht gefallen lassen. Holger war ein wenig autoritär. Er
hat streckenweise versucht, zum Allein-
herrscher zu werden. Das haben die anderen aber erfolgreich abgewehrt.

*Das Album „Can" finde ich dann
auch wieder viel schöner.*

Meinst Du „Can Delay"?

Nein, das Album „Can" von 1978.

Das müssen aber ältere Aufnahmen gewesen sein, die dann irgendwie zusammen rausgebracht wurden.

*Nein, das war das Album, auf dem
„Can Can" und „Aspectable" drauf
waren.*

Das war schon der absolute Niedergang
der Gruppe. Ich bin über diese Platten
kaum noch informiert.

Why did you use Malcolm Mooney on this record, instead of Damo?

Damo didn't want to play anymore. He'd started a completely different life. He worked for a Japanese company, where he's still employed; he was married and had two children. He just didn't want to play anymore.

How was it then, working with Malcolm after so many years?

We'd seen each other every now and then, and I'm still in contact with Malcolm. We simply had fun together. The record isn't really very good, I think. No wonder. The original "geist", the spirit, had leaked out. The "geist" in the can was gone. The enthusiasm, the excitement, the optimal cooperation, had slipped away from us.

How did Rite Time differ from the other records before it?

We didn't see ourselves as a group anymore. Instead, it was more of a voluntary get-together, playing without obligations in the studio, without intentions or hopes. And what the press made out of it was just not true. In a certain sense we're still a group. We've just put aside this name. We still work together in the studio. I still work with Schmidt and Karoli, as well as Holger - although recently we haven't done much

Il paraît qu'il y a eu des tensions terribles entre Holger et Reebop.

Ce n'était pas si terrible. Enfin Holger était un cas difficile. Aujourd'hui il est redevenu plus abordable. À l'époque, il s'est buté et Reebop ne s'est pas laissé impressionner. Holger était assez autoritaire, il a essayé parfois de tout prendre en mains. Mais les autres ont réussi à l'en empêcher.

Je trouve l'album Can de toutes-façons beaucoup plus beau.

Tu veux dire Can Delay ?

Non, l'album Can de 1978.

Ça doit être de vieux enregistrements qui ont été ressortis plus tard.

Non, c'est l'album avec "Can Can" et "Aspectable".

C'était déjà le déclin du groupe. Je suis à peine informé sur ce disque.

Enfin, je crois que dans cet album, on en revient à certaines bonnes vieilles vertus de la réduction.

Je ne suis pas sûr que cet album ne soit pas une compilation. Il y a tellement d'albums avec des compilations de vieux morceaux, qu'il est possible qu'ils aient repris des vieux morceaux.

 *Wobei ich finde, daß man sich auf diesem Album wieder auf ein paar alte Tugenden der Reduktion besinnt.*

Ich bin mir nicht sicher, ob dieses Album nicht doch nur eine Zusammenstellung von Stücken ist. Es sind ja so viele Platten mit neuen Zusammenstellungen von Stücken. Ich bin nicht sicher, ob die Aufnahmen zu diesem Album nicht aus älteren Zeiten stammen.

Also hier steht eindeutig drauf, recorded 1978.

Ich kann das kaum glauben, denn 1978 war die Gruppe doch schon zu Ende.

Vorn ist so ein Schraubenschlüssel drauf.

Langsam beginnt es zu dämmern. Die Platte ist schon völlig aus meinem Gedächtnis gestrichen.

Nach einem Song muß ich Dich dennoch fragen. Wie kam es denn zu Jacques Offenbachs „Can Can"?

Also das war eine Pflichtübung. Erst einmal wegen des Namens des Stückes. Und zweitens, weil Jacques Offenbach Kölner war. Das war eine Pflichtübung, die aber nicht so recht gelungen ist.

Ich habe irgendwann mal ein Interview mit einem von euch gehört, bei dem gesagt wurde, Can wäre wie ein Baum, dessen Äste einfach nicht mehr zusammenwachsen können. Wie kam es denn dann zu „Rite Time"?

Das war mehr so eine Ferienidee. Der Karoli hat ein eigenes Haus in Südfrankreich, nahe Nizza, mit eigenem Studio. Wir waren alle ferienmäßig da unten und fingen im Studio an zu basteln. Dem lag nicht die Idee zugrunde, die

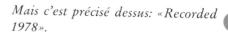

together. But I've played on a number of Czukay, Schmidt, and Karoli records. Our relations to each other are perhaps much better. There's simply no pressure.

Why then was Rite Time not released until three years after it was recorded?

Sometimes that's the way it is. It took a while until we found a record deal. Normally, a certain amount of time goes by between production and release. Or the record company has already requested a record. It's always taken rather a long time for a record to be released. It's always taken at least a year.

Mais c'est précisé dessus: «Recorded 1978».

J'ai du mal à le croire parce qu'en 1978, le groupe était presque dissous.

Sur la pochette, il y a une clef-outil.

Je crois que ça revient, c'est curieux, j'ai refoulé complètement ce disque.

J'ai quand même une question sur l'un des songs: comment avez-vous eu l'idée de "Can Can" de Jacques Offenbach?

C'est un truc qu'il fallait que nous fassions. D'abord à cause du nom et ensuite parce qu'Offenbach était originaire de Cologne. On se devait de le faire mais ce n'est pas très réussi.

Dans une interview, j'ai entendu l'un de vous dire que Can était comme un arbre dont les branches ne voulaient plus pousser ensemble. Comment en êtes-vous quand même arrivés à Rite Time?

C'était une idée de vacances. Karoli avait une maison en France, dans le sud, près de Nice, avec un studio. On s'y est retrouvés pour les vacances et on a commencé à bricoler dans son studio. On n'avait pas l'idée de refaire quelque chose comme groupe, c'était vraiment seulement une idée spontanée, l'envie d'essayer des trucs dans son studio.

Gruppe wieder zusammenzubringen. Das war wirklich eine spontane Idee, irgendwas im Studio zu versuchen.

Warum habt ihr euch auf dieser Platte für Malcolm Mooney entschieden und nicht für Damo?

Der Damo wollte nicht mehr. Er hatte ein ganz anderes Leben begonnen. Er arbeitete für eine japanische Firma, bei der er noch immer arbeitet, heiratete und hat zwei Kinder. Der Damo wollte einfach nicht mehr.

Wie war es denn, nach so vielen Jahren wieder mit Malcolm zusammenzuarbeiten?

Wir haben uns schon hin und wieder mal getroffen, und ich habe auch immer noch Kontakt zu Malcolm. Wir hatten einfach viel Spaß miteinander. Die Platte ist nicht so richtig gut geworden, denke ich. Kein Wunder. Der ursprüngliche Geist, der Spirit, war entwichen. Der Geist aus der Dose war weg. Der Enthusiasmus, die Begeisterung, die optimale Zusammenarbeit waren uns entglitten.

Inwiefern war denn „Rite Time" anders als die Platten davor?

Wir haben uns nicht mehr als Gruppe gesehen, sondern es war so ein freiwilliges Zusammentreffen und zwangloses

Spielen im Studio ohne Absichten oder Hoffnungen. Und was die Presse daraus machte, stimmte einfach nicht. In gewissem Sinne sind wir immer noch eine Gruppe, nur daß wir eben diesen Namen abgelegt haben. Wir sind immer wieder zusammen im Studio. Mit Schmidt und Karoli arbeite ich immer noch zusammen, auch mit Holger, wenn auch in letzter Zeit weniger. Aber ich habe auf sämtlichen Czukay-, Schmidt- und Karoli-Solo-Platten gespielt. Unser menschliches Verhältnis ist heute vielleicht viel besser. Es fehlt einfach der Druck.

Woran lag es denn, daß „Rite Time" erst drei Jahre nach Einspielung veröffentlicht wurde?

Wie es manchmal so geht. Bis das an irgendeine Plattenfirma verdealt war, verging einige Zeit. Es ist normal, daß von der Produktion bis zur Veröffentlichung einer Platte eine gewisse Zeit vergeht. Es sei denn, es gibt schon eine Vorbestellung von Seiten der Plattenfirma. Es hat eigentlich immer ziemlich lange gedauert, bis eine Platte raus war. Ein Jahr ist mindestens immer vergangen.

Pourquoi est-ce que, dans ce disque, vous vous êtes décidés pour Malcolm et non pour Damo?

Damo ne voulait plus, il venait de commencer une nouvelle vie. Il travaillait dans une entreprise japonaise, dans laquelle d'ailleurs il travaille toujours, il s'était marié et avait deux enfants. Il ne voulait plus jouer.

Comment ça s'est passé avec Malcolm, après tant d'années?

On s'était toujours retrouvés de temps en temps. J'ai toujours des contacts avec Malcolm. et ça nous faisait toujours plaisir de jouer ensemble. Le disque n'est pas excellent, je pense, c'est normal, l'esprit que nous avions à l'origine avait disparu, notre petit génie enfermé dans sa boîte était tout simplement parti. Et avec lui l'enthousiasme, l'optimisme, la collaboration idéale.

Dans quelle mesure est-ce que Rite Time était différent des autres disques que vous aviez faits avant?

On ne s'est pas vus comme groupe, c'était une rencontre libre en studio pour jouer, sans contrainte, sans intention et sans espoirs particuliers. Ce que la presse en a dit était faux. Dans un sens, on est encore un groupe mais on refuse ce nom. On se retrouve encore souvent en studio, je travaille encore avec Schmidt et Karoli, et aussi avec Holger, bien que ce soit plus rare ces derniers temps. J'ai joué solo sur tous les disques Czukay, Schmidt et Karoli. Notre entente est même peut-être aujourd'hui meilleure qu'avant mais il nous manque l'élan commun.

À quoi est-ce que cela tient que Rite Time soit sorti seulement trois ans après qu'il ait été joué?

C'est des choses qui arrivent... Jusqu'à ce qu'une firme de disques l'achète, ça dure un certain temps. C'est normal qu'il y ait un certain temps qui s'écoule entre la production et la sortie du disque. Ça dure toujours pas mal de temps jusqu'à ce qu'un disque sorte. En général au moins un an.

Commentaries

Text in English only

By DUNCAN FALLOWELL

CAN RELEASES

Spoon 4
Monster Movie

The opening seconds of "Father Cannot Yell" augur great excitement — the music crashes into its pace — this is rock music both wild and sophisticated — then halfway through, that moment when Malcolm Mooney starts syncopating his voice against the pounding onrush — ha-ha-ha-ha-ha, ha-ha-ha-ha-ha — he's starting up half a dozen stops beyond where James Brown got off (remember this is still the 60's — my God, the 60's were so potent and original!) — and the whole thing levitates in a manner which sends shivers down the spine. Is this rock music? It is extraordinary.

"Yoo Doo Right" is 100 feet deep and 20 minutes long and is likewise one of the most amazing animals to find itself put under the label of 'rock'. The inevitability of its unfolding, with continuous development and without loss of tension, always changing and never changing, surely make it the apogee of the extended rock tracks of that period — certainly nothing ever put out by the more famous acid bands (Pink

By ROB YOUNG

CAN RELEASES

Spoon 4
Monster Movie

A legless robot hovers above a mountain range, holding a gizmo that could be sanitizer or annihilator. What exactly does it have to do with "Monster Movie", by 'The Can', as they're still called on the sleeve? Four tracks introduce the group to the wider world on this official debut: three barbed songs more or less unfathomable, Mooney driving himself crazy as a tiger after its own tail (on "Mary, Mary So Contrary", note how, as on "Delay 68"'s "Little Star Of Bethlehem", he leads familiar, innocent lyrics into danger and corruption); then the album's monster itself, "Yoo Doo Right". What more to say about this epic? Repeatedly covered, never bettered, with a drum and bass riff that begins like a squadron of mechanical deities manoeuvring through a ravine, and then over 20 minutes gets extruded and fractalised into an ever-shifting array of

DUNCAN FALLOWELL

Floyd, Grateful Dead etc) comes anywhere near it in sheer visceral power. And this album was only the beginning of a great musical adventure — deep breath before moving on. . .

ROB YOUNG

shapes, byways, blind alleys and wide-open roads of rhythm. Mooney sounds transfixed by a divine revelation only he can see: "Once I was blind, now I can see: You made a BELIEVER OUTTA ME!!!" The final surprise is that it actually comes to an end at all.

Spoon 5
Soundtracks

"Soul Desert", which was unfortunately left off my compilation "Cannibalism 1", and was not included on "Anthology", is only available here. A slow thudding shuffle gels perfectly with Malcolm Mooney's cosmic punk despair delivered in a not quite atonal, not quite sprechgesang voice — no beat vocalist before or since ever got as far out as this and came back. There is a lovely switch — minor to major — from Karoli's skin-tight guitar near the end — light after burning darkness. This track defines absolutely the aggressive strangeness of Can's first incarnation. "Mother Sky" is a witchy flying ride by moonlight and introduces new Japanese vocalist Damon Suzuki whose more slippery, feathered touch will increasingly lift Can's music away from the white-eyed carnivorous angst of Mooney and into a more aerial realm.

Spoon 5
Soundtracks

Seven pieces from four art movies that didn't seem to have survived the period (until they were screened at a Can film event in Cologne in 1997). "Sound-tracks" is destined to remain eternally sought after for the quarter-hour surge of "Mother Sky"; but don't forget also the great Malcolm performance of "Soul Desert" on which he audibly spits his lungs out; and arguably the most conventional song Can ever wrote: what would Fred Astaire have made of "She Brings The Rain", a swing lullaby that brings out the crooner in Malcolm.

DUNCAN FALLOWELL

Spoon 6/7
Tago Mago

"Mushroom" is one of can's eeriest creations — quite why I'm not sure. It seems recorded 'elsewhere'. The piece is constructed from elements — drum, voice, keyboard etc — which have little in common with each other yet which cohere to an intense degree. It is followed by an explosion, nuclear rain, and the impatient "Oh Yeah" in which what are really rather jolly musical ideas are disturbed by the anxious drumming — the piece eventually throws itself away in a huff. "Halleluwah" is Can's least spacey epic, "Aumgn" ist most spacey ("Tago Mago" was issued as a double album). The band's recordings contain quite a number of these 17 to 20 pieces, designed to fill one whole side of vinyl. These epics are careless of time which means that they are also careless of space - they give one more room physically, intellectually, emotionally: liberation is one of the noblest features of can's art. I shall not mention any more of the pieces. I do not wish to enclose an album which is so large and open.

ROB YOUNG

Spoon 6/7
Tago Mago

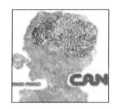

Seven tracks, seven endurance tests involving both discipline and punishment. Can finally hit their stride with this 1971 release. They abandoned themselves to circling grooves and repetitive chaos, locking into a world where chaos and horror span round at 33 revs per minute... Every one of "Tago Mago"'s jumping-off points leads to a deep end, but some patches offer less brackish waters than others. The opening trilogy of "Paperhouse"'s hydra-necked guitars, or "Mushroom"'s twirling drum pattern and rising-falling vocal, do nothing to prepare you for the expanded delights of the ensuing sides. "Halleluhwah" is built around THE classic Can motorik rhythm-throb — one of their greatest recorded 18 minutes. While contemporary Krautrockers were indulging in their own Electronic Meditations, Can provided their own - "Aumgn" — but Irmin Schmidt's intonation causes it to sound like they were tumbling into the throat of the Beast. One of the best albums all round, but tread warily.

DUNCAN FALLOWELL

Spoon 8
Ege Bamyasi

Concise and easy going after "Tago Mago" — indeed this is one of Can's most elegant albums, the-dansant in the outer galaxies, cool under silver palm trees — until a quarter of the way into "Soup" the group contract some nasty virus and find themselves attacked by a rabid dinosaur which springs from the keyboard and tears a huge bloody chunk out of the afternoon — rarely has such a ferocious beast been caught on tape — Suzuki, already in a groggy sweat, tries to talk to it, with only partial success — the strain is too much, Suzuki flips into a seizure and vaporises — after which there is recovery and a return to health (that is, balanced vitality) on "I'm So Green" and "Spoon", a shoulder-lift for mutant schoolchildren.

Spoon 9
Future Days

A beautiful title which the blue of the cover complements perfectly and Damon's vocal on the title track is one of his most poignant — the idea of "Future Days" is very poignant too, as anyone listening to it more than 20 years after its release will discover. "Spray": foreplay with no orgasm. "Moonshake":

ROB YOUNG

Spoon 8
Ege Bamyasi

The cover featured the first visual 'can' joke, but the irony was apparently confined to their artwork. "Ege Bamyasi" is one of the most consistently satisfying Can records, perhaps because in retrospect it feels a good deal healthier than "Tago Mago"'s feverishly buzzing swamps. Healthy, as in an invalid suddenly developing a ravenous, restoring appetite: the group are moving into lusher territory in which images of fertility, greenery, effervescence abound (check the titles: "Vitamin C", "Soup", "Spoon", "I'm So Green"). "Pinch" is tight and funky, learning to use the organ and guitar to float instead of as extra weight. And on "Sing Swan Song", Can proved they could still play the waltz like it was the last.

Spoon 9
Future Days

Can's vision of things to come was less future-schock than phuture-caresse. Here and on "Soon Over Babaluma", Can had found a never to be repeated levity

DUNCAN FALLOWELL

Can at their neatest, delightful without being cute. "Bel Air": one of many Can tracks to which I gave the title — the title fits well the overall mood of the album but is misleading insofar as it overlooks the struggle on this track. Nonetheless this still seems a very complete album, all blue, eternal future and I love it the way you love a member of your family — with ease, with irritability (I am listening to it now with a cold caught at a party on the border of England and Wales where I met a man called Tim who was a remarkable mixture of fury and love but all the fury came from love — so if there is fury on this album it is not hostile but of that kind but I think there is no fury here the only Can album without fury), with comfort rather than precise attention. This record dissolves the division between sky and earth, dreaming and waking, all in a single soft blue continuum. Heaven is probably like this. If you want fire, go to hell.

ROB YOUNG

combined with agility that made their music impeccably weightless. The title track's metronomic mantra-groove  floats light as foam, kissed with gentle percussion while abrasive keyboards and glittering guitar sand the surface down; at the coda Czukay attempts an early crack at beatmatching with a double-speed segment of the original tape. "Spray" is barely there at all: an eddying Liebezeit riff augmented with logdrums tracing the Kinshasa-Köln connection, celebrating motion with minimal loss of energy as it travels. Damo has to wait all of five minutes before he gets to sing: in Can, singers had to obey the law of form. "Bel Air" is 20 minutes of protoambient featuring Teo Macero-style editing of disparate sections: despite the occasional loss of focus, Jaki's threshing chopper blade drumming brings the machine safely down to the horizon line.

Spoon 10
Soon Over Babaluma

"Dizzy Dizzy" is a haunting cameo of depression and the end of an affair. "Come sta, la Luna" (no question mark)

Spoon 10
Soon Over Babaluma

Tracks such as "Splash" and "Quantum Physics" link "Babaluma" to the gravity defiance of "Future Days"; yet on other

DUNCAN FALLOWELL

ROB YOUNG

is not Fellini but Bunuel. "Splash" is Barry Manilow wrestling with Frankenstein at the Copacabana — I'm afraid Frankenstein wins. "Chain Reaction" is not the number sung by Diana Ross "Quantum Physics" is actually, I don't know what it is, but once you stop waiting for something to happen it has a very calming effect.

Footnote: with this album Can ended their first and classic period (with United Artists). My uncertainty over the last track may be related to the awful ambivalence of "Good-bye".

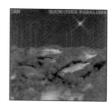

tracks the group threw an unlikely assortment of silver-sprayed folk instruments such as gypsy violin and mandolin into the mix space. "Come Sta, La Luna" is a ballad sung by a Spanish troubadour to the moon. This would prove to be a crucial fulcrum point for Can development: after this they seemed to move away from this kind of ethereality, as the eclecticism hinted at here became more explicit. Marvel at the sheer vertigo induced by "Chain Reaction": what else do you expect from a record whose sleeve featured a landscape photographed from an orbiting satellite?

Spoon 12
"Delay" 1968

Spoon 12
"Delay" 1968

Never felt happy listening to this album — something acrid and uncomfortable about it like a cheesegrater working  over one's fingertips, powerful yet crippled like a sick bodybuilder. No, I disagree with that. This is loose strangeness - I'm liking it more and more. No — I disagree — not

The real Dead Sea Scrolls of the Can story, even though you had to wait 12 tantalizing years to hear them until they were released in 1981. "Delay 1968" collects the best of the first primitive recordings made at Schloss Norvenich: jangling abrasively, gangling pervasively, it's Gothic garage punk observed through ominously flapping curtains. "Nineteen [sic] Century Man" is the most conventionally structured, but the

DUNCAN FALLOWELL

strange so much as strangely familiar - and slightly out of focus — an alcohol album. No' I disagree . . . No — I don't disagree. This is a marvelous, alcoholic album. It now makes me happy. Who's grown up, the album or me? Or has one just regressed to the primal drug?

Spoon 23/24
Unlimited Edition

It is long and not a collection of tracks — better to think of it as a tapestry, a garden of earthly horrors and delights,

 a fantastic sound-world of symbols and rhythms, a musical labyrinth — once upon a time, in a jewelled pit, there lived a lazy python who dreamed of motor cars. . .

ROB YOUNG

opener "Butterfly" pans out over eight minutes into a hefting gliding riff, powered by trademark Liebezeit steamhammer hi-hat and Czukay basspulse: the rough sonic diamonds which the group would spend the following years polishing to transparency. "Thief" is one of the saddest songs Can, or anyone, ever wrote: Malcolm Mooney pleading for his life in front of an unseen cosmic court, his voice crumbling as he realises nobody's listening.

Spoon 23/24
Unlimited Edition

More than just the studio sweepings from Inner Space between 1968-75, "(Un)limited Edition" collects a handful of the group's miniature 'EFS' ethno-forgeries, as well as outtakes and extra songs previously missing, presumed dead. Can's shimmer through "Gomorrha" — the trademarked descending chord motif aped by The Fall on 1986's "I Am Damo Suzuki" — displays the massive variability they could achieve with a familiar dish. The set is dominated by the 18 minute "Cut-away", an early counterpart to "Bel Air" spliced together in 1969 from odd jams, snatches of studio backchat and what sounds like a contact-miked blowtorch.

DUNCAN FALLOWELL

ROB YOUNG

"Trans-central Express", presumably an outtake from the "Landed" sessions, and titled to attract Kraftwerk fans, is a beautiful duet between bouzouki and s equential synth: Basic Channel on retsina.

Spoon 25
Landed

Spoon 25
Landed

The first of the Virgin albums and, as the title implies, it marks Can's coming down to earth a little, a move towards the commercial, the fading of Czukay and the increasing pop influence of Karoli, and the band's eventual disintegration. Charming trackmaking — then out of this zooms the exceptional — the freeform "Unfinished" with its East European ache and cinematic menace — Tarkovsky coming after television. Freeform, yes — Can are one of its great practitioners. It is good to re-enter this spaciousness of freeform. Creativity in all the arts, in common with much else, has become so tight since then, so targeted. Now everything must have a slot. Long live the unslottable! "Unfinished" is only unfinished in the sense that the balalaika-like melodic phrasing against glowing arpeggios in the early part of the track is so spellbinding that one would love to hear it used in a more extensive way — it is a disappointment that after its initial appearance it never returns.

The first Can record I bought — and only because none of the others were in print at the time. Not the best starting point,

and by their own admission beginning to suffer through techno-overload (Inner Space had by this time taken delivery of a 16 track mixing desk). "Full Moon On The Highway" is a driving song in both senses; only Micky's blanker-than-Frank vocal and the parched production stop it from roaming up there with Steppenwolf. Plenty of spatial play across the multitrack spectrum, with both a relentless forward drive and rich strata of vertical layers in the mix. "Hunters And Collectors", with cod-Lou Reed lyric, exemplifies this, while also tolling the end of the 'classic' Can unison, one-take sound (overdubs are all out of sync). The first seven minutes of "Unfinished"

DUNCAN FALLOWELL

ROB YOUNG

is a Niagara guitar deluge, with feedback play and scraping electronic noise occasionally interrupted by percussion petals. Strange, but for all the surface busyness, the overall effect remains distinctly colourless.

Spoon 26
Flow Motion

Spoon 26
Flow Motion

Begins with Can's only international pop hit, the cute "I Want More". Success is so simple — when it happens. It didn't happen like this again and in consequence Can retained their mystique. The rest of the album is cuteness versus mystique — cuteness winning on "Cascade Waltz", Laugh till you Cry, Babylonian Pearl. Mystique wins on the last two tracks. "Smoke" is a rail journey over level plains, a dry run for "Rapido de Noir". "Flow Motion" is one of Can's 'Pacific Ocean' pieces, this time built on Karoli's love affair with reggae. The whole album is a bit like watching a dragon trying to fuck a poodle. Oh, the seductive, corrupting power of popularity!

The only fact Can fans will agree on about the next three albums in the sequence is that they don't even come close to the magical, royal flush that came before. But that doesn't mean that they should be dismissed out of hand. While one hates to sound a killjoy, the

whimsical Hawaiian guitars of "Cascade Waltz" and laidback boogie of "Laugh Till You Cry, Live Till You Die" convey the impression that they were having too much, well, fun. But the album's 'hit' — the bubbling, discombobulated disco of "I Want More" and its two minute steamy reprise, are up there with the group's best. Here, the hedonistic imperatives of the dancefloor are taken to an insidious, insistent extreme by all four voices chanting in ritualistic unison.

DUNCAN FALLOWELL   **ROB YOUNG**

This schizophrenic collection is rounded out by „Smoke", one of the better ethno-forgeries (number 59!), and the lengthy, zipped up skank of the title track.

Spoon 27
Saw Delight

Spoon 27
Saw Delight

The Afro-Caribbean influence of Reebop and Rosko Gee took Can into goodtime jams beyond the riff. No original beauty is born out of musicianly selfsatisfaction — bongo beach in the everlasting now is not for me — it makes me nervous. This paradoxically is a nervous record. Maybe it's for you. Something magical struggles to be seen behind "Animal Waves" but it's kicked to death by the feverish foreground busy-busy.

"Don't Say No" is a straight rip-off of "Moonshake" from "Future Days", minus the finesse and with filed teeth.

Sunny, hi-life guitar loops prettify "Sunshine Day And Night"; Holger's radio steps to stage front as a more than occasional vocalist. Not wanting to denigrate the work of new recruits, Traffic's Rosko Gee and Reebop, whose bass playing and rippling percussion spur Jaki on to some terrifically solid grooves, but when Rosko takes vocals on "Call Me" I feel like a house I lived in all my life has been invaded by strangers. "Animal Waves" forms the strongest continuum with earlier epics: striving for the hover-flow of "Soon Over Babaluma", they can't quite make the flesh heavier than air.

DUNCAN FALLOWELL

Spoon 28
Can

The prattle of "Saw Delight" toned down
with terrific results — a final flush before
the end of Can's third period. "All Gates
Open" could be called "I'm So Clean".
"Safe" could be called "Shivering Cold".
"Sunday Jam" could be called "Jamitis"
— a relapse into the blender/blander.
"Sodom" ballons in luminous volupt-
uousness but is securely tethered to a
proud yet relaxed walking riff. The
album ends with a sadomasochistic love/
hate relationship with Offenbach.

Spoon 29
Rite Time

Can reform with the original line-up and
the result is as unusual, fresh, modern,
and seductive as anything they ever
recorded. Each track is very different

ROB YOUNG

Spoon 28
Can

Now they were (down to) five: propping
up the hole vacated by Holger was clearly
demanding labour. With him seemed to

depart also the veil
that concealed the
magical operation
of the group: on
"All Gates Open",
Micky raps words
that are practically
a Can manifesto: "Now is there any way
for you to say where the music ends and
where the man begins?" One song is no
more than a "Sunday Jam". The "Can
Can" is the unwanted comedian at the
wake. Even "Saw Delight" has its peaks
and troughs; "Can" just sounds like the
heart's no longer in it. Mixed at Hansa
in Berlin, where only the previous year
an upstart Bowie, hand in glove with
Eno (fresh from networking with Cluster), had stolen a little of Krautrock's
fire by recording "Low" and "Heroes".

Spoon 29
Rite Time

As a Can epitaph (all members declare
it will be the last), it's not a bad last rite,
although it's initially disorienting to
hear Malcolm Mooney croaking along

DUNCAN FALLOWELL

ROB YOUNG

from its companions and not one of them resembles anything by anyone else, all wrapped up with the finesse and assurance of experience.

Such slinky irresistible riffs! Fabulous.

in the multitracked sheen of digital enregisterment. If shorter songs like "Hoolah Hoolah" and "Movin' Right Along" sounded somewhat clipped and husky, the expansive sprawl of "Like A New Child" and "On The Beautiful Side Of A Romance" more than compensate. Although the studio time in Nice must have been infinitely more relaxed than those first bursts at the end of the 60s, Mooney's cracked vocal chords haven't healed any, and he's lost none of the bruised innocence of the original utterances. The valedictory extra track included on the Spoon CD could be carved on Can's headstone: "In The Distance Lies The Future".

CAN SOLO EDITION

CAN SOLO EDITION

Spoon 15
HOLGER CZUKAY
ROLF DAMMERS
Canaxis

Spoon 15
HOLGER CZUKAY
ROLF DAMMERS
Canaxis

Recorded in 1968, Holger demonstrates his new discovery — sampling. The whole has the atmosphere of the temple

"Boat-Woman-Song": what you see is what you get on this 1968 DIY tape composition. Tapes coil around each

DUNCAN FALLOWELL

and echoes of North European choirs too. He was never so holy again, not even when he sampled the Pope. In Cologne is an apartment where a man records on sound tape the growing of his plants while his wife slowly on tiptoe takes every phone off the hook and a cat pretends not to be waiting for food. Play softly.

Spoon 35
HOLGER CZUKAY
Movies

Here is a very early example of undisguised sampling, perhaps the earliest in pop music, as an essential characteristic of the record. The samples in this case came from the radio. Holger entitled the album "Movies" because he said the pieces were assembled in a way similar to that of editing a film. Those were the days of endless tape slicing. All music however can be experienced as a film playing in the

ROB YOUNG

other, interleaving and interacting in a way that's been described as proto-sampling. Although the process and

execution is closer to the more ramshackle exploits of the musique concrete pioneers, the uncredited Vietnamese singers of the first track and chanting Muslim priests of the second conjure an emotional intensity rarely matched by more academic electronic studies. The CD reissue holds an added curiosity: a short, crackling burst of supper jazz from a 1960 Czukay radio transmission called "Mellow Out".

Spoon 35
HOLGER CZUKAY
Movies

If anything frustrated Holger the most over the final few Can records, it must have been the move away from a totally studio-edited, proto-virtual sound, and into straight, real-time jamming. With "Movies", he provides the counterweight to that tendency with four tracks that can't be placed in any kind of realistic location: like a film, the construction process is long (two years in the making), complex and in the

DUNCAN FALLOWELL

brain and the result here was more a rhythm-driven collage, less multi-layered than such studio-produced music would later become, but less hard. By 1979 rock, punk, disco, reggae dub had all happened and their marks are everywhere on this record as is the characteristic they all had in common: looseness. "Persian Love" attracted much attention at the time on account of its prettyness but "Hollywood Symphony", which follows it, is far more a showcase for Holger's powers of invention. But, in an age whose ears have dealt with The Prodigy and beyond, the whole thing now sounds very fresh and clean.

ROB YOUNG

service of an entirely artificial reality. The early drum pattern in "Oh Lord Give Us Your Money" must be an

outtake or re-cycled tape from "Landed"'s "Full Moon On The Highway", used as a point of de-parture, not as a song-in-itself. On "Persian Love", in a succession of bewitching eldritch voices and shrieks, Czukay self-portrays himself as alchemist, warlock, studio sage. "Hollywood Symphony" uses a highly conscious, artful soundbite drop-in technique to create a mini operetta, obliquely satirizing West Coast obsession with externality.

Spoon 36
HOLGER CZUKAY
On The Way To The Peak Of Normal

Holger's best title — toytown meets surrealism meets buddhism — and his most elegant album. The tightening up which characterised life as well as music in the 80s is already discernible here. All his trademarks — the crazy but kind professor voice, the anarchic French horn, the lurching musical transformations, the outlandish invasions and absurd logic lyrics — mellow into a beautifully structured

Spoon 36
HOLGER CZUKAY
On The Way To The Peak Of Normal

Heard in the age of digital ebb and flow, "Peak Of Normal" sounds clunkier than it probably did when it appeared in 1981. "Ode To Perfume" and "Fragrance" were replies to Eno's Satie-derived con-cepts of music as a waft of "Neroli"; Holger's tinctures are dripped in with the appealing clumsiness of a mad professor — French horn interrupts with the tartness of a dose of smelling salts. Following Stockhausen's dictum about

DUNCAN FALLOWELL

piece of work, both haunting and playful. It all sounds inevitable, but never relentless (no bang-bang basses), and the film analogy is no longer adequate to describe the method of construction — if it ever was. "Ode To Perfume" suggests in its title that something more shifting and elusive is at work. I seem to recall that Holger at the time was also very taken by the paintings of Turner. Suddenly Elvis Presley leaps across one's path but the main theme of "Perfume" is more melancholy and nostalgic: some people hear "Strangers In The Night", I hear "Smile (Though Your Heart Is Breaking)". Either way there's a twist in the tune's tail that is pure Holger. After this (1981) came the digital dance boom. The machine would never be so supple again.

Spoon 16
MICHAEL KAROLI
POLLY ELTES
Deluge

Micky's harem album — gorgeous guitar sounds weaving among giggles, squeaks, wails and shrugs. The female vocalist(s) is (are) bewildered — where am I? (where is/are she/they?) — but the guitar strides on. We are not

ROB YOUNG

such recognisable elements as metal, wood, skin and piano sounds and noises acting as familiar traffic signs in

a strange sound world, the whole record is a beauti-fully poised fusion of electro-nics and instruments, with Jaki's familiar metronome ticking away the timing throughout (although Holger battles his way through the drums on "Two Bass Shuffle"). An undervalued, clairvoyant collection that could have been made any time in the last quarter of the century.

Spoon 16
MICHAEL KAROLI
POLLY ELTES
Deluge (The Complete Version)

Seeds of things to come: track 6, "Home Truths" features a young Kai Althoff on drums, who now extends the Can legacy in his whacked-out Cologne group Workshop. "Deluge"'s title mis-leads: throughout, Karoli plays the role of harmo-nious blacksmith, beating difficult material into a usable shape on the anvil of songform. Half dub-

DUNCAN FALLOWELL

ROB YOUNG

invited to this private party but are permitted to witness its going-on from a nearby balcony.

drenched pri-mary-colour pop floating on the voice of Ms Eltes; half drunken mess: "Deluge" is better than a period piece but no forgotten treasure either.

Spoon 17
JAKI LIEBEZEIT
AND THE PHANTOMBAND
Nowhere

Spoon 17
JAKI LIEBEZEIT
AND THE PHANTOMBAND
Nowhere

A tight little space album from Jaki Liebe-zeit — the galaxy in your pocket. Thankfully it isn't a drum showcase but a real record and he knows that an album released in the pop/rock milieu must have a vocalist, must have words. A band by itself is simply not enough and has never succeeded without words. Words are vital in order to define the dramatic or human arena in which the music is to be experienced, drenching the sounds with meaning. Only the complex intellectual structures of classical music can dispense with this — and even then a colourful title will often supply the conceptual contact with the listener. Music is no more 'pure' than any other art form because all art is life. Bach in a cold white room? What poetry! Jaki solves the word problem by having an American intone lyrics in a deadpan manner — Holger did it on some of his stuff too. I don't like that! But Americans do. It reminds them, back on Madison Avenue, of their bohemian days in Prague, Paris, Berlin. . .

To get a fix of Jaki's drumming, I'm prepared to accept almost any old mouldy vine leaves it might be wrapped  in. Luckily, there's not so much to pick through to get to the meat of this 1984 album — unless you count the voice of Ame-rican Sheldon Ancel, which tries to be a little too studiedly 'weird' for these ears (sorry Sheldon, but you're no Malcolm Moo-ney). In some of the arpeggiating synths of Helmut Zerlett, it's possible to hear the patterns that Liebezeit has gone on to work around in his 90s live electronica trio Club Off Chaos. The eccentricities of Holger's mix shine here too: like Lee Perry, he's messing with spatial perspectives and shuffling the entire 16 track pack occasionally, causing intermittent bursts of severe aural disorientation.

DUNCAN FALLOWELL

Spoon 32/33/34
IRMIN SCHMIDT
Anthology: Soundtracks 1978-93

Be the star of your own film with 3 1/2 hours of scenic wonders, moods, melodies, surprises, and some strokes of heart-stopping genius. I play it more often than any other album in the set. A huge and glamorous soundworld. What more can I say?

ROB YOUNG

Spoon CD 32/33/34
IRMIN SCHMIDT
Anthology: Soundtracks 1978-93

As textual backdrops to Can's fiery improvisations, Irmin's contributions were often the last element to be detected in the tumult. The-

se film scores bring his work into sharp focus, as he manipulates a wide platform of moods: cathedral majesty, violent bloodspill, goofy gaming, disconcerting melodiousness. Despite a host of guest musicians, the economy of means predominates: "Rote Erde", the most conventional piece here, is still closer to Eno's "Apollo" than "Betty Blue". Disc 2 contains quirky pop songs in the mould of John Cale; but it's the third CD where the best material is gathered: the music effects a sea change into a more absorbing, nameless form of atmospherics. "City Of Magic"'s tribal drumming flickers across a freeform trumpet treated with what sounds suspiciously like the Czukay dictaphone. Best of all is "Man On Fire", with Jaki Liebezeit accompanying a spectral string quartet — Bartok with a dopebeat.

DUNCAN FALLOWELL

Spoon 37-38
IRMIN SCHMIDT
Musk At Dusk / Impossible Holidays

Musk At Dusk

The song, though a cameo medium, has been one of the most fertile art forms of the 20th century — and probably the sexiest. What Irmin and I have been trying to do on this album and "Impossible Holidays" and elsewhere is take the song forward in unexpected ways without destroying the appeal of its limitations — 2 romantics with classical methods.

The result is a series of small works which seem to emerge from and disappear back into a much greater creative soil. Both Irmin and I are culturally voracious — high, low, alien cultures feed this appetite and from the resultant compost exceptional new fruit do grow. Cultural life is usually divided into three categories. Insofar as we subsume all that, our art heralds the 21st century. The first post-modern songwriters complete with historical references! But I don't see any of this as 'far out' — and the songs are much more consciously crafted than was usual with say Can (who may be described as classicists with romantic methods) — small windows carved into con-temporary life.

ROB YOUNG

Spoon 37-38
IRMIN SCHMIDT
Musk At Dusk / Impossible Holidays

Irmin's first 1987 solo effort is short and bittersweet; flavoured with a soupcon of Gallic/Mediterranean essence absorbed

from his home in the Provence landscape. (Can never sang a lyric in German, but "Alcool" contains three lines of French.) The back-bone is provided yet again by the incomplete Can trio of Schmidt, Karoli and Liebezeit; Trilok Gurtu adds subtle percussion on "The Great Escape"'s out-of-body experience. The sleeve's Athe-na-poster graphic of giraffe-legs in black stilettoes makes you think you're in for a full on 80s Robert Palmer nightmare; but Duncan Fallowell's lyrics subvert such Copacabana cravings on "Villa Wunder-bar", where the girls are pretty but have no pity, the boys are witty but are sometimes shitty, and it's thoroughly depressing to know they're all successing.

DUNCAN FALLOWELL

ROB YOUNG

Impossible Holidays

That greater creative soil became apparent with the creation of the opera "Gormenghast", here trailered by one of Irmin's most magical soundstreams. His piano on this and on other tracks is a key feature of the album. Some things to relish elsewhere: Micky Karoli's fabulously blazing guitar on "Le Weekend"; Geoff Warren's sax on "Surprise" and "Lullaby Big"; Juan Jose Mosalini's tangoesque bandoneon on "Time the Dreamkiller" (and indeed on "Musk at Dusk's" "Cliff into Silence"). A word about "The Shudder Of Love" — it is one of our most moving love songs, both for lyrics and melody, and Irmin's version does not do it justice.

So here I am making a request to Barbra Streisand — judging from your recent albums, Barbra, there aren't too many great love songs around at the moment — this is a great love song — please record it.

Spoon 11
IRMIN SCHMIDT
BRUNO SPOERRI
Toy Planet

This curious marriage album, full of outrageous charm and meditative beauty, is overshadowed by one of Irmin Schmidt's greatest pieces — "Rapido de

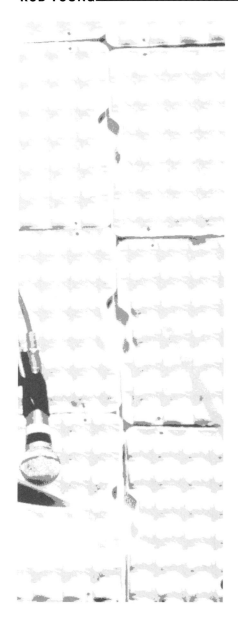

DUNCAN FALLOWELL

ROB YOUNG

Noir". (Bruno Spoerri's contribution to
the overall album is very great but not
to this particular track). At a meta-
phorical level its meaning is inexhaustible — the devil rides out, the last
train to Aushwitz, the journey to eco-
catastrophe — but these are only flecks
on the wall of its passing. To fix on any
such programme is too small, too negative.

There is awe here, for it is beyond good
and evil, a journey to the region beyond
myth, the last train to the ultimate
mystery, that is, to a reality beyond men
— and it is built up from the recording
of a real train too. Since a train journey,
as well as being away from something is
also towards something, it is always a
projection into the future, and the sound
of this journey is hypnotically inviting
— so this is a soundtrack not towards
disaster but more — towards our death —
into the gorgeous mouth of our death —
and beyond — into darkness, warmth,
vastness, a huge pool of meaning. At the
same time (returning to the earlier point)
it does contain for me all the wondrous
and tragic history of 20th century Europe
in a dark stream of terrible splendour. And
out of this streaming grandiose matrix
there appears with unexpected drama and
pathos an individual human playing a
mouth organ — except that it is not a
mouth organ but in fact a Prophet 5
Synthesiser distorted with guitar wah-wah.

DUNCAN FALLOWELL

Sometimes a man will create something whose power he cannot know — something is created through him — this is such a work. The listener too is taken.

I can think of little else in contemporary music which enthrals to this degree. Even better on vinyl.

COMPILATIONS

Spoon 1/2
Cannibalism 1

Do not confuse 'period' with 'incarnation'. Can has had many incarnations, taken various forms with various contributors, but their work falls into 3 broad periods and these are represented by Cannibalism 1, 2 and 3. The first period is referred to in my note on "Soon Over Babaluma". I discovered Can in the record department of Russell Acott, the music shop in Oxford High Street. It must have been late 1969 or early 1970. I was into acid at the time and thought this the trippiest band I'd ever heard — the Velvet Underground were immediately demoted to No. 2. Both were very up-to-date in their daring and ferocity but whereas the Velvet Underground trailed off into picturesque American sleaze, Can trailed up to the stars in the sky above a European castle.

ROB YOUNG

COMPILATIONS

Spoon 1/2
Cannibalism 1

If money is an object, then this is the place to begin taking stock. Start with that name: Can, the great enabler; the 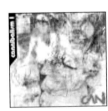 preservation vessel; a one-word poem that undercuts even the stinging concision of Muhammad Ali — whose two word stanza "Me/We" remains one of the shortest examples of One-World rhetoric on record. Even the double CD can't contain complete versions of everything, though. Better to pretend money isn't an object and fill your cupboard with full size Spoons.

DUNCAN FALLOWELL

ROB YOUNG

Lyrically Lou Reed was superior — but words I could do myself. Musically Can were far superior. The Velvet Underground, like all rock bands, could only repeat itself; Can was something else because it grew . . . Now, look, I have a problem here — the only other rock band to grow was the Beatles.

So am I saying Can were/are not a rock band? Yes — and no. You see, I have been asked to write these commentaries on the Can oeuvre and sometimes this carries you into knots and corners. Beware of painting yourself into a corner.

Spoon 21
Cannibalism 2

Spoon 21
Cannibalism 2

I disagree violently with this selection.

The only reason anyone would want to buy this mid-period sampler would be the three bits of unfinished business from the Cannery: two Suzuki specials from, I would guess, "Tago Mago"/"Future Days" era including the brilliantly stoopid "Turtles Have Short Legs", and a final Mooney into-nation, "Melting Away" — one and half minutes of King Crimson-esque floundering that's one of the few things to sound dated. 23 tracks listed on the sleeve, 22 on the disc.

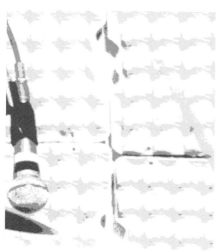

DUNCAN FALLOWELL

ROB YOUNG

Spoon 22
Cannibalism 3

Spoon 22
Cannibalism 3

Soloisms. After listening to all these albums on CD as well as on vinyl, I conclude vinyl to be the superior medium — noticeably a warmer, deeper, rounder, richer sound. Also — every time I listen to music from the Can world I discover something new — the music is inexhaustible. The advantage of the incomprehensible is that it never loses its freshness. Said that before. Can't remember where. This record says I made this compilation.
Don't remember doing it. Does anyone know where I left my car?

Boiled down to a couple of selections  from each solo album, this compilation of post-Can music is more concentrated stock than the whole albums: it's as much as many listeners will want.

Spoon 30/31
Anthology 25 Years

The thing about life is that the older you get the more mysterious it becomes. I thought it would become less  mysterious, I thought I'd understand more, but I find that the questions just grow bigger and deeper and more impossible and that every achieved piece of understanding seems to multiply, hydralike, one's areas of nonunder-

DUNCAN FALLOWELL

standing and I think, I hope, this is true for most people, not just for me and Sir Isaac Newton. Wish someone had warned me — not that it would've made a difference to the brute fact but, you know, they could've just . . . warned me — well, maybe for some people life does grow more comprehensible but when I was young I had no idea what a strange journey it would turn out to be — life was problematic then but not strange.

So you can be a know-all at 18 but at 38, 58, 78, it doesn't look good, which is why the older you get the simpler you become — to become anything else is just silly — don't lose your silliness by the way but later you don't quite believe it, while at 18 you believe in everything because it is all so clearly mapped — of course at 18 you hardly know what to do with the map but at least you do have one, whereas later on the best one can hope for is not to understand but to accept, which is the way to avoid degenerating into mere bewilderment, and then there's that other problem, staying young in heart but the machine breaking down — problematic! — and I suppose finally in the end, if one's lucky, one just stands there with the mouth hanging open in sublime and thankful amazement as death pours into you, streams through you, although I imagine by that stage you'd not be standing but lying down somewhere...

Can Box · Item No. II · Book

Zuhören und Meinung sagen

Listening And Opinionated ⎯⎯⎯⎯⎯⎯⎯

HILDEGARD SCHMIDT

Was wäre die Musikwelt der letzten drei-ßig Jahre ohne Can? Die Antwort fiele derart spekulativ aus, daß wir gar nicht erst danach suchen müssen. Doch was wäre Can ohne Hildegard Schmidt? Wäre auch nur ein einziges Album der Band ans Ohr des Hörers gedrungen, hätte auch nur ein einziger Ton über die Grenzen Deutschlands hinaus ge-klungen, würde auch nur ein einziger Musik-Liebhaber heute noch den Na-men Can in den Mund nehmen, ja wür-den die Protagonisten der Band sich heute noch der Namen ihrer Kompa-gnons erinnern, wenn Irmin Schmidts Frau Hildegard nicht ihr ganzes Leben dem Zusammenhalt und der Vision die-ser verrückten Band gewidmet hätte? Dreizehn Fragen an eine der stärksten Hintergrund-Figuren des deutschen Rock-Geschehens, dreizehn Fragen an die Managerin von Can, dreizehn Fra-gen an Hildegard Schmidt.

HILDEGARD SCHMIDT

What would the music world have been like during the last thirty years without Can? The answer would be so speculative that we shouldn't bother looking for one. But what would Can be without Hildegard Schmidt? Would there have been even one record by this band, would a single note have made it past the borders of Germany, would any music lover still talk about Can? You could even ask yourself if perhaps even the protagonists themselves might not remember each others' names, had not Irmin Schmidt's wife, Hildegard, dedicated her entire life to keeping the band and its vision alive? Thirteen questions for one of the strongest background figures in the history of German rock, thirteen questions for the manager of Can, thirteen questions for Hildegard Schmidt.

Ecouter et donner son avis

HILDEGARD SCHMIDT

Que serait le monde musical des trente dernières années sans Can? Il faudrait tant spéculer pour donner une réponse qu'il vaut mieux ne même pas se poser la question. Mais que serait le groupe sans Hildegard Schmidt? L'auditeur intéressé aurait-il pu entendre un seul album du groupe? Est-ce qu'on aurait entendu un seul accord du groupe au-delà des frontières de l'Allemagne? Est-ce que les amateurs de musique pourraient encore citer aujourd'hui le nom de Can? Est-ce que les musiciens du groupe se rappelleraient même le nom de leurs compagnons si Hildegard Schmidt, la femme d'Irmin Schmidt, n'avait consacré sa vie à la cohésion du groupe et à la réalisation de la vision de cette formation? Treize questions à l'une des plus grandes figures de l'arrière-scène du rock allemand, treize questions à la femme manager de Can, treize questions à Hildegard Schmidt.

1. Wann und wie hast Du Irmin kennengelernt, und wie hast Du seine Laufbahn bis Can begleitet?

Ich war noch sehr jung — 17 — und habe Irmin in einem Zug kennengelernt, in einem Sonderzug von Dortmund nach Halle an der Saale in der damaligen DDR — gefüllt mit Musikern: Profis und Laien, die zum dortigen Weltjugendmusikfest reisten. Der Zug fuhr die ganze Nacht durch, und da gab es viel Zeit zum reden.

2. Was hast Du selbst bis zur Gründung von Can gemacht?

Wir sind 1965 nach Köln gezogen, weil Irmin unbedingt nach seinem Abschluß auf der Folkwanghochschule als Dirigent und Konzertpianist noch die Kompositionsklassen der Kurse für Neue Musik bei Karlheinz Stockhausen und anderen belegen wollte. Außerdem fanden wir, daß Köln eine tolle Stadt ist. Ich habe in Köln dann für eine große Wohnungsbaugesellschaft Projekte und Finanzierungen von Eigentumswohnungen betreut. Bis Sommer 1969, kurz bevor wir mit Can nach Zürich gegangen sind.

3. Wie standest Du zu Irmins Plänen, eine Rock-Band zu gründen?

Nach 10 Jahren Teilhaben und Leben in der Welt der Musik und mit Musikern — zwar bisher Klassik und Neue Musik — fand ich das aufregend. Und obwohl ich ungeheuer stolz auf Irmins Erfolge

Can Box · Item No. II · Book

1. How and when did you meet Irmin, and what did you do before Can appeared in your life?

I was still very young — seventeen — when I met Irmin in a train. It was a special train filled with professional and amateur musicians who were on the way from Dortmund to Halle an der Saale (in former East Germany), to attend a world youth music festival. The trip lasted the entire night, so there was a lot of time to talk.

2. What did you do before Can was founded?

We moved to Cologne in 1965 because after Irmin graduated as a conductor and concert pianist from the Folkwang-hochschule, he was determined to take the contemporary music composition class being taught by Karlheinz Stock-hausen and others. Apart from that, we thought that Cologne is a fantastic city. I worked there on large building projects, taking care of real estate financing until 1969, shortly before we went to Zurich with Can.

3. What did you think about Irmin's plan to start a rock band?

After ten years of life in the world of music, with musicians from classical to contemporary — I was excited. And although I was terribly proud of Irmin's

1. Quand et comment as-tu fait la connaissance d'Irmin et comment as-tu accompagné sa carrière jusqu'à Can?

J'étais très jeune — 17 ans — quand j'ai connu Irmin dans un train, dans un train supplémentaire plein de musiciens, qui allait de Dortmund à Halle an der Saale en ex-RDA: des professionnels et des amateurs qui se rendaient au festival de la musique de la jeunesse du monde qui avait lieu là-bas. Le voyage a duré toute la nuit et çà a donc laissé beaucoup de temps pour parler.

2. Qu'est-ce que tu as fait jusqu'à la création du groupe Can?

On a déménagé à Cologne en 1965, parce que, après son diplôme · de chef d'orchestre et de pianiste de l'université Folkwang à Essen, Irmin voulait absolument suivre les classes de composition de musique contemporaine de Karlheinz Stockhausen. Et puis on trouvait que Cologne était une ville super. J'ai alors travaillé dans une grande entreprise de bâtiment, je m'occupais de projets et de financement pour l'accession à la propriété d'appartements. J'ai fait ça jusqu'en été 1969, peu avant qu'on parte à Zürich avec Can.

3. Comment trouvais-tu le projet d'Irmin de monter un groupe de rock?

Can Box · Item No. II · Book

als Dirigent war und den Gedanken, „Frau Generalmusikdirektor" zu werden, nicht unattraktiv fand, hat mich diese neue Perspektive sehr gereizt. Ich fand das aufregend und auch exotisch.

4. Wie wurdest Du zur Managerin der Band? War das eine bewußte Entscheidung?

Das war mehr aus der Not geboren. Nachdem Abi Ofarim uns direkt am Anfang von Can erst einmal Rosinen in den Kopf gesetzt hatte, und wir glaubten, mit jemandem wie Abi als Manager würde sich der Erfolg ruckzuck einstellen, hatte ich nicht im Traum daran gedacht, Managerin von Can zu werden. Das stand überhaupt nicht zu Debatte. Aber als wir dann nach der Anfangseuphorie trotz Abi ohne irgendwelches Geld dastanden, der Virus Can mich aber schon voll im Griff hatte, konnte ich gegen meine mir angeborene Kämpfernatur nichts mehr tun und legte einfach los.

5. Wie hast Du die anderen Musiker von Can am Anfang wahrgenommen? Wie kamt ihr zu Malcolm?

Nun, bei Can hat mir vor allen Dingen die ungeheure Begeisterung und die fast arrogante Überzeugung gefallen, mit der sie davon ausgingen, etwas Besonderes zu machen. Es wurde überhaupt nicht in Frage gestellt, daß, was auch immer

success as a conductor, and was attracted by the thought of being "Frau General-musikdirektor" (wife of the chief conductor), I thought these new perspectives were appealing. I thought it was exciting and exotic.

4. How did you become the band's manager? Did you intentionally decide to do it?

It was born out of necessity. In the beginning, Abi Ofarim had given the band the idea that, with him as manager, they would go straight to the top. At that time I never dreamed of becoming Can's manager. That absolutely did not come under discussion. But afterwards the first euphoria wore off, and, despite Abi, we were left standing there with no money. However, the Can virus had taken hold of me; I couldn't resist my fighting spirit anymore and simply got going.

5. How did you at first perceive the other members of Can? How did Malcolm join the group?

Well, above all, Can's fantastic excitement and almost arrogant confidence that they were going to do something special pleased me. There was no question that whatever happened would certainly be something great. Since all of the meetings took place in our apartment, I was usually there.

Après dix ans à partager la vie et le monde des musiciens et de la musique — jusqu'alors c'était seulement la musique classique et contemporaine — je trouvais çà excitant. J'étais très fière des succès d'Irmin comme chef d'orchestre et l'idée de devenir la "Frau Generalmusikdirektor" (femme de Monsieur le chef d'orchestre) ne me déplaisait pas, mais malgré tout, cette perspective m'a beaucoup intéressée, je trouvais ça excitant et aussi exotique.

4. Comment es-tu devenue le manager du groupe? Çà a été une décision réfléchie?

Je n'avais pas vraiment le choix. Tout au début de Can, Abi Ofarim nous avait bercé d'illusions et on croyait qu'avec quelqu'un comme lui, le succès arriverait tout de suite; je n'aurais jamais pensé devenir manager du groupe, ça ne m'était même pas venu à l'idée. Mais après quelque temps d'euphorie, l'argent ne rentrait toujours pas malgré Abi et j'avais attrapé complètement le virus Can, alors j'ai cessé de lutter contre ma nature de battante et j'ai commencé...

5. Comment trouvais-tu les autres musiciens de Can au début? Comment avez-vous trouvé Malcolm?

Ce qui m'a le mieux plu chez Can, c'est cet extraordinaire enthousiasme et cette certitude presque arrogante qu'ils allaient

Can Box · Item No. II · Book

dabei herauskommen mag, etwas Großes sein wird. Da alle Treffen sowieso in
unserer Wohnung stattfanden, war ich
natürlich meistens dabei. Als wir dann
das Studio im Schloß Nörvenich einge-
richtet hatten, bin ich nicht mehr so
häufig rausgefahren. Schließlich habe ich
zu dieser Zeit ja auch noch voll gearbeitet und konnte mir unmöglich die Näch-
te um die Ohren schlagen.
Malcolm habe ich in Paris kennengelert.
Ich besuchte Serge Tcherepnin, der mit
Irmin zusammen bei Stockhausen studiert
hatte, bei seinen Eltern in Paris. Serge kam
aus einer bekannten Komponistenfamilie,
Vater und Großvater waren russische Komponisten, Mutter chinesische Pianistin.
Das war im Juni 1968 direkt nach den Mai-
Unruhen. Malcolm — ein Freund von
Serge aus USA — kam gerade aus Indien
und wollte wegen Vietnam auf keinen Fall
zurück. Er suchte Verbindungen zu Galeristen und hoffte irgendwo ein Atelier
zu finden, in welchem er als Maler und
Bildhauer hätte arbeiten können. Ich
fand ihn auf Anhieb sehr sehr sympathisch und absolut charismatisch. Ich
dachte, durch Irmins und meine Verbindungen zur Kunstwelt könnte man vielleicht in Deutschland etwas für ihn finden. Also lud ich ihn ein, uns ihn Köln
zu besuchen. Ziemlich bald danach ist
es dann passiert. Ich war bei meiner
Familie in Witten, und als ich zurück
kam, war Malcolm — oder Dessie, wie
wir ihn damals nannten — in Köln und
schon Sänger von Can.

When we set up the studio in Schloß
Nörvenich near Cologne, I didn't go
there frequently. I was fully occupied
during the day and couldn't spend all
my nights there.
I met Malcolm in Paris. There I visited
Serge Tcherepnin, who, along with
Irmin, had been a student of
Stockhausen's. This was in June 1968,
directly after the May riots. Malcolm, a
friend of Serge's from the U.S.A., had
just returned from India, and, because
of the Vietnam War, he didn't want to
go back under any circumstances. He
looked for connections to galleries, and
hoped that he would find a studio
somewhere, so that he could work as a
painter and sculptor. My first
impression of him was that he was very
nice and absolutely charming. I thought
I could perhaps use Irmin's and my
connections to the art world to help
him find something in Germany. So I
invited him to visit us in Cologne. It
happened rather quickly after that. I was
visiting my family in Witten, and when
I returned, Malcolm, or Dessie, as we
called him then, was in Cologne and
had become the singer in Can.

*6. What was it like, being the
manager of a German rock band in
the seventies?*

After the disaster with Abi Ofarim, I
became more ambitious for Can. I
wasn't working anyway, because our

faire quelque chose de particulier. Ils n'ont jamais douté: ils savaient que, quoi qu'il en sorte, ce serait en tous cas quelque chose de grand. Comme toutes les rencontres avaient lieu chez nous, j'étais présente la plupart du temps. Lorsqu'on a installé le studio dans le château Nörvenich à côté de Cologne, je n'y étais pas aussi souvent, étant donné que je travaillais encore à plein temps à ce moment-là et que je ne pouvais pas passer des nuits blanches. J'ai fait la connaissance de Malcom à Paris; j'y étais pour rendre visite à Serge Tcherepnin qui avait suivi les cours de Stockhausen avec Irmin. On était en juin 68, juste après les événements de mai. Malcom, un ami américain de Serge venait d'arriver d'Inde et il ne voulait absolument pas retourner aux USA à cause de la guerre du Vietnam. Il cherchait des contacts avec des galeristes et souhaitait trouver

un atelier pour continuer à travailler comme peintre et sculpteur. Tout de suite, je l'ai trouvé sympathique et très charismatique. J'ai pensé que par Irmin et par mes relations dans le monde artistique, on pourrait lui trouver quelque chose en Allemagne, je l'ai donc invité chez nous à Cologne. Ensuite, tout est allé très vite: j'étais dans ma famille à Witten et, lorsque je suis revenue, Malcolm — ou Dessie, comme on l'appelait à l'époque — était à Cologne, et c'était le chanteur de Can.

6. Dans les années 70, qu'est-ce que ça signifiait d'être le manager d'un groupe de rock allemand?

Après le désastre avec Abi Ofarim, mon esprit de battante s'est réveillé; et puis je ne travaillais plus puisque notre fille Sandra était déjà née, j'ai alors pensé:

6. Was hieß es in den 70er Jahren, eine deutsche Rockband zu managen?

Als nach dem Desaster mit Abi Ofarim mein Kampfgeist geweckt war und ich sowieso nicht mehr arbeitete, weil es mittlerweile unsere Tochter Sandra gab, dachte ich mir o.k., dann los. Ob ich nun Eigentumswohnungen oder eine Rockband verkaufe, spielt keine Rolle, denn von Geld und Verträgen verstehe ich etwas. Wenn ich mir den Rest aneigne, kann der Unterschied in der Arbeit eigentlich nicht so groß sein. Und was Abi falsch oder gar nicht gemacht hatte, wußte ich ja. Ich überlegte mir vor allem eine Strategie, wie ich denn nun Auftritte und damit Geld für Can beschaffen könnte. Offiziell war Management in Deutschland noch nicht erlaubt. Das lief über Künstlervermittlungen des Arbeitsamtes. Das heißt, wir kannten auch gar keine anderen Manager.

Doch das ging dann eigentlich alles ganz schnell. Irmin hat dafür gesorgt, daß für Can immer Filmmusikaufträge reinkamen, und Holger hatte auch noch Ersparnisse, die er in Equipment gesteckt hat. In England war es überhaupt kein Problem, als Manager, auch als Frau, anerkannt zu werden. Im Amerika war das alles ganz anders und richtig schwierig. Eine Frau als Managerin einer Rockgruppe wurde Anfang der Siebziger in Amerika überhaupt nicht ernst genommen. Frauen an wichtigen Posten in der

daughter, Sandra, had been born, so I thought, o.k., let's go. It didn't matter if I was selling single family homes or a rock band, because I understand money and contracts. After learning the rest, the difference in the work isn't actually so great. And I knew what Abi had either not done, or done incorrectly. I thought up a strategy, how I could get into the business and start making some money for Can. In Germany, management was officially not allowed. Things were supposed to be administrated by the art agency of the federal employment office. That meant that we didn't know of any other managers either. But actually everything went quite quickly. Irmin made sure that Can always had film music contracts, and Holger had some savings, which he invested in equipment. In England, it was absolutely no problem to be recognized as a female manager. In America, it was different, and quite difficult. In America in the seventies, a female band manager was not taken seriously at all. Women who held top posts in the record industry were the exception.

They worked mostly in promotion and similar fields. My "battles" in America were awful. I wouldn't want to go through that again. In England, everything went fairly smoothly for me, from the beginning . I also had a great deal of luck at the start: I met two people who loved Can and supported me in every respect. They

"OK, je fonce!" Qu'il s'agisse d'appartements ou de groupes de rock, ça ne changeait pas grand-chose car je m'y connaissais en contrats et en argent.  Si je me mettais un peu au courant, ça ne devrait pas être un travail trop différent. Et ce qu'Abi avait mal fait ou pas du tout... Je le savais ! J'ai réfléchi à une stratégie pour trouver des concerts et donc de l'argent à Can. Officiellement, on ne pouvait pas être manager en Allemagne, il fallait passer par le service du recrutement des artistes de l'ANPE. D'ailleurs, on ne connaissait pas d'autres managers. Mais ça a été assez vite. Irmin avait réussi à faire en sorte qu'il y ait toujours des commandes de musiques de films pour Can, et Holger avait des économies qu'il a mises dans l'achat de matériel. En Angleterre, ce n'était pas un problème d'être reconnu comme manager, même en tant que femme. En Amérique, c'était différent, et plutôt dur... Une femme manager, dans l'Amérique du début des années 70, on ne la prenait pas du tout au sérieux. Les femmes, dans l'industrie du disque, étaient en minorité absolue. Elles étaient plutôt dans la promotion. Les "batailles" que j'ai livrées aux USA ont été terribles. Je ne voudrais pas revivre ça. En Angleterre, dès le début, tout a été beaucoup plus facile pour moi... Et j'ai eu la chance de tomber, dès le début, sur deux personnes qui étaient enthousiasmées par Can et qui m'ont soutenue: Martin Davis (Managing director de United-Artists) qui m'a beaucoup appris et dont le conseil m'est encore aujourd'hui très précieux, et Da-

Can Box · Item No. II · Book

Plattenindustrie waren die absolute Ausnahme. Die waren mehr für Promotion und ähnliches zuständig. Meine Kämpfe in Amerika waren schrecklich. Das möchte ich nicht noch einmal erleben. In England war alles von Anfang an ziemlich einfach für mich. Ich hatte allerdings auch ungeheuer viel Glück, gleich zu Anfang auf zwei Menschen zu stoßen, die sofort von Can begeistert waren und mich in jeder Hinsicht unterstützten. Das waren Martin Davis (Managing Director von United Artists), von dem ich so viel gelernt habe und auf dessen Rat ich auch heute noch nicht verzichten möchte, und David Platz, ein Verleger der alten Schule, der mich damals ebenfalls unter seine Fittiche nahm und der leider nicht mehr bei uns ist. Mit ihm habe ich meinen englischen Verlag Messer-Musik gegründet, und ich bin besonders glücklich, daß ich heute mit seinem Sohn Simon die Zusammenarbeit auf gleicher vertrauensvoller Basis weiterführen kann.

Die Arbeit in England hat mir immer ungeheuer viel Spaß gemacht. Die Leute da waren schon anders. Viel zivilisierter als viele der Leute, mit denen ich im alltäglichen Managergeschäft in Deutschland zu tun hatte. Auch viel amüsanter. Den Vertrag, den ich für Can mit Virgin ausgehandelt habe, haben Richard Branson und ich auf dem Fußboden in seinem damaligen Haus in der Nähe von Virgin Records unterschrieben. Richard war auch einer dieser Charismatiker, sehr sympathisch und witzig. Wirklich eine gute Zeit damals. Über den Wechsel zu Virgin in England und EMI in Deutschland waren wir damals sehr glücklich. In Deutschland hatte ich mit Günther Ilgner und Manfred Zumkeller von EMI plötzlich Partner, mit denen ich ebenfalls reden konnte. Mit Günther Ilgner arbeite ich nun schon seit fast 25 Jahren eng zusammen. Er war es, mit dem ich meinen deutschen Verlag Spoon-Musik gründete, der seitdem von seiner Firma Gerig-Musik verwaltet wird.

7. Spätestens seit "Tago Mago" hattest Du ja auch Einfluß auf künstle-

were Martin Davis (Managing Director of United Artists) who I learned a great deal from, and upon whose advice I still rely today; and David Platz, a publisher of the old school, who took me under his wing. Unfortunately, he died a couple of years ago. I founded my first English publishing company, Messer Music, with him, and I'm especially happy that today I can continue working with his son, Simon.

Working in England was a great deal of fun for me. The people there were so totally different: much more civilized than many of the German managers who I have had to deal with on a daily basis and far more amusing. I negotiated the contract for Can with Richard Branson at Virgin. I signed the contract lying on the floor in his house, which, at the time, was close to Virgin Records. Richard was also one of these charismatic people, very charming and funny. That was a really good time. I was very pleased with the change to Virgin in England and EMI in Germany. Günther Ilgner and Manfred Zumkeller, from EMI, were partners in Germany with whom I could always communicate. I've been working closely with Günther Ilgner for almost twenty-five years now. I started my German publishing company, Spoon Musik, with him; since then, it's been managed by his company, Gerig-Musik.

vid Platz, un éditeur de la vieille école qui, à l'époque, m'a prise sous son aile et qui malheureusement n'est plus parmi nous. Avec lui, j'ai pu monter ma maison d'édition anglaise Messer Musik et je suis particulièrement heureuse de pouvoir continuer aujourd'hui à travailler avec son fils Simon sur les mêmes bases de confiance. Travailler en Angleterre m'a toujours beaucoup fait plaisir. Les gens étaient différents: beaucoup plus civilisés que la plupart de ceux que je rencontrais dans le business en Allemagne. Et plus amusants. Par exemple, le contrat qu'on a passé avec Virgin, c'est Richard Branson et moi qui l'avons signé sur le plancher de sa maison. Richard était aussi un de ces types charismatiques, amusant et sympathique. C'était le bon temps. On a été très contents de passer de Virgin en Angleterre à EMI en Allemagne. En Allemagne, j'ai eu Günther Ilgner et Mandfred Zumkeller comme partenaires de EMI et c'était des gens avec lesquels je m'entendais très bien. Ça fait maintenant quinze ans que je travaille avec Günther Ilgner. C'est avec lui que j'ai fondé ma maison d'édition allemande Spoon Music qui, depuis, est gérée par son entreprise Gerig-Music.

7. Au plus tard avec "Tago Mago", tu as toujours eu une influence sur les décisions artistiques du groupe. Comment les musiciens t'ont-ils

rische Entscheidungen der Band. Inwiefern haben die Musiker auf Dich
gehört, und wie hast Du am Zustan-
dekommen der Musik Anteil genommen?

Stimmt nicht — ich hatte und wollte
auch keinen Einfluß auf künstlerische
Entscheidungen haben. Ich habe zugehört und meine Meinung gesagt. Bei
"Tago Mago" fand ich das gesamte Material so toll, daß ich sowohl Can als
auch United Artists München überzeugt habe, eine Doppel-LP zu machen.

*8. Alle Musiker sind sich einig, daß es
bei Can stets um Leben und Tod ging.
Hat sich dieser 'Kampf' auch auf die
Arbeit mit Dir ausgewirkt? War es
nicht gerade für Dich stets ein hartes
Stück Arbeit, die Gruppe zusammenzuhalten?*

Im Gegenteil, da gab's nichts zusammen
zu halten. Die hingen dermaßen an- und
aufeinander, daß ich zum Beispiel die
ersten Jahre mit unserer kleinen Tochter
immer allein in Urlaub fahren mußte,
Can hatte für sowas keine Zeit. Und
Kampf zwischen Can und mir gab es
schon mal gar nicht.

*9. Hast Du zu Zeiten der letzten Al-
ben gespürt, daß die Gruppe ausein-
anderfallen würde, oder hast Du versucht, sie weiter zusammenzuhalten?*

*7. You've also had influence over
artistic decsions since at least "Tago
Mago". How much did the musicians
listen to you, and how much did you
participate in the development of the
music?*

I didn't have and never wanted to have
influence over artistic decisions. I was
attentive, and I gave my opinion. I did
find the material on "Tago Mago" so
wonderful that I managed to persuade
both Can and United Artists to make a
double LP.

*8. All of the members agree that, in
Can, things are a matter of life and
death. Did this battle affect your
work as well? Wasn't it difficult,
keeping the group together?*

On the contrary, there wasn't anything
to hold together. They hung around
with each other so much that, for
instance, I always had to go on holiday
alone with our little daughter. Can never
had time for such things. Anyway there
were never any battles between me and
Can.

*9. Did you have the feeling during
the last few albums, that the band
would fall apart, or did you try to
keep them together?*

The conflict with Holger was very
painful. Apart from the musical reasons,

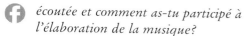

écoutée et comment as-tu participé à l'élaboration de la musique?

Ce n'est pas vrai, en matière artistique je n'avais pas d'influence et ne voulais pas en avoir. J'ai écouté et donné mon avis. Pour "Tago Mago", j'ai trouvé les morceaux si formidables que j'ai réussi à convaincre Can et aussi United-Artists à Munich d'en faire un double-album.

8. Tous les musiciens de Can sont d'accord pour dire que, dans leur travail, il s'agissait d'une bataille de vie ou de mort. Est-ce que cette lutte a eu des répercussions dans leur travail avec toi? N'était-ce surtout pas, pour toi, un gros effort pour tenir ce groupe ensemble?

Au contraire, il n'y avait rien à tenir ensemble, ils tenaient tellement les uns aux autres que les premières années par exemple, j'ai dû partir toute seule en vacances avec notre petite fille. Can n'avait pas de temps pour des vacances. Et des "disputes", il n'y en a jamais eu avec moi.

9. Est-ce que, aux temps des derniers albums, tu as ressenti que le groupe se désolidarisait et as-tu essayé de maintenir la cohésion?

Le conflit avec Holger a été très douloureux, et à côté de l'aspect professionnel, il y avait aussi la vie privée qui était touchée: je n'aime pas en parler. Je souhaitais seulement que Holger puisse faire sa carrière solo et je suis

Der Konflikt um Holger war sehr schmerzlich und hatte neben den musikalischen auch noch private Gründe, über die ich nicht sprechen möchte. Ich hatte nur den großen Wunsch und habe alles dafür getan, daß Holger seine eigene Karriere aufbauen konnte. Ich bin sehr froh über das Vertrauen von Holger in meine Arbeit. Ich glaube, er würde nie einen entscheidenden Schritt — was seine Karriere anbelangt — unternehmen, ohne mit mir darüber zu reden.

10. War "Rite Time" tatsächlich auf Deinen Wunsch entstanden?

Ich hatte mir immer gewünscht, noch mal alle Vier für eine gemeinsame Plattenproduktion zusammenzukriegen, und dann schrieb tatsächlich zur gleichen Zeit auch noch Malcolm, ohne von meinen Gedanken zu wissen, ob man nicht mal usw.usw... Und das hat mich dann doch ungeheuer verwirrt, überrascht und auch bestärkt, dieses Treffen voranzutreiben. Ich hatte Damo auch dazu eingeladen. Aber der wollte nicht.

Die Aufnahmen für "Rite Time" fanden schließlich in Michael Karolis Haus in Südfrankreich statt, obwohl der Ausgang für uns alle ungewiß war. Noch am Tag seiner Ankunft in Nizza meinte Holger: „Hildegard, ich bin jetzt hier, weil Du das wolltest, aber ich weiß nicht, ob ich bleiben kann...". Schließlich hat sich alles doch noch sehr positiv entwickelt.

Wir hatten für die Aufnahmen von "Rite

there were private reasons that I don't want to talk about. I simply wished that Holger would be able to build a career for himself, and I did everything I could to help. I'm very happy that Holger trusts me with my work. I believe he never would have taken the decisive step to leave the band — which was very important for his career — without talking to me about it.

10. Did "Rite Time" really happen because you wanted it to?

Yes it did. I'd always wanted to get all four of them back together to make another record. Coincidentally, Malcolm wrote to me out of the blue and I grabbed the opportunity to join the production. I also invited Damo. But he didn't want to come.

Although we had no idea how it would turn out, the sessions for "Rite Time" finally took place at Michael Karoli's house in the south of France. On the day he arrived in Nice, Holger said to me: "Hildegard, I'm here because you wanted me to come...I don't know if I can stay." We recorded "Rite Time" under wonderful conditions. A very close friend of Irmin's and mine, George Reinhart, made everything possible. He's to thank that Irmin was able to produce his solo albums "Musk At Dusk" and "Impossible Holidays". His sudden death in 1997 was a great loss. Irmin will premiere his opera

heureuse de la confiance que Holger a eue dans mon travail. Je crois que, professionnellement, il n'entreprendrait rien sans qu'on en parle.

10. Est-ce que "Rite Time" est né de tes vœux?

Oui. J'avais souhaité les rassembler pour la production commune d'un disque. Et puis en même temps Malcolm, sans rien savoir de mes projets, m'a écrit une lettre des États-Unis. J'ai saisi l'occasion et je lui ai demandé s'il voulait participer à ce projet. J'avais invité aussi Damo. Mais il n'a pas voulu. Les enregistrements pour Rite Time ont finalement eu lieu chez Michael Karoli, dans le Midi, bien qu'on ne pouvait pas savoir ce que çà allait donner. Même encore le jour de son arrivée à l'aéroport de Nice, Holger m'a dit: "Bon, Hildegard, je suis là parce que tu le veux mais je ne sais pas si je vais rester." Et tout s'est bien passé. On avait des conditions de travail excellentes pour l'enregistrement de "Rite Time". George Reinhart, un ami très proche d'Irmin et moi, a rendu tout cela possible. Grâce à lui, Irmin a pu produire ses albums solo "Musk At Dusk" et "Impossible Holidays". Sa mort soudaine en 1997 est une très grande perte pour nous. Irmin a consacré son opéra "Gormenghast", dont la première représentation aura lieu en novembre 1998, à la mémoire de George Reinhart. Il y a beaucoup de choses qui n'exi-

Time" wunderbare Voraussetzungen. Ermöglicht hat das alles George Reinhart,
ein guter Freund von Irmin und mir. Ihm
ist es auch zu verdanken, daß Irmin seine
Solo-Alben "Musk At Dusk" und "Impossible Holidays" produzieren konnte. Sein
plötzlicher Tod Ende 1997 war ein großer
Verlust für uns. Irmin hat seine Oper
"Gormenghast", die im November 1998
in Wuppertal uraufgeführt wird, dem Ge-
denken an George Reinhart gewidmet.
Ohne ihn gäbe es vieles nicht, zum Beispiel das großartige Fotomuseum in seiner Heimatstadt Winterthur in der
Schweiz.

*11. Wie kam es zur Gründung von
Spoon, und wie führst Du das Label
bis heute?*

Die Idee, Spoon zu gründen, kam gar
nicht von mir, sondern von Rolf Bähnk
—Edel-Contraire — auf der Midem in
Nizza 1979 an der Martinez-Bar. Er und
Uwe Tesnow haben mich eigentlich
überredet und schließlich mit
Kalkulationsbeispielen überzeugt. Rolf
Bähnk ist vom ersten Spoon-Tag an ein
wunderbarer Partner für Deutschland
gewesen, und ich bin sehr sehr froh, daß
ich auch für den Rest der Welt jemanden gefunden habe, der eine ebenso
großartige Persönlichkeit ist und mit
dem ich seit über zehn Jahren ohne irgendwelche Probleme zusammenarbei-
te: Daniel Miller von Mute Records London. Ich weiß nicht, aber ich habe entweder einfach Glück oder einen Riecher
für Leute, die zu uns passen.

"Gormenghast" in November 1998 in Wuppertal and has dedicated it to George Reinhart. Without him, a lot of things wouldn't exist, including that terrific museum of photography in his home town of Winterthur in Switzerland.

11. How did you start Spoon, and how do you manage the label today?

The idea came from Rolf Bähnk (Edel Contraire), not from me, while we were at Midem in Cannes in 1979, at the Martinez Bar. He and Uwe Tesnow actually talked me into it: finally persuading me with tempting figures. From the first day of Spoon Rolf Bähnk has been a wonderful partner for the band's German interests; for over ten years Daniel Miller from Mute Records in London and I have worked very successfully with Can's sales outside Germany. I don't know, maybe I'm just lucky or else I have a nose for people who are on the same wavelength as us.

12. Aren't you the glue that holds the musicians from Can together?

I hope so, and I hope to always remain so.

13. As an involved outsider, how do you evaluate Can's meaning today?

Exactly as you and many fans — already in the third generation — see it. I'm

steraient pas sans lui, par exemple le merveilleux m usée de la photographie dans sa ville natale de Winterthur en Suisse.

11. Comment en êtes-vous arrivés à la création de Spoon et comment gères-tu le label jusqu'à aujourd'hui?

L'idée de créer Spoon ne vient pas de moi mais de Rolf Bähnk (Edel Contraire). C'était en 1979, au Midem à Cannes, au bar du Martinez. Lui et Uwe Tesnow m'ont expliqué, et même convaincue avec leurs arguments que je devais fonder mon propre label. Depuis les débuts de Spoon, Rolf Bähnk a toujours été un partenaire formidable pour l'Allemagne. Pour l'étranger, c'est Daniel Miller de Mute Records à Londres, avec qui je travaille formidablememt d epuis dix ans. Je ne sais pas, mais je dois avoir de la chance ou bien j'ai le pif pour repérer les gens qui vont bien avec nous.

12. Est-ce que tu n'es pas restée jusqu'à aujourd'hui le lien entre tous ces musiciens?

Je l'espère bien et je compte le rester.

13. Comment vois-tu, en tant que partie prenante, mais quand même de l'extérieur, l'importance de Can aujourd'hui?

Can Box · Item No. II · Book

12. *Bist Du nicht bis heute das Bindeglied, das die Musiker von Can zusammenhält?*

Ich hoffe, und möchte das auch immer bleiben.

13. *Wie schätzt Du als involvierte Außenstehende die Bedeutung von Can in der heutigen Zeit ein?*

Genau so wie Du und viele Fans — jetzt wohl schon in der dritten Generation — es auch sehen. Ich bin immer ganz besonders glücklich, wenn ich höre, „meine Kinder" oder bei manchen sogar schon „meine Enkelkinder haben gerade Can entdeckt". Meine Meinung war immer: Can goes Classic, und damit meinte ich meine Überzeugung, daß Can einmal einen ähnlichen Stellenwert haben wird wie andere berühmte deutsche Komponisten, und es sieht ja wohl so aus, als würde sich das auch so entwickeln.

always particularly happy when I hear "my children have just discovered Can" — or some actually say "my grandchildren". My slogan was always: Can goes classic. By that, I mean, that I'm convinced that someday Can will have a status similar as that of other famous German composers. And it looks as if that's the way it will turn out.

Je le vois exactement comme toi et comme beaucoup de fans — maintenant déjà de la troisième génération. Ça me fait toujours plaisir quand j'entends: "Mes enfants ou même mes petits-enfants viennent de découvrir Can." J'ai toujours été convaincu e que: "Can goes classic." et par là j'ai voulu dire que Can serait un jour comparable à d'autres musiciens d'avant-garde allemands connus. Ça a l'air de prendre en effet cette direction, n'est-ce pas?

Can Box · Item No. II · Book

Das Gesetz der Zellteilung

The Law of Cell Division

Gemeinsames Can-Gespräch mit JOSEF SPIEGEL

Can-Talk with JOSEF SPIEGEL

Interview mit den vier Can-Mitgliedern Irmin Schmidt, Holger Czukay, Jaki Liebezeit und Michael Karoli, das der Kulturwissenschaftler Josef Spiegel bei einem gemeinsamen Band-Meeting geführt hat. Mit dabei war außerdem Annette Bitzhenner.

Josef: Das symbolträchtige Jahr 1968 war ja auch das Gründungsjahr der Gruppe CAN. Mich würde interessieren, ob die heute weit verbreitete Perspektive über den Mythos von 1968, der mit Begriffen wie Studentenbewegung oder Aufbruchstimmung verbunden wird, auch eure Sehweise ist. Wird die sogenannte 68er-Bewegung heute verklärt? Wie habt ihr sie erlebt?
Jaki: Eine Verklärung ist das höchstens im Nachhinein. Aber ehrlich gesagt waren wir damals ziemlich unreif.

Interview with the four Can members Irmin Schmidt, Holger Czukay, Jaki Liebezeit and Michael Karoli conducted at a band meeting led by cultural expert Josef Spiegel. Also present was Annette Bitzhenner.

Josef: Can was founded in the symbolic year of 1968. It would interest me to know if today's widely disseminated perspective of the 1968 myth - something that is closely bound to nomenclatures such as the student movement or peace and freedom movements — is also your perspective. Was the so-called '68 movement transfigurative? How did you experience it?
Jaki: Transfiguration can only be recognized in retrospect. Honestly said, at that time we were very immature.

La loi de la division cellulaire

Entretien de JOSEF SPIEGEL avec Can

Les quatre membres de Can, Irmin Schmidt, Holger Czukay, Jaki Liebezeit et Michael Karoli, ont été interviewés par Josef Spiegel, spécialiste des beaux-arts, lors d'une rencontre commune du groupe. Annette Bitzhenner était en outre présente.

Josef: L'année symbolique de 1968 a été l'année de la fondation du groupe Can. Il m'intéresserait de savoir si la perspective du mythe de 1968 avec sa révolte d'étudiants et son atmosphère révolutionnaire est aussi la vôtre. Est-ce que le mouvement de 1968 est sublimé aujourd'hui? Vous l'avez vécu?
Jaki: Après coup ça a été sublimé mais sincèrement, à l époque on n'était pas mûrs.
Josef: Enfin, certains d'entre vous avaient déjà 30 ans.

"*I was pretty keen on Can as soon as I heard them in the early '70s, when Roxy were rehearsing. I felt they had picked up the gauntlet that The Velvet Underground had thrown down ...... The other thing I liked about them was that there was still the sense in them of music as lived philosophy, or played philosophy, the way you worked out your statement about things, which was an idea that was very strong in John Cage ...... there was a sense of them taking a musical position which was the obvious outcome of a philosophical, political and social statement. I've always wanted music to be bound up with all those things — that's why I became a musician instead of a painter."*
(BRIAN ENO)

MOJO April / 97
(by Andy Gill)

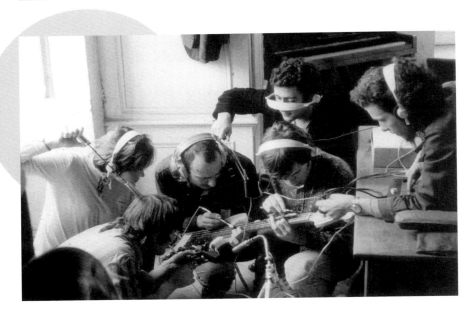

Josef: Na ja, einige von euch waren damals schon dreißig.

Jaki: Dreißig, nee, mit dreißig ist man noch nicht erwachsen.

Holger: Das ist ja eines der Merkmale der 68er: Wir waren damals unreif und haben es auch später kaum geschafft, diesen Zustand zu ändern. Das ist ja auch ganz angenehm, oder sind wir jetzt reif?

Josef: Meint ihr denn, daß ihr etwas in unserer Gesellschaft bewirkt habt?

Irmin: Wir sind Musiker. Um das einmal gleich klarzustellen: Unsere Musik hat keine politischen Implikationen und in ihr ist auch keine politische Message enthalten gewesen — auch keine in der Art der 68er. Aber daß eigentlich jeder von uns irgendwie aus irgendeiner Tätigkeit, die er gerade gemacht hat, gewissermaßen ausgestiegen ist und an der Gründung von Can mitgewirkt hat, beinhaltet dann doch ein Stück Lebensgefühl der damaligen Zeit. Wenn ich jetzt einmal von mir rede, daß jemand, der die Dirigentenlaufbahn vor sich hat, plötzlich eine Rockgruppe gründet, passiert nicht alle Tage und ist sicher deshalb auch ein bißchen symptomatisch für die damalige Zeit 1968. Daß jemand, der so eine, na ja in Anführungsstrichen, bürgerliche Karriere vor sich hat, diese aufgibt und eine Rockgruppe gründet, steht sicherlich mit 1968 in Verbindung. Da waren wir eingestimmt, etwas umzuschmeißen, etwas Neues zu beginnen, und auch bereit, mit eigenen Vergangenheiten und Traditionen ziemlich brutal umzugehen.

Josef: Das Jahr 1968 steht ja nicht nur für eine politische Veränderung, son-

Josef: Come on, some of you were thirty at the time.

Jaki: Thirty...no; nobody's grown up at thirty.

Holger: That's one of the characteristics of the '68ers: we were immature and later managed to just barely alter. That's also very nice. Or are we now mature?

Josef: Do you mean, then, that you've done something for our society?

Irmin: We're musicians. To make that clear: our music had no political implications and there was no political message in its content — nothing like the '68ers. But something of the feeling of the times showed in that each of us at some point left what we were doing to join the band Can. If I talk about myself now: someone who had a career as a conductor before him, but then suddenly formed a rock band — well, that doesn't happen every day and is therefore certainly symptomatic for the sixties. That someone who had such a, shall we say, bourgeois career before him, would give up this career and found a rock group — that certainly had something to do with 1968. We agreed to change something, to start something new; and we were also prepared to deal with our pasts and traditions in a rather brutal manner.

Josef: 1968 stands not only for political change, but also for a societal one, and one — to stay with the jargon — that could be called conscious. I'll mention key phrases like San Francisco, hippies,

Jaki: Trente ans, on n'est pas adulte à trente ans.

Holger: C'est aussi une caractéristique des soixante-huitards: on n'était pas mûrs et on ne l 'est pas devenu. C'est plutôt agréable, Ou bien est-ce qu'on est mûrs?

Josef: Vous croyez avoir changé quelque chose à la société?

Irmin: On est des musiciens. Et disons-le tout de suite: notre musique n'a pas d'implications politiques et elle ne contenait pas de messages politiques. Pas non plus dans le sens 1968. Mais le fait que nous ayons tous quitté une orientation professionnelle sûre pour fonder un groupe de rock, Can, ça implique qu'on avait une sensibilité qui est dans la ligne de cette époque-là. Prenons mon cas, un type qui fait une carrière de chef d'orchestre et qui tout à coup l'abandonne pour fonder un groupe de rock, ça n'arrive pas tous les jours et c'est assez symptomatique pour 1968. Qu'un type qui a -entre guillemets-une carrière bourgeoise ouverte devant lui, laisse tout tomber pour créer un groupe de rock ça a quand même quelque chose à voir avec 1968.. On était prêts à jeter les choses par dessus bord, à commencer quelque chose de nouveau et à être assez brutal avec nos traditions et notre propre passé.

Josef: L'année 1968 ne représente pas seulement un changement politique, mais c'est aussi un changement social, et pour rester dans le jargon, un changement au niveau de la conscience des

dern auch für eine gesellschaftliche und eine — um im Jargon zu bleiben — bewußtseinsmäßige. Ich umreiße diese einmal mit Stichworten wie San Francisco, Hippies, Psychedelic. Hat euch das in irgendeiner Form beeinflußt und euer Weltbild mitgeprägt? Oder habt ihr euch wirklich nur als Musikgruppe in dem Sinn verstanden, wie Irmin dies gerade skizziert hat?

Holger: Aus Amerika ist eine ganze Menge an Ideen nach Europa und auch nach Deutschland herübergeschwappt. Wir haben damals wie Anfänger auch mit einer gewissen Naivität begonnen und sind mit einem ganz gesunden Gottvertrauen an die Sache herangegangen. Wir konnten das eigentlich nicht falsch machen. Dieser Geist, der auch eine Flexibilität im Berufsleben beinhaltet, hat sich bis auf die heutigen Tage fortgesetzt. Es gibt heute kaum noch einen Künstler, der sich in festgefügten, vorher definierten Bahnen des Künstlerdaseins bewegt. Fast jeder überschreitet die Grenzen zu anderen Bereichen und künstlerischen Disziplinen.

Ich kenne z.B. Maler, die plötzlich mit irgendwelchen elektronischen Medien in ganz andere Gebiete vordringen. Oder ich denke etwa an die Hochschulen für Bildende Kunst in England, die plötzlich berühmte Musikgruppen hervorbrachten. Es gibt viele weitere Beispiele, die belegen, wie in den späten sechziger Jahren die Grenzen gesprengt wurden. Ich beispielsweise wollte Komponist

psychedelic. Did any of that influence you and your view of the world in any way? Or did you really see yourselves as simply a musical group, as Irmin just described it?

Holger: A great many ideas spilled over from America to Europe and into Germany. At that time we started like beginners with a certain naivté and just worked at things with a very healthy amount of trust. We actually couldn't do anything wrong. This spirit, which also encompasses flexibility in professional life, has continued to this day. There's hardly a single artist today whose career fits into the grooves of a predefined artist's existence. Almost everyone crosses the borders into other areas and other artistic disciplines. For instance, I know painters who are suddenly working in completely different areas, with electronic media. Or I'm thinking about the art colleges in England, which suddenly produced famous musical groups. There are lots of other examples that verify how limitations exploded in the late seventies. For example, I wanted to become a composer but didn't like notes. That was a terrible problem. Because I still wanted to be a composer, I had to seek new paths.

Josef: What concrete consequences did these ideas have for you? You just formulated a claim for total art, or at least all-inclusive work. Are there references to the arts in your musical work?

Irmin: Actually, not direct. To my

choses. Si je dis: San Francisco, Hippies, Psychedelic. Est-ce que ça vous a influencé d'une manière ou d'une autre, est-ce que ça a forgé votre manière de voir le monde ? Ou alors vous êtes-vous vus seulement comme un groupe de musique, comme Irmin vient de le dire?

Holger: Il y a eu plein d'idées qui sont arrivées en Europe et qui ont débordé en Allemagne. A l'époque, en tant que débutants, on a abordé les choses avec une certaine naivité et on a eu une approche naïve et saine de tout ça. En réalité, on ne pouvait pas faire grand chose de faux. Cet esprit qui requiert une certaine flexibilité dans la vie professionnelle, perdure aujourd'hui encore. Il n'y a aujourd'hui pas un seul artiste qui se meuve sur un terrain où tout est sûr d'avance. Presque tous dépassent les frontières vers les autres domaines et les autres disciplines artistiques.

Je connais des peintres par exemple qui tout d'un coup se sont mis à se servir de médias électroniques dans des domaines tout nouveaux pour eux. Ou alors les écoles d'arts en Angleterre: elles ont produit des group es musicaux très célèbres. Il y a beaucoup d'exemples qui démontrent qu'a, à la fin des années 60 les frontières ont sauté. Moi par exemple, je voulais devenir compositeur mais je n'aimais pas les notes.

Comme je ne voulais pas renoncer à mon projet, j'ai dû chercher d'autres voies.

Josef: Comment est-ce que ça s'est exprimé concrètement pour vous, tout

Blüte der Achtundsechziger

Vor 25 Jahren gegründet: Can — Kompromißlose Kunst statt kommerziellen Erfolgs
Neue Wege im Pop — Comeback nach langer Pause — Berühmte Filmmusiken

Auch live setzt Can Akzente

Wer kennt Can? Obwohl eine der wichtigsten deutschen Bands, international anerkannt wie kaum eine andere, ist die Kölner Combo Can (Englisch für Dose) hierzulande wenig bekannt geblieben. Und auch ihr Gründungsjubiläum — die Gruppe fand sich vor ziemlich genau 25 Jahren — wird daran kaum etwas ändern.

Einige Mitglieder von Can hingegen kann man fast schon populär nennen: Holger Czukay etwa, dieser sympathische ältere Herr mit schneeweißem Haar und dem charakteristischen Schnauz, der von Zeit zu Zeit durch nette Anekdoten von sich reden macht. Manchmal erzählt er sie selbst, wie vor 3 Jahren bei der Popkomm, als er — in langem Gewand und mit Pastorenhut — mit schönem kölschem Zungenschlag Geschichten erzählte und Videos zeigte. Oder Jaki Liebezeit, der als gefragter Studiomusiker u.a. auf der ersten Eurhythmics-LP „In the garden" zu hören ist (wobei im Beiheft 4 Versuche zu bewundern sind, seinen Namen richtig zu schreiben, die aber alle kläglich scheitern: Leibzet, Liebzeik). Inzwischen sitzt er am Schlagzeug von „The Piano has been drinking".

Suzuki. Dieser war der Gruppe als Straßenmusiker aufgefallen und gab am gleichen Abend seinen Einstand bei einem Can-Konzert. Er blieb bis Ende 1973, danach war Can zwei Jahre lang ein Quartett, bis 1977 Rosko Gee und Reebop Kwaku Baah von „Traffic" einstiegen. Gee löste Czukay am Baß ab, worauf sich dieser auf allerlei Experimente verlegte, beispielsweise Radioeinblendungen während eines Auftritts — eine Idee, die erst kürzlich wieder von U 2 aufgegriffen wurde.

PIL für Irmin Schmidt. PIL und etliche andere Bands wie „The Fall" oder die „Buzzcocks" nannten Can, wenn sie von ihren Vorbildern erzählten. Can dürfte — vielleicht mit Kraftwerk — die einflußreichste deutsche Band sein. Daß sie dennoch nicht den großen kommerziellen Erfolg hatten, lag an ihrem eigenartigen Stil. 20-Minuten-Stücke wie ',,Yoo doo right" werden nicht allzu oft im Radio gesendet. Größere Beachtung fanden ihre zahlreichen Filmmusiken, u.a. „spoon" für den Durbridge-Krimi „Das Messer".

Das minimalistische Grundkonzept, Liebezeits exaktes Spiel und Czukays grandios einfacher Baß ließen Raum für oft stundenlanges Improvisieren. Durch die Offenheit für alle möglichen Musikarten konnten sie viel von dem vorwegnehmen, was heute als „Weltmusik" gehandelt wird. Peter Gabriels Versuche in dieser Richtung klingen bisweilen nach „Can light". Im eigenen Studio konnten sie ohne äußeren Druck produzieren und sich die Zeit nehmen, die sie brauchten. Als sie 1986 beschlossen, wieder eine gemeinsame Platte aufzunehmen, lagen zwischen den Sessions in Karolis Studio in Frankreich und der Veröffentlichung kapp drei Jahre.

Kölner Stadtanzeiger, Oktober 1993

werden und hatte das tolle Problem, daß ich keine Noten mochte. Da ich dennoch Komponist werden wollte, mußte ich nach neuen Wegen suchen.

Josef: Wie hat sich dieser Gedanke bei euch konkret niedergeschlagen? Der gerade formulierte Anspruch zielt in Richtung Gesamtkunstwerk oder zumindest auf eine spartenübergreifende Arbeit. Gibt es in eurer musikalischen Arbeit Berührungspunkte zu den Künsten?

Irmin: Eigentlich nicht direkt. Es hat nach meinem Wissen zwischen der Tätigkeit von Can und der Tätigkeit anderer Dichter oder Schriftsteller oder bildender Künstler keinen direkten Zusammenhang gegeben. Nein, eigentlich nicht.

Einer unserer Mitglieder war allerdings bildender Künstler, denn Malcolm kam ursprünglich von der Bildhauerei und der Malerei. Auch haben wir damals am Züricher Schauspielhaus eine Art Multimedia-Abend veranstaltet, der für die damalige Zeit sehr avantgardistisch war. Das Publikum wurde in die Show miteinbezogen, und das hat alles sehr schön funkioniert, weil kein Chaos entstanden ist, sondern eine sehr kreative Veranstaltung.

Gut, aber das war nicht die Hauptsache. Im Wesentlichen haben wir im Studio und auf der Bühne Musik gemacht und kaum Multimedia-Veranstaltungen. Ob jemand einen Dichter, Maler oder Bildhauer kannte und zu ihm Kontakt hatte, war eher eine persönliche Angelegen-

knowledge, there's no direct connection between the work of Can and the works of other poets, writers, or artists. No, I can't recall, no, actually, no. One of our members was actually a visual artist; Malcolm originally had a background in sculpture and painting. Once we also presented a kind of multimedia evening at the Schauspielhaus in Zürich; the event was quite avant garde for its time. The public was drawn into the show, and it all worked beautifully because there was no chaos, just a very creative event. Good, that wasn't our main thing. We mostly made music in the studio and on stage, not many multimedia events. If somebody knew a poet, painter, or sculptor and had contact with him, that was a personal matter. But there was no artist's community. Ulrich Rückriem lived above our studio - to his dismay, because he could hardly sleep.

Josef: It obviously didn't hurt his artistic career.

Irmin: No, he's rather robust, like his stones. However at the time we got on his nerves, and therefore we moved out. I think we had more influence on him than he had on us.

Josef: Oh, that opens up a very interesting perspective on art history.

Irmin: Yes, we probably helped him find artistic enlightenment by robbing him his sleep.

Josef: I'm familiar with his works. Could you say that Can contributed

ça? Cette exigence que vous venez de formuler va dans la direction du „Gesamtkunstwerk", l'objet d'art total ou du moins vers un travail qui abolit la division des disciplines. Est-ce qu'il y a dans votre travail de musicien des points de convergence avec les autres arts?

Irmin: A vrai dire, non. A ma connaissance, Il n'y a jamais eu de relation directe entre l'activité de Can et celle d'auteurs ou d'écrivains ou d'autres artistes. Non, vraiment pas. Un de nos musiciens était artiste plastique, Malcolm était à l'origine peintre et sculpteur, et à Zürich, on a organisé une sorte de spectacle multi-média au théâtre, qui était très avant-gardiste pour l'époque. On avait intégré le public

dans le show, et d'ailleurs tout a bien fonctionné, il n'y a pas eu de chaos, c'était très créatif. Bon, mais ce n'était pas le principal, on a essentiellement fait de la musique en studio et sur scène, mais pratiquement pas de spectacle multimédia. Si quelqu'un connaissait un écrivain ou un peintre, c'était plutôt un truc personnel. Il n'y avait pas de communauté d'artistes. Ah si, au dessus du studio, Ulrich Rückriem habitait, mais ça ne lui a pas servi parce qu'il ne pouvait presque pas dormir.

Josef: Il semble cependant que ça n'ait pas eu de conséquences négatives pour lui.

Irmin: Comme on peut le voir à ses pierres sculptées, c'est un type assez robuste. mais tout de même, avec le temps, nous lui avons tapé sur les nerfs et c'est

heit. Aber es gab da keine Künstlergemeinschaft. Über unserem Studio hat allerdings Ulrich Rückriem gewohnt, sehr zu seinem Leidwesen, weil er kaum schlafen konnte.

Josef: Das hat aber seiner künstlerischen Laufbahn offenkundig keinen Abbruch getan.

Irmin: Nein, er ist, wie man an seinen Steinen sieht, ziemlich robust gebaut. Dennoch sind wir ihm mit der Zeit ziemlich auf den Wecker gegangen, und deswegen sind wir dann auch ausgezogen. Ich glaube, wir hatten mehr Einfluß auf ihn als er auf uns.

Josef: Oh, da tut sich ja eine sehr interessante kunsthistorische Perspektive auf.

Irmin: Ja, weil wir ihm wahrscheinlich durch Schlafentzug zur künstlerischen Erleuchtung verholfen haben.

Josef: Ich kenne seine Werke. Kann man sagen, daß Can einen wesentlichen Beitrag zum künstlerischen Werdegang von Rückriem geleistet hat?

Irmin: Er hat uns auf jeden Fall gebeten, unser Studio zur Verfügung zu stellen, weil er unbedingt einen Soundtrack darüber haben wollte, wie er einen Stein bemeißelt. Wir sind dann mit einem Mikrophon rausgegangen und haben die Arbeitsgeräusche aufgenommen. Er wollte die Aufnahme für ziemlich teures Geld verkaufen. Jetzt ist das dreißig Jahre her. Hätten wir mit dieser Auf-

Müller-Drama „Prometheus" in Zürich: Qual im Kaukasus

ALS HEILIGEN UND MÄRTYRER

pries ihn einst Karl Marx. Für Herbert Marcuse ist er ein „Held des Leistungsprinzips", für Sigmund Freud leistete er Triebverzicht in kultureller Absicht: Der Griechengott Prometheus, der nach antiker Sage den Menschen das Feuer brachte und dafür an den Kaukasus geschmiedet wurde, wo ein Adler dem Unsterblichen täglich die Leber zerfraß, könnte — bei Zeus! — eine wirksame Bühnenfigur sein. Im neuen Stück des DDR-Dramatikers Heiner Müller, 40, agitiert er als Revolutionär und Klassenkämpfer, der unter entsetzlichen Qualen die Götter verflucht und für die Menschen leidet. In rhythmisch gehobenem Versmaß frei nach Aischylos („Allerdings durch die Tat und nicht mehr / Durch

das Wort ist die Erde erschüttert") bietet Müller ein verschlüsseltes Denkspiel über politische Verhältnisse, über Machtgier, Verrat, Lüge und Terror. Bei der Uraufführung im Zürcher Schauspielhaus ließ Bühnenbildner Karl Kneidl Wolkenklumpen wie riesige Kartoffeln drohend über die Szene hängen. In unnatürlicher Haltung, durch Schaumgummipolster und Verschnürungen meist unkenntlich gemacht, erfüllten die Darsteller in der Inszenierung von Max Ammann ihr Plan-Soll im gewollt naiven Spiel. Die Beat-Band „The Can" sorgte mit dröhnender Zwischenmusik für Erschütterung des Hauses — der einzigen des Abends: Denn das Publikum schien vom strengen Drama ziemlich ungerührt.

considerably to the artistic development of Rückriem?

Irmin: He did ask us to make our studio available, because he wanted to have a recording of the sounds that were made while chiseling stones. We hung out with a microphone and recorded the noise while he worked. He wanted to sell the recording for rather a lot of money. That was thirty years ago. If we'd made a record with this recording, it would probably today be quite expensive.

Josef: Yes, that would've been a fantastic event. Ulrich Rückriem and Can together on an album.

Irmin: Yes, Rückriem's work sounds were on our tapes. But I think we cut them out.

Josef: That can only be regretted. Doubtless it would've been a historical document.

Holger: He wasn't so famous then. If he'd been famous at the time we would have naturally said: „Background vocals: Ulrich Rückriem."

Josef: The art market is like the stock market: prices rise or fall. Rückriem's prices have risen. You can see this with some of your records. Special pressings of „Monster Movie" sell for considerable prices. Did you have contact to groups such as Mammut or Nosferato, whose records today are worth a great deal?

Holger: Never heard them!

Josef: They were the German bands of your time. But let's change the topic.

pourquoi on a déménagé, Mais je crois qu'on avait plus d'influence sur lui que lui sur nous.

Josef: Vous ouvrez une perspective dans le domaine de l'histoire de l'art!

Irmin: Oui, en le privant de sommeil on l'a aidé à parvenir à la lumière artistique.

Josef: Je connais ses œuvres. Peut-on dire que Can ait exercé une influence essentielle sur la carrière artistique de Rückriem?

Irmin: En tous cas il nous a demandé un jour de lui prêter notre studio parce qu'il voulait faire un Soundtrack sur lui burinant la pierre. On est allé tout près de lui avec un micro et on a enregistré ces bruits. Il voulait vendre assez chers ces enregistrements, c'était il y a 30 ans. Si on avait alors fait un disque avec ces bruits, ça se vendrait probablement cher aujourd'hui!

Josef: Oui, ça aurait été une action formidable: Ulrich Rückriem avec Can sur un disque.

Irmin: Les bruits de Ulrich Rückriem étaient sur une de nos bandes, je crois qu'on les a coupés.

Josef: C'est quelque chose qu'on peut regretter après coup, ça aurait été un document historique.

Holger: Il n'était pas encore tellement célèbre, s'il l'avait été, on aurait bien sûr dit: Background-Vocals: Ulrich Rückriem"

Josef: Sur le marché de l'art, c'est comme à la bourse, les actions montent ou

nahme eine Platte gemacht, wäre diese heute vermutlich recht teuer.

Josef: Ja, das wäre eine tolle Aktion gewesen: Ulrich Rückriem zusammen mit Can auf einer Platte.

Irmin: Ja, Rückriems Arbeitsgeräusche waren auf einem unserer Bänder. Aber ich glaube, wir haben sie dann rausgeschnitten.

Josef: Das kann man im Nachhinein nur bedauern. Es wäre zweifellos ein historisches Dokument gewesen.

Holger: Er war ja noch nicht so berühmt. Wenn er schon so berühmt gewesen wäre, hätten wir natürlich gesagt: „Background-Vocals: Ulrich Rückriem".

Josef: Auf dem Kunstmarkt ist es wie an der Börse, die Aktienkurse steigen oder fallen - bei Rückriem sind sie gestiegen. Bei einigen eurer Platten hat man dies auch gemerkt, so erzielt die Sonderpressung von „Monster Movie" auf Plattenbörsen beachtliche Preise. Hattet ihr damals Kontakt zu Gruppen wie „Mammut" oder „Nosferato", deren Platten heute extrem hoch gehandelt werden?

Holger: Nie gehört!

Josef: Das waren deutsche Gruppen eurer Zeit. Aber wechseln wir das Thema. Wir haben ja über das Verhältnis von Musik und Bildern gesprochen. Wenn ich mir heute MTV oder VIVA anschaue, dann habe ich mitunter das Gefühl, die Musik kann gar nicht mehr ohne die Bilder leben. Unsere Gesellschaft wird immer mehr visualisiert. Wie seht ihr das?

We've talked about the relationship between music and images. When I watch MTV or VIVA these days, I have the feeling, among others, that the music can't live without the pictures. Our society is more and more visually oriented. How do you see that?

Holger: Wait a minute. Everyone closes their eyes when they watch MTV.

Josef: I don't.

Holger: I've followed very closely the way that it developed with the kids. It began with the program „Formel eins" (on German television). When the first video programs were broadcast, the kids really stood there and wanted to see pictures along with the music. That lasted exactly two years. Then they stood in the doorway when the program was on, they didn't sit down. They wanted to have the picture with the music, so to say, but they didn't want to look

> *"Die deutsche Rockband CAN hat Musikgeschichte geschrieben. In den zehn Jahren ihres eigentlichen Bestehens von 1968 bis 1978 erweiterte die Formation die Grenzen der Musik. Das Quintett experimentierte mit neuen Sounds, entwickelte neue Klänge und wurde so schnell zur Avantgarde der elektronischen Musik. In den frühen 80er Jahren diente die*

anymore. That's the phenomenon of television today, and I think that's great: you don't look anymore, but you need the screen. That's all!

Irmin: It's more like a fireplace. It flickers while the music's on. Now and then you look at it. A real relationship between a picture and sound exists differently. It's nice that there are music videos, because they have their value, and some of them are even beautiful. But the pictures that people have in their minds are more important. We know that from European music: the descriptive song title. That's nothing new. Musicians and listeners in the past also had pictures in their minds because our senses are bound together and affect each other.

It's not at all true that we live in an especially visual culture, compared to the past. The structure of the human being

Musik von "CAN" englischen "New Wave"-bands wie "Joy Division", "Ultravox" und "New Order" als Vorbild. Jetzt haben sich die musikalischen Enkel dem Werk der Band angenommen und unter dem Titel "Sacrilege" ein Remix-Doppel-Album produziert."

DDP - ADN, Berlin / 25. 6. 1997
(von Michael Glebke)

descendent et pour Rückriem elles ont montées. On le remarque aussi avec certains de vos disques. L'édition spéciale de „Monster Movies" atteint des prix remarquables. Est-ce qu'à l'époque vous aviez des contacts avec des groupes comme „Mammut" ou „Nosferato" dont les disques atteignent actuellement des cotes extrêmement hautes?

Holger: Jamais entendu parler!

Josef: C'était des groupes rock allemands de votre temps. Mais changeons de sujet: On a parlé de la relation entre musique et images. Quand je regarde aujourd'hui MTV ou VIVA, j'ai l'impression que la musique ne vit plus sans images. Notre société est de plus en plus visualisée. Comment voyez-vous les choses?

Holger: Tu parles! tout le monde ferme les yeux en écoutant MTV

Josef: Moi pas.

Holger: J'ai bien suivi ça avec les mômes. ça a commencé avec l'émission de radio „Formel 1". Au début, quand il y a eu les premières émissions vidéo, les mômes restaient vraiment devant à regarder. Ça a duré deu x ans; après, ils étaient déjà à la porte quand l'émission commençait, ils ne voulaient même pas s'asseoir. Ils voulaient avoir l'image avec la musique mais ils ne voulaient pas regarder. C'est ça aujourd'hui le phénomène télé et je trouve ça très bien: on ne regarde pas mais il faut que l'écran soit là.

Irmin: C'est un peu comme un feu dans la cheminée. Tu as la lumière qui vibre pendant la musique. De temps en temps,

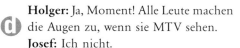

Holger: Ja, Moment! Alle Leute machen die Augen zu, wenn sie MTV sehen.

Josef: Ich nicht.

Holger: Ich habe die Entwicklung mit den Kids sehr genau mitverfolgt. Das fing damals mit der Musiksendung „Formel Eins" an. Als die ersten Videosendungen gesendet wurden, haben die Kids wirklich davor gestanden und wollten die Bilder zu der Musik sehen. Das hat haargenau zwei Jahre gedauert, dann standen sie schon in der Tür, wenn die Sendung kam, sie haben sich nicht hingesetzt. Sie wollten sozusagen das Bild zu der Musik dabei haben, aber nicht mehr gucken. Das ist ja heute das Phänomen Fernsehen, und das finde ich toll: man guckt nicht mehr, aber man braucht den Bildschirm. Das ist alles!

Irmin: Das ist mehr so wie Kaminfeuer. Das flackert, während die Musik läuft. Ab und zu guckt man mal hin. Eine wirklich innige Gemeinschaft zwischen Bild und Ton existiert anders. Denn es ist zwar ganz schön, daß es Musikvideos gibt, und die haben auch ihren Wert und manche davon sind sogar wunderschön, aber wichtiger sind doch die Bilder, die die Leute im Kopf haben. Das kennen wir auch aus der europäischen Musik, daß es sozusagen bildhafte Titel gibt. Das ist folglich nichts Neues. Die Musiker und die Hörer haben auch früher schon Bilder im Kopf gehabt, weil unsere Sinne miteinander verbunden sind und auch aufeinander einwirken.

makes the visual sense the dominating sense: every culture is visually oriented. That's completely normal and means that when media are created which serve the senses, the eyes will play an important role in the culture.

Josef: These are different aspects for me: on one hand, you emphasize the importance of the eyes; on the other hand, the pictures accompanying music videos are just background flickers to you. That indicates a contradiction which resounds throughout your work. After all, you've also written film music yourselves.

Holger: We usually made film music without ever seeing the images. We never bothered with the images. Apart from Irmin, none of us had any idea of what actually happened in each film. We simply didn't bother with it.

Josef: Your film music was made independently of the film?

Irmin: We were very lucky! That was exactly what we wanted! We simply made music as music. I was the only one who saw the films and the only one who had contact with the directors. Afterwards, I would tell the others three or four tales, so to say. Then we'd make the music together, something that went with the tales, and somehow managed to connect the various stories that we had in our heads.

Josef: Could you imagine making a video clip?

Michael: Would it be paid for?

on jette un œil mais la relation entre musique et image, elle fonctionne autrement. C'est bien qu'il y ait des clips vidéo et il y en a même qui sont très réussis, mais ce qu'est le plus important, c'est les images que les gens ont dans la tête. On connaît ça dans la musique européenne qui a des titres en quel sorte visuels. Donc ce n'est rien de nouveau. Les musiciens et les auditeurs, ils ont toujours eu des images dans la tête parce que nos sens sont liés et agissent les uns sur les autres.

Ce n'est pas vrai que notre culture, comparée à ce qui se passait avant, serait particulièrement visuelle. L'homme est fait de telle sorte que c'est la vue son sens dominant et toute culture est orientée vers la vue. C'est normal et ça veut dire que tout média qui apparaît se sert des sens, et donc les yeux jouent un grand rôle dans la culture.

Josef: Ce sont des choses très différentes: D'un côté tu soulignes l'importance de la vue, d'autre part tu dis que les images des clips musicaux ne sont qu'une agitation lumineuse d'arrière-plan. Ca fait apparaître une contradiction qu'on retrouve dans ton travail: car enfin, vous avez fait des musiques de films !

Holger: La plupart du temps on a fait les musiques de film sans avoir vu les images. Comme ça, on ne s'est pas occupé du tout des images. A part Irmin, on n'avait aucune idée de ce qui se passait dans le film. On s'en moquait, d'ailleurs.

CAN - Wagner in schwarz

„Spoon" heißt die neue Titelmelodie des neuen Durbridge-Krimis „Messer", der in wenigen Tagen in mehreren Folgen über die Mattscheibe flimmert — mit Hardy Krüger in der Hauptrolle. CAN, eine der profiliertesten Pop-Formationen, spielt „Spoon" (was nicht Messer heißt, sondern Löffel — gerade deshalb) und hat „Spoon" auch geschrieben:

Man hat bei CAN sowieso einen ziemlich guten Draht zu den kommerziellen Stellen. „Deadlock", ein Film mit Mario Adorf, mit Musik von CAN, Tom Tölles „Millionenspiel", gerade am Donnerstag über den Bildschirm gelaufen, mit Musik von CAN. Roger Fritz und Schamoni, auch sie arbeiten mit CAN.

Trotzdem wird im eigenen Studio in Köln, Wohnort der fünf Musiker, Musik noch aus Spaß gemacht. „Wir gehen einfach ran und spielen — das Band läuft mit." Irmin (Schmidt) sagt es und nimmt noch einen Bissen vom Bratwürstl. „Jeder soll machen, wozu er Lust hat", Schluck vom Halben. Wir sitzen an einem riesigen Holztisch irgendwo im schönen Hamburg. Es schneit ein bißchen. Michael (Karoli) schiebt seinen Teller beiseite: „Da sind fünf Musiker und jeder macht seine Musik."

Sie wollen keinen Zwang auf den Partner ausüben. Das Spiel der Gruppe ist kollektiv, es läßt jedem die Freiheit, die er braucht. Er beansprucht sie nicht, er kann sie sich nehmen.

Das zeigen dann auch die Aufnahmen. Damo (Suzuki) singt. Englisch. Er ist Japaner. Deutsch wird nicht gesungen — da Damo kein Deutsch kann. Die Texte der CAN stellen keine speziellen Botschaften dar, sie sollen ohne literarische Aussage sein. „Wir singen über Sachen, die so am Tag vorkommen." Das heißt nicht, daß CAN reine Sprache mit schönen Sätzen bringt, die Sprache gilt als das sich Erkennengeben durch Laute. Also Lautmalerei, der fast Singsang ist.

Duncan Falloway, bekannter englischer Pop-Kritiker, sagte kürzlich über CAN: daß sie mit „drums like a Panzer Division" arbeiten und er schrieb weiter, daß CAN „so etwas wie der ganze Wagner in Schwarz sei". „Schau mal, wenn der Deutsche aus dem Gefühl heraus spielt, ist das mit drin (Wagner, Panzer, Marsch). Er ist eben nicht auf Baumwollfeldern aufgewachsen. Das soll aber nicht aussagen, daß bei uns Indianermusik und der Blues fehlt." CAN spielt am 1. Dezember im Grünspan. Ein Termin für die, die CAN kennen oder kennenlernen wollen.
Georg Naujok

1971

Es ist auch überhaupt nicht so, daß wir im Vergleich zu früher eine besonders visuelle Kultur haben. Der Mensch ist so gebaut, daß der Sehsinn sein dominierender Sinn ist und jede Kultur sehorientiert ist. Das ist ein ganz normaler Vorgang, und das heißt, daß, wenn Medien entstehen, die die Sinne bedienen, auch die Augen eine sehr große Rolle in der Kultur spielen.

Josef: Das sind für mich doch verschiedene Punkte: Einerseits betonst Du die Wichtigkeit des Auges, andererseits sind die Bilder von Musikvideos für Dich mehr Hintergrundflackern. Da deutet sich ein Widerspruch an, der auch in eurer Arbeit durchschimmert. Schließlich habt ihr selbst verschiedene Filmmusiken geschrieben.

Holger: Meistens haben wir ja die Filmmusik gemacht, ohne überhaupt das Bild zu sehen.

So haben wir uns um die Bilder gar nicht gekümmert. Außer vielleicht Irmin hatten wir andern keine Ahnung, was in dem jeweiligen Film eigentlich passiert.

Josef: Eure Filmmusik ist unabhängig vom Film entstanden?

Irmin: Das war ja unser großes Glück! Und unser Programm! Die Musik haben wir rein als Musik gemacht. Gesehen habe immer nur ich die Filme, und auch die Kontakte zu den Regisseuren hatte ich. Anschließend habe ich den andern vieren oder dreien oder fünfen sozusagen Märchen erzählt. Dann haben wir von da ab gemeinsam Musik gemacht, die zu den Märchen paßte und die irgendwie auch eine eigene Geschichte in den Köpfen miteinander verband.

Josef: Könntet ihr euch vorstellen, einen Video-Clip aufzunehmen?

Michael: Kriegen wir den bezahlt?

Josef: Ich bin recht zuversichtlich. Schließlich haben wir mit dem „Medium" recht potente Sponsoren.

Josef: I'm confident of that. You have a powerful sponsor in Medium (German book and publishing company).

Michael: Then let's do it. I think the idea is very exciting.

Holger: By the way, I'd like to add something to what Irmin said. What we did actually led to the most modern film production methods that can be imagined. When I met with Enrico Morricone, he verified that. His best film music was created under comparable circumstances. Sergio Leone would always tell him the stories, but Morricone would not have seen the film; that is, the music existed before the first scenes were filmed. That was something that arose out of necessity in our situation, but strangely enough, is understood by the master directors.

Josef: So is the music production in your understanding more a matter of a mathematically logical function, or of one in which coincidence plays a large role? Is it less Stockhausen and more Cage?

Irmin: That had absolutely nothing to do with either less Stockhausen or more Cage. The relationship between logic and irrationality in their music doesn't say anything about the two composers or about the music in general. However, it might occur that someone who'd carefully studied this relationship more than someone else would develop a very healthy view of irrationality. He might start to feel a little bit threatened. That

Josef: Votre musique a été faite indépendamment du film?

Irmin: C'était une chance! Et c'était notre programme! On a fait la musique comme musique, c'est tout. Il n'y a que moi qui connaissais les films et moi seul qui avais les contacts avec les metteurs en scène. Et puis j'ai raconté des histoires aux 3 ou 4 ou 5 autres musiciens. Et sur cette base, on a fait collectivement la musique du film, qui en quelque sorte reliait les histoires qu'on avait dans nos têtes.

Josef: Vous pouvez vous imaginer faire un vidéo-clip?

Michael: C'est payé?

Josef: Je crois, car enfin, on a des sponsors puisants avec „Medium"

Michael: Alors, allons-y, je trouve l'idée très excitante!

Holger: Mais ce qu'a dit Irmin, je voudrais y revenir. Notre méthode a conduit aux pro-ductions de musiques de films les plus modernes qu'on puisse imaginer. Lorsque j'ai rencontré Enrico Moricone, il me l'a confirmé: ses meilleures musiques de film ont été créées de cette manière, Sergio Leone lui a raconté le film mais lui-même ne l'avait pas vu, la musique a donc existé avant qu'une seule scène du film ait été tournée. Chez nous c'était plutôt une question de nécessité mais curieusement les plus grands metteurs en scène ont compris l'intérêt de cette méthode.

Josef: Est-ce que la production musicale telle que vous la concevez n'est pas une

Michael: Dann nur zu. Ich finde die Idee unbedingt spannend.

Holger: Übrigens, das was Irmin sagte, da möchte ich unbedingt noch einmal einhaken. Unser Vorgehen hat ja eigentlich zu den modernsten Filmmusikproduktionsmethoden geführt, die man sich überhaupt vorstellen kann. Als ich Ennio Morricone getroffen habe, hat er mir genau dies bestätigt: Seine besten Filmmusiken sind nach einem ähnlichen Verfahren entstanden. Es ist immer so passiert, daß ihm Sergio Leone die Geschichten erzählt hat, er aber nicht die Filme gesehen hat, d.h., die Musik existierte eigentlich schon, bevor überhaupt das erste Bild gemacht war. Das war eine Sache, die sich bei uns aus einer gewissen Notwendigkeit ergab, aber merkwürdigerweise von den Meisterregisseuren überhaupt begriffen wurde.

Josef: Ist die Musikproduktion in eurem Verständnis denn eher eine Angelegenheit, die mathematisch bzw. logisch funktioniert, oder eine, in der auch der Zufall eine große Rolle spielen kann. Ist es für euch weniger Stockhausen und mehr Cage?

Irmin: Das hat mit weniger Stockhausen und mehr Cage gar nichts zu tun. Das Verhältnis von Logik und Irrationalität in deren Musik würde ja nur etwas über die beiden Komponisten, aber nichts über die Musik allgemein aussagen. Es kann allerdings passieren, daß jemand, der genau dieses Verhältnis mehr studiert als andere, einen sehr herzlichen Blick

can happen to musicians very easily, so they develop a passion for rules and regulations and become obssessed with mathematics.

Michael: There's something similiar in painting: if someone paints a flower or the French revolution, it has no influence on painting.

Josef: I don't understand this logic.

Michael: The content that inspires someone is actually not important.

Josef: The word mathematics was just mentioned in connection with music. In his book Gödel, Escher, Bach, Douglas R. Hofstadter tried to work out a commonality in the works of these three men based on mathematics, visual arts, and music.

Michael: Music is mathematics made flesh. But flesh is irrational.

Josef: If you chew it, you'll soon notice that it's material.

Irmin: But there is also a difference if a mathematician such as Hofstadter writes about music, or if a musi cian makes music using mathematics. They're two completely different things. Naturally, with some effort — or sometimes quite easily — you can transpose music into a mathematical form. But that doesn't say anything. It doesn't say anything in particular about the quality of a piece of music. In Bach's time, music was carefully, mathematically, lucidly constructed by other composers, but the music was still boring or simply mediocre. Bach's music

affaire qui fonctionne logiquement, mathématiquement, ou alors la place du hasard est-elle assez importante ? C'est moins Stockhausen et plus Cage ?

Irmin: ça n'a rien à voir avec moins de Stockhausen ou plus de Cage. La relation de logique et d'irrationalité dans leur musique dirait quelque chose de ces deux compositeurs mais rien sur la musique en général. Il peut bien sûr arriver que quelqu'un qui étudie très précisément cette relation plus qu'un autre ne le ferait, développe un sens formidable de l'irrationalité et se sente en même temps menacé par cela. C'est quelque chose qui peut facilement arriver à des musiciens et alors, ils se mettent à rechercher des lois qui remettent de l'ordre, ils deviennent fous de mathématiques.

Michael: Dans la musique, c'est pareil. Qu'on peigne des petites fleurs ou la révolution française, ça n'a aucune influence sur la musique.

Josef: Je ne comprends pas.

Michael: Le contenu qui inspire l'artiste ne joue aucun rôle.

Josef: Vous venez d'utiliser le concept de mathématiques en relation avec la musique. Douglas R.Hofstadter a essayé dans son livre „Gödel, Escher Bach" d'établir des relations communes entre les mathématiques, les arts plastiques et la musique en étudiant les trois artistes du titre.

Michael: La musique est l'incarnation des mathématiques. Mais la chair est irrationnelle.

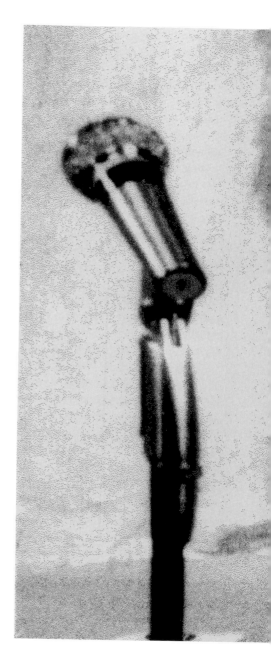

Can Box · Item No. II · Book

zur Irrationalität entwickelt, und es ihm zugleich passiert, daß er sich davon ein bißchen bedroht fühlt. Das kann Musikern sehr leicht passieren, und so entwickeln sie wieder eine Leidenschaft zu ordnenden Regeln und werden von Mathematik besessen.

Michael: Die Sache ist in der Malerei ähnlich: Ob jemand jetzt Blümchen malt oder die französische Revolution, hat an sich auf die Malerei überhaupt keinen Einfluß.

Josef: Diese Logik verstehe ich nicht.

Michael: Der Inhalt, der einen inspiriert, der spielt eigentlich überhaupt keine Rolle.

Josef: Gerade fiel das Stichwort Mathematik im Zusammenhang mit Musik. Douglas R. Hofstadter hat mit seinem Buch „Gödel, Escher, Bach" versucht, gemeinsame Grundlagen von Mathematik, bildender Kunst und Musik anhand der Werke der genannten Personen herauszuarbeiten.

Michael: Musik ist fleischgewordene Mathematik. Aber Fleisch ist irrational.

Josef: Wenn man auf ihm rumkaut, merkt der Esser schon, daß es auch Materie ist.

Irmin: Aber es ist doch auch ein Unterschied, ob ein Mathematiker wie Hofstadter über Musik schreibt oder ob ein Musiker Musik macht und dabei Mathematik mitbenutzt. Das sind doch zwei völlig verschiedene Dinge. Natürlich kann man manchmal mit einiger Anstrengung, ma   nchmal ganz leicht,

Das etwas anderes als Rock'n' Roll dabei herauskommt, wenn zwei Kompositionsschüler des Neutöners Stockhausen wie Irmin Schmidt und Holger Czukay eine Band gründen, daß der studierte Blick auf Pop repetitiver Musik einen ganz anderen Groove erzeugt, genau das ist jedoch das Kapital, welches weit über das nun bald zwei Jahre andauernde Krautrock-Revival in England hinaus Cans einzigartigen Status begründet. Einstürzende Neubauen, Devo, Crass, Joy Division, Talking Heads..., aus welchen Gründen auch immer sich Bands mit Attributen des Maschinenhaften schmückten, die Gruppe Can

is not special due to the beauty of its mathematical construction, but instead to something that is elusive. That is the secret.

Holger: The kids today are interested in instruments that are absolutely rational instruments. The challenge of making music is to actually bring out a maximum amount of rationality. That's what I find wonderful about it.

Josef: Then how large a role does coincidence play within rationality or irrationality?

Holger: Coincidence or mistake? I've

*hatte mit seriellen Beats,
unbeirrten Oktavsprüngen im
Baß und stehendem Gitarren-
fuzz ein Faß aufgemacht.
"A drumbeat 24 hours a day"
sang Malcolm Mooney irgendwo auf dem 20-minütigen
Original, das 1969 aus zwei
exzessiven Livesessions auf
Schloß Nörvenich zusammengeschnitten wurde. Als hätte er
damals schon den Master Of
Ceremony für das Groove-Kon-
tinuum geben wollen, das 27
Jahre später mit der elektronischen Clubmusik Realität geworden ist.*

KÖLNER STADTREVEUE, 6 / 97
(von Christoph Twickel)

never had a single thought that was
better than my mistakes. Every time I'd
thought of some fantastic music and
then made a mistake, for example, when
editing, that suddenly opened up to me
a world about which I'd never thought
before. I was then certain that I could
simply toss away all of the good ideas
that I'd carefully thought out. The things
that could be called mistakes suddenly
became what I wanted.

Josef: Then the term mistake refers to a
kind of human factor. Is there also
something like a mechanical mistake?

Josef: Si on le chatouille, le mangeant
s'aperçoit aussi qu'il est matière.

Irmin: Mais c'est quand même une
différence si un mathématicien comme
Hoffstadter écrit sur la musique ou si
un musicien fait de la musique et se sert
pour cela des mathématiques. Ce sont
deux choses complètement différentes.
Bien sûr, on peut ramener tout morceau
de musique à des formes mathématiques,
parfois c'est difficile mais parfois c'est
assez facile de le faire. Mais en fait, ça ne
veut rien dire. Ça ne dit rien sur la
qualité de la musique. Même du temps
de Bach, il y a des compositeurs qui ont
construit avec soin des musiques avec
l'aide des mathématiques et ils ont fait
quelque chose d'ennuyeux ou de
médiocre. Ce qui fait la musique de
Bach, ce n'est pas la beauté des
constructions mathé-matiques mais c'est
justement quelque chose qui ne s'y réduit
pas. C'est le secret.

Holger: Ce que les jeunes aiment
aujourd'hui, ce sont au fond seulement
les instruments super rationnels. C'est
ça le défi quand tu fais de la musique, il
faut sortir de cette voie sans issue et
rechercher le maximum de rationalité.
C'est ça qui est bien.

Josef: Quel est le rôle du hasard dans
cette rationalité ou dans cette irrationalité ?

Holger: Hasard ou erreurs ? Je n'ai jamais de meilleure idée que celle qui vient
de mes erreurs. A chaque fois que j'ai
inventé un truc super en musique, et que

irgendein Musikstück auf mathemati-
sche Formen zurückführen. Bloß, das
sagt noch überhaupt nichts aus. Es sagt
nämlich nichts über die Qualität eines
Musikstückes aus. Auch zu Bachs Zeiten wurden von anderen Komponisten
Musiken sorgsam und mathematisch
luzide konstruiert und waren dennoch
bloß langweilig oder ganz mittelmäßig.
Das was die Musik von Bach ausmacht,
ist nicht die Schönheit ihrer mathema-
tischen Konstruktion, sondern das ist
etwas, was sich dem entzieht. Das ist das
Geheimnis.
Holger: Worauf auch die ganzen Kids
heute stehen, sind ja letzten Endes absolut nur rational erfaßbare Instrumente. Das ist immer wieder diese Herausforderung beim Musikmachen, daß sie
gerade aus diesen ausweglosen Dingern
versuchen, eigentlich das Maximum an
Rationalität rauszuholen. Das finde ich
eben das Tolle daran.
Josef: Wieweit spielt denn der Zufall innerhalb der Rationalität oder Irrationalität eine Rolle?
Holger: Zufall oder Fehler? Kein Gedanke von mir war jemals so gut wie meine
Fehler. Immer wenn ich mir irgend etwas Tolles an Musik ausgedacht habe
und mir dann ein Fehler unterlief, z.B.
beim Schneiden, eröffnete mir das plötzlich eine Welt, an die ich vorher noch
gar nicht gedacht hatte. Ich habe dann
festgestellt, daß ich alle meine guten
Ideen, die ich mir ausgedacht hatte,
leichten Herzens über den Zaun gewor-

Holger: Yes, for instance, when you edit
the wrong spot.
Josef: Can that be seen as a disturbing
incident or perhaps instead creative
enrichment?
Holger: I've always seen short wave as
an interesting source of sound, simply
while it's so irrational, sometimes so
unpredictable. For instance, nowadays
I have the experience that streams of
messages flow uncontrollably in the
Internet; and if they're driving the
synthesizer, then you have to hang onto
the microphone and say „record, record,
record." Because it would be hard to find
a more interesting source to record.
Josef: Do any of you know anything
about quantum physics? There, too, an-
omalies play a large role. Minimal
aberrations often have great consequences in quantum physics.
Michael: I haven't studied quantum
physics but have read a little bit about
it. I was on the trail of something but
couldn't find an explanation for it.
While groping around, the secret
disappeared: that agreed with Heisen-
berg's uncertainty principle. Our music
is also indeterminable. It makes itself;
and in our case, that's very important,
because it's something like an organic
body, like a tree that grows of its own
accord. If it doesn't do that, then it's
not very good. If you can sense that
there's a thought process behind a piece
of music, then it's already lost a large
portion of its quality.

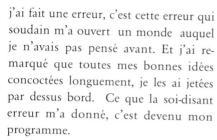

j'ai fait une erreur, c'est cette erreur qui soudain m'a ouvert un monde auquel je n'avais pas pensé avant. Et j'ai remarqué que toutes mes bonnes idées concoctées longuement, je les ai jetées par dessus bord. Ce que la soi-disant erreur m'a donné, c'est devenu mon programme.

Josef: Le mot d'erreur se rapporte alors à un facteur humain. Est-ce qu'il existe aussi des erreurs de la machine ?

Holger: J'ai toujours considéré les ondes courtes comme une source intéressante de sounds, justement parce que c'est irrationnel et imprévisible. Maintenant, je fais l'expérience avec Internet et là aussi tu as des flots d'informations qui sortent rationnellement et si tu les utilises pour diriger ton synthétiseur, là

tu approches ton micro et tu dis: "Enregistrer ! Enregistrer !" Parce que tu ne trouveras pas de sitôt une source d'enregistrement aussi intéressante.

Josef: Est-ce que vous êtes aussi intéressés à la physique quantienne ? Parce que là aussi l'idée de déviation joue un grand rôle. Des déviations minimales ont souvent de grandes conséquences dans la physique quantienne.

Michael: Je m'y suis intéressé, du moins un peu. J'étais sur la piste de quelque chose mais je n'arrivais pas à trouver d'explication. En m'approchant, le secret s'éloignait dans le sens de la relation de l'opacité de la physique quantienne. Notre musique non plus n'est pas tout à fait prévisible. Elle se fait et dans notre cas c'est très important, c'est comme un

Can Box · Item No. II · Book

fen habe. Das, was mir der vermeintliche Fehler eigentlich gegeben hatte, wurde plötzlich zum Programm.

Josef: Dabei bezieht sich der Begriff Fehler auf eine Art menschlichen Faktor. Gibt es auch so etwas wie einen Fehler der Maschine?

Holger: Ja, z.B. daß du daneben geschnitten hast.

Josef: Ist das mehr als Störfall zu interpretieren oder als mögliche kreative Bereicherung?

Holger: Ich habe immer die Kurzwellen als eine interessante Soundquelle angesehen, gerade weil sie so irrational, manchmal so unberechenbar waren. Jetzt mache ich die Erfahrung beispielsweise im Internet, daß hier ebenfalls Nachrichtenströme sozusagen rational aus der Hand laufen, und wenn die z.B. die Synthesizer ansteuern, dann mußt du das Mikrophon dranhalten und sagen „Aufnehmen, aufnehmen, aufnehmen". Denn eine interessantere Aufnahme-quelle wirst du kaum finden.

Josef: Habt ihr euch auch mit Quantenphysik beschäftigt? Schließlich spielt auch dort der Gedanke der Abweichung eine große Rolle. Minimale Abweichungen haben in der Quantenphysik oft große Folgen.

Michael: Ich hab mich damit beschäftigt, ein Stückchen zumindest. Ich war einer Sache auf der Spur, konnte aber keine Erklärung finden. Beim Herantasten entzog sich das Geheimnis im Sinne der quantenphysikalischen Unschärferelation. Auch unsere Musik ist nicht vollständig berechenbar. Sie macht sich, und das ist in unserem Fall ganz wichtig, selbst, so wie ein organischer Körper, wie ein Baum von selbst wächst. Wenn sie das nicht tut, ist sie qualitativ nicht so gut. Musik, bei der man spürt, daß da ein Denkprozeß hintersteht, hat schon einen Großteil ihrer Qualität eingebüßt.

Holger: Da magst Du recht haben, aber

Holger: You might be right about that. But when, for instance, you say something really spontaneous, then I believe that some rational touching up is very important afterwards.

Josef: I've just had another thought. Expressed in lay terms, the rhythmic foundation in your music plays a very important role. Do these thoughts harmonize what's just been expressed?

Jaki: As in the law of cell division, two cells are made from one cell, out of two cells come four; you could also then say, that out of one measure come two measures, out of two measures, four are made, out of four, eight, etc. I believe that this structure is maintained in all the tracks that we've recorded. These periodics, either eight bars, sixteen bars, or 32 bars, or cycles, were the most important basis for the rhythm of our music.

Michael: I believe that we've concentrated on rhythm more than anybody else in that scene. I notice that, whenever I play with musicians from other scenes.

Josef: I found your music to be far ahead of its time. Today, I feel that I've been proven right through the development of music, through current styles such as techno, rap, or hip hop, in which rhythm plays a fundamental role. With the current scene in mind: Has making music become easier?

Holger: Technology has made a lot of things easier, as long as you have an idea of what you want to do. With the help

corps organique qui pousse, comme un arbre. Si elle ne fait pas ça, elle n'est pas bien qualitativement. Quand, dans la musique, tu remarques qu'il y a une pensée et une volonté derrière, ça enlève beaucoup de la qualité.

Holger: Tu as peut-être raison mais quand il y a des choses qui ont été dites vraiment spontanément, alors je dirais qu'il est très important de retravailler ça rationnellement.

Josef: Il me vient une autre idée. Je dirais un peu maladroitement que dans votre musique, la structure de base du rythme joue un très grand rôle. Est-ce que cette idée a un rapport avec ce qu'on vient de dire ?

Jaki: C'est comme avec la loi de la division de la cellule: avec une cellule tu en as deux, avec deux tu en as quatre, et c'est pareil avec un temps tu as deux temps, avec deux temps tu en as quatre, avec quatre, huit. Je crois que cette structure est contenue dans toutes les musiques qu'on a faites. Cette périodisation de 8 temps 16, 32, ou en cycles, c'était la base la plus importante du rythme de notre musique.

Michael: Je crois qu'on s'est concentré plus que tout autre groupe, sur le rythme. C'est ce que je remarque à chaque fois que je joue avec des musiciens qui viennent d'autres groupes ou d'autres horizons.

Josef: A l'époque j'ai déjà eu le sentiment que votre musique était en avance sur son temps. Les derniers développements

wenn z.B. Dinge wirklich spontan einmal gesagt worden sind, dann würde ich sagen, ist eine rationale Nachbearbeitung sehr wichtig.

Josef: Ich bin gerade noch auf einen anderen Gedanken gekommen. Laienhaft ausgedrückt spielt die rhythmische Grundstruktur in eurer Musik eine sehr wichtige Rolle. Läßt sich dieser Gedanke mit dem gerade Gesagten in Einklang bringen?

Jaki: Wie beim Gesetz der Zellteilung, aus einer Zelle werden zwei Zellen, aus zwei Zellen werden vier Zellen, so könnte man auch sagen, aus einem Takt werden zwei Takte, aus zwei Takten werden vier Takte, aus vier Takten werden acht Takte usw. Ich glaube, daß diese Struktur in allen Stücken, die wir gemacht haben, immer enthalten ist. Diese Periodik, entweder acht Takte, 16 Takte, 32 Takte oder Zyklen, war die wichtigste Grundlage für die Rhythmik unserer Musik.

Michael: Wir haben uns, glaube ich,

mehr als irgend jemand aus der ganzen Szene auf Rhythmik konzentriert. Ich merke das auch immer wieder, wenn ich mit anderen Musikern zusammenspiele, die aus anderen Szenen kommen.

Josef: Ich habe eure Musik damals so empfunden, daß sie der Zeit um Jahre voraus ist. Ich fühle mich heute ein Stück durch die Entwicklung der Musik bestätigt, etwa durch aktuelle Strömungen wie Techno, Rap oder Hip Hop, in denen die Rhythmik eine tragende Rolle spielt. Mit Blick auf die heutige Szene gefragt: Ist das Musikmachen einfacher geworden?

Holger: Vieles ist durch die Technik erleichtert worden, vorausgesetzt man hat eine Vorstellung davon, was man da machen will. Mit Hilfe der modernen Technik ist das Musikmachen insofern erleichtert worden, weil ich nicht mehr so mühsam üben muß, bis ich etwas spielen kann.

Can Box · Item No. II · Book

of modern technology, making music has become easier because I don't have to practice so hard before I can play something.

Josef: Did a kind of democratization take place, in the sense that more people without musical genius can make good music?

Holger: That's certainly the case, no doubt. There are many people who make music because it's possible for them to do so. But because many things are possible, many of the results are junk. I remember very well that the longest amount of time I spent making a piece of music was four years. Since I've gone fully electronic, so to speak, I'll still work on a track for four years. This is the freedom that I enjoy.

Michael: It's just that a non-trumpeter can play the trumpet more easily nowadays.

Irmin: In this sense, the topic of democratization is being discussed. Before, you had to learn an enormous amount of things in order to make music, especially before you received, so to say, societal approval for it. Every spontaneous action was lost through that. That was something that really angered me even during my studies. I never trusted myself enough to publish a piece, because something new had just been released and I wasn't up to date on the latest material. People were so intimidated that they could no longer trust themselves to do something. Thank

de la musique me donnent raison, par exemple la techno, le rap ou le hip hop, dans lesquels le rythme constitue le pilier. En considérant le paysage musical actuel, est-ce qu'on peut dire que c'est plus facile de faire de la musique maintenant ?

Holger: Il y a beaucoup de choses qui sont devenues plus faciles avec la technique, à condition qu'on sache ce qu'on veut en faire. A l'aide de la technique, c'est devenu moins difficile de faire de la musique parce que je peux, par exemple, jouer quelque chose sans être obligé de répéter péniblement..

Josef: Est-ce qu'il y a eu une sorte de démocratisation par le fait que des gens qui ne sont pas des génies musicaux peuvent aussi faire de la bonne musique?

Holger: Dans la pratique c'est incontestable, il y a des gens qui font de la musique parce qu'on peut le faire. Mais pour la même raison, il y a pas mal de trucs nuls. Je me rappelle que le plus long temps que j'ai passé sur un morceau, ça a été 4 ans. Depuis que je suis pleinement équipé avec l'électronique, je mets encore quatre ans, je m'accorde cette liberté.

Michael: C'est seulement que celui qui n'est pas trompettiste peut jouer plus facilement de la trompette qu'avant.

Irmin: Dans ce sens on en arrive à la démocratisation. Avant, il fallait étudier la musique un temps infini surtout si on voulait avoir en quelque sorte l'autorisation sociale. Ça tuait toute

Josef: Hat da eine Art Demokratisierung stattgefunden, insofern mehr Menschen ohne musikalisches Genie gute Musik machen können?

Holger: In der Praxis ist das der Fall, ohne Frage. Es gibt viele Leute, die aufgrund der Machbarkeit Musik machen. Aber weil alles so machbar ist, ist vieles auch gleichzeitig Schrott. Ich erinnere mich sehr wohl daran, daß die längste Zeit, die ich für ein Stück gebraucht habe, vier Jahre waren. Seitdem ich sozusagen voll elektronisiert bin, arbeite ich dennoch wieder an einem Stück vier Jahre. Genau diese Freiheit nehme ich mir.

Michael: Es ist nur, daß der Nicht-Trompeter heute leichter Trompete spielen kann, als das vorher der Fall war.

Irmin: In diesem Sinn wird das Thema Demokratisierung schon durchaus diskutiert. Früher mußte man für das Musikmachen unendlich viel lernen, insbesondere bevor man sozusagen die gesellschaftliche Erlaubnis dafür bekam. Jede Spontaneität ging dabei verloren. Das war eine Sache, die mich sogar noch während des Studiums unglaublich geärgert hat. Ich habe mich doch nicht getraut, ein Stück zu veröffentlichen, weil gerade vorher wieder etwas Neues erschienen war und ich damit nicht auf dem letzten Stand der Materialverarbeitung war. Man war so eingeschüchtert, daß man sich überhaupt nicht mehr traute, irgend etwas von sich zu geben. Das ist Gott sei dank vorbei.

God that's over and done with.

Holger: I remember very exactly the problems that Irmin describes. The craziest things happened to me. Before I joined Can, I never allowed something into a composition that I couldn't explain. I've basically recovered from that.

Irmin: Yes, we mutually healed ourselves. I believe that this relativizing as well as partial abolition of the character of the artwork and the individual artistic genius has a great deal to do with democratization. But under democratization, it is not to be understood that every piece of shit is music. Instead, it simply means that someone who has talent should also have the chance to make music without having to work for twenty years to master an instrument. He should be in a position to also spontaneously and quickly test what he does and what the other hears. The distance, including the time difference, between that which happens in thought and that which the hands do, should be as narrow as possible. That is a kind of democrat-ization that's very good, because I believe that many great talents are lost through endless practicing. Eventually they lose the desire to play, even if they could have written beautiful music. In the so-called contemporary classical music, spontenaeity, a spontenaeity that I find wonderful, is practically forbidden.

Josef: You just used the term con-

spontanéité. C'est une chose qui m'a beaucoup gêné pendant mes études. Je n'ai pas osé publier parce qu'il y avait justement quelque chose de nouveau qui venait d'être publié et je n'aurais pas été au niveau des derniers développements. On était tellement intimidés qu'on n'osait plus sortir quoi que ce soit de soi-même. Dieu merci, c'est fini.

Holger: Je me rappelle exactement la problématique qu'Irmin a décrite. Il m'est arrivé des choses dingues. Avant de commencer avec Can, je ne m'étais jamais autorisé à jouer une composition que je n'aurais pas été en mesure d'analyser. Je m'en suis guéri.

Irmin: Oui, on s'est guéris mutuel-lement. Je crois que cette relativisation et cette suppression du génie, de l'artiste individuel génial, ça a beaucoup à voir avec la démocratisation. Par démocra-tisation, il ne faut pas entendre que n'importe qui fasse n'importe quoi comme musique, mais plutôt que tous ceux qui ont du talent pour la musique puissent en faire sans être obligés de travailler d'abord vingt ans à maîtriser l'instrument. On doit surtout être rapidement en mesure de juger lui-même et spontanément si ce qu'on fait est bien et si ça passe bien. Il ne devrait pas y avoir de grand décalage -en temps non plus- entre ce qu'on a dans la tête et ce qu'on joue avec ses mains. C'est une sorte de démocratisation qui est très belle parce que je crois que les répétitions sans

Holger: Ich erinnere mich ganz genau an die Problematik, die Irmin umschrieb. Mir sind die verrücktesten Sachen passiert. Bevor ich mit Can angefangen habe, habe ich mir nicht erlaubt, etwas in die Komposition mit aufzunehmen, was ich nicht erklären konnte. Davon bin ich gründlich geheilt worden.

Irmin: Ja, und damit haben wir uns auch gegenseitig geheilt. Ich glaube, daß diese Relativierung und z.T. Abschaffung des Werkcharakters und des genialen Einzelkünstlers viel mit einer Demokratisierung zu tun hat. Unter Demokratisierung ist aber nicht zu verstehen, daß jeder Scheiß jetzt Musik ist, sondern zunächst einmal nur, daß jeder, der eine Begabung hat, auch die Chance zum Musikmachen haben sollte, ohne dafür zwanzig Jahre für die Beherrschung eines Instruments zu verwenden. Er sollte in die Lage versetzt werden, auch spontan sehr schnell nachprüfen zu können, was er da tut und wie andere das hören. Der Abstand, auch der zeitliche, zwischen dem, was in seinem Kopf passiert und dem, was er mit seinen Händen macht, sollte möglichst gering sein. Das ist eine Art der Demokratisierung, die sehr schön ist, weil ich glaube, daß mit dem unendlichen Üben viele sehr große Begabungen irgendwann einmal kaputt gemacht worden sind. Die hatten nämlich irgendwann einmal keine Lust mehr, obwohl sie vielleicht wunderschöne Musik hätten schreiben können. Es gibt temporary classical music. Has it become easier in the last twenty years to bridge the gap between contemporary classical and popular music, in the way that it's become easier to bridge the various artistic disciplines?

Holger: Yes, but strangely enough, it's not as easy in music. Since the fifties, painting terms have become more diverse and it's easier to make transitions. Since the appearance of pop art in the sixties, categories such as contemporary classical and the popular arts have completely lost all of their meaning.

Josef: I think so, too, and can only say, „thank God."

Holger: Yes, thank God! But there are influential persons in music who believe that the boundaries around the so-called contemporary classical music are important and worth keeping. That's completely o.k., we need these people. At the side of a grave, people are absolutely earnest, and therefore, it's o.k.

Annette: „Grave" reminds me so much of the past. What does the future look like? At the last Pop-Kom (music convention that takes place in Cologne), this drum 'n' bass thing was very heavily promoted. Is that a practicable style, or where do you see the trends of the future heading?

Jaki: We're very actively involved. But I'm not sure if drum 'n' bass is something that is meant for the general public. I know so many people who've told me, „I don't understand drum 'n'

fin ont fini par tuer pas mal de talents. A un moment il y en a qui n'ont plus eu envie, alors qu'ils auraient peut-être pu faire une musique merveilleuse. Il y a dans la musique classique quelque chose comme une interdiction d'être spontané alors que c'est cette spontanéité que je trouve formidable.

Josef: Tu viens de parler de musique classique. Est-ce que les frontières entre la musique classique et la musique de variété ne sont pas devenues plus souples au cours des vingt dernières années, comme c'est le cas dans toutes les disciplines artistiques ?

Holger: Oui, mais cette souplesse a eu encore moins lieu dans la musique, curieusement. Dans la peinture, depuis les années 50, les concepts sont devenus plus larges et les frontières plus souples. Depuis l'arrivée du pop Art dans les années soixante, les différences entre art classique et art de conomation ont perdu leur importance.

Josef: Je suis de votre avis et je ne peux que dire: „Dieu soit loué"

Holger: Oui, Dieu soit loué, mais dans la musique, il y a des gens qui ont de l'influence et qui disent que les frontières avec la musique E doivent être conservées. C'est OK, il faut des gens comme ça, devant une tombe il faut être sérieux, c'est pourquoi c'est OK.

Annette: Des tombes?,a fait très passéiste. Et l'avenir? Lors de la dernière Pop Komm cette histoire de Drum'n'bass a été fortement protégée.

Was wird einst übrig bleiben von der deutschen Kunst zwischen dem letzten Weltkrieg und dem Jahrtausendende? Böll vielleicht, Beuys, Fassbinder und noch ein, zwei andere. Und auf jeden Fall Can. Wie keine Band außer ihr vermochten die Kölner Langzeit-Einfluß auf Generationen von Rockmusikern, die größtenteils nicht einmal aus Deutschland kommen, zu nehmen. Jetzt mehr als zehn Jahre nach der Aufnahme zur letzten gemeinsamen Platte, kehrt Can über Umwege zu Can zurück. Im Vorfeld des dreißigjährigen Bandjubiläums haben Jaki Liebezeit, Holger Czukay, Irmin Schmidt und Michael Karoli sich von Bands, Projekten und Künstlern remixen lassen, deren Ästhetik auf die eine oder andere Weise in Zusammenhang mit Can steht: Sonic Youth, Brian Eno, The Orb, A Guy Called Gerald, Air Liquide, Westbam, Bruce Gilbert und noch ein paar andere. Die Originale sind teilweise so stark verfremdet, daß man sie kaum mehr wiedererkennt. Doch darauf kommt es ohnehin nicht an. Begriffe

Fortsetzung auf Seite 399

Can Box · Item No. II · Book

in der sogenannten E-Musik so etwas wie ein Verbot an Spontaneität, jene Spontaneität, die ich wunderbar finde.

Josef: Du hast gerade den Begriff der E-Musik gebraucht. Sind die Übergänge zwischen E-und U-Musik in den letzten zwanzig Jahren nicht ebenso wie zwischen den Kunstsparten überhaupt viel fließender geworden?

Holger: Ja, aber seltsamerweise am wenigsten in der Musik. In der Malerei sind seit den 50er Jahren die Begriffe schon unschärfer und die Übergänge fließender geworden. Seit dem Aufkommen der Pop-Art in den 60er Jahren haben die Kategorien von E- und U-Kunst völlig ihre Bedeutung verloren.

Josef: Ich empfinde das auch so und kann nur sagen: „Gott sei dank".

Holger: Ja, Gott sei dank! Aber in der Musik gibt es einflußreiche Personen, die die Grenze zur sogenannten E-Musik als wichtig und erhaltenswert darstellen. Das ist völlig o.k., wir brauchen diese Leute. An Gräbern ist man eben ernst und deswegen ist es auch o.k.

Annette: Gräber klingt so nach Vergangenheit. Wie sieht es mit einem Ausblick aus? Auf der letzten PopKomm wurde diese Drum & Bass-Geschichte stark propagiert. Ist das eine Richtung, die gangbar ist, oder wo seht ihr den Trend der Zukunft?

Jaki: Wir machen ja kräftig dabei mit. Aber ich bin nicht sicher, ob im allgemeinen Drum & Bass für das Normalpublikum bestimmt ist. Ich kenne

bass; it's too complicated for me." I have to admit that they're right. For musicians, drum 'n' bass is wonderful. Otherwise, I believe that only people who really know something about music can actually understand what it's about.

Holger: I have to say, Jaki, that I think it's great when musicians don't bother about the public, but about their fellow musicians instead. Muscians should be there above all for other musicians.

Michael: Are you sure about that? Because if you use this position to refer to other things, say, that designers should be there only for other designers, then you get a razor that cuts off ears.

Holger: That might be. But I personally hate to create things that are generally acceptable.

Irmin: That's not the point.

Jaki: It can't be right, that if the public is stupid, then we have to create really stupid things ourselves.

Josef: But it's great if the public can follow it.

Jaki: Some can follow, but many others can't. I always think of what Johannes Heesters said: „Without the public, I'm nothing." Honestly said, I am something without the public, but I still love it when they're there.

Josef: I'd like to add another question. The public is on one side, the immortality of art and artists is on the other. Do any of you have a strong wish to leave something tangible behind?

Irmin: We're already in Meyer's

Ⓕ Est-ce que cette direction est tenable ou voyez-vous ailleurs les trends de l'avenir? **Jaki:** On participe bien à ce trend mais je ne suis pas sûr que le Drum'n'bass convienne à un public normal. Je connais plein de gens qui me disent: „Le drum'n'bass, je ne comprends pas, c'est trop compliqué" Et je dois leur donner raison. Pour nous, musiciens, c'est super, mais je crois que les gens qui ne sont pas férus en musique ne doivent pas comprendre vraiment ce qui se passe. **Holger:** Moi je dois te dire, Jaki, que je trouve ça très bien que les musiciens ne se soucient pas du public mais de leurs collègues. Les musiciens doivent d'abord être là pour les autres musiciens.

Michael: Tu es sûr? Si tu étends cette idée à d'autres domaines, alors un designer doit être là seulement pour les autres designers et tu te retrouves avec un rasoir qui te coupe l'oreille.

Holger: C'est possible, mais moi je déteste faire des choses pour que tout le monde aime.

Irmin: Ce n'est pas la question.

Jaki: Il n'est pas question qu'on fasse quelque chose de bête si le public l'est.

Josef: Mais si le public suit, c'est super, non?

Jaki: Il y en a qui peuvent suivre, mais d'autres non. Je pense toujours à la remarque de Johannes Heesters: „Sans le public, je ne suis rien". Sincèrement, je suis quelqu'un même sans public mais j'aime quand le public est là.

Josef: J'aimerais poursuivre avec une

wie Original oder Kopie verlieren angesichts der Unbefangenheit, mit der die ursprünglichen Tracks aufgemischt wurden, ihre Bedeutung. "Spätestens seit unserem Album "Tago Mago" von 1970, also lange vor den Anfängen der Sample-Technik", erinnert sich Bassist Holger Czukay, "begannen wir im Sinne dieser Medien zu denken" Can müssen sich nicht ins Verhältnis zu ihrer eigenen Vergangenheit setzen. Sie waren immer Überwinder ihrer selbst.

"Sacilege" markiert exakt den Punkt, an den Can selbst gelangt ist. Die mannigfaltigen Drum&Bass-, Ambient-, Techno- und Art- Rock-Remixe sind trotz ihrer Verschiedenartigkeit aus einem Guß, verraten einen musikalischen Willen, der in einzigartiger Weise in eine andere Zeit transponiert wurde. "Sacrilege" ist daher ein wasch-echtes CAN-Album, kein Tribut an die Band. Vielleicht ist die Doppel-CD in sich sogar von einem kontinuierlicheren Fluß gezeichnet als alle regulären Alben der Gruppe. Jeder Remixer scheint an den Gedan-

Fortsetzung auf Seite 401

Can Box · Item No. II · Book

soviele Leute, die mir gesagt haben: „Drum & Bass, das verstehe ich nicht, das ist mir zu kompliziert." Ich muß den Leuten recht geben. Für uns Musiker ist Drum & Bass prima. Ansonsten glaube ich, daß nur Leute, die schon wirklich ziemlich fortgeschritten sind in der Kenntnis der Musik, erfassen können, was da passiert.

Holger: Ich muß Dir sagen Jaki, ich finde es gerade toll, daß sich Musiker überhaupt nicht um das Publikum kümmern, sondern um ihre Kollegen. Musiker sollten in erster Linie für Musiker da sein.

Michael: Bist Du Dir da sicher? Denn wenn Du diese Ansicht auf andere Sachen überträgst, etwa in dem Sinn, Designer sollen nur für Designer da sein, dann kriegst Du so einen Rasierapparat, der Dir die Ohren abschneidet.

Holger: Das mag ja sein. Aber ich persönlich hasse es, Dinge zu machen, die die Allgemeinheit akzeptiert.

Irmin: Darum geht es ja gar nicht.

Jaki: Es kann doch nicht sein, wenn das Publikum dumm ist, daß wir auch etwas richtig Dummes machen müssen.

Josef: Aber wenn das Publikum folgen kann, dann ist das doch prima.

Jaki: Einige können folgen, aber viele eben nicht. Ich denke immer an den Ausspruch von Johannes Heesters: „Ohne das Publikum bin ich gar nichts." Ehrlich gesagt, ich bin schon was ohne das Publikum, aber ich liebe es, wenn es da ist.

Dictionary.

Holger: As Irmin correctly said, we're already in Meyer's, but we don't want to be in the Bible.

Annette: But years ago, Hildegard was already afraid that Irmin would become pious in his old age. Maybe we have to wait to see how things continue to develop.

Irmin: What? Me, pious? Why did she think that?

Josef: One of the 3 Tornados once said, upon approaching death: „The six straws are ready and now I'm waiting for the draw." Do you have similar world views?

Holger: I simply let things come to me. But I'm a very receptive person who's completely open to religious questions, yet at the same time humbly distant.

Josef: To combine art and life means, among other things, to go to the edge and perhaps even ruin your health.

Michael: I've sacrificed my health and lifespan for art und have led a full life. But the moment you've got small children, then you become a little bit more careful. Nevertheless, I believe that we're all totally there. We give ourselves to art, in every relationship. You make practically every sacrifice.

Josef: Does that have something to do with the myth of the artist's existence?

Holger: I'd like to dissasociate from that. No one in Can is either religiously or musically overambitious. This discussion of art and life is a very complicated one. I ask myself, in a very naive way,

question: Le public, c'est une chose mais l'immortalité de l'art, de l'artiste, c'en est une autre. Est-ce que vous n'avez pas le désir de laisser quelque chose après vous?

Irmin: On est déjà dans le dictionnaire Meyer.

Holger: Comme Irmin l'a dit, on est dans le dictionnaire mais on ne voudrait pas être dans la Bible.

Annette: Il y a des années, Hildegard a dit qu'elle craignait qu'Irmin devienne dévot vers la fin de sa vie. Attendons encore la suite.

Irmin: Quoi? Moi, dévot ? Quelle idée!

Josef: L'un des trois Tornados sentant la mort a dit une fois: „ J'ai fait les six croix, maintenant j'attends le tirage". Vous partagez cette vision des choses ?

Holger: je laisse les choses arriver comme elles arrivent. En réalité, je suis un homme réceptif, je suis tout à fait ouvert aux questions religieuses et par contre sans soumission.

Josef: Lier l'art et la vie, ça veut dire entre autre aller au bout de ses limites et peut-être aussi ruiner sa santé.

Michael: Il y a eu des moments dans ma vie où j'ai sacrifié ma santé pour l'art mais à partir du moment où tu as des enfants, tu commences à faire attention. Mais je crois qu'on est tous très extrêmes et on se donne entièrement à l'art, dans tous les domaines. On sacrifie tout.

Josef: Est-ce que ça a quelque chose à voir avec la vie d'artiste ?

Holger: Il ne faut pas mélanger. Il n'y

ken anzuschließen, den sein Vorgänger gerade nicht zu Ende formulieren konnte. Den zwei CDs haftet das Flair der Unendlichkeit an. Man kann noch so sehr in die Tiefe gehen und stößt doch immer wieder auf neuen Sphären.Es ist Musik, die einfach da ist, ohne Anfang und Ende. Eine mystische Verquikkung von Archaik und Futurismus. Can, dafür steht "Sacrilege" als Beweis, ist immer eine Entdeckung wert. Auch heute. Die Stücke der Band geben selbst dreißig Jahre nach ihrer Entstehung noch genug her, um den Nachgeborenen als Inspirationsquelle zur Entwicklung einer eigenen Klangsprache zu dienen. Dadurch, daß sie remixt wurden, sind sie nicht weniger CAN als zuvor. Sie sind lediglich ein bißchen mehr Allgemeingut."

Tagesspiegel, Berlin / 22.6.97
(von Wolf Kampmann)

Josef: Da möchte ich eine andere Frage anknüpfen. Das Publikum ist die eine Seite, die Unsterblichkeit der Kunst und des Künstlers die andere. Gibt es bei euch auch den ausgeprägten Wunsch nach einer Spur oder Hinterlassenschaft?

Irmin: Im Meyers-Lexikon stehen wir bereits.

Holger: Wie Irmin schon richtig sagte, im Meyers stehen wir schon, aber in die Bibel wollen wir gar nicht.

Josef: Einer von den 3 Tornados hat im Angesicht des nahen Todes einmal formuliert: „Die sechs Kreuze sind gemacht, und jetzt warte ich auf die Ziehung." Habt ihr eine ähnliche Weltsicht?

Holger: Ich lasse die Dinge einfach auf mich zukommen. An und für sich bin ich aber ein sehr empfänglicher Mensch, der für religiöse Fragen durchaus offen ist und dem zugleich eine Demut fern ist.

Josef: Kunst und Leben miteinander zu verbinden heißt u. U. aber auch, an die Grenze zu gehen und vielleicht sogar seine Gesundheit zu ruinieren.

Michael: Ich habe meine Gesundheit auch zeitlebens für die Kunst geopfert und aus vollen Zügen gelebt. Aber in dem Moment, wo man kleine Kinder hat, da wird man ein bißchen vorsichtiger. Dennoch, ich glaube, wir sind da alle total. Wir geben uns doch ganz der Kunst hin, in jeder Beziehung. Man bringt fast jedes Opfer.

Josef: Hat das was mit dem Mythos des Künstlerdaseins zu tun?

Holger: Ich möchte das unbedingt ab-

where do you draw the line? Name me one artist of whom you can say that art and life are two different things for him. Artists like Thomas Mann or Stravinsky have worked in a very disciplined way, but have strictly separated work and family. Is that a division between art and life, or perhaps only a certain way in which to regulate life with art? And another, who's a complete drunkard wobbling on the edge, has he then combined art and life more successfully?

Josef: There's also the difficulty of the question of bringing together bohemian and bourgeois.

Michael: This difficulty is completely normal. I believe that it affects everyone. For instance, it's very difficult to be an artist and the father of a family, because the two roles conflict with each other.

Irmin: During the Can era, that is, for almost ten years, I practically never saw my daughter.

Josef: How do you then manage to deal with that?

Irmin: Somehow you have to manage.

Josef: So the decision is in favor of art.

Irmin: Yes. It's my life. My life goes this way. It goes back and forth, and that's my life. However, I would never maintain that I've sacrificed my life for art - I think that's an idiotic expression, anyway. Instead, my life is primarily about making music. There are other things, but they follow in order after this main occupation. The people I coexist with have to accept this order, and

en a pas un seul de Can qui soit un ..
religieux ou un ... musicien. Cette
histoire de l'art et de la vie, c'est une
discussion compliquée. Je me demande
tout simplement qui trace les limites.
Cite-moi un seul artiste qui sépare
strictement l'art et la vie. Il y des artistes
comme Thomas Mann et Stravinski qui
ont eu beaucoup de discipline dans leur
travail et qui ont réglé leur journée, une
part pour le travail, une part pour la
famille. Est-ce que c'est une division
entre vie et art ou bien plutôt une façon
de faire se rejoindre les deux ?

Josef: C'est aussi la question de la
difficulté à unir la bohème et la
bourgeoisie.

Michael: Cette difficulté est tout à fait
normale. Je crois qu'il en est de même
pour tout le monde, par exemple être
artiste et père de famille, c'est dur parce
que ces deux rôles se contrecarrent.

Irmin: Pendant tout le temps de Can, je
n'ai pratiquement jamais vu ma fille,
c'est à dire jusqu'à son âge de 7 ans.

Josef: Et comment on prend ça ?

Irmin: On doit le prendre comme c'est.

Josef: C'est donc une décision en faveur
de l'art ?

Irmin: C'est ma vie. Ma vie c'est ça. Il y
a des contradictions et c'est ma vie. Je
ne dirais pas que j'ai sacrifié ma vie à
l'art, ce que je trouve idiot, comme
formule. Je dirais que dans ma vie, c'est

The Law of Cell Division

432

grenzen. Nicht einer von Can ist ein religiöser Eiferer und auch kein musikalischer Eiferer. Diese Sache mit Kunst und Leben ist eine ganz komplizierte Diskussion. Ich frage mich ganz naiv: Wo zieht jemand die Grenze? Nenne mir einen Künstler, bei dem du eindeutig sagen kannst, daß bei ihm Kunst und Leben zweierlei sind. Zwei Künstler wie Thomas Mann oder Strawinsky haben mit ungeheurer Disziplin gearbeitet und dabei ihren Tag stark im Sinne von Arbeit und Familie geregelt. Ist das eine Trennung von Kunst und Leben oder vielleicht nur eine bestimmte Form, sein Leben mit der Kunst übereinzubringen? Und ein anderer, der den ganzen Tag besoffen ist und sich an der sogenannten Grenze bewegt, hat der denn etwa Kunst und Leben stärker miteinander vereint?

Josef: Das ist auch die Frage nach der Schwierigkeit, Bohemien und Bürgerlichkeit zusammen zu bringen.

Michael: Diese Schwierigkeit ist ganz normal. Ich glaube, daß geht jedem so. Zum Beispiel Künstler und Familienvater zu sein, ist sehr schwer, weil die Rollen sich doch gegenseitig ganz schön reiben.

Irmin: Ich habe meine Tochter während der Can-Zeit, d.h. bis sie zehn Jahre alt war, fast nie gesehen.

Josef: Wie kommt man persönlich damit klar?

Irmin: Irgendwie muß man damit klarkommen.

I believe that each of us lives without having the feeling that they've sacrificed themselves for art. It's still much more fun for all of us to make music than to do anything else.

Josef: Is there something else that is more fun for you, for instance, playing or at least watching soccer?

Irmin: Now and then I enjoy watching soccer.

Josef: Are you still interested in 1st FC Cologne? (German soccer team)

Holger: No, unfortunately, they're playing very badly and my interest in them has really diminished.

Jaki: Sometimes soccer is like making music; namely, when the game goes spontaneously and nothing is planned. In soccer, the word spontenaeity is written with capital letters.

Irmin: Cooperation is very important in both soccer and music. That doesn't mean that the individual should have fewer ideas. On the contrary, cooperative composition and cooperative play demand a great deal of the individual.

Josef: On the other hand, the loss of great personalities in soccer, such as Wolfgang Overrath from Cologne, is lamentable.

Irmin: Oh, there's always someone like Klinsmann...

Josef: Have you heard of another personality from Cologne: Peter Müller?

Irmin: I've even trained with his brother, when I was fourteen. But then my mother forbade me to train, because

MELODY MAKER, October 23 1993 47

EUROPEAN SONS
THE STORY OF CAN

FEW groups have exerted as much influence on the music of the last 15 to 20 years as Can, the Krautrock kings of the Seventies. Happy Mondays, The Jesus And Mary Chain and Thin White Rope have covered their songs, while The Fall's "I Am Damo Suzuki" was recorded as a tribute to their Japanese singer. Pete Shelley of The Buzzcocks wrote the sleeve notes to a 1978 Can compilation, and, when John Lydon of PiL hosted a show on Capital Radio in the early Eighties, half of the tracks he played were by Can.

Others who owe something to Can's ingenious fusion of rock, jazz, ethnic and electronic music stylees include New Order, Primal Scream, Cabaret Voltaire, Talking Heads, Loop, Spaceman 3, Pavement and Trumans Water. Many of the current leftfield ambient/techno bods, too. The list goes on and on. It's little wonder that their name regularly appears in Rebellious Jukebox.

CAN were formed in Cologne in 1968, by which time most of the original members had already turned 30.

Keyboard player Irmin Schmidt had previously worked as a classical music conductor, including a stint with the Vienna Symphony Orchestra. Bassist Holger Czukay, who grew up in German-occupied Poland, also came from a classical background. The pair first met as students of the experimental composer, Karlheinz Stockhausen, in the mid-Sixties.

Schmidt and Czukay's musical partners were guitarist Michael Karoli, a former member of countless unknown rock outfits, and drummer Jaki Liebezeit, who had started out playing Latin and free jazz music in Spain. Liebezeit's

Irmin Schmidt

MELODY MAKER, October 23 1993

la musique qui prime. Il y a d'autres choses mais je les range au deuxième plan. Les gens qui sont avec moi doivent l'accepter et je crois que tous, nous vivons sans avoir le sentiment de nous sacrifier à l'art. Ça nous fait un tel plaisir de faire de la musique, plus que n'importe quoi.

Josef: Est-ce qu'il y a encore d'autres choses qui vous fassent plaisir, comme par exemple jouer ou regarder le foot?

Irmin: J'aime bien regarder un match de temps en temps.

Josef: Vous avez encore des relations au 1. FC Köln?

Holger: Non, les joueurs de Cologne sont devenus mauvais et mon intérêt pour le FC Köln s'est éteint.

Jaki: Parfois, le foot ressemble à faire de la musique, par exemple quand le jeu prend sa propre dynamique, alorsque ce n'était pas prévu. La spontanéité, c'est important dans le foot.

Irmin: Faire quelque chose ensemble,

Josef: Also ist es doch eine Entscheidung für die Kunst?

Irmin: Ja. Es ist mein Leben. Mein Leben verläuft eben so. Das geht hin und her und das ist mein Leben. Ich würde aber nicht behaupten, daß ich mein Leben der Kunst geopfert habe, was ich sowieso für eine völlig idiotische Formulierung halte, sondern mein Leben ist es, vorrangig Musik zu machen. Es gibt andere Sachen, die ordne ich dieser Haupttätigkeit in meinem Leben einfach unter. Meine Mitmenschen müssen dem dann folgen, und ich glaube, so lebt jeder von uns ohne das Gefühl zu haben, sich für die Kunst aufzuopfern. Es macht uns verdammt noch mal auch mehr Spaß, Musik zu machen, als irgend etwas anderes.

Josef: Gibt es noch etwas anderes, was euch richtig Spaß macht, z.B. Fußball spielen oder zumindest anschauen?

Irmin: Ab und zu sehe ich ganz gerne Fußball.

Josef: Habt ihr da auch noch eine Beziehung zum 1. FC Köln?

Holger: Nee, leider sind die Kölner ganz schlecht, und mein Interesse für den 1. FC ist ziemlich erloschen.

Jaki: Manchmal ist Fußball wie Musikmachen, nämlich dann, wenn das Spielen spontan abläuft und nichts vorher geplant ist. Spontaneität ist beim Fußball groß geschrieben.

Irmin: Gemeinsam etwas machen ist in der Musik und im Fußball unheimlich wichtig. Das heißt nicht, daß deswegen

dem Einzelnen weniger einfallen soll. Im Gegenteil, gemeinsames Komponieren und gemeinsames Spiel fordert von dem Einzelnen viel.

Josef: Auf der anderen Seite wird ja gerade beim Fußball das Fehlen von Persönlichkeiten, wie etwa früher der Kölner Wolfgang Overath, bemängelt.

Irmin: Och, es gibt da immer noch so einen wie Klinsmann........

Josef: Kennt ihr eigentlich noch eine andere Kölner Persönlichkeit: Peter Müller?

Irmin: Ich hab sogar einmal mit seinem Bruder trainiert, da war ich 14. Aber dann hat mir meine Mutter das Training verboten, weil ich dann hinterher immer so komisch aussah.

Josef: Das ist eigentlich ein gutes Schlußwort.

Holger: Nee, ein gutes Schlußwort stammt von Müller selbst. Wir haben ihn nämlich gefragt, wie er andere Leute k.o. schlägt. Da hat er nur gesagt: „Links zweimal täuschen, dann rechts zweimal auf die Lippe haun!"

afterwards I always looked so odd.

Josef: That's actually a good closing word.

Holger: No, a good closing word comes from Müller himself. We asked him how he k.o.s someone. He simply replied: „Fake twice with the left, then land twice on the lip with the right!"

c'est extrêmement important dans le foot et dans la musique. Ça ne veut pas dire que l'individu isolément doive avoir moins d'idées, au contraire, jouer ou composer ensemble, ça demande beaucoup à chacun en particulier.

Josef: D'un autre côté, on déplore justement dans le foot qu'il n'y ait plus de personnalités comme il y avait avant Wolfgang Overrath de Cologne.

Irmin: Oh, il y a encore un type comme Klinsmann....

Josef: Vous connaissez encore une personnalité de Cologne, Peter Müller ?

Irmin: J'ai même fait de l'entraînement avec son frère, j'avais 14 ans, mais après, ma mère m'a interdit l'entraînement parce que je revenais un peu bizarre.

Josef: C'est une belle phrase de conclusion.

Holger: Non, le mot de la fin, c'est Müller lui-même qui l'a dit: On lui a demandé comment il mettait les gens KO. Il a simplement dit: „Tu fais semblant de cogner deux fois à gauche et tu cognes deux fois à droite, dans la lèvre."

Analytische Betrachtung zu »Peking O«

Text in German only

Von Christian Börsing

Es scheint zunächst ein etwas fragwürdiges Unterfangen, einen Titel der Gruppe Can mit herkömmlichen Mitteln und Methoden einer musikwissenschaftlichen Analyse zu unterziehen. Weder haben wir es hier mit einer (zu analysierenden) kompositorischen Komplexität zu tun, die wir im zeitlichen Vergleich in den um 1970 entstandenen Werken der sogenannten Kunstmusik antreffen, noch läßt sich die Musik von Can durch formale Abläufe und Strukturen erschließen, welche beispielsweise bei einer analytischen Betrachtung von Werken der Wiener Klassik zu bestimmen wären und die in besonderer Weise eine Beziehung zum kompositorischen Material bilden. Die Analyse eines Can-Stückes muß sich also verstärkt mit anderen Phänomenen beschäftigen, als nur mit der Bestimmung von musikalischen Parametern und deren Ein- und Unterordnung in ein strukturelles Gefüge. Jedem wird klar

sein, daß man sich in dieser Weise wohl kaum der Bannkraft nähern kann, die von der Musik dieser Band ausgehen. Schon allein aus diesem Grund erhebt diese Analysearbeit gar nicht den Anspruch auf echte Wissenschaftlichkeit. Ich habe mich zwar um eine wissenschaftliche Erarbeitung des Analyse-Materials bemüht und um eine möglichst neutrale und objektive Beschreibung der musikalischen Vorgänge, aber auf der anderen Seite habe ich mich manchmal ganz bewußt für eine Wortwahl entschieden, die emotionale und bildhafte Assoziationen beim Leser freisetzen sollen — eben um sich der Ebene zu nähern, die mit einem wissenschaftlichen Analyseverständnis allein einfach nicht zu erreichen ist.

Gibt es die typische Can-Musik? Dies war eine weitere Problemfrage bei meiner analytischen Betrachtung der Grup-

pe. Ich behaupte zwar, daß ein typischer Can-Stil nicht vorherrscht, wohl aber lassen sich gruppenspezifische Elemente in den Can-Werken finden, die das Unverwechselbare — in diesem Sinne „typische" — dieser Band ausmachen.

Can gehört zu den musikalisch farbigsten Gruppen der Rockmusik der 70er bzw. ausgehenden 60er Jahre. Nur wenige Bands können in Bezug auf musikalische Vielschichtigkeit hier mithalten. Auch in Deutschland nimmt Can durch diese außergewöhnliche musikalische Sprachvielfalt eine Sonderstellung am deutschen Krautrock-Himmel ein: Gruppen, wie z.b. Kraftwerk oder Tangerine Dream, die sich ab Mitte der 70 Jahre etablierten — und dies auch beim ausländischen Publikum — überschritten kaum die Grenzen ihres einmal selbst abgesteckten musikalischen Territoriums. Bei Can wird dagegen jedes Album zu einem neuen musikalischen Abenteuer, in das man sich hörend stürzt, und aus dem man nach vierzig Minuten entweder bewundernd oder verwundert (oder beides) wieder in die Welt seines Wohnzimmers zurückkehrt. Schon der Einstieg mit dem Album "Monster Movie" im Jahr 1968 ist bemerkenswert. Ich, der die Can-Zeit nicht erleben konnte, bzw. zu jung war, um bewußt daran teilhaben zu können, kann diese Musik natürlich nicht mehr mit den Ohren eines „68er-Studenten" hören. Vielmehr stellen sich bei meiner Reflexion dieser Musik zeitweise Assoziationen zu heute

vorhandenen Rockstilen ein, die erst Jahre später aufblühten. So ist "Monster Movie" vom musikalischen Gestus her nicht weit entfernt von der Musik der englischen Punk- und New Wave Bewegung um 1978 (z.B. frühe Joy Division) — also exakt zehn Jahre nach der Ersterscheinung von "Monster Movie". Bemerkenswert ist auch, daß sich auf ein und derselben Platte die unterschiedlichsten Stile zusammenfinden können; so beispielsweise auf der 75er LP "Landed". Der Opener ist ein handfestes Rockstück: "Full Moon On The Highway" — ein Song, den der zu diesem Zeitpunkt bereits ausgestiegene Damo Suzuki zu Beginn der 70er Jahre geschrieben hatte. Hört man sich dagegen den letzten Track des Albums an, die Klangcollage "Unfinished", so fällt einem die Vorstellung nicht schwer, plötzlich habe sich hier eine Band von einem ganz anderen Stern auf den Tonträger geschlichen. Dennoch — und das ist auch bei "Landed" der Fall — wird der spezifische und natürlich motivierte Can-Charakter auf jedem Album bewahrt. Dieser läßt sich eben nicht über die Definition einer musikalischen Richtung oder eines Genres beschreiben. Der tatsächliche Can-Stil ist eher eine bestimmte Art und Weise des Zusammenmusizierens und die Haltung dazu, wobei jedes Can-Mitglied auf eine unverwechselbare Weise sein Instrument spielt. So treten immer wieder fast floskelhafte musikalische Spielpraktiken — bezogen auf Artikula-

tion, Klangfarbe, Rhythmus oder auch Intervallabstände — in der Musik von Can auf. Das beste Beispiel hierfür ist vielleicht ein bestimmter Moment in Holgers Baßspiel, wenn er in hohen Lagen auf perkussive Weise Tonrepetitionen in Oktav- und Quintabständen spielt. Ein weiterer wesentlicher Bestandteil dieses Can-Stils ist natürlich das improvisatorische Element, welches nicht nur den Konzertverlauf bestimmte, sondern auch gerade die Arbeit im Studio mit einbezog, so daß die Aufnahmen, die sich letztlich auf den Schallplatten befinden, von einer durch die Improvisation entstandenen Atmosphäre beeinflußt sind. Dies betrifft besonders die Can-Phase bis ungefähr 1973. Zudem hatte jeder Musiker einen anderen musikalischen Background, was bereits beinhaltet, daß für ein fruchtbringendes Musikmachen eine offene, spontane und experimentierfreudige Haltung unbedingt erforderlich sein mußte. Da waren zum einen Irmin Schmidt und Holger Czukay mit ihrer akademischen Musikausbildung, dann Michael Karoli, eher ein Beat-Gitarrist und ehemals Schüler von Holger, dazu Jaki Liebezeit, der vor Can in diversen Free-Jazz-Formationen spielte, so z.B. mit Manfred Schoof. Malcolm Mooney und Damo Suzuki, die beiden Sänger der Gruppe, brachten schon aufgrund ihrer außereuropäischen Herkunft ein hohes Maß an Sensibilität gegenüber anderen Musikkulturen in die Gruppe ein. Zeug-

nis dafür sind die Aufnahmen der sogenannten "Ethnological Forgery Series" (kurz: E.F.S), in denen Can die verschiedensten Arten ethnologischer Musik für sich adaptiert und interpretiert hat.

Eine Analyse kann also aus den genannten Gründen der musikalischen und stilistischen Vielfalt nie exemplarisch für den gesamten Schaffenszeitraum der Gruppe stehen. Sie kann jedoch helfen, bestimmte musikalische Arbeits- und Entwicklungsprozesse zu beschreiben, denn neben der Bestimmung der musikalischen Mittel soll das Hauptziel dieser Analyse sein, die Arbeitsweise der Gruppe so weit wie möglich nachvollziehen zu können. Deshalb ist es wichtig , das gesamte Setting einer Aufnahme in die analytischen Betrachtungen mit einzubeziehen. Unter Setting verstehe ich die näheren Umstände, unter denen die jeweilige Aufnahme entstanden ist; dazu gehören beispielsweise Fragen nach der Atmosphäre im Studio, der mentalen Situation der Musiker, sowie Fragen nach dem Vorhandensein und dem Gebrauch von Studioequipment. Im Fall von „Peking O" habe ich versucht, durch Interviews mit Holger und Damo einen Einblick in dieses Setting zu bekommen.

Gerade bei den ersten Alben bis vielleicht "Future Days" darf der Hörer beim Rezipieren dieser Musik nicht vergessen, daß er letztlich eine Situation reflektiert, die sich aus verschiedenen

musikalischen Momenten und kommu-
nikativen Ebenen zusammensetzt. Besonders das filigrane Element in der
Musik von Can wäre ohne diese Offenheit für spontane Kommunikation der
Musiker undenkbar. Dies betreffend war
der Unterschied zwischen einem Live-
Auftritt und der Aufnahme-Situation im
Studio bei Can gar nicht so gewaltig,
wie man vielleicht annehmen könnte.
Bei Konzerten gab es natürlich den un-
terschwelligen Druck, zwei Stunden lang
(oft länger) unentwegt musikalisch konzentriert und kreativ zu sein. Dies ge-
lang den Musikern um so besser, je weniger sie sich anstrengten und je mehr
sie sich wie Medien einfach leiten ließen. Im Studio gab es diesen Druck
nicht. Stressige Situationen der Art „Ach-
tung, jetzt Aufnahme!" wurden bewußt
vermieden. Aus diesem Grund entstanden für jedes Album fast unzählige
Bandmitschnitte, aus denen dann vierzig Minuten für die LP-Veröffentlichung
selektiert werden mußten. Der Hörer
eines Can-Albums sollte also bedenken,
daß er sich gewissermaßen immer an der
Oberfläche dessen bewegt, was quantita-
tiv an Material tatsächlich vorhanden
ist. Die Seiten drei und vier von "Tago
Mago", auf denen auch „Peking O" zu
hören ist, sind daher ein wertvolles Dokument, denn hier haben wir es mit
Aufnahmen zu tun, die quasi „zwischen"
den Aufnahmen entstanden sind, also
z.B. in den Umbaupausen — und gerade
hier erfährt der Hörer etwas von dem

Zauber der experimentellen Unbeschwertheit in den Anfängen der Gruppe. Es war im November 1970, als die fünf "Cannites" (wie Brian Eno zu sagen pflegt) auf Schloß Nörvenich zusammentrafen, um in ihrem eigenen Studio, das sie INNERSPACE-STUDIO getauft hatten, die Aufnahme-Sessions für ein neues Album zu beginnen. Diesem Doppel-Album wurde später der geheimnisvolle Name "Tago Mago" zugedacht. Unter jenen magischen Lettern verbirgt sich allerdings etwas ganz anderes, als das Lautmalerische dieses Namens einen vermuten läßt. Bei den Überlegungen zur Namensgebung der LP hatte Jaki den entscheidenden Vorschlag gemacht: Hierbei sollte der Name einer kleinen Insel, welche ungefähr 2 km nordöstlich von Ibiza liegt, Pate für den Titel des Albums stehen. Dieses Privat-Eiland trägt den schönen Namen "Isla de Tagomago" — und so wurde schließlich "Tago Mago" (getrennt und mit großem „M") davon abgeleitet.

Die Veröffentlichung der Platte wurde nach dem Erscheinen von "Monster Movie" und "Soundtracks" die dritte LP-Veröffentlichung der Band, im engeren Sinne jedoch erst ihr zweites Album; denn die im September 1970 erschienene Platte "Soundtracks" war ein mehr oder weniger „dazwischengeschobener" Sampler von Stücken, die die beginnende Karriere von Can als Filmmusik-Komponisten bzw. -Interpreten dokumentierte. Diesbezüglich befindet sich

auf dem "Soundtracks"-Album auch folgender Zusatz: "CAN Soundtracks is the second album of CAN but not album number 2." Damo Suzuki gab mit dem Titel "Don't Turn The Lights On, Leave Me Alone" auf dieser LP sein beachtliches Debut als neuer Sänger der Gruppe, nachdem Malcolm Mooney aufgrund seiner angeschlagenen Psyche die Band im Dezember 1969 verlassen hatte und in die USA zurückgekehrt war. "Tago Mago" wurde nicht von vornherein als Doppel-LP geplant. Die Titel, die konkret für eine Veröffentlichung konzipiert und aufgenommen wurden, befinden sich allesamt auf der ersten Platte. Die Titel „Aumgn" und „Peking O" auf der zweiten Platte haben, wie schon in der Einleitung angedeutet, einen anderen Entstehungshintergrund. Um diesen Hintergrund verstehen zu können, muß sich der Can-Hörer zunächst die besondere Stellung von Holger Czukay innerhalb der Gruppe vor Augen führen. Holgers „Aufgabenbereich" war von den Anfängen der Band an zweigeteilt: Zum einen war er Cans Baßgitarrist (bis November 1976, dann wurde er von Rosko Gee, Ex-Traffic, abgelöst, um bis zu seinem Ausstieg aus der Gruppe im Mai 1977 seine selbst entwickelten elektrischen Klangerzeuger zu bedienen.)[1], zum anderen war Holger aber auch Cans Tontechniker. Da es in der Anfangszeit der Band noch keine Roadies oder Studiogehilfen gab, die sich um das Verkabeln und das Auf- und Abbauen

des technischen Equipments kümmern konnten, wurde auch Holger mit dieser Aufgabe betraut. Dazu Damo Suzuki: „Holger war immer fleißig — er ist ehrlich ein wunderbarer Mensch! Er hat sich um die Technik selber gekümmert. Bei Konzerten war es das Gleiche: Er war derjenige, der für die anderen die Kabel hingelegt hat, weißt du, er hat das alles selber gemacht!" Dies hatte nun die leidliche Folge, daß nach der Fertigstellung einer Aufnahme bis hin zum Set-Up für einen neuen Track lange Umbaupausen entstanden, in denen Holger im Studio umherrannte und die notwendige technische Disposition für die neue Aufnahme einrichtete. Im Falle von "Tago Mago" langweilten sich die übrigen Bandmitglieder in diesen Pausen und begannen zum Zeitvertreib auf ihren Instrumenten zu spielen und dabei spontan aufeinander zu reagieren. Ob nun Zufall oder Holgers Geistesgegenwart musikalischer Aufmerksamkeit — die Bandmaschine lief mit und zeichnete die Improvisationen auf. Auch Holger gesellte sich mit seinem Baß dazu, sofern es seine Beschäftigung mit der Technik erlaubte.

Irmin war es, der nach Beendigung der Aufnahmesessions auf die zündende Idee kam, die Bänder mit dem kuriosen Material zu eigenständigen Stücken zu montieren. Seine Frau Hildegard, die zu dieser Zeit gerade begann, das Management der Gruppe zu übernehmen

(nachdem es Unzufriedenheiten mit Manager Abi Ofarim[2] gab), hörte sich später das Resultat an, das nun die Namen „Aumgn" und „Peking O" trug. Sie bekräftigte die Musiker sofort darin, beide Titel in ihrer engen Verwandschaft auf einer zweiten Platte in das neue Album aufzunehmen.

Der Name „Peking O" war inspiriert durch Damos „abgedrehten" Gesang, wobei hier das „O" für Opium stand (Damo mochte den Geschmack von Opium jedoch nicht). Das Cover von "Tago Mago" gab zudem die psychedelische Grundstimmmung der Seiten drei und vier sehr gut wieder. Zu sehen ist ein abstrahiertes Kopfprofil in orange-roten Farben, in dessen Innerem die Gehirnmasse farblich hervorgehoben ist. Vor dem geöffneten Mund befindet sich ein Wölkchen, welches das gleiche farblichen Muster wie das des Gehirns aufweist. Unklar bleibt, ob nun aus dem Mund die Gehirnmasse — die sicherlich als Symbol für innere Erfahrungen und Erlebnisse zu betrachten ist — ausströmt, oder ob diese gerade von diesem Menschen eingesogen wird. Beides ist denkbar und setzt der Phantasie keine Grenze. Natürlich liegt es auch nicht in allzu weiter Ferne, dieses Etwas vor dem Mund als Haschisch-Rauchwölkchen zu interpretieren. Can selber hatte aber eine ganz andere, sehr persönliche Deutung des Bildes. Dazu Holger Czukay: „...Und man hört auch nicht, was man sieht: einen „Kotzkopf" nämlich. So haben wir

es genannt. Eine Anekdote gäb's da auch noch: Als wir im Februar 1972 zum erstenmal in London bei United Artists auftauchten, zwecks Veröffentlichung von "Tago Mago" und unserer ersten Tournee, wollte man ursprünglich unser deutsches Cover und auch die entsprechenden Plakate übernehmen. Als wir gerade um die Ecke bogen, mußten wir an einer Mülltonne vorbei, und was meinst du wohl, was da so überquellend herauslugte? — Das englische Cover sah dann erfreulicher Weise auch etwas anders aus und kotzte den Käufer nicht so an." United Artists entschied sich schließlich für ein Live-Bild, das auf dem "Free Concert" am 3. Februar 1972 in Köln gemacht wurde und Can auf der Bühne aus der Rückenperspektive zeigt.

„Peking O" ist eines der musikalisch vielseitigsten und innovativsten Stücke, die Can in ihrem Schaffenszeitraum von 1968 - 1979 produzierten. Das Werk bricht mit sämtlichen stilistischen Merkmalen der Rockmusik, und sogar Stücke aus dem Genre der damals aufkommenden sogenannten Progressiven Rockmusik klingen dagegen vergleichsweise „harmlos". Das Instrumentarium, das bei der Aufnahme verwendet wird, ist zunächst ganz traditionell, wie es seit Beginn der Rockmusik Mitte der 50er Jahre benutzt wird (Keyboards, insbesondere Elektronik-Orgeln wurden dann ab ca. 1965 zunehmend verwendet). Erweitert wird es jedoch durch eine

Rhythmusmaschine, die bis dahin eher im Bereich der Schlager-Tanzmusik (z.B als Modul von elektronischen Orgeln für Alleinunterhalter) Verwendung fand, bevor dieses Instrument ab ca. 1974 zum beständigen Erkennungssound der Düsseldorfer Gruppe Kraftwerk beitrug. Außerdem kommt eine Mandoline zum Einsatz, die Damo spielt, und zusätzlich noch diverse Percussion-Instrumente. Dazu gehört eine Holzraspel, die in lateinamerikanischen Tänzen oft zu hören ist, und das Flexaton[3], ein Instrument mit einer elastischen Metallzunge, das im Jazz der 20er Jahre zum Einsatz kam und auch einen Platz in der damaligen Kunstmusik (z. B. bei Schönberg[4]) fand.

Hier nun die „Besetzung" von „Peking O" in der Übersicht:

• Schlagzeug (+Percussion)
• E-Baß
• E-Gitarre
• Mandoline
• Keyboard
• Gesang
• Rhythmusmaschine der Firma Farfisa Typ Rhythm 10

Der über weite Strecken äußerst komplexe Sound, der mit den angegebenen Instrumenten bei „Peking O" erreicht wurde, ist mit einer sehr einfachen, aber genialen Aufnahmetechnik verbunden. Die Antwort auf die Frage nach dem vorhandenen Studioequipment bei den Aufnahmen zu „Peking O" bzw. der frühen Can überhaupt muß den ahnungslosen Hörer in wahres Erstaunen versetzen. Die Aufnahme-Sessions für "Tago Mago" fallen in die Zeit, als der Gruppe noch keine Multitrack-Bandmaschine zur Verfügung stand. Eine Bandmaschine mit sechszehn Spuren wurde erst zu den Aufnahmen der LP "Landed" im Jahr 1975 angeschafft, vor dieser Zeit begnügte man sich mit zwei Stereo-Bandmaschinen der Firma Revox. Für "Tago Mago" kam außerdem ein selbstgebautes 8-Kanal-Mischpult zum Einsatz, das die Gruppe seit Ende 1969 besaß, und außerdem fünf Mikrofone der Firma Sennheiser. Hall wurde erzeugt, indem man die weite Raumakustik des Treppenhauses im Nörvenicher Schloß ausnutzte. Dazu plazierte man dort eine Lautsprecherbox, dessen akustisches Signal mit seiner langen Reflexionszeit mit einem Mikrofon wieder aufgenommen wurde. Dies war eine Praxis, die noch aus der frühen Rundfunktechnik stammte und ihre Verwendung beispielsweise bei Hörspielproduktionen fand. So kann von einem professionellen Studioequipment nicht die Rede sein. Aber die Professionalität eines Studios zeigt sich bekanntlich nicht nur in der Professionalität der Ausrüstung, sondern vor allen Dingen in der Professionalität der Leute, die darin arbeiten. Und diese Professionalität besaßen Can, auch wenn sie es im nachhinein gerne (besonders in musikalischer Hinsicht) leugnen.[5]

Die fünf Mikrofone wurden folgendermaßen im Raum verteilt: drei davon waren für das Abnehmen des Schlagzeuges vorbehalten — eines für die Bassdrum, ein zweites für die Snare und ein drittes als Overhead-Mikrofon für die Becken und Toms. Das letztgenannte Mikrofon wurde so geschickt plaziert, daß es zusätzlich als Raummikrofon fungierte und für eine gute Aufnahme unentbehrlich war; so machte man sich hier das Fehlen einer Schlagzeugkabine

ganz simpel zu nutze. Mit dem vierten Mikrofon wurde in bereits beschriebener Weise der Treppenhaus-Hall abgenommen. Ein Mikrofon blieb noch übrig, welches natürlich als Gesangsmikro für Damo bereitgestellt werden mußte.

Die folgende schematische Grafik gibt eine Übersicht des Studio-Environment bei den Aufnahmen zu „Tago Mago" bzw. „Peking O".

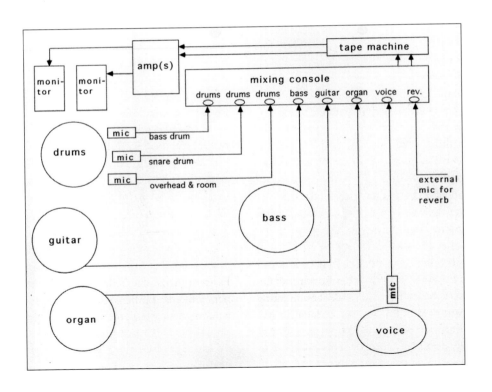

Schon beim erstmaligen Hören von „Pe-king O" fällt deutlich auf, daß dem Stück kein einheitliches Metrum über-geordnet ist. Der sehr improvisatorische und freie (befreite) Ereignisfluß, welcher — ganz im Sinne des „Can-Geistes" über Kommunikation, Improvisation und Reaktion betrieben wird, läßt sich hier nicht von der Determiniertheit einer allgemeingültigen metrischen Struktur einengen. Eine weitere, viel praktischere Erklärung hierfür, liegt in der später auf das Stück angewandten Montagetechnik, die es zuläßt, zeitlich bzw. musikalisch sehr weit auseinanderliegende Teile der Improvisation beliebig nahe und über-gangslos zusammenzusetzen. Über das Fehlen eines einheitlichen Metrums kann letzlich auch nicht der Einsatz der Rhythmusmaschine hinwegtäuschen, die natürlich in sich durch das Wiederho-len von Rhythmuspattern zeitweise eine metrische Gliederung vorgibt, welche jedoch durch die bezugslosen Wechsel der Tempoeinstellungen an Bedeutung verliert. Auch der metrische Ereignisfluß in einigen anderen Sequenzen des Stük-kes besitzt keinen regulativen Bezugs-punkt und schließt so die Bestimmung einer übergeordneten metrischen Gestalt des Stückes aus. Anstelle von Taktzahlen und -einheiten, wie in der Rockmusik üb-lich, bleibt für die Größenbestim-mung von Formteilen nur das Zeitmaß in Mi-nuten und Sekunden, wie es auch oftmals in der modernen, besonders in der elek-tronischen Kunstmusik anzutreffen ist.

„Peking O"s Gesamtlänge von 11 min 33 sec wird durch sieben verschiedene Teile gestaltet, die hier in der folgenden Übersicht mit den entsprechenden Zeit-längen und der dazugehörigen verstri-chenen Gesamtzeit (= Einsatzzeitpunkt) dargestellt werden soll.[6] Die ca.-Angaben entstehen durch die Überblendungs-zeiten der benachbarten Teile.

Teil	Einsatzzeitpunkt	Dauer
a	0' 00"	2' 40"
b	ca. 2' 40"	1' 42"
c	4' 22"	1' 55"
d	5' 18"	2' 29"
e	7' 47"	0' 45"
f	8' 32"	0' 41"
g	ca. 9' 13"	2' 20"

Gesamt: 11' 33"

Es ist sinnvoll, die Teile b und c zu ei-nem größeren Einheitsblock zusammen-zufassen. Teil f hat eine starke Bindung sowohl zu Teil e als auch zu Teil g — daraus ergibt sich, daß Teil f in seiner Zuordnung zu einer höheren Ebene eine

Doppelrolle einnimmt (die Gründe und Kriterien für die Zusammenfassung der einzelnen Teile sollen an späterer Stelle erläutert werden). Die übrigen Teile verhalten sich als autonome Abschnitte . Jetzt zunächst eine Übersicht der Gliederungen, die diese Verhältnisse veranschaulichen soll:

Formteil/Dauer	Überordnung/Dauer
a / 2'40"	A / 2'40"
b / 1'42"	B / 2'37"
c / 1'55"	
d / 2'29"	C / 2'29"
e / 0'45"	D / 1'26"
f / 0'41"	E / 3'01"
g / 2'20"	

Im weiteren Verlauf sollen nun die einzelnen Abschnitte und ihre Zusammenhänge auf ihr musikalisches Material hin untersucht werden. Es ist keine Detailaufzählung der chronologischen Aufeinanderfolge der musikalischen Ereignisse und soll nicht als eine verschriftlichte Partitur verstanden werden! Der Beginn des ersten Abschnittes zielt zunächst ganz darauf hin, beim Hörer eine Grundatmosphäre zu erzeugen. Das Stück wird durch ein kurzes Orgel-Intro von Irmin eingeleitet, in dem er das tonale Zentrum b-moll exponiert. In der Akkord-Stimmführung ergeben sich durch die Tonfolgen „des", „c", „f", „es" und deren Beziehungen zum Grundton die charakteristischen Intervalle Sekunde, Quarte und Quinte, die zu der weiträumig-offenen Atmosphäre des Anfangs beitragen. Unterstützt wird dieser Eindruck noch durch das sehr obertonreiche Spektrum des Orgelklangs und vor allen Dingen durch den eingestellten „Sphärenklang" am Farfisa-Vorverstärker, der durch Phasenverschiebung und Filter erzeugt wurde und zu dem sich das Eigenrauschen des Verstärkers noch addierte.

Äußerst interessant wirkt die Tatsache, daß Michael während der ersten Sekunden — vorausgesetzt man hört sehr genau zu — anscheinend vollkommen zusammenhanglos einzelne Leersaiten auf seiner Gitarre spielt. Man könnte leicht annehmen, daß es sich hier um eine alte Tonspur auf einem nicht makellos gelöschten Magnetband handelt, die hier noch „durchschimmert". Diese Annahme muß sich aber als von Grund auf falsch erweisen, wenn man die Aufnahme aufmerksam weiterverfolgt. Dann erkennt man nämlich, daß diese sehr leisen Gitarrenklänge einen nahtlosen Übergang aufweisen zu den darauf folgenden, deutlich hörbaren Gitarrentönen „g", „b", „c", welche durch einen

Feedback-Effekt besonders auffallen. Die Wahrheit liegt darin, daß Michael zu Beginn des Orgel-Intros seine Gitarre lediglich stimmt, und daß dieser Vorgang über das Raum-Mikro aufgezeichnet wurde. Ein weiterer Beweis für die Spontaneität und Unbekümmertheit dieser Aufnahme. Die darauf erklingende chromatische Linie „b", „a", „as" in der Gitarre, erscheint durch den bereits erwähnten Feedback-Effekt als periodisch wiederkehrender Cluster, bevor das Schlagzeug — ebenfalls mit diesem Effekt versehen — kurz vor Damos Gesang einsetzt. Wie kam nun dieses Feedback-Delay zustande, wo doch derartige Effektgeräte und Effektschleifen am Mischpult gar nicht vorhanden waren? Wiederum eine ebenso einfache wie geniale und sicherlich nicht neue Technik aus Holgers Trickkiste, denn er tat hierfür nichts weiter, als den Wiedergabe-Kopf der Tonbandmaschine „anzuzapfen", indem er dessen zeitlich leicht verzögertes Signal[7] wieder in den Monitorweg einschleifte, so daß dieses wiedergegeben, aufgenommen, wiedergegeben, dann wieder aufgenommen wurde, usw. Dieser Effekt trägt wesentlich zum „wabrigen" Gesamtsound des ersten Teils bei. Schließlich beginnt Damo seinen beschwörenden monotonen Gesang: "Driving My Way To...Driving My Way Back To Yesterday...". Jaki koloriert über den flächigen Orgelakkorden den psychedelisch angehauchten Text durch dezente Beckencrescendi, während Mi-

chael auf der Gitarre durch das Spielen in pentatonischem Modus eindeutig gegenläufige Akzente setzt, die eigentlich gar nicht so recht zu der erzeugten Atmosphäre passen wollen. Nach weiteren Textdeklamationen Damos — "...Driving My Way Far To Yesterday...The Night Never Sleeps... Driving My Way Far To Yesterday..." — wird die Pentatonik dann doch aufgegriffen, und zwar von Irmin durch eine pentatonische Abwärtsbewegung in der zentralen Tonart b-moll (1'44"). Unmittelbar darauffolgend erweckt Jakis Snare- und Beckenbehandlung durch das Feedback und die gekonnte dynamische Steigerung durch Fade Ins der entsprechenden Regler am Mischpult den Eindruck einer rückwärtslaufenden Schlagzeugspur, wie sie in der psychedelischen Rockmusik nicht selten war (bekanntestes Beispiel: The Beatles' "Strawberry Fields Forever", 1967). Diese repetierenden Folgen von Snareschlägen münden dann in Damos periodisch wiederkehrenden und sich steigernden Aufschreien, wobei es letztlich dem Zuhörer überlassen bleibt, darüber zu urteilen, ob der Sänger hier unter den unerbittlichen Mühen seiner nächtlichen Traumreise leidet, oder ob es sich um die Lustschreie eines in Ekstase geratenen Nachtwanderers handelt. Ab ca. 2' 35" beginnt die Überblendung in den zweiten Teil des Stückes. Diese Überblendung ist insofern interessant, als ab 2'27" (nach Damos letztem Schrei) eine Verdichtung einzusetzen beginnt,

die bedingt ist durch den intensiven Feedback-Effekt und kleine dynamische Lautstärkendifferenzierun-gen. Aus dieser Verdichtung kristallisiert sich schließlich, in zweigestrichener Lage und mit breitem harmonischen Spektrum, der Ton „es" heraus, während Teil b nun mehr und mehr in den Vordergrund gelangt. Es wird dadurch beim Hörer ein Bild aufgebaut, das ich gerne als „Beam-Effekt" bezeichne[8] — ein musikalischer Szenenwechsel, der dem Hörer das Gefühl von Geschwindigkeit, schneller Fortbewegung und „Landung" vermittelt. In der Tat befinden wir uns nach der „Landung" auf ganz neuem musikalischen Territorium. Hatten wir es im ersten Teil mit einem tendenziell flächigen Ereignisfluß zu tun, besticht der Teil b durch eher punktuelle Akzentuierungen. Hier ist erstmals die bereits erwähnte Rhythmusmaschine zu hören, die von Jaki bedient wird, und die sich maßgeblich an der Charakterformung dieses Abschnittes beteiligt. Der monotone Latin-Rhythmus der Maschine wird durch Irmins Akzente auf der Orgel, die er mit einer Piano-Klangfarbe spielt, noch unterstützt. Diese Monotonie wird durch das bald darauf folgende Riff, das aus den Tönen „a", „a", „g", „f" besteht, beibehalten. Hier ist Damo zusätzlich zu seinem Gesang noch auf der Mandoline zu hören. Eine klangfarbliche Abstufung erlangt das Riff durch die Gitarre, die Michael hier über ein Chorus-Effektgerät spielt, welches für die

seltsame „Verstimmung" verantwortlich ist. Der klangliche Verschmelzungsgrad beider Instrumente ist sehr hoch, so daß der Eindruck eines einzigen verstimmten Instrumentes entsteht. Das Riff endet abrupt, kurz vor Damos trockener Feststellung: "Mama Gonna Eat". An dieser Stelle treten die gespielten Baß-Oktaven von Holger erstmals deutlich in Erscheinung. Es folgen Irmins berühmte „Karate-Schläge", in dem er mit Handkantenschlägen das Manual des Keyboards bearbeitet, die so den Effekt kurzer perkussiver Cluster erzeugen. Blecherne Akzente eines Toms und freitonale figurative Keyboardeinschübe gesellen sich hinzu, und auch das Riff taucht kurzzeitig wieder auf, bevor Damo forwährend wiederholen läßt: "Mama Gonna Eat...Mama Gonna Eat....Mama Gonna Mama Gonna Papa Gonna Eat". All dies sind Bewegungen innerhalb einer nach wie vor beibehaltenen Monotonie. Mehr oder weniger minimale Veränderungen innerhalb periodischer Abläufe gehören zu den musikalischen Geheimrezepten von Can und geben sich in den unterschiedlichsten Zusammenhängen immer wieder auf vielen Aufnahmen zu erkennen. Dafür lassen sich auch weitere Beispiele auf "Tago Mago" finden — der Titel "Oh Yeah" ist eines davon.
Teil C bricht an der Zeitmarke 2'23" als sogenannter „harter Schnitt"[9] unmittelbar herein. Wesentliche musikalische Merkmale des vorhergegangenen Ab-

schnittes werden hier übernommen und stellen eine sprunghafte Fortführung der in Teil b exponierten musikalischen Attribute dar. Dazu gehört die (wenn auch sehr schnelle) Patternabfolge der Rhythmusmaschine, die perkussiven Baß-Oktaven, die jetzt auf der 5. Stufe erklingen, sowie Damos periodischer, kaum tonvariierender Gesang. Bedingt durch den allgemeinen Anzug des Tempos und des dominantischen Verhältnisses der Baß-Oktaven von Teil b zu c, wird dem Hörer das Gefühl vermittelt, er steige lediglich eine Treppenstufe höher in einem beibehaltenen musikalischen Raum. Dies sind die Beweggründe für meine Zusammenfassung der beiden Abschnitte zu einem Teil, groß „B".

Das Fortlaufen der Rhythmusmaschine in ihrer extrem hohen Tempoeinstellung bewirkt hier, daß die Differenziertheit der rhythmischen Akzente kaum noch nachvollziehbar ist. Stattdessen wirkt die Summe der unterschiedlichen, perkussiven Klangfarben bei einer solch schnellen Patternfolge bereits wie ein selbstständiger Klang, der eine fortdauernde statische und hohe Klangfläche erzeugt. Ab hier beginnt die „Zweckentfremdung" der Rhythmusmaschine. Für eine beim Hörer nachvollziehbare rhythmische Struktur sind der Baß und die hier verwendete Holzraspel verantwortlich. Die Gitarre mit ihrem Chorus-Effekt und Damos leiser, zurückhaltender Sprechgesang bilden dadurch, daß sie relativ lange dauern, einen Gegenpol zu

den punktuellen Ereignissen von Baß und Raspel. Gegen Ende dieses Teils, ab 5"08', verläuft sich dieses Schema: Der Baß setzt plötzlich aus, die Raspel verläßt ihre wiederkehrende rhythmische Weise, und auf dem Keyboard setzen wieder freitonale Figuren ein. Der Eindruck ensteht, hier komme etwas zum Stolpern oder hier geriete etwas aus der Bahn. Das darauf folgende beklemmend wirkende Lachen Damos scheint das eines Geistesgestörten zu sein und kann die Annahme eigentlich nur bestätigen. Nur die Rhythmusmaschine „plätschert fröhlich" weiter vor sich hin. Insgesamt sind diese letzten Sekunden des dritten Teils bereits als Vorbereitung auf den folgenden großen Abschnitt zu sehen, in dem die angesprochene Wirkung noch verdichtet und übersteigert wird.

Der „hart geschnittene" Übergang zu Teil c an der Zeitmarke 5'18" wird von einem sirenenhaften Keyboardton (f') eingeleitet (der sich wenige Sekunden später als äußerst schnelle, tremolohafte Tonrepetition entpuppt), während Damo mit gellender Kopfstimme ein perfektes Kauderwelsch durch höchste Geschwindigkeit der Mundmuskelbewegungen in affektiert aufgebrachter Weise vorträgt. Dies ist eine enorme Leistung, erreicht doch die Abfolge der Lautartikulation bereits die Grenzen des — aus physischer Sicht — menschlich Machbaren. Letzlich ist es dadurch zu Beginn des Abschnittes fast unmöglich, Damos Vortrag vom gängigen „Mickey

Mouse-Effekt" zu unterscheiden, der entsteht, wenn man menschliche Sprache mit überhöhter Bandgeschwindigkeit abspielt. Die Rhythmusmaschine erfährt jetzt einen weiteren, noch größeren Schritt einer zweckentfremdeten Bedienung: Nicht nur, daß eine beibehaltene, extrem hohe Tempoeinstellung gewählt wird, nein, jetzt wird der ganze regelbare Tempobereich einem dynamischen Prozeß unterworfen, indem der Temporegler zum echten Spielinstrument wird, und die Tempoeinstellungen improvisatorisch in beiden Extremwerten und deren Zwischenraum ständig hin und her wechseln. Zwischen Damos „Gesang", der Rhythmusmaschine, der freitonalen Keyboard-Untermalung und der Raspel entsteht durch gegenseitige Reaktionen, ein sehr bildhafter Eindruck von einer affektreichen Kommunikation mit einschubhaften Kommentaren, deren Verlauf sich mal mehr, mal weniger beruhigt, um dann explosionsartig wieder fortzuschreiten. Dieser ganze Teil c ist demnach ein einziger Comic-Strip für's Ohr mit einem völlig überdrehten, auf die Spitze getriebenen musikalischen Gestus. Die Vorstellung einer Comic-Szene wird auch durch die Benutzung des gedämpften Flexatons (6'53") deutlich — ein Koloraturmittel, das in klassischen Comics und Slapstick-Komödien, besonders in Szenen mit kämpferischen Auseinandersetzungen, benutzt wird. Irmins plötzliches Aufgreifen einzelner Jazz-

akkorde oder kadenzierender Jazzharmonik in manchen Sequenzen des Keyboards (5'58" und noch deutlicher ab 6'26") erhöht durch diesen Stilbruch an einer Stelle, wo quasi kein Stil vorhanden ist — also einer Art doppelbödiger Ironie- die Skurrilität dieser Szene. Ab 6'43" beginnt Damo in gleichen Abständen einen schier endlos erscheinenden Litanei-Gesang zu rezitieren — der wahrscheinlich sogar den Papst neidvoll erblassen ließe — ehe er ab 7'30" ein von Irmin vorgegebenes Vier-Ton-Motiv aufnimmt, das die beiden loopartig und mit zunehmender Affektsteigerung fortführen. Die dazu gespielten hohen Baß-Tonrepetitionen Holgers weisen auf bemerkenswerte Art die gleiche Rhythmisierung auf, wie Damos Wortfluß des "Mama Gonna Eat" aus Teil b. Die Psychologie des Hörers ist es, die den Baß hier eher als tiefpaßgefiltertes "Mama Gonna Eat" erscheinen läßt.

In den letzten Sekunden von Teil d scheint durch den extremen Tempoabfall der Rhythmusmaschine eine musikalische Beruhigung einzusetzen, ehe Teil e an der Zeitmarke 7'47" „hart hereingeschnitten" wird. Ein dreigestrichenes c, zu dem sich später noch die untere Oktave addiert, wird in der Orgel, versehen mit einem Vibrato-Effekt, über die gesamte Zeit dieses kurzen Abschnittes ausgehalten. Die so erzeugte Fläche trägt die auftretenden geräuschhaften Ereignisse, deren Klangeigenschaften

alle zwischen den beiden assoziierten Polen „Knacken" und „Zischen" liegen. Verantwortlich für diese Geräusche sind z.b. Beckenschläge, die am Mischpult eingefadet wurden, und die so den künstlichen Eindruck eines elektronisch erzeugten Tongemisches erwecken; oder z.b. durch langsame Glissandobewegungen auf den stahlumwickelten Saiten der Gitarre mit einem metallenen Gegenstand, so daß die einzelnen Windungen als geräuschhafte Töne zum Klingen gebracht werden. Diese Klangkombinationen, die einer rein elektronisch erzeugten Musik, wie etwa der sogenannten Kölner Schule (mit den Komponisten Eimert, Koenig und Stockhausen)[10] sehr nahe kommen, lassen mit ihrem zurückgenommenen musikalischen Einsatz eine sehr spannungsgeladene Atmospäre entstehen. Die Can-Mitglieder selbst hatten die Vorstellung, als hätte sich hier etwas entzündet und würde anfangen zu brennen. Diese Atmosphäre mit ihrer Geräuschkulisse von loderndem Feuer wird im darauf folgenden Teil f (8'32") fortgesetzt, definiert sich jetzt jedoch in einem anderen Klangraum, da hier nun wieder ein großer Hallraum mit zusätzlichem Feedback-Effekt aufgebaut wird und damit eine eindeutige Analogie zum Klangbild des ersten Teils von „Peking O" besteht. Den Schnitt von Teil e nach f, also von einem trockenen Raum in einen sehr halligen, erlebt der Hörer als plötzlichen, fast physischen Raumsprung. Unter-

stützt wird dies durch einen Schlag auf das Große Tom, der mit einem kaum wahrnehmbaren Baßanschlag zusammenfällt, direkt zu Beginn des neuen Teils an der Zeitmarke 8'32". Durch das Delay fällt es nicht schwer, den Schlag auf das Tom mit dem Geräusch einer zuschlagenden Tür zu assoziieren, wobei im weiteren Verlauf die Stimmung des verlassenen Raumes noch nachklingt, bzw. sich auf diesen neuen Raum überträgt. Die dichte Bindung durch das Beibehalten charakteristischer musikalischer Mittel führt mich dazu, Teil e und f zu dem Abschnitt groß D zusammenzufassen. Nun ist der angesprochene Schlag auf das Große Tom, der sich hier periodisch wiederholt, nicht nur auf seiner Bedeutungsebene interessant, sondern in diesem Zusammenhang auch von der formalen Ebene her, da er bereits musikalischer Bestandteil des letzten Abschnittes g ist. Die Überblendung in das Bandmaterial, welches den Teil g ausmacht, wird aber erst ab ca. 8'46" deutlich hörbar. Jetzt wird auch der musikalische Zusammenhang des Tom-Schlages deutlich: Er ist Bestandteil eines Patterns, das von Schlagzeug und Baß gebildet wird, wobei in der Rhythmisierung des Baß' wieder das "Mama Gonna Eat" aus Teil b anklingt. Diese Überblendung zieht sich über dreißig Sekunden hin, so daß über weite Strecken zwei geschnittene Bänder, also zwei verschiedene Aufnahmeabschnitte, gleichzeitig erklingen und ineinander

übergreifen, was durch die englische Bezeichnung "Crossfade" treffender ausgedrückt ist als durch das deutsche Wort „Überblendung". Diese Verschmelzung drückt sich in meinem Formschema durch die Bezeichnung groß E aus. In diesem letzten Abschnitt offenbart sich die merkbar große Spielfreude von Can. Eine Gesangssequenz, die wie aus einer italienischen Opernarie anmutet und im Zusammenhang des Gesamtklangbildes auf eine Art und Weise nach Nono[11] klingt, schiebt sich an der Zeitmarke 9'08' für kurze Zeit vor Damos aufgebrachte Gesangsimprovisation. Ab 9'24" tritt die verzerrte E-Gitarre hinzu, die durch Michaels zügelloses und brachial wirkendes Spiel zeitweise für einen hohen Verwischungsgrad des Gesamtsounds sorgt. So entsteht ein schwer zu durchblickender musikalischer Fluß von Ereignisfolgen, der nur durch das in beschwörender Weise rhythmische Spiel von Baß und Schlagzeug seine Transparenz erhält. Schließlich wird dieser letzte Teil von „Peking O" als imaginär endlos weiterlaufendes Finale ab ca. 11'07" ausgeblendet.

Zum Ende sei mir noch ein — zugegebenermaßen — sehr persönliches Bild gestattet, das mir beim Hören des letzten Teils vor Augen kommt: Bedingt durch die sehr exakte, fast maschinelle Spielweise Jakis, sowie Holgers hypnotisierenden Baß-Delay-Pattern, scheint mir, Can veranstalte hier einen afrikanischen Voodookult-Tanz, bei dem unter ekstati-schen Anrufungen der Geist der Rhythmusmaschine von Jaki und Holger Besitz ergreift...

1) Rosko Gee ist übrigens heute im deutschen Fernsehen in der "Late Night Show" von SAT1 mit Harald Schmidt in der Band von Helmut Zerlett zu sehen und zu hören.
2) Abi Ofarim hatte zu diesem Zeitpunkt bereits eine internationale Schlagerkarriere mit seiner Frau Esther hinter sich (mit Hits wie "Ten Vas Pas", "Morning Of My Life" oder "Cinderella Rockefella").
3) Das Flexaton ist außerdem sehr deutlich im „Swim Swan Song" von der 72er LP "Soon Over Babaluma" zu hören.
4) Arnold Schönberg (1874-1951), österr. Komponist, Begründer der Zwölftontechnik.
5) Holgers Aussage, das Beste an Can sei der Name gewesen, dokumentiert dies sehr deutlich.
6) Zum besseren Nachvollziehen sind die Einsatzzeitpunkte von der Displayanzeige des CD-Players abgenommen; diese stehen in Relation zu der StartID-Setzung von „Peking O" auf der CD "Tago Mago" (Spoon 6/7). Vom gesetzten ID bis zum Beginn des Stückes entsteht ein Vorlauf von 0,5 sec, so daß sich eine gewisse Ungenauigkeit im Zehntelsekunden-Bereich ergibt. Die Zehntelsekunden-Stelle wird deswegen nicht berücksichtigt. Diese ist wegen der (teilweise langen!) Überblendungen der einzelnen Teile jedoch nicht von Belang.
7) Die Verzögerungszeit wird errechnet über den Abstand von Aufnahmekopf zum Wiedergabekopf in Abhängigkeit der Bandgeschwindigkeit in cm pro Sekunde.
8) Angelehnt an den Vorgang des „Beamens" in der Kult-TV-Serie "Star Trek" (dt. „Raumschiff Enterprise"), in der die Personen unter hohem Energie-Aufwand jenseits der Grenzen von Raum und Zeit aus ihrer Befindlichkeit „herauskatapultiert" werden können.
9) Die Bezeichnung „harter Schnitt" bezieht sich auf den Schneidevorgang der Bänder, wobei das Band an der betreffenden Stelle < oder = 45 Grad nach unten geführt wird, wobei hingegen der sogenannte „weiche Schnitt" > 45 Grad nach unten geführt wird, was beim Abspielen des Bandes eine längere dynamische Lautstärkeabnahme zur Folge hat.
10) Karlheinz Stockhausen gehörte außerdem zu den Kompositionslehrern von Irmin und Holger.
11) Luigi Nono, italienischer Avantgarde-Komponist (1924-1990).

Can Box · Item No. II · Book

Sacrilege

Text in English only

Statements of the remixers

BRIAN ENO:

Dear Cannites,

I spent days working on this project — practically a whole week. I am disappointed with my results. I thought I'd be able to make a brilliant new take on the things you did, but I have found this to be much more difficult than I thought. When I worked on the pieces (I tried several different ones in the end) I nearly always found the original better than what I'd done.

I don't think this is just my sentimentality. In your recordings, more than most other people's, you captured the spirit of a time and place and a certain type of musical community, an attitude to playing, a philosophy. That's what we all liked about you: it wasn't just music. I kept thinking that whatever one does to those recordings now (in my mind, anyway) threatens that, and turns it into something that is 'just more music'. For example, any attempt to do anything rhythmic against Jackie is an insult to his beautiful, spare playing, and just fills up the gaps he so gracefully left.

Turning things into loops destroys the delicate balance you always kept between the mechanical and the human. I tried, and generally I didn't like the results... I have, however, sent three things I did. I don't know if they're any use to you - I thought they might be usable as interludes perhaps between longer pieces. The first is a version of "Pnoom", edited into a little shape. I think it is nice and short and could be a useful break on the record. Then there are two versions of "Uphill".

I don't know what you'll think about these: please do what you like with them (play over them, edit them, throw them in the toilet). It's your record and I won't mind.

I'm sure this is less than you were expecting. I'm sorry about that. A word of advice: if you want to make records for people to remix, make less brilliant records in the first place.

Best wishes. I hope this is at least a little useful to you.

KRIS NEEDS:

I first encountered Can in the late 60's on the John Peel show. I was blown away by the freeform mayhem and intrigued by the legends already gaining moment-um. In 1973 I was lucky enough to see them live. They were awesome.

Played for hours, Holger wore white gloves and "Halleluwah" lasted for 45 minutes. That was when I cottoned on to the essence of Can. It could go anywhere — the crowd was literally sending the band on its roller coaster with its reaction. I always remembered that gig and it helped shape my whole attitude to doing music.

So I wasn't gonna be precious and po-faced and say I couldn't possibly remix Can. The freewheeling spirit of the group means you don't have to do a conventional reupholstery. Just listen to the track and then see where you end up. That's the spirit of Can. So I took the atom bomb off "Oh Yeah" — my favourite Can track — got in long-time Czukay collaborator Jah Wobble and off we went. I'm honoured to be included on a tribute to probably the greatest, most dangerous group that ever stalked the earth.

WESTBAM:

I seem to remember a statement of a journalist from back in the days, some-thing like: Can, that's music for the year 2000 I wonder, what this guy would think about the state of today's music now that we are coming close to this date. He would probably hate it and say: everything went wrong and down. A story of complete decay. As compared to Can he would state this lack of true musical virtuosity in house and techno for example. But I think he wasn't so wrong after all. Just as Jaki Liebezeits simple drum patterns gave place to all this freaked out madness the other musicians created with Holger Czukay mixing in sound sources from tape for example, today's simple techno house beats gave space to whatever you want music to sound like these days. There you go.

U.N.K.L.E.:

Can was and still is a blueprint for what is great in today's (once underground, now mass) eclectric, experimental and progressive modern music sciences.

3P - PASCAL GABRIEL AND PAUL STATHAM:

(Diary entry)

Friday July 5th, 1996

Can remix today, "Yoo Doo Right", from stereo master (!) (20 mins 20 secs). Apparently this was edited down from a 3 hours live performance at Schloss Norvenich.

Two amps blew up mid way but that was edited out — find out if there's any out

takes still around.

Keep & rearrange Malcolm Mooney vocals (condense in verse/bridge/chorus?).

Use main groove loop and build up — large and stringy — (remember Holger Czukay's "Tension through restriction and repetition." quote).

SYSTEM 7:

As a young member of Gong I musically came of age in the heyday of European experimental music and Can, along with Neu, Kraftwerk, Ash Ra Tempel and others were a primary influence on me. Can were funky. They had great bass lines and their drummer, Jaki Liebezeit, played like a human break-beat. The keyboards, guitars and vocals were often manic and exuded a particular kind of deeply artistic anarchy. We have tried to reflect this special artistic spirit in our remix of "Spoon".

LEE RANALDO/SONIC YOUTH:

Can: strange German band/improving living rm carpets/cutting up ideas/looping innocent tapes/gathering decibels w damo s/free music clearings/a new language.

THURSTON MOORE/
SONIC YOUTH:

In the early 70's United Artists issued Can's "Ege Bamyasi" LP in the USA — it was immediately cut-out and dumped in Woolworth department stores nationwide at approximately .49c. — this is where a lot of 14 year old kids bought records they could afford. Our minds were thusly flattened by the first Stooges LP, Rhinoceros, MC5, Ambergrls (from whence Pavement lifted it's "Watery, Domestic" sleeve), and Can. "Ege Bamyasi" was beguiling for the starkness of it's sleeve w/ the still life image of a can of okra and the long haired freaks on the back cover completely tripping out. The utter weirdness of the music from the twisted vocals to the poly-rhytmic drumming to the sounds of running water were at first disturbing but would soon become fascinating. Can were not coming from a void. With contemporaries Faust, Neu et al they were elaborating on musical ideas from Zappa-psyche, cosmic jazz and Stockhausen space-time composition — none of which our 14 year old minds were aware of.

Can (and the Stooges) were our clarion call. Our initiation to our future.

thurston moore/sonic youth NYC 1997.

A GUY CALLED GERALD:

The breaks and rhythms that they were using in the late 60's and early 70's were way ahead of their time.

I've enjoyed being able to mix stuff like that. I've kept a lot of the original track.

FRANCOIS KERVORKIAN & ROB RLVES:

Thoughts on Can

Sez Rob: While searching the Can catalog for a suitable track to remix, FK and I came across this jem from the "Unlimited"-LP. "Blue Bags" fit our agenda nicely in the Damo Suzuki's vocal had a restrained, desperate edge over an ambiguous, eerie setting which we thought would be appropriate for a dark, dubby interpretation. The track also fit nicely into our conceptual ideas about remixing influental catalog material, i.e.: modernize in the spirit of the original. The result is the "Blue Bags" remix in which Can source material (almost all the sounds are taken from their CDs) is manipulated into a rhythmic and textural scenario sympathetic to the current drum and bass ideas.

Thus, we've tried to overhaul the piece in a framework (jungle) as exciting and experimental as the groups original recordings. Hopefully, the listeners will agree that we've achieved this goal.

Sez Francois: Since I first became aware of the band somewhere around 1973, I have been captivated by their unique style and sonic signature. I remember vividly my first listening to "Vitamin C" as quite a trip, and certainly to this day it's one of my favourite grooves. As a drummer, it goes without saying that "Halleluwah" has deeply influenced my rhythmic approach!! I was privileged to collaborate with Jaki and Holger during the early 80's, and this only served to help me realize the broad scope of their musical spirits. It is therefore with quite a sense of excitement that I approached getting involved with this remix project.

THE ORB:

We came, we saw, we can...........

BRUCE GILBERT:

Can, kan, v.i.-pret. could. [A.Sax. can, pres. ind. of cunnan, to know, to know how to do, to be able; could-O.E. coude (with l erroneously inserted), A.Sax, cuthe, pret. of cunnan. Akin D. kunnen, to be able; Sw. kunna, Dan. kunde, Icel. kunna, to know, to be able: G können, to be able. The root is the same as that of ken and know. KNOW.| [A verb now used only as an auxiliary and in the indicative mood.] To be able, physically, mentally, morally, legally, or the like: to possess the qualities, qualifications, or resources necessary for the attainment of any end or the accomplishment of any purpose, the specific end or purpose being indicated by the verb with which can is joined.

Can, kan, n. (A.Sax. canne=D. kan, leel. kanna, G. Kanne, a can.) A rather indefinite term applied to various vessels of no great size, now more especially to vessels made of sheet metal, for containing liquids, preserves, &c_v.t._canned, canning. To put, into a can (to can preserved meat, fruit, &c.).

Ausblick

Statements zur Zukunft   Statements about the future

IRMIN SCHMIDT:

Nach wie vor geht es ums Einschmelzen: Alchemie aus Hoch- & Tiefkultur, Kunst & Pop, irdischem Krach und außerirdischer Harmonie: Trash & Transfiguration.

Daraus ist auch "Gormenghast". Die Oper, die am 15. Nov. 1998 im Opernhaus Wuppertal uraufgeführt wird. Anfang 1999 erscheint eine Platte, zunächst mit Auszügen daraus. Später alles. Sie soll auch verfilmt werden.

Die Arbeit an "Gormenghast" hat meine alte schwierige Liebe zu dieser verrotteten und stets wundersam neuen Theaterwelt wieder geweckt. Und damit auch neue Live-Ideen. Musikinstallationen, Performances & Spektakel, bei denen sicher auch Jono Podmore (als DJ und auf seinen Platten heißt er KUMO) dabei sein wird. Er arbeitet seit einem Jahr mit mir an "Gormenghast", als Toningenieur und vor allem Rhythmus-

IRMIN SCHMIDT:

More than ever, it's about melting it all down: an alchemy of high and low culture, art and pop, earthly noise and extra-terrestial harmony: trash and transfiguration.

One result is "Gormenghast", the opera that will be premiered in the Wuppertal Opera House on 15th November 1998. A record containing an abridged version will be released in early 1999; the com-plete version will appear later. It might also become a film.

Working on "Gormenghast" has revived my old, troubled love for the rotting and continuously wondrous world of theater; with it, new ideas for live performances have come to life.

Jono Podmore (artiste's name: KUMO) will most certainly collaborate with me to create music installations, performances, and events. He's been working with me for a year on "Gormenghast",

Ouvertures vers l'avenir

IRMIN SCHMIDT:

Je continue à m'occuper de refonte: alchimie entre culture du haut et du bas, art et pop, bruit d'ici-bas et harmonie céleste, trash et transfiguration. D'où, la création de "Gormenghast", opéra qui sera présenté pour la première fois le 15 novembre 1998 à l'Opéra de Wuppertal. Le disque sortira début 1999: d'abord des extraits, puis la totalité. Une adaptation pour le cinéma est prévue.

En travaillant sur cet opéra, mon vieux sentiment contradictoire pour ce monde pourri et toujours merveilleux du théâtre s'est réveillé, et de là sont nés de nouveaux projets de live. Des installations musicales, des performances et des spectacles, certainement avec la participation de Jono Podmore (dit Kumo comme DJ et sur ses disques). Depuis un an, il travaille avec moi à "Gormenghast", en tant qu'ingénieur du son et surtout comme programmeur de rythmes.

*"Despite the fact that Can have no plans ever to play as a band again, in terms of breadth of vision, logic leaping, they are still leading the game, still showing the way ..... It's their surreal streak which unites the four members and kick-started Can in 1968. With complete disregard for any notion of musical "canons" Can combined free jazz, the rhythmic funk workouts of James Brown and soundscapes of minimalist composition with the lumbering static-scream of Velet Underground's "Sister Ray" to produce a non-verse/chorus-based rock which was hypnotic in effect and mantric in intent ..... Nevertheless, the fact that from '68 to '73 they pretty much ruled the planet can never be taken from them. Like aliens that had injected rock with a deranged and mutant sensibility, the repercussions of which are still being felt today. It's all there in the bass/drums rhythm-circling of post-rockers such as Tortoise or Ganger, in the distant screwed symphonics of Third Eye Foundtion, in Labradford's space hiss and the wonderful Dead C's destructive intent. What the f*** were they thinking?"*

MELODY MAKER 14.6.97
(by David Keenan)

Programmer. Und vielleicht auch mal Michael Karoli mit dem Cello, das er neuerdings erforscht. Und andere... Weiter Filmmusik, ab und zu.

Eine Menge Halbfertiges liegt noch rum: für Platten, für Orchester, für's Theater — außerdem brüte ich mit Michael Sturminger (inszeniert in Wuppertal "Gormenghast") eine richtig schöne Schund-Weekly aus.

HOLGER CZUKAY:

Für die nahe Zukunft denke ich den Weg fortzusetzen, den ich seit Eröffnung meines Webservers (www.czukay.de) eingeschlagen habe. Also: Erforschung der neuen Medien, die ja den schönen Nebeneffekt haben, direkt mit anderen Kollegen wie auch Fans in Kontakt treten zu können (Internet-Chat, Live-Übertragungen, Gründung einer virtuellen

Band). Plattenfirmen dürfen aussen vor bleiben, werden immer unwichtiger.

Z. Zt. arbeite ich im Team an einem Live-Projekt mit GVOON unter Einbeziehung der elektronischen Medien wie auch der Sängerin U-She, die sich sowieso in visuellen wie auch akustischen Bereichen zuhause fühlt. Neue Live-Wege zu gehen ist eines meiner wichtigsten Anliegen. Zuguterletzt: mal anderen zukommen zu lassen, was ich die letzten fünf Jahre mir musikalisch ausgetüftelt habe.

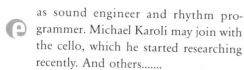

as sound engineer and rhythm pro-grammer. Michael Karoli may join with the cello, which he started researching recently. And others.......
Also Michael Sturminger (he's staging "Gormenghast" in Wuppertal) and I are thinking over a really nice trashy TV serial.

Et peut-être aussi avec Michael Karoli et le violoncelle qu'il est en train d'explorer. Et d'autres...
Et des musiques de films de temps en temps.
Des projets commencés attendent d'être finis: pour des disques, l'orchestre, le théâtre — en plus je concocte avec Michael Sturminger (metteur en scène dans "Gormenghast" à Wuppertl) un joli petit feuilleton "trashy".

HOLGER CZUKAY:

I'm thinking about going further in the direction that I've been going in since I began my web server (www.czukay.de). That means: exploring the new media, which certainly has its pleasant side effects. For instance, being able to have direct contact with fans and fellow musicians via Internet chat, live trans-missions, starting a virtual band. Record companies are not involved; they are losing importance.
At the moment, I'm working in a live team project with GVOON, using electronic media. The singer U-She is a participant. She is at home in both the visual and acoustic worlds. My most important concern is to continue to dis-cover new ways of performing live. Finally, I want to transmit to others the things I've been working on for the last five years .

HOLGER CZUKAY:

Pour l'avenir proche, je pense poursuivre dans la voie que j'ai prise avec l'ouverture de mon site web (www.czukay.de). C'est-à-dire: exploration de nouveaux médias qui ont entre autres l'effet fort intéressant de permettre d'entrer en contact direct avec des collègues et des fans (Internet-chat, retransmissions live, création d'un groupe virtuel de musique). Les maisons de disques ont le droit de rester dans l'ombre; elles perdent de leur importance.
Actuellement, je travaille en équipe à un projet live, avec GVOON, avec utilisation des médias électroniques et en collaboration a vec U-She, une chanteuse aussi à l'aise dans le domaine visuel qu'acoustique. Une de mes préoccupations les plus chères est d'ouvrir de nouvelles perspectives pour le live. En résumé: Faire accéder les autres à ce que je bricole musicalement depuis cinq ans.

JAKI LIEBEZEIT:

Kurzfassung meiner gegenwärtigen musikalischen Aktivitäten:

Seit 1996 arbeite ich hauptsächlich mit zwei jungen Musikern (Dirk Herweg und Boris Polonski) zusammen an dem Projekt CLUB OFF CHAOS: Neue elektronische Musik, basierend auf Synthesizern, modifizierten Saiteninstrumenten und allen Arten von Trommeln. CDs sind oder werden noch in 1998 in Deutschland, USA und Frankreich veröffentlich. Der CLUB OFF CHAOS ist bereits häufig in Deutschland, England, Frankreich, Spanien live aufgetreten. Im Moment arbeiten wir an einer neuen CD.

Das zweite Projekt, an dem ich schon seit 1982 arbeite, ist DRUMS OFF CHAOS, eine Gruppe von Trommlern, die nach einem eigenen System spielt. Das Ziel der Gruppe ist die Erforschung und Entwicklung des spontanen Zusammenspiels (Instant Composing) und der natürlichen Gesetzmäßigkeit des Trommelns. CD-Veröffentlichungen gibt es bisher nicht, die Gruppe tritt jedoch live auf.

Außerdem arbeite ich an einem Buch über meine DRUM THEORY, die ohne das herkömmliche Notensystem auskommt.

Nachdem ich nun über fast alle Personen gesprochen habe, mit denen ich während der Zeit mit, vor und nach Can zusammengewirkt habe, möchte ich nicht versäumen, der Herausgeberin dieses Buches, Hildegard Schmidt, meinen besonderen Dank auszusprechen für

JAKI LIEBEZEIT:

The short version of my current musical activities:

Since 1996 I've been working mainly with two young musicians (Dirk Herweg and Boris Polonski) on the project CLUB OFF CHAOS. It's new electronic music, based on synthesizers, modified string instruments, and all kinds of drums. CDs have been or will be published in 1998 in Germany, the U.S.A., and France. The CLUB OFF CHAOS has appeared often in Germany, England, France, and Spain. At the moment, we're working on a new CD.

The second project, which I've been working on since 1982, is called DRUMS OFF CHAOS. It's a group of drummers who have developed their own systems of playing. The aim of the group is to research and develop instant composing and the natural laws of drumming. Although there aren't any CDs as of yet, the group has appeared live.

Also, I'm working on a book about my DRUM THEORY, which deals with the subject without the usual system of notation.

After I've talked about almost everyone that I've worked with before,during, and after the time with Can, I don't want to forget to mention the person responsible for this book, Hildegard Schmidt. I want to thank her for all of her efforts on the extramusical side of the band. Without her, the group would not have existed.

JAKI LIEBEZEIT:

Résumé de mes activités actuelles:
Depuis 1996, je travaille surtout avec deux
jeunes musiciens (Dirk Herweg et Boris
Polonski) au projet Club Off Chaos:
nouvelle musique électronique basé sur
le synthétiseur, les instruments à cordes
et des tambours anciens modifiés Des
CD vont encore sortir en 1998, en
Allemagne, aux États-Unis et en France.
Le Club Off Chaos est souvent en
tournées live en Allemagne, en
Angleterre en France et en Espagne. En
ce moment, on est en train de faire un
nouveau CD.

Le deuxième projet auquel je travaille
depuis 1982, c'est Drum Off Chaos, un
groupe de tambours qui travaillent selon
leur propre système. Le but de ce groupe
est de travailler sur le jeu spontané
collectif (instant composing) et sur les
ressources propres au tambour. Il n'y a
pas eu de CD sorti, le groupe joue en
live.

Et je travaille aussi à un livre, "Dr
Theorie", qui permettra d'arriver à je
sans le système des notes.

Maintenant que j'ai parlé de toute
personnes à qui j'ai eu affaire pen
Can mais aussi avant et après, je
voudrais pas oublier de remercie
particulièrement l'éditrice de ce livre,
Hildegard Schmidt, pour tout ce qu'elle
a fait dans les domaines extra-musicaux
du groupe Can, et sans qui le groupe
n'aurait pas existé.

ihren Einsatz für alle außermusikali-
schen Belange der Gruppe Can, ohne die
die Gruppe nicht hätte existieren können.

MICHAEL KAROLI:

Jeden Tag wird man klüger und weiß plötzlich, was man gestern noch nicht ahnte.
Meine Erforschung der Saite als Klangerzeuger hat neuen Auftrieb erhalten, seit
ich mich aufs Cello gestürzt habe.
Rhythmen, Metren, Periodik faszinieren
mich wie schon immer, und ihre Wir-
kungen — bewußte und unbewußte —
auf die beschallte Person, Mensch, Tier,
Pflanze, Mineral.
Ich will jetzt aber vor allem auch live
spielen, in neuen und in alten Konstellationen.
Die Arbeit an der Can-Live-CD und
meiner neuen Solo-Platte, die mehr noch
als "Deluge" in den Mikrokosmos der
Klänge eindringt, verlangt Hingabe und
belohnt diese gelegentlich mit Momenten von Inspiration und Glücksgefüh-
len, aber vor allem habe ich Lust zu spielen und ganz neue Live-Sachen zu machen.
Nach vielen Jahren ohne Kontakt haben
Damo und ich wieder gemeinsame Projekte, vor allem live, wobei wir mit ständig wechselnden Musikern neue Kom-
binationen ausprobieren und das Instant
Composing pflegen. Außerdem werde
ich mich wohl dazu aufraffen, zum ersten Mal zusammen mit einem anderen
Gitarristen, JEAN-MARIE AERTZ von
der belgischen Gruppe TCMATIC, eine

MICHAEL KAROLI:

Every day you get smarter, because
suddenly you know what you couldn't
anticipate yesterday.
My research in making sound with
strings has a new buoyancy ever since
I've stumbled upon the cello. Rhythm,
meter, and time fascinate me as they
always have, and their effects, both
con-scious and unconscious, on
people, animals, plants, and minerals
occupy my thoughts.
Above all, I want to play live, in new
and old formations. Working on the
Can live CD and my new solo album
(which penetrates the microcosmos of
sounds more than "Deluge" did) demands
dedication. That's occasionally rewarded
with moments of inspiration and
feelings of happiness; but mostly I
want to play, and to create completely
new live things.
After many years without contact,
Damo and I are working together on
new projects, mostly live ones, where
we are constantly trying out new
combinations with various musicians,
devoting ourselves to instant composing. Also I want to rouse myself
to get together with another guitarist
for the first time, JEAN-MARIE
AERTZ, from the Belgian group
TCMATIC, and make a record.
On the side, I'm working on a book
of travel memoirs and observations.

MICHAEL KAROLI:

Chaque jour nous rend plus intelligent et on voit des choses qu'on n'aurait même pas imaginées la veille. Mon exploration des cordes comme sources de sons a connu un nouvel élan depuis que je me suis rué sur le violoncelle: les rythmes, les mètres, la périodicité continuent à me fasciner ainsi que leur influence sur les récepteurs humains, animaux, plantes ou minéraux.

Je voudrais maintenant jouer surtout live, dans les anciennes mais aussi dans de nouvelles constellations.

La préparation du CD live Can et de mon nouveau disque solo qui pénètre le microcosme des sons encore plus forts que „Deluge" exige beaucoup mais je suis parfois récompensé par des moment d'inspiration et de grand bonheur. Mais j'ai surtout envie de faire du nouveau, en live.

Après plusieurs années sans contacts, j'ai à nouveau des projets avec Damo — surtout du live — et on essaie des choses nouvelles, surtout l'instant composing, avec des combinaisons de musiciens toujours différentes.

Et puis je vais me faire violence pour faire un disque pour la première fois avec un autre guitariste: Jean-Marie Aertz, du groupe belge TCMATIC.

Et à côté de ça, je prépare un livre sur les mes expériences de voyages et mes observations.

Can Box · Item No. II · Book

Platte zu machen.
Nebenbei arbeite ich an einem Buch aus meinen Reiseerinnerungen und Beobachtungen.

HILDEGARD SCHMIDT:

Natürlich gibt's irgendwann mal wieder, wenn der Zeitpunkt dafür gekommen ist, eine neue Can-Produktion, aber — auch wenn sich viele viele Fans das wünschen — eine Reunion, um auch wieder Can-Konzerte zu veranstalten, wird es bestimmt nicht geben. Aber ab und zu vielleicht Can-Events, wie wir sie erstmals zur Veröffentlichung der CAN-BOX im Frühjahr 1999 im Theater Berliner Volksbühne planen.
Dort wird Jaki mit seiner Gruppe CLUB OFF CHAOS, Holger mit dem Live-Projekt GVOON, Irmin mit Jono Podmore (KUMO) und Michael auch mit alten und neuen Partnern auftreten, und vielleicht wird sich auch noch von den Künstlern, die für "Sacrilege" Remixe gemacht haben, der eine oder andere dazu gesellen. WESTBAM hat das schon versprochen.
Weiter werde ich neben der „CAN-SOLO-EDITON", die ausschließlich für Veröffentlichungen oder Wiederveröffentlichungen von Platten von Holger, Michael, Jaki und Irmin bestimmt ist, in näherer Zukunft die schon lange geplante „CAN-CONNECTION-EDITION" starten, in der Arbeiten von Can-Mitgliedern veröffentlicht werden,die in enger Zusammenarbeit mit anderen Künstlern entstanden sind.

HILDEGARD SCHMIDT:

Naturally, at some point there will be a new Can production when the time is ripe. But even though there are fans who would like to see a reunion, to hear some new Can concerts, that won't occur. But now and then there might be some Can events, as planned for the release of the CAN-BOX in spring 1999 at the Theater Berliner Volksbühne.
Jaki and his group CLUB OFF CHAOS, Holger and the live project GVOON, Irmin and Jono Podmore (KUMO), and Michael, with old and new partners, will perform. Maybe the artists who worked on the "Sacrilige" remixes will be there. Westbam has already promised to appear.
Aside from the "CAN SOLO EDITION", which is intended to release or re-release records by Holger, Michael, Jaki, and Irmin, I'll start the long-planned "CAN CONNECTION EDITION", which will focus on releasing works created by Can members in cooperation with other artists.

HILDEGARD SCHMIDT:

Bien sûr, il y aura certainement, quand le temps sera venu pour ça, une nouvelle production Can mais ce que beaucoup beaucoup de fans souhaitent; une réunion des musiciens de Can pour faire à nouveau des concerts ensemble, ça n'existera sûrement pas.

Mais peut-être qu'il y aura parfois des événements Can comme celui que nous planifions pour la sortie du CAN-BOX au printemps 1999 au théatre Berliner Volksbühne. Il y aura Jaki avec son groupe Club Off Chaos, Holger avec son projet live GVOON, Irmin avec Jono Podmore (Kumo) et Michael avec ses anciens et des nouveaux partenaires; il y aura peut-être aussi un artiste ou plusieurs parmi ceux qui ont fait le remixe de "Sacrilège". Westbam a déjà dit qu'il viendrait.

Et puis, outre la Can-Solo-Edition qui se consacre exclusivement aux disques de Holger, Michael, Jaki et Irmin, je vais lancer très prochainement la Can-Connexion-Edition dont nous avons le projet depuis longtemps, et qui publiera des disques faits par des membres de Can qui ont travaillé intensément avec d'autres artistes.

CAN Discography

RELEASES ON SPOON

Monster Movie
(1969, Spoon 4)
Father Cannot Yell/Mary, Mary So Contrary/
Outside My Door/Yoo Doo Right

Soundtracks
(1970, Spoon 5)
Deadlock (Deadlock)/Tango Whisky-man
(Deadlock)/Deadlock (Titelmusik Deadlock)/
Don't Turn The Light On, Leave Me Alone
(Cream)/Soul Desert (Mädchen mit Gewalt)/
Mother Sky (Deep End)/She Brings The Rain (Ein
Großer Graublauer Vogel)

Tago Mago
(1971, Spoon 6)
Paperhouse/Mushroom/Oh Yeah/Halleluwah/
Aumgn/Peking O/Bring Me Coffee Or Tea

Ege Bamyasi
(1972, Spoon 8)
Pinch/Sing Swan Song/One More Night/Vitamin
C/Soup/I'm So Green/Spoon

Future Days
(1973, Spoon 9)
Future Days/Spray/Moonshake/Bel Air

Soon Over Babaluma
(1974, Spoon 10)
Dizzy Dizzy/Come Sta, La Luna/Splash/Chain
Reaction/Quantum Physics

Landed
(1975, Spoon 25)
Full Moon On The Highway/Half Past One/
Hunters And Collectors/Vernal Equinox/Red
Hot Indians/Unfinished

Unlimited Editon
(1976, Spoon 23)
Gomorrha/Doko E/Doko E/I'm Too Leise/
Musette/Blue Bag (Inside Paper)/E.F.S. No. 27/
TV Spot/E.F.S. No. 7/The Empress And The
Ukraine King/E.F.S. No. 10/Mother Upduff/
E.F.S. No. 36/Cutaway/Connection/Fall Of
Another Year/E.F.S. No. 8/Transcentdental
Espress/Ibis

Flow Motion
(1976, Spoon 26)
I Want More/Cascade Waltz/Laugh Till You Cry/
...And More/Babylonian Pearl/Smoke (E.F.S. No.
59)/Flow Motion

Saw Delight
(1977, Spoon 27)
Don't Say No/Sunshine Day And Night/Call
Me/Animal Waves/Fly By Night

Can
(1979, Spoon 28)
All Gates Open/Safe/Sunday Jam/Sodom/
Aspectacle/E.F.S. No. 99 „Can Can"/Ping Pong/
Can Be

Delay 1968
(1981, Spoon 12)
Butterfly/Pnoom/Nineteen Century Man/Thief/
Man Named Joe/Uphill/Little Star Of Bethlehem

Rite Time
(1989, Spoon 29)
On The Beautiful Side Of A Romance/The
Withoutlaw Man/Below This Level (Patient's
Song)/Movin' Right Along/Like A New World/
Hoolah Hoolah/Give The Drummer Some/In
The Distance Lies The Future

Sacrilege
*(1997, Double-CD mit Remixes,
Spoon 39/40)*
Pnoom (Remix by Moon Up)/Spoon (Sonic
Youth)/Vitamin C (U.N.K.L.E.)/Blue Bag
(Toroid)/TV Spot (Bruce Gilbert)/Future Days
(Blade Runner)/Halleluwah (Halleluwah Orbus
2)/Father Cannot Yell (Pete Shelley/Black Radio)/
Unfinished (Hiller/Kaiser/Leda)/Flow Motion
(Air Liquide)/...And More (Westbam)/Oh Yeah
(Sunroof)/Dizzy, Spoon (System 7)/Tango
Whiskyman (A Guy Called Gerald)/You Doo
Right (3P)/Oh Yeah (Secret Knowledge)

Can Box / Music: Live 1971-1977
(Double CD 1999, Spoon 41/42)

CAN COMPILATIONS

Cannibalism 1
(1978, Spoon 1)
Father Cannot Yell/Soup/Mother Sky/She Brings
The Rain/Mushroom/One More Night/Outside
My Door/Spoon/Halleluwah/Aumgn/Dizzy
Dizzy/Yoo Doo Right

Cannibalism 2
(1992, Spoon 21)
Uphill/Pnoom/Connection/Mother Upduff/
Little Star/ T.V. Spot/Doko E./Turtles Have Short
Legs/Shikako Maru Ten/Gomorrha/Blue Bag/
Red Hot Indians/Half Past One/Flow Motion/
Smoke/I Want More/...And More/Laugh Till You
Cry/Aspectacle/Animal Waves/Sunshine Day And
Night/E.P.S. No. 7/Melting Away

Anthology
(1994, 2 CD-Box-Set, Spoon 30/31)
Father Cannot Yell/Soup/Mother Sky/She Brings
The Rain/Mush-room/One More Night/Outside
My Door/Spoon/Halleluwah/Aumgn/Dizzy
Dizzy/Yoo Doo Right/Uphill/Mother Upduff/
Doko E./Musette/Blue Bag/T.V. Spot/Half Past
One/Moonshake/Future Days/Cascade Waltz/I
Want More/Animal Waves/Don't Say No/
Aspectacle/Below This Level/Hoolah Hoolah/Last
Night Sleep

CAN SOLO EDITION (ON SPOON)

Cannibalism 3
(1994, Solo-*(Compilation, Spoon 22)*
Neon Man (Phantomband)/Nervous Breakdown

(Phantomband)/Home Truths (Karoli/Eltes)/ Yours & Mine (Karoli/Eltes)/Cool In The Pool (Czukay)/Persian Love (Czukay)/Witches' Multiplication Table (Czukay)/Ode To Perfume (Czukay)/Der Osten Ist Rot (Czukay)/Rapido De Noir (Schmidt/Spoerri)/Love (Schmidt/ Fallowell)/Alcool (Schmidt/Fallowell)/Le Weekend (Schmidt/Fallowell)/Time The Dreamkiller (Schmidt/Fallowell)

Canaxis
(1969/1984, Holger Czukay/Rolf Dammers, Spoon 15)
Boat-Woman-Song/Canaxis/Mellow Out

Movies
(1979, Holger Czukay, Spoon 35)
Cool In The Pool/Oh Lord give us more money/ Persian Love/Hollywood Symphony

On The Way To The Peak Of Normal
(1981, Holger Czukay, Spoon 36)
Ode To Perfume/Fragrance/On The Way To The Peak Of Normal/Witches' Multiplication Table/ Two Bass Shuffle/Hiss 'N' Listen

Deluge
(1984, Michael Karoli/Polly Eltes, Spoon 16)
Shouting Stars/Yours & Mine/You're The Driver/ One Thing (Or The Other)/Fear Of Losing Control/Home Truths/Sentimental /The Lake/ Deluge (The River)

Phantomband
(1984, Jaki Liebezeit, Spoon 17)
Loading Zone/Planned Obsolescence/

Mindprobe/Morning Alarm/Weird Love/Neon Man/Positive Day/Nervous Breakdown/The Party/George The Spacemonster/This Is The Rule/ Cricket Talk/Nowhere

Toy Planet
(1981, Irmin Schmidt/Bruno Spoerri, Spoon 11)
The Seven Game/Toy Planet/Two Dolphins Go Dancing/Yom Tov/Springlight Rite/Rapido De Noir/When The Waters Came To Life

Irmin Schmidt: Soundtracks- Anthology 1978-1993
(1994, 3-CD-Box-Set, Spoon 32-34)
Verdi Prati Valse (Pizza Colonia)/Pauline (Rote Erde I)/Rote Erde (Titelmusik Rote Erde I)/Qui Sait (Rote Erde II)/Heimkehr (Rote Erde I)/Valse Meringue (Rote Erde II)/Es geht ein Schnitter (Rote Erde II)/Bohemian Step (Wallenstein)/Zokker (Tatort: Freunde)/Nuts'n News (Reporter)/ Gesicht im Dunkel (Reporter)/Mountain Way (Reporter)/Ritas Tun (Alle Geister kreisen)/G. String (Unter der Treppe)/Baal (Baal)/Mzunga (Negerküsse)/Roll On Euphrates (Titelmusik Tatort: Freunde)/You Make Me Nervous (Flight To Berlin)/Mary In A Coma (Ruhe sanft Bruno)/ Kein schöner La La (Kein schöner Land)/Zombie Mama (Kein schöner Land)/Stille Thränen Walzer (Mann auf der Mauer)/City Of Magic (Flight To Berlin)/Ultimate City Limit (Mann auf der Mauer)/Morning In Berlin (Flight To Berlin)/ Aller Tage Abend Walzer (Es ist nicht aller Tage Abend)/Asagrai (Flight To Berlin)/Moerderlied (Leben Grundlings)/Balance (Mann auf der Mauer)/Wallenstein (Wallenstein)/Vision (Mann auf der Mauer)/Fürst von Atlantis (Leben

Grundlings)/Man On Fire (Heimsuchung)/Solo (Der Tote bin ich)/Messer im Kopf (Titelmusik)/ Endstation Freiheit (Titelmusik)/Der Tote bin ich (Titelmusik)/Lurk (Flächenbrand)/Loony's Walk (Endstation)/Flächenbrand (Titelmusik)/Decision (Endstation)/Der Elch (Im Herzen des Hurrican/ Nicht mit uns)/Koto (Messer im Kopf)/Im Herzen des Hurrican (Titelmusik)

Musk At Dusk & Impossible Holidays
(1987 bzw. 1991, Irmin Schmidt, 2 Albums on 1 CD, only on Spoon/ Mute 37/38)

Cliff Into Silence/Love/Roll On Euphrates/The Great Escape/Villa Wunderbar/The Child In History/Alcool Dreambite/Le Weekend/Surprise/Shudder Of Love/Lullaby Big/Time The Dreamkiller/ Gormenghast Drift

Gormenghast
(Release beginning 1999, Irmin Schmidt, Spoon 43)

Extracts from the Opera „Gormen-ghast"
Music: Irmin Schmidt/Libretto: Duncan Fallowell
Based on the Trilogy of Mervyn Peake
World premiere: 15. November 1998 Opera Wuppertal (Germany)

SOUNDTRACKS

Soundtracks Can:
Agilok & Blubbo
(Peter Schneider, 1968)

Kamasutra
(Kobi Jaeger, 1969)
Mädchen....nur mit Gewalt
(Roger Fritz, 1969)
Das Kuckucksei im Gangsternest
(Franz-Josef Spicker, 1969)
Millionenspiel
(Tom Toelle 1970)
Deadlock
(Roland Klick, 1970)
Deep End
(Jerzy Skolimowski 1970)
Ein Großer Graublauer Vogel
(Thomas Schamoni, 1970)
Cream - Schwabing Report
(Leon Capetanos, 1970)
Die letzten Tage von Gomorrha
(Helma Sanders, 1973)
Alice in den Städten
(Wim Wenders, 1973)
Das Messer
(Rolf von Sydow, 1971, 3 Folgen)
Eurogang
(TV-Serie, 4 Folgen, 1975)
Dead Pigeon On Beethoven Street
(Samuel Fuller, 1972)
Als Diesel geboren
(Peter Przygodda, 1979)
Until The End Of The World
(Contribution to Musical Score/ Wim Wenders, 1991)

THEATERMUSIK CAN

PROMETHEUS von Heiner Müller - Uraufführung 1969 in Zürich

SOUNDTRACKS
IRMIN SCHMIDT:

Zwei wie wir — Und die Eltern wissen
von nichts
(Karl Hamrun, 1965)
Messer im Kopf
(Reinhard Hauff, 1978)
Der Tote bin ich
(Alexander von Eschwege, 1979)
Im Herzen des Hurrican
(Hark Bohm, 1980)
Flächenbrand
(Alexander von Eschwege, 1981)
Endstation Freiheit
(Reinhard Hauff, 1980)
Die Heimsuchung des Assistenten Jung
(Thomas Schamoni, 1981)
Der Mann auf der Mauer
(Reinhard Hauff; 1982)
Flight To Berlin
(Christopher Petit, 1984)
Ruhe sanft Bruno
(Hajo Gies, 1983)
Es ist nicht aller Tage Abend
(Herbert Wolfertz, 1984)
Neues aus Transkastanien
(Karlheinz Freynick, TV, vier Folgen, 1979)
Rote Erde I & II
(Klaus Emmerich, TV, 14 Folgen, 1983/1986)
Kein schöner Land
(Klaus Emmerich, TV, vier Folgen, 1985)
Alle Geister kreisen
(Peter Przygodda, 1985)
Tatort: Freunde
(Klaus Emmerich, 1986)

Reporter
(Klaus Emmerich, TV, sechs Folgen, 1987)
Pizza Colonia
(Klaus Emmerich, 1991)
Tatort: Morlock
(Klaus Emmerich, 1993)
Der Mörder und sein Kind
(Matti Geschonneck, 1995)
Die Angst hat eine kalte Hand
(Matti Geschonneck, 1995)
Negerküsse
(Maria Theresia Wagner, 1992)
Der rote Schakal
(Hajo Gies, 1996)
Schimanski: Hart am Limit
(Hajo Gies, 1997)
Zucker für die Bestie
(Markus Fischer, 1998)

THEATERMUSIKEN
IRMIN SCHMIDT

1983 LEBEN GRUNDLINGS FRIED-
RICH VON PREUSSEN LESSINGS
SCHLAF TRAUM SCHREI
von Heiner Müller
Schillertheater Berlin
Regie: Klaus Emmerich
1985 WALLENSTEIN
von F. Schiller
Schillertheater Berlin - Regie: Klaus Emmerich
1988 VICTOR ODER DIE KINDER
AN DER MACHT
von Roger Vitrac
Theater der Freien Volksbühne Berlin
Regie: Klaus Emmerich

1992 BAAL
von Bertolt Brecht
Niedersächsisches Staatstheater Hannover -
Regie: Klaus Emmerich
1992 WUNDERWORTE
von Valle Inclan
Deutsches Theater Berlin
Regie: Armin Holtz

RELEASES NOT ON SPOON

DISCOGRAPHY - SOLO

JAKI LIEBEZEIT

Club Off Chaos
(Germany April 1998 EMI Electrola,
USA August 1998 Mute USA)
Club Off Chaos: The Change Of The
Century (in France Autumn 1998, D.S.A.
Les Disques du Soleil et de l' Acier)

HOLGER CZUKAY

LPs:
The East Is Red *(1984, Virgin, = Der*
Osten Ist Rot)
Rome Remains Rome *(1987, Virgin)*
Radio Wave Surfer *(1991, Virgin)*
Moving Pictures *(1993, Mute/SPV)*
Visions To Gvoon *(1997, Limited*
Special Edition, www.gvoon.de)
Soon To Be Released:
U-The: Time And Tide
U-The: Metropolis
Holger Czukay: La Luna (One Piece

Of Music Of 47 Minutes Duration)
Holger Czukay: Melancholic Dreams
(Ambient World Of 25 Minutes)
Holger Czukay: Upcoming Regular
Solo Album

Maxis:
How Much Are They *(1981, Island/*
EMI)
Les Vampyrettes *(1981, with Conny*
Planck, Private Pressing)
Holger Czukay's Message To The
Salesforce *(1981, EMI, only for Dea-*
lers)
A Message From Holger Czukay
(1984, Virgin, only for Dealers)
The Photo Song
(1984, Virgin)

Singles:
Cool In The Pool *(1980, EMI)*
Persian Love *(1979/82, Barclay, Trio*
Japan)
The Photo Song *(1984, Virgin)*

COOPERATIONS :
Alex *(1973, Ariola)*
In The Garden *(1981/82, with*
Eurythmics, RCA)
After The Heat *(Eno, Moebius,*
Roedelius, Sky)
Cluster And Eno *(Sky)*
Pst *(Syph)*
Full Circle *(1985, with Jah Wobble/*
Jaki Liebezeit, Virgin)
Snake Charmer *(1983, with Jah Wobble,*
The Edge, Jaki Liebezeit, Island)

Brilliant Trees *(1984, with David Sylvian, Virgin)*
Plight-And Premonition *(1988, with David Sylvian, Venture)*
Flux-Mutability *(1989, with David Sylvian, Venture)*
Perfect Day *(1994, EMF, EMI)*
Sun Electric *(with Fishermen's Friends)*
Bye Bye *(1991, with Trio, Phonogram)*
Nowhere *(1994, with Phantom Band, Sky/Spoon)*
Gone To Earth *(with David Sylvian; Virgin)*
Charlatan *(1988, with Arno, Virgin)*
Phew *(1980, with Conny Planck, Phew, Jaki Liebezeit, Trio Japan)*
Czukay vs. Dr. Walker: Clash *(1998, Double-CD)*

AIRPLAYS:
Goldberg, ein Dutzend Täuschungen
(1991, Rough Trade)
Dr. Hülsenbecks mentale Heilmethode
(1992, Rough Trade)
The Mermaid
(1992, with Peter Gabriel And Annie Lennox, EMI)

FILM/VIDEOS (all unreleased, can be seen in the Internet, www.czukay.de/tv):
Krieg der Töne (War of Sound)
by Michael Meert (Music and Main Role)
1987, ZDF (German TV)
First Filmings in the Inner Space Studio from 1982 till 1992 on Super 8

Cool In The Pool *(1980)*
Ode To Perfume *(1982)*
Jahresrückblick 1982
(Review of the year 1982)
The Photo Song *(1984)*
The East Is Red *(1985)*
Blessed Easter *(1986)*
Mutant Love
(1989, Live Recording Frankfurt 26.6.86)
Live with Jah Wobble, Michael Karoli and Jaki Liebezeit in Cologne
(1993, 2.12.84)
Encore
(1992, Live with Michael Karoli and Jaki Liebezeit in Berlin, 4.12.84)
Träum mal wieder
(Have A Dream Again, 1989)
Der Drogentote
(The Drug Dead, 1990)
Radio Wave Surfer
(The First 8 Pieces)
Connection
(how can do a remix, 1992)
D-pressed *(1992)*
Hoolah-Hoolah *(1992)*
Can: A Message To The Record Salesforce
Can: Mushroom *(1990)*
U-The
(Live in Seattle Jan. 1997 .... to be continued)
Div. Live Recordings

INTERNET:
Collaboration with Gvoon *(1997)*
Czukay vs. Walker New York
(3./4.1.1997 live in the Knitting Factory)

Monster Movie

Sountracks

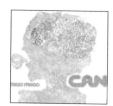

Tago Mago

Ege Bamyasi

Future Days

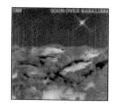

Soon Over Babaluma

Landed

Unlimited Edition

Flow Motion

Saw Delight

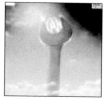

Can

Delay

Rite Time

Sacrilege

Item I: Music
(Live 1971-1977)
Double CD

CAN-COMPILATIONS

Anthology

Cannibalism 1

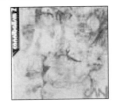

Cannibalism 2

SOLO-EDITION

Cannibalism 3 (Solo-Comp.)

Deluge
Karoli / Eltes

Phantomband
Liebezeit

Canaxis
Czukay/Dammers

Movies
Czukay

On The Way To The
Peak Of Normal
Czukay

Toy Planet
Schmidt / Spoerri

Soundtracks 1978 - 1993
Schmidt

Opera by
Irmin Schmidt
music and scenario

Duncan Fallowell
libretto

Musk At Dusk & Impossible Holidays
Schmidt

Gormenghast
Schmidt

Can Box · Item No. II · Book

CAN BOX · Set with 3 Items

ITEM I: Music
(Live 1971-1977) Double CD Spoon 41/42

ITEM II: Book
(History, Interviews, Reviews, Photos)

Item III: Video comprising
1. CAN-FREE-CONCERT, *Film by Peter Przygodda (1972)*
2. CAN DOKUMENTARY *with unreleased material filmed in 1988 & 1997 by DORO-Filmproduktion, Vienna - Austria*

Publisher and Distributor
for this book:
MEDIUM Music Books
Rosenstr. 5-6
D-48143 Münster/Germany
Phone: (+49) 2 51/4 60 00
Fax: (+49) 2 51/4 67 45
http://www.mediumbooks.com

CAN BOX-set with Items 1, 2, 3
released in 1999 by
SPOON-RECORDS U.K. LTD.
Les Rossignols,
F-84220 Roussillon
Fax (++33) 4 90 05 70 04
e-mail: spoon/uk@avignon.pacwan.net
http://www.spoonrecords.com

Licensed and marketed worldwide:
(except Germany, Austria, Switzerland)
MUTE-Records
Harrow Road, London.
Fax: (++44)18 19 68 49 77
http://www.mutelibtech.com/Mute

for USA:
MUTE-Records
140 W.22nd Street Suite 10 A
New York, NY 10011, USA
Fax:(++1)2 12-2 55 60 56

DISTRIBUTION for Germany:
EDEL-CONTRAIRE
Wichmannstr. 4
D-22607 Hamburg
Fax.(++49) 40/89 16 10

DISTRIBUTION for France:
MUTE-Labels
80 - Rue de Tournelle
F- 75003 Paris
Fax.(++33) 1 53 01 20 30

MEDIUM Music Books
Special Limited Collector's Edition of the Can-Box with Memorabilia, Video, Sounds will be exclusively available at

MEDIUM
limited at 300 copies, handsigned
Subscription price: ask for details

Can Box · Item No. II · Book

Can Box · Item No. II · Book